实践教学与新闻传播人才培养创新研究

强月新　周茂君　主编

科学出版社
北京

图书在版编目(CIP)数据

实践教学与新闻传播人才培养创新研究/强月新，周茂君主编. —北京：科学出版社，2018.1

ISBN 978-7-03-054961-7

Ⅰ. ①实… Ⅱ. ①强… ②周… Ⅲ. ①高等学校-新闻学-传播学-教学研究-中国 ②高等学校-新闻学-传播学-人才培养-中国 Ⅳ. ①G210

中国版本图书馆 CIP 数据核字（2017）第 258994 号

特约策划：来豫蓉

责任编辑：张 达/责任校对：邹慧卿

责任印制：张欣秀 / 封面设计：黄华斌

科学出版社出版

北京东黄城根北街 16 号

邮政编码：100717

http://www.sciencep.com

北京建宏印刷有限公司 印刷

科学出版社发行 各地新华书店经销

*

2018 年 1 月第 一 版 开本：720×1000 B5

2018 年 9 月第二次印刷 印张：24 3/8

字数 490 000

定价：108.00 元

鸣　　谢：

部属高校国家大学生校外实践教育基地项目：武汉大学–湖北日报传媒集团新闻传播学类文科实践教育基地建设

湖北高校省级示范实习实训基地项目：湖北日报实习实训基地建设

武汉大学2017年卓越新闻传播人才教育培养计划

序

2000 年新组建的武汉大学新闻与传播学院在成立伊始，便提出做“有思想、负责任的新闻（传媒）人”的人才培养理念。其旨趣，就是要求培养出来的学生，既能独立思考，有思想、有见识、有能力，具有健全人格和人生追求，又能知世情、国情、社情，拥有新闻理想、专业精神和责任意识，关键时候有担当。

十多年来，该院围绕这一人才培养理念，坚持以马克思主义新闻观作指导，以“厚基础、广知识、宽视野、重实践”的教学路径为支撑，在抓好课堂教学的同时，千方百计地强化实践教学。可以说，制度化推进实践教学，培养“有思想、负责任的新闻（传媒）人”，是该院人才培养创新上的一大亮点。其具体做法：①成立院实践教学指导小组，由院领导挂帅，并指定专任教师具体负责各专业学生的教学实习，将专任教师的工作列入其年终考核。②沿着京广线上的北京、武汉、长沙、广州、深圳等地，精心选择 30 多家既有知名度又有美誉度的媒体和企业，建立校外实践教学基地。每个基地都遴选、聘请了数位政治强、业务精、作风优良、有责任心的业界精英担任学生的兼职导师。③用制度约束对专业实习全过程进行规范管理。从征集实习志愿，到确定实习单位、兼职导师，再到建立年级 QQ 群、实习中期检查，直至专业实习结束后的个人总结和班级、学院的总结、表彰大会，实现对专业实习的全程控制与跟踪。④定期举办实践教学基地建设座谈会或者论坛，实现与业界的深度互动、沟通。2008 年、2012 年和 2015 年，该院便成功举办了三届“实践教学与新闻传播人才培养”论坛，还多次在北京、武汉、长沙和广州召开实践教学基地建设座谈会，与业界领导和精英一道聚焦基地建设，共商中国特色新闻传播人才培养的应循之道，从而将学界和业界共建实践教学基地落到实处。

武汉大学新闻与传播学院制度化推进实践教学这一人才培养创新上的举措，不仅受到了学生的普遍欢迎，还得到了教育部及新闻传播学界和业界的充分肯定。2006 年教育部在武汉大学建立了国内新闻传播教育领域第一个国家级实验教学示范中心；2013 年“武汉大学-湖北日报传媒集团新闻传播学类文科实践教育基地建设”入选部属高校国家大学生校外实践教育基地项目（新闻传播院校首批 10 家）；2014 年“湖北日报实习实训基地建设”入选湖北高校省级示范实习实训基地项目（文科首家）。2014 年“制度化推进实践教学与新闻传播人才培养创新”获得国家教学成果二等奖（此前，该项成果在 2010 年获得武汉大学教学成果特等奖、在 2013 年获得湖北省教学成果一等奖）。

由强月新教授、周茂君教授主编的这部《实践教学与新闻传播人才培养创新研究》，便是过去十多年该院师生员工努力探索和辛勤耕耘的结晶。全书紧紧围绕着实践教学与新闻传播人才培养创新展开，从五个方面——培养理念与整体构想、教学体系与人才培养检讨、基地建设与专业实习、业界论人才需求和他山之石切入，设置了不同的栏目，分别做了深入、系统的探究，栏目与栏目之间既相对独立，又互相关联，构成一个完整的整体。

该书中既有对国内新闻传播学科培养理念与整体构想、教学体系与人才培养、基地建设与专业实习的研究，又有来自国内新闻传播业界最新的人才需求报告，还有对国外知名新闻传播院校课程体系、人才培养目标的深度分析，其中涉及的问题大都是当前困扰我国新闻传播教育界，并亟待解决的重要问题。论文作者大多为该院的在职教师，也有部分是国内其他高校的在职教师，还有一些则是长期打拼于新闻传播业界第一线的媒介精英和广告公司的资深高手。能够聚集如此众多的高校学人和业界翘楚，就实践教学与新闻传播人才培养创新这一主题展开研究和探讨，这在国内尚属罕见。所有这些都使该书具有较高的学术价值和极强的应用价值。

该书着眼于新媒体环境下实践教学与新闻传播人才培养创新，适应人才培养逐步由知识型向能力型转变的需要，将学校与业界、理论与实践、学生的课堂学习与课外实践结合起来，让学生尽快实现由学校到社会的跨越，实现由准新闻人、准传媒人到新闻人、传媒人的蜕变。我相信，该书的出版，能够给中国新闻传播教育界和一切关心中国新闻传播教育的人士带来有益的思考和启迪，从而一道为中国新闻传播人才培养创新出谋划策！我也期待着“有思想、负责任的新闻（传媒）人”不断涌现！

是为序。

罗以澄

2017 年 7 月

目　录

序 …………………………………………………………………… i

第一部分　培养理念与整体构想

模式与理念：实验教学与新闻传播人才培养思路 ………………………… 3
体系与创新：实验教学与新闻传播人才培养路径 ………………………… 7
我国新闻传播学博士生教育的问题与对策 ………………………………… 12
大学生媒介素养研究与对策 ……………………………………………… 18

第二部分　教学体系与人才培养检讨

新闻传播学科实践教学与人才培养三题 ………………………………… 27
从课程体系检讨国内重要新闻传播院校广播电视学专业教育 ………… 31
从课程设置检讨国内重要新闻传播院校数字营销教育 ………………… 43
从课程体系检讨国内重要新闻传播院校网络传播专业教育 …………… 52
媒介融合时代新闻传播人才培养模式探究 ……………………………… 63
国内部分新闻传播院校本科人才培养方案对比研究 …………………… 69
再议媒体融合时代新闻专业人才培养 …………………………………… 75
产业数字化转型背景下中国广告教育创新研究 ………………………… 81
论新世纪本土广告专业人才的竞争力获取问题 ………………………… 90
综合性大学平面广告设计的多媒体教学探讨 …………………………… 107
从“西方新闻媒介”课程演进看数字时代新闻传播学科体系的变革 …… 112
“新闻编辑”课程教学改革的实践与思考 ……………………………… 120

第三部分　基地建设与专业实习

坚持四个并重，创新实验教学 …………………………………………… 127
新闻传播学科本科专业实习的制度设置 ………………………………… 131
新闻传播专业实习模式及效果研究 ……………………………………… 137

新闻学专业本科生实习的现状与对策 ……144
广播电视专业创新性实践教学体系的构建 ……150
广播电视媒体实习成绩评定标准刍议 ……157
广告学专业主干课程实践教学平台建设研究 ……162
“互联网+”环境下新闻传播学科拟态实践教学模式的构建与实践 ……172
在知识建构中协同育人创新视听新媒体实训体系 ……180
数字传播时代广告学专业人才培养与实践教学创新 ……187
基于场景视角的广告设计实践教学的模式与路径 ……194
专业实习全记录：来自2014届本科实习的调研报告 ……199
专业实习全记录：来自2015届本科实习的调研报告 ……209

第四部分 业界论人才需求

中央级纸媒人才需求三题 ……221
从国家媒体视角探讨新闻人才的素质需求 ……226
媒体创新时代国家级杂志媒体广告人才战略的思考 ……231
我们需要什么样的新闻人才 ……236
媒体融合背景下传统广电媒体转型的人才需求 ……239
融媒体时代广播广告的制胜之道 ……245
新媒体环境下电视台对经营性人才的要求 ……254
新时期我们对广告专业人才的期许 ……267
新媒体时代广告公司的人才需求 ……271
内修整合心法，外练跨界招数 ……278
新媒体浪潮下广告公司人才发展新观念 ……282
浅谈新媒体环境下广告公司的人才需求 ……286
从雇主需求看新闻传播人才培养及实习实训 ……290

第五部分 他 山 之 石

从教学过程要质量 ……297
浅析美国伊利诺伊州立大学香槟分校的广告学人才培养体系 ……304
我在美国带中国的留学生 ……320
做有机知识分子：反思伯明翰当代文化研究中心的教育理念与模式 ……327
新闻教育向新闻传播教育的嬗变 ……341
独立与多元：日本高校的广告教育 ……355

日本广告职业教育刍议 ……………………………………………………365

附录一　大实践观打造“实习京广线” ……………………………………372
附录二　武汉大学新闻与传播学院：实践教学成人才培养的名片 ……………376

后记 …………………………………………………………………………379

第一部分

培养理念与整体构想

模式与理念：实验教学与新闻传播人才培养思路*

武汉大学新闻与传播学院　强月新

新闻传播学科包含的新闻学、广播电视新闻、广告学（含广告设计方向）、网络新闻传播和播音与主持艺术专业的实践性、应用性极强。实验教学在培养合格的新闻传播人才过程中扮演着越来越重要的角色，在本科生将知识应用于实践，将储备转化为能力，由准新闻人、准传媒人蜕变为新闻人、传媒人的过程中起着关键作用。武汉大学新闻与传播学院多年来重视实验教学，根据人才培养规律和人才市场的需求，在人才培养模式和理念等方面不断创新，取得了一些成绩，受到国内同行的广泛关注。

一、创新模式："厚基础、重实验"的新闻传播人才培养

长期以来，新闻传播人才培养逐渐形成了两种模式：第一，"重理论、轻实验"的综合大学人才培养模式。它立足于综合性大学的深厚文化底蕴，偏重基础理论与书本知识的传授，强调"厚基础"的重要性；尽管许多学校有"重实验"的提法，或者有"理论与实验并重"的宣传，但那不过是一时的应景文字罢了，一般很难将其真正落到实处（在教学环节中，实验课依附于理论课的做法很普遍）。第二，"重实验、轻理论"的新闻传播专门人才培养模式。它以一些专科性的大学为代表。这类高校以培养新闻传播专门人才为主，主张"重实验"，突出上手快、实践能力强，认为这种模式培养出来的学生能够很快适应社会的需要，更能得到用人单位的欢迎与青睐。尽管这类高校并没有完全忽略基础理论和书本知识传授，但这种传授方式在本科教学中所占比重不高或者有限，却是不争的事实。

上述两种新闻传播人才培养模式，既各具特色，又都存在明显缺陷。就综合大学人才培养模式而言，其偏重理论知识传授，相对忽视实验教学环节，容易造成培养的学生"后劲足但上手慢"的弊端，难以满足当前媒介市场对新闻传播人才"适应性强、实践能力出众、出活儿快"的需要。对新闻传播专门人才培养模式来说，这种培养模式确实可以在短期内让学生"上手快、实践能力强"，甚至

---

* 本文最早发表于《中国媒体发展研究报告》2012 年媒体卷。

符合用人单位对其动手能力的要求，然而由于过分强调“重实验”而相对忽略“厚基础”，就容易造成学生毕业走上工作岗位后的后劲不足。对一般的新闻传播专门人才而言，也许“上手快、实践能力强”的要求已经足够了，但是激烈的传媒市场竞争对新闻传播人才的要求，不仅是“上手快、实践能力强”，更需要他们具有深厚的文化底蕴和充足的发展后劲，需要两者完美结合的复合型新闻传播人才。在这种情况下，这种培养模式的不足就显现出来了。

那么，怎样才能培养出复合型新闻传播人才呢?答案只有一个，那就是依靠新闻传播人才培养模式创新。这种创新必须既有继承又有发展：所谓继承，就是要立足于上述两种新闻传播人才培养模式，对其进行“各取所长，避其所短”的加工改造，既注重“厚基础”，强调理论知识在完善学生知识结构和成才过程中的重要性；又主张“重实验”，突出实验教学在学生将知识应用于实践、将储备转化为能力过程中的关键作用；而发展则是开拓、创新，是将“厚基础”与“重实验”二者结合起来，探索出一条适合新闻传播学科和行业发展需要的新型人才培养模式。这样一种“厚基础、重实验”新闻传播人才培养模式在武汉大学新闻与传播学院人才培养方案中得到了充分体现：一方面发挥武汉大学学科齐全、人文底蕴深厚的优势，设计了学院通选课，努力夯实学生的基础理论知识；另一方面，学院在国内同类学科中率先开设了独立学分的实验课，完善了具有学科特色的实验教学体系，不断提高学生的实际动手能力。

二、革新理念：“一体两翼”与“大实验观”

要对新闻传播人才培养模式进行创新，首先就要在人才培养理念上创新，它是高校组织教学、转变人才培养模式的指导思想。只有人才培养理念转变了，才能带来人才培养模式的真正改变。近年来，武汉大学新闻与传播学院创造性地提出“一体两翼”、“大实验观”和“一切为了学生”的人才培养理念，并在这种培养理念的指导下转变人才培养模式，取得了突出的成绩。在培养理念的三大要素中，“一体两翼”是主体，起着统率作用，而“大实验观”和“一切为了学生”则是“一体两翼”的支撑和具体表现。

（1）“一体两翼”：所谓“一体两翼”，指高校新闻传播教育的中心工作和主要任务是“传授知识、培养合格新闻传播人才”，这个目标主要通过“两翼”——“夯实基础”和“提高能力”来实现。这种新闻传播人才培养理念，既突破了“重理论、轻实验”的综合大学人才培养模式的局限，又避免了“重实验、轻理论”的新闻传播专门人才培养模式的不足，强调“夯实基础”与“提高能力”的双轮驱动，通过“两个轮子一起转”来构建新型的新闻传播人才培养模式。

（2）“大实验观”：传统的实验观认为，实验课程是理工科专业的专属，文科特别是新闻传播学科是没有专门的实验课程的，即使有，也只有一些零星的、散见于专业课程教学中的实验环节。这其实是一种狭隘的实验观。“大实验观”则突破这种实验观的限制，赋予实验教学更为丰富的内涵，将专业主干课程实验教学、专业赛事、学生专业社团活动、学生暑期社会实践项目、大学生创新实验项目和专业实习等内容纳入实验教学的范畴，让新闻传播学科实验教学成为贯通“课堂、校园、媒体与社会”的整体实验观，展现出新型的新闻传播人才培养理念。实践证明，“大实验观”的人才培养理念符合学科特点和人才培养规律，已被兄弟院系广泛借鉴。

三、明确思路：“一切为了学生”

“一切为了学生”，就是将学生置于学校和院系工作的中心，一切工作皆围绕学生培养、学生成长而展开。它不是一句宣传口号，而是新型的人才培养理念的体现，更是创新型新闻传播人才培养模式的具体表现。“只要有利于学生知识的增长，只要有利于学生能力的提高，只要有利于就业率提升的事情，作为老师，我们一定会尽最大的努力给学生提供帮助。”这种以学生为本的教学培养理念成为学院老师的共识。《国家中长期教育改革和发展规划纲要（2010 — 2020 年）》提出“人才培养在高校工作中的中心地位”，显然“一切为了学生”是符合教育部关于高校办学的基本理念的。新闻与传播学院不仅提出了 “一切为了学生”这样的培养理念，更通过一定的机制将这种理念落到实处。第一，坚持本科教学工作的中心地位。随着高等教育不断地向前推进，坚持本科教学的中心地位是研究型大学面临的重大课题。新闻与传播学院一直将本科教学作为全院工作的重点。学院党政领导班子每年都要多次讨论教学工作，把教学工作列为常抓不懈的日常工作，放在学院一切工作的重中之重的位置。第二，制定具体政策，保证本科教学的优先地位。在教师及其他教学资源的利用上，本科教学优先；在教师评价上，本科教学的权重要重于其他工作；在教师晋升（职称、工资）上，实行本科教学工作一票否决制；用激励机制奖励在学生培养过程中做出了突出贡献的优秀教师和教辅人员。“一切为了学生”，用最朴素的言语，展示了教育工作者最无私的付出。这样的理念和机制，促进了新型的新闻传播人才培养模式的形成，促使人才培养更上新台阶。

在全院上下重视本科教学的背景下，2006 年以来，学院积极参与教育部本科教学质量工程建设，已成功申报 1 个国家级实验教学示范中心（2006 年，传媒类第一家）、1 位国家级教学名师（2008 年，本学科目前共有 2 位）、2 门国家级精品课程（2006 年新闻采访学，2009 年广告经营学）、1 个国家级特色专业建设点（2007 年新闻学）、1 个人才培养模式创新实验区（2009 年播音与主持艺术）、

1个国家级教学团队（2010年新闻学）。截至2010年，学院在教育部本科教学质量工程中获得的优质教学资源居同类学科前列。这些项目建设的推进，必将为学院人才培养模式的创新奠定更加坚实的基础。

体系与创新：实验教学与新闻传播人才培养路径*

武汉大学新闻与传播学院　周茂君

武汉大学新闻与传播学院在总结长期教学经验的基础上，依据新闻传播学学科特点和人才培养的规律，依托武汉大学新闻传播学国家级实验教学中心，搭建起多层级结构的新闻传播专业实验教学平台，并在此基础上构建专业实验教学体系，规范课堂实验教学环节，创新新闻传播人才培养路径，取得显著成效。

一、构建多层级结构的专业实验教学体系

新闻传播专业实验教学的多层级结构，以专业主干课程实验教学为基础，以专业赛事、学生专业社团活动、学生暑期社会实践项目等社会实践活动为扩充，以大学生创新实验项目为提高，以专业实习为创新。这样，就将上述丰富的实验教学内容，完全纳入实验教学的多层级结构之中，从而构建起新型的新闻传播专业实验教学体系。

第一层级：专业主干课程实验教学——新闻传播学科下属各专业都属于应用型专业，故而学院从“大实验观”出发，首先加强专业主干课程实验教学，并用它构建新闻传播专业实验教学体系的第一层级结构，它是整个专业实验教学体系的基础。在该层级，每个专业必须有3～6门专业主干课拥有课程实验教学，每门课程都有一定课时的实验教学时间，一般为该课程的1/5到1/3。从专业主干课程实验教学着手，增加实验教学在专业主干课程中的比重，有利于提高学生的实践动手能力。例如，新闻学专业的实验教学课程有“新闻编辑”“新闻摄影”，广告学专业有“广告策划”“广告经营”“广告媒体”，网络传播专业有“流媒体创作与应用实验”“Web视觉表达实验”“网页设计与制作实验”“网络动画设计与制作实验”“网络编程实验”“数字媒介工程实践”等。

第二层级：专业赛事、学生专业社团活动、学生暑期社会实践项目——这些社会实践活动是新闻传播专业实验教学体系的第二层级结构，它是整个专业实验教学体系的扩充部分。

---

* 本文最早发表于《中国媒体发展研究报告》2012年媒体卷。

（1）专业赛事：近 3 年新闻与传播学院各专业学生参加的专业赛事主要有新闻学院第一届“骄人新闻”大赛、武汉大学十佳主持人大赛、新闻先生新闻小姐大赛、齐越朗诵艺术节、时政案例分析大赛、“校园金话筒”主持人大赛、新生普通话风采大赛、武汉大学“模拟职场”精英挑战赛、中国大学生广告辩论大赛、全国大学生广告艺术大赛、康腾全国高校学生案例分析大赛、“挑战杯”全国大学生创业计划大赛和中国广告协会学院奖、时报金犊奖、The One Show 金铅笔广告奖等赛事，这些专业赛事均由教师进行指导，组队参加。

（2）学生专业社团活动：学生专业社团活动主要以系为单位，在教师的指导下，成立与专业有关的协会，编辑学生刊物，组织相关活动等，如推广普通话系列公益广告和宣传语的活动、广播电视艺术理论研究创新征文活动等。再如广告学专业就成立了广告人协会，编辑《尖峰》等大学生广告杂志，举办大学生广告艺术节等活动。在活动期间，邀请知名业界人士及学界专家举办讲座，在高校展出优秀广告等。

（3）学生暑期社会实践项目：学生暑期社会实践项目由教师指导，学生组队参加。此类项目以相应专业知识为依托，学生自行拟定项目进行申报，得到批准后，于暑假奔赴目的地进行调查研究，最后形成调查报告或论文并提交。

第三层级：大学生创新实验项目——它是整个专业实验教学的提高环节。大学生创新实验项目由教师指导，学生组队参加。项目分为国家级和校级，皆有一定的经费支持，学生按照项目要求进行实践调查并展开项目研究，最后形成调查报告或论文并提交。2008～2011 年，新闻与传播学院本科生成功申报国家级大学生创新实验重点项目 4 项、校级重点项目 3 项、校级一般项目 55 项，如“全媒体背景下的省级党报改版思路探索——以《南方日报》第八次改版为例”（项目主持人：许丹旸）、“微博谣言的传播规律与自我纠错研究”（项目主持人：陈雨）、“基础教育阶段的‘公民教育’实验——以罗田地区为出发点的调查”（项目主持人：李可欣）、“媒体融合背景下西方受众的媒介使用习惯发展趋势”（项目主持人：李鑫）、“3G 网络在大学生中的使用状况及传播效果”（项目主持人：周劲）、“全媒体背景下的‘微博’传播研究——以新浪微博为例”（项目主持人：朱懋）、“中日美英四国媒体关于钓鱼岛事件报道的比较分析与我国对外新闻传播的对策探讨”（项目主持人：冯大鹏）、“中国老字号品牌资产驱动模型的构建与应用——以武汉地区为例”（项目主持人：黄上国）、“基于 LBS 的网络应用于营销研究——以 90 后使用情况为例”（项目主持人：彭雨蒙）等。

第四层级：专业实习——它是整个专业实验教学体系的创新表现和最高层级，也是新闻传播人才培养模式创新性的总体展示。新闻与传播学院的本科生经过两年半的理论学习，到了第六学期开始走向报社、期刊社、电视台、广播电台、网站等新闻媒体和广告公司进行为期 4 个月的专业实习。这种专业实习既是对他们在校学习理论知识的检验，又是对其适应社会、适应环境、适应工作岗位等各方面能力的总检阅。

二、规范课堂实验教学环节

重视实验教学是新闻与传播学院的教学特色。学院从“大实验观”的理念出发，不仅建立了贯通实验实习的专业实验教学体系，而且建成了我国传媒类专业目前唯一的国家级实验教学示范中心——武汉大学新闻传播学实验教学中心。以此为平台，学院启动了创新性实验教学项目建设工作，在全国率先设立独立学分的实验课程，不断探索文科实验教学的改革和人才培养模式的创新。

与理工科相比，文科在传统上并不重视实验教学，也没有形成规范的实验教学内容、方法、手段，甚至在同一学科之内应该有哪些实验课程、项目，意见也并不完全一致。我们认为，对于文科类实验教学而言，规范是基础，创新是生命，二者构成了实验教学改革的主要内容。实验教学规范化不仅能为提高实验教学效果奠定基础，而且也为新闻传播学科实验教学管理提供保障。

第一，制订指导专业实验教学的规范性文件。这些文件把规范专业主干课程实验教学内容、方法与手段作为工作的重点，先后制订并完善了新闻与传播学院全程实验教学计划及学期计划（与理论课程互相衔接）、实验课程教学规程和实验课程考核与成绩评定办法，还借鉴理工科实验教学做法，统一印制了实验课程记录表格和实验报告，建立了较为规范、完整的实验教学档案室。

第二，设置独立学分的实验课程。在修订本科培养方案的时候，学院着眼于学生动手能力的提高，在全国同类专业中率先设计了独立学分的实验课程，改变了实验课依附于理论课的做法。目前，学院每个专业都有2～5门独立学分的实验课程，为提高学生实践动手能力提供了保证。新闻学专业有独立学分的实验课程为“摄影技术基础实验”（1学分）、“计算机辅助编辑”（2学分）、“电视摄像与编辑制作实验”（1学分）、“媒介调查与分析实验”（1学分）四门；广播电视新闻学专业为“广播编辑与节目制作实验”（1学分）、“电视摄像与编辑制作实验”（1学分）两门；广告学专业为“广告调研与统计分析”（1学分）、“摄影技术基础实验”（1学分）、“电脑图文设计实验”（1学分）、“素描与色彩”（2学分）、“平面广告设计实验”（2学分）五门；广告设计专业方向为“素描与色彩”（2学分）、“电脑图文设计实验”（1学分）、“平面广告设计实验”（2学分）、“摄影技术基础实验”（1学分）、“广告调研与统计分析”（1学分）五门；网络传播专业为“流媒体创作与应用实验”（1学分）、“Web视觉表达实验”（1学分）、“网页设计与制作实验”（1学分）、“网络动画设计与制作实验”（1学分）、“网络编程实验”（1学分）、“数字媒介工程实践”

（4 学分）六门；播音与主持艺术专业为“广播编辑与节目制作实验”（1 学分）、“电视摄像与编辑制作实验”（1 学分）、“形体训练”（1 学分）、“化妆与形象设计”（1 学分）四门。

第三，不断改进专业实验教学内容与方法。进入 21 世纪以后，社会发展迅速，信息技术日新月异，新媒体和新的传播手段不断涌现。在这种背景下，我们如果还墨守成规、不思进取，不改进专业实验教学内容、方法和手段，那么就会落后于时代和社会，最终被其所抛弃。为此，学院依托于武汉大学新闻传播学国家级实验教学中心，大力改进专业实验教学内容、方法和手段，取得了良好效果。例如，2007 年底，该中心在全院范围内征集传媒类创新性实验教学项目选题，经过申请人答辩、教授委员会讨论，最后确定资助 26 项，这些项目既有实验教学内容创新方面的，也有改进传媒实验教学方法与手段方面的，包括实验教学案例库、网络虚拟实验教学平台等。目前这些项目已基本结题并产出相应的实验教学成果。

三、创新新闻传播人才培养途径

新闻与传播学院培养的学生终将要走向社会，走进媒体和广告公司，因此业界发展现状及其对人才的需求成为师生们共同关心的话题。为此，学院主要采取下列措施，探讨新闻传播人才培养途径的创新。

第一，请业界精英进课堂、校园。聘请业界精英进入课堂和校园，是学院缩短人才培养与业界距离的重要举措。一方面，学院将一些操作性极强的课程交给业界精英去讲授，他们在内容的丰富多彩、案例的实际鲜活和操作技巧的灵活多样上，都会给学生带来惊喜。例如，播音与主持艺术专业就长期聘请湖北群艺馆国家一级编导唐静平主讲“形体训练”课程，聘请湖北人民广播电台高级记者何瑛主讲“广播编辑与节目制作”课程。另一方面，学院和各系定期或不定期地举办讲座，邀请业界高管或知名记者到学院做报告，介绍和讲解业界最新发展态势及对人才的最新需求。

第二，珞珈新闻与传播论坛开讲。为了加强与新闻传播学界和业界的联系，掌握最新业界动态和学术前沿问题，学院专门设置珞珈新闻与传播论坛，邀请学界顶尖学者和业界知名人士，前来奉献精彩讲座，与师生交流探讨。论坛每年开讲 20～25 场，已经成为学院对外具有号召力的品牌活动，许多著名学者和业界达人都曾到此演讲。例如，复旦大学新闻与传播学院知名学者童兵的演讲、凤凰卫视总裁刘长乐的演讲、广东省广告公司副董事长丁邦清的演讲等，都曾产生了巨大影响。

第三，两届高峰论坛召开。为了推动我国新闻传播学科实践教学工作，加快创新型人才培养，密切学院与新闻传媒界、广告业界和企业界的联系，并感谢实习接收单位多年来对本科专业实习的大力支持，学院分别在 2008 年和 2012 年举办了两届实践教学与新闻传播人才培养高峰论坛。包括人民日报、中央人民广播电台、经济日报、中国青年报、南方报业集团、羊城晚报报业集团、深圳特区报报业集团、深圳广播电影电视集团、新华社湖北分社、湖北日报传媒集团、长江日报报业集团、武汉市广播电视集团、湖北电视台综合频道、湖北电视台经济频道、湖北卫视频道、湖北电视台教育频道、湖北省广播电视总台综合新闻广播频道、网易、腾讯、淘宝网、大楚网等新闻媒体和广东省广告公司、广州蓝色火焰广告公司、广东致诚广告公司、北京互通国际广告公司等数十家国内顶级媒体的高层领导或人事部门领导与会并做了主题演讲，共同探讨实践教学与新闻传播人才培养大计，为新闻传播教育的未来提出了许多良策。两届高峰论坛的召开，密切了学院同业界的联系，在学界和业界都产生了广泛影响，同时每四年举行一届这种常态化的制度安排，在同类兄弟院校中尚属首次。

我国新闻传播学博士生教育的问题与对策*

武汉大学新闻与传播学院　罗以澄

博士生教育是当代国际上公认的正规高等教育的最高层次。博士生教育的质量和数量是衡量一个国家高等教育发达程度和文化科学发展水平及其潜力的一个重要标志；它不仅关涉一个国家人才培养的整体质量，而且影响到一个国家科学创新能力的储备与民族文化的传承，以及与之相关的学术声誉与民族形象。

我国新闻传播学科的博士生教育始于1985年。该年，中国人民大学、复旦大学开始招收第一批新闻学博士生。直到20世纪末，我国先后有中国人民大学、复旦大学、中国传媒大学、武汉大学四所高校和中国社会科学院拥有新闻传播学科的博士学位授予权，共设置了新闻学博士学位授予点5个、传播学博士学位授予点3个。在这15年间，我国新闻传播学博士生教育一直在稳步发展，培养了一批活跃在新闻传播学术界的出色人才，产生了一批优秀的学术成果，同时也积累了一定的新闻传播顶尖人才的培养经验。进入21世纪后，在全国高校新闻传播教育快速发展、重点建设研究型新闻传播学教育体系的要求在许多高校日益高涨的形势下，经过国务院学位委员会新闻传播学科评议组的两次评审，又先后有清华大学、华中科技大学、北京大学、四川大学、南京师范大学、暨南大学、浙江大学、上海大学、厦门大学和解放军政治学院十所高校获得了新闻传播学科的博士学位授予权，新增设新闻学博士学位授予点6个、传播学博士学位授予点7个。应该说，经过这两次评审，我国新闻传播学博士生教育有了一次整体规模的推进，打造了一个更宽广的高层次新闻传播人才的培养平台，形成了竞争与合作的整体态势；对于新闻传播学博士生教育来说，这可谓是一次大的跃进。

然而，毋庸置疑的是，数量的增长、规模的扩大并不必然带来新闻传播博士生教育质量的提升。尤其是在今天全国高校新闻传播教育整体规模迅速扩张的背景下，更应该冷静地对其最高阶段的博士生教育进行审慎规划、科学布局和系统建构，将其作为一个关系新闻传播学长远发展的大计，进行具有战略性和基于科学发展观的探讨。

---

* 本文最早发表于《西南民族大学学报》(人文社科版)2008年第1期。

一、新闻传播学博士生教育存在的主要问题

我国新闻传播学博士生教育的30来年的历史与其他学科相比时间并不长，因此，其一直处于摸索和尝试阶段。加之近些年来，随着教育环境的急剧变化及教育目标和体系的不断调整，新闻传播学博士生教育在发展的同时，也就不可避免地出现了一些不容忽视的问题。

首先，对博士生教育的目标定位不够明确。如前所述，博士生教育是正规高校教育的最高层次。这一层次的教育是将一个学科的知识体系与学科方法进行综合性传授和深入积淀，并培养学生站在学科前沿和尖端，通过具有创新性和开拓性的研究产生具有学术性和实践性成果的过程。这一具有普遍性的指导原则，应用于不同学科，就需要针对本学科发展的要求和现状，对自身的目标定位做出准确而清晰的界定。众所周知，相对于其他人文社会科学，新闻传播学科有着自身的独特性：它深深植根于人类对新闻传播业的需要和理解之中；它既融合其他学科的知识和理论，又与实践有着十分紧密的联系。也正因为这一独特性，新闻传播学博士生教育在开创时，还曾一度被认为没有必要，也被质疑到底要培养什么样的人才。这正说明了中国新闻传播学博士生教育面临的定位问题。传统上认为，博士学位是精英性、研究性学位，是为从事学术工作或一些领域的应用研究工作做准备的。然而多年来，有为数不少的新闻传播学博士实际上主要从事一般的教学工作和新闻传播实务工作，而在自己的专业方面做的研究工作并不多。特别是近些年来，随着众多业界人士纷纷攻读博士学位，博士学位的传统目的（为研究进行训练）和实际用途日渐分离，已是不争的事实。新闻传播学博士生教育究竟应该培养什么样的人才？新闻传播学博士生教育的专业化究竟如何体现？新闻传播学博士生的社会美誉度怎样？如何将博士生教育与新闻传播界的整体发展相联系？对这些问题，新闻传播学博士生教育理应做出系统的、建制化的回答。

其次，博士生教育模式尚不够清晰和稳定。与博士生培养目标定位的不确定相应的是，新闻传播学的博士生的培养模式还缺乏科学和深入的界定。目前一些新闻传播院校的博士生培养方案基本上沿袭其他学科的模式，缺少对新闻传播学学科特点，以及本学科需要掌握的知识及方法的全面探讨，因此难以制定出针对自己学科特点的人才培养方案。比如，博士生的入学门槛应该如何设定？是重在考察其学识和科研能力，还是重在考察其一般专业知识和外语水准？博士生学习期间应该掌握什么样的知识体系和方法论？应该开设哪些必需的课程？博士生的课程学习与学位论文怎样衔接？博士生教育应该采取欧洲式的教授与学生一对一式的传授方式，还是采取像美国博士生培养中的集体培养方式，或者采取其他科学有效的方式？博士生要不要实行淘汰制？如何淘汰？在明晰新闻传播学博士生教育模式时，对这些问题必须做出科学的回应。但遗憾的是，由于经验的不足、

认识上的错位，加之我国教育制度安排上的原因，致使一些高校的新闻传播学博士生教育模式存在着比较严重的随意性和不规范的现象。比如，一些很有科研素养和潜质的考生，仅仅因为英语分数不够便被拒之博士候选人门外。再如，有的院校对博士生教育规定课程的学习重视不够，课程如何设置、教师如何教、学生如何学，都无“一定之规”，结果课程学习往往未能达到帮助学生获得从事研究工作、准备学位论文所必需的宽广深厚的学科基础知识的效果。还有，对于博士学位论文开题之前的资格考试或综合性考试应该如何把好关，有的院校也无明确的要求和规则，结果造成在培养过程中对博士生的学习效果和质量缺乏刚性的制约和监督机制，博士生只要进了“门”一般都能拿到博士学位。

再次，一定程度的浮躁之风对博士生教育造成不良影响。这一方面表现在近些年随着招生规模急剧扩张，师生比例失调，师少生多，导师投入每个学生身上的时间和精力减少，学术互动和交流受到影响，博士生教育的质量呈现出下滑之势。另一方面表现在培养目标上，不注重鼓励博士生具有扎实深厚的理论功底、宽广的学术视野和熟练到位的研究方法，而是以发表论文数量等硬指标为指针，使得学生在学习期间将凑足文章的发表数当作主要学习内容。再一方面还表现在对博士学位论文的把关不严，由于每年毕业生数量增加，在开题、答辩等环节，对博士学位论文的要求有所下降；加之学风不正、道德失范，致使弄虚作假、剽窃等现象在博士学位论文写作中也时有发生。

最后，博士生教育缺乏学术创新性和创造性。博士生教育的价值在于培养具有创造性的人才，产生具有创造性的智力成果。因此，检验博士生教育成效的主要标准，应该体现在博士学位论文的水平上。学位论文是博士生教育计划的核心要素，其必须是创造性的研究，以对学科的建设与发展有独特的贡献。然而，实事求是地说，目前有些高校对此还缺乏足够的认识和高度的重视。其具体表现是：①一些博士论文的选题或过于陈旧，或过于空泛，或流于琐碎，或流于炒作，而不能把握当前学术前沿，参与学术对话；②一些博士论文的前期资料积累不够扎实，因此不能针对最具价值的切入点进行广泛而深入的探讨，论述流于粗放；③一些博士生对所需了解的相关领域的知识涉猎不广、基础不牢，因此在论文撰写过程中常常捉襟见肘， 不能做到理论和方法运用娴熟有序；④一些博士生在批判性、创造性等方面的训练不够，造成思考的力度不深、对相关问题的挖掘和解决不力。这些都造成了一些论文仅成为资料的简单梳理，即使有的选题具有新意，但由于研究功力不足，无法创造出具有创新性和学术价值的研究成果。

二、新闻传播学博士生教育的几点建议

新闻传播学博士生教育存在的上述问题，有的是新闻传播学科发展历史较短，

对学科规律和博士生教育规律相结合的一些根本性问题缺乏系统深入的全面整合和思考所致，有的是教育制度设计上的欠缺所致，也有的是社会和教育所面临的大环境的冲击所致。因此，笔者认为，要解决这些问题，要使我国新闻传播学博士生教育得以可持续发展，为社会输送真正优秀的高层次人才，新闻传播学教育自身应积极借鉴国内外博士生教育的经验，针对新闻传播学的学科特点和中国新闻传播学教育的特殊规律，结合人才需求与社会实际，整合教育资源，走出一条真正合乎科学的新闻传播学博士生教育之路。

第一，科学界定新闻传播学博士生教育的内涵。大学的“教育理念是人们对大学精神、性质、功能和使命的基本认识，是对大学与外部世界诸元素之间关系的规定；它是大学内容管理及运转的理性认识基础”。[①]大学的新闻传播教育作为一项专业性的教育，理应如台湾著名新闻传播教育家郑贞铭所言，“在技术学习之外，史要探讨理论、从事研究，以期建立一套严谨的理论体系，才能在高等学术殿堂中树立起应有的地位”。[②]为此，对于新闻传播学科高层次人才的培养，既要注重对其学术视野宽广度的拓展，又要使其具有较强的专业性；既要使其具有较深厚的学养造诣，又要让其关注学科前沿和现实的新闻传播实践，注意解决理论与实践问题，具备很强的科学研究能力。这种人才应是其他学科培养不出来的，且在学术素养和科研上有自己的特色和专长。新闻传播学博士生教育的目标与方向，理应锁定在培养这样的专业人才上，着力为高校和科研机构造就优秀学者。

为了提高新闻传播学博士生的学术素养与科研能力，新闻传播学博士生教育必须科学规划博士生的课程学习，并加强对其在阅读、读书笔记、专题讨论、研究方法等方面的训练和提高。近些年来，武汉大学新闻与传播学院在博士生教育上十分注重专业基础课程的学习。该院的博士生课程一般分为两类，即知识类课程与研究类课程。

前者以专业知识的系统掌握和融会贯通为目的，既有广度，又有深度，并有相关研究成果的最新信息。课上还提供详细的阅读书目，要求博士生写读书报告，培养其欣赏和批判专业学术著作的能力。后者的目的是通过边学边做（研究），以培养和训练博士生从事研究和写作的综合能力。在课上，博士生们围绕一个专题进行思考、讨论、研究。这样，不仅训练、提高了博士生的研究和写作能力，更重要的是营造了一个现实的专业研究者的工作环境，教会了博士生如何进行批判性的思考、如何遵循学术规范、如何使用各种研究资源、如何设计研究题目、

---

① 韩炼. 面向全球化的中国新闻教育改革. 现代传播——中国传媒大学学报，2004（2）：100-102.

② 程道才. 论新闻传播教育的基本特点. 广州大学学报（社会科学版），2003，2（3）：86-88.

如何解读原始资料，以及如何回应他人的批评和建议。这种训练实际上是一个铸造学术文化或学术习性的过程。

此外，为了提高新闻传播学博士生的学术素养与科研能力，还应制定相应的培养模式，对思想道德教育、课程设置、综合考试内容和方式、论文开题时间和形式、博士论文的学术规范等，制定出切实可行的、符合自身特点的方案，并严格实施。

第二，控制规模，严进严出，打造新闻传播学博士生教育的品牌效应。新闻传播学博士生教育的平台随着多家高校新闻传播院系的加入而变得更加宽广了，这同时也意味着博士生的数量和规模必将比以前有较大的增加。在这种情况下，更应该注重维持新闻传播学博士生教育的质量，共同为提高教育成效、培养顶尖人才而努力。针对目前社会上对新闻传播学博士生还缺乏广泛的认可和美誉，以及新闻传播学博士生的整体效应发挥尚未达到理想程度的情况，武汉大学新闻与传播学院在博士生的招生、培养、资格考核、学位论文答辩及学位授予上，比较注意通过制度建设严把质量关。一是控制招生规模。武汉大学新闻与传播学院截至 2007 年底有博士生导师 15 人，每年报考的博士生人数达到三四百人之多，但招生人数一直控制在 30 人左右，平均每位博士生导师招收 2 人。二是提高博士候选人门槛。这主要是借助资格考核（综合考试）和学位论文的开题报告两个环节，实施筛选、淘汰，以保证德才兼备的合格人才进入博士候选人行列。三是严格规范学位论文的答辩和学位授予。这主要通过学位论文双盲评审、校内外专家的集体评审及学位公示等举措，保证每个博士学位获得者都是符合标准的优秀人才。近些年来，武汉大学新闻与传播学院每年只有不到 10 位博士生获得博士学位，占当年招生人数的 1/3 左右。

第三，重视博士生导师及指导团队的综合素质要求和能力考核，确保博士生教育师资队伍的素质及其指导教育真正发挥应有的作用。博士生导师及其指导团队在招生、培养学生及博士论文答辩等方面较其他层次的教育具有更大的权限，因此要重视博士生导师人选的遴选，重视其人格塑造和师德垂范；同时要引导、促进博士生导师在博士生课程教学、科学研究、论文把关等方面加大指导力度，鼓励导师与学生经常交流、沟通。武汉大学新闻与传播学院对博士生导师所进行的遴选和考核，包括学术水平、道德素养、敬业态度、组织能力及待人处事等方面的内容；与此同时，还十分注重将学生的成才与导师的责任感、信誉、综合素养联系起来，注重维护导师职责的神圣性和荣誉感。

第四，实行差异化竞争与合作，实现博士生教育的多元化。在博大精深且具备批判精神、创新能力和实践能力的整体素质要求下，各院校新闻传播学博士学位授权点应彰显自己的特色，根据自己的学科优势和特色有侧重地培养博士生，使其成为该领域和方向的顶尖人才，从而促进人才与学科前沿接轨。这不仅要体现在博士学位论文的选题和创新性上，而且应系统地体现在博士生培养的各个环节上。目前与其他人文社会学科相比，新闻传播学的整体发展水平并不高，高质量的学术研究成果、学养深厚的优秀人才并不充裕，因此博士生教育更应成为促进新闻传播学学科发展和高层次专业化人才辈出的舞台。

第五，确保博士生教育的经费投入，开拓多元化经费筹措渠道。要发展就要有投入，博士生教育要加大经费投入，尤其是在学术研究及优秀人才与成果的奖励上，更应有足够的经费支撑。随着高等教育大众化的实现，高等教育的资助渠道必将越来越多样化，对此，我们要注意积极争取，大力开拓、吸纳。近年来，武汉大学新闻与传播学院除了通过课题申报及争取政府和学校拨款外，还十分注意与相关传媒、产业合作，拓展经费来源。目前，全院博士生导师的科研经费平均每人每年在 8 万元以上。

总之，在今天新的人文社会科学革命和高等教育大众化的时代，为了使新闻传播学博士生教育发展成为一个培养有创造力的优秀学者的有效途径，应着力完善其基本结构，扩展其必需的学科知识，力求达到教学质量优秀且研究设施、成果先进，从而便于其在规模增加的基础上尽快建立并完善有自身特色的多样化、高质量的学术体系。

大学生媒介素养研究与对策*

武汉大学新闻与传播学院　罗以澄　黄雅堃

一、绪论

大学生是中国社会的一个特殊群体。其特殊性体现在三个方面：第一，他们是优化中国社会阶层结构的生力军，正在发展之中的我国社会中上阶层，主要从在校大学生之中产生。第二，他们是大多数传统大众传媒将来的、潜在的目标受众。第三，他们是新兴网络媒体的核心受众。在今天的后喻文化时代，大学生群体的特殊性决定了他们对大众传播媒介与社会发展的影响不可限量。因此，我们必须研究和分析大学生群体的媒介认知、媒介评价和媒介期待。

媒介认知指受众对于媒介的推测与判断的过程。其在知识层面，包括对于大众传媒在日常生活中的重要性、媒介角色、媒介组织、受众权利的推测与判断；在媒体本质层面，包括对媒介的运作机制、传播功能的认识与了解等。媒介评价，指受众对于大众传播媒介是否满足自己需要的价值判断，包括对于媒介内容的理解与价值高低的评判。从理解层面看，对于媒介内容（栏目、节目等）的记忆、熟悉程度是评价的基础；从价值高低的评判层面看，大学生受众对于媒介内容优劣的评判、喜好的选择等是评价的显性表征。媒介期待，指受众希望媒介满足自己的信息传播需要，以及满足哪些方面的需要的主体要求和期望。大学生受众阶层对于媒介的认识与了解、推测与判断，对于媒介内容的理解和优劣评价、喜好选择，以及对于媒介的要求和期望，均属于本课题的调查研究范围。

为此，教育部哲学社会科学重大课题研究攻关项目“新闻传媒发展与建构和谐社会关系研究”课题组，在 2007 年 7～8 月，委托四川大学新闻与传播学院、西北大学 MBA 教育培训中心、暨南大学新闻与传播学院、上海大学影视艺术学院、武汉大学新闻与传播学院、中央财经大学新闻传播学院及中央电视台等机构的工作人员，选择大众传媒业比较发达的东、中、西部 6 个代表性城市上海、北京、广州、武汉、成都、西安，进行了大学生的大众传播认知调查，形成了研究结果，并且针对调查中发现的问题，提出了对策和建议。

---

* 本文最早发表于《当代传播》2009 年第 5 期。

二、全面提升大学生群体媒介素养的建议和对策

以社会与媒介的双重转型发展为契机，全面提升大学生群体的媒介素养，是我们提出的建议和对策的核心观点。这是由大学生群体在中国社会所处的地位及其媒介接触、媒介评价、媒介期待的特征与我国媒介发展的现实等几个方面的因素决定的。第一，大学生群体在中国社会所处的地位十分特殊。大学生群体成长于今天，却代表着未来。他们是一个在转型社会中急剧成长的未成型群体，是一个能够用新的视野观察、思考、批判、创新的群体，这一群体将成长为具有享受权利、承担义务的意识与能力的现代公民。第二，他们的媒介接触行为、媒介认知和媒介期待在总体上呈现出一定的矛盾性特征。他们钟情于网络，但并没有把互联网作为获取新闻资讯的首要途径；他们接触媒介的时间长、途径多，但获取信息的能力不强；他们接触媒介信息的范围广，但对信息的分辨、筛选、利用能力不强，对污染性信息的抵抗能力不强；他们反对新闻的娱乐化，但也是娱乐化新闻最大的消费群体；他们渴望媒介公信力的提升，但又不理解媒介的权威性与世俗权力的权威性的区别；他们呼唤传媒的人文关怀，反对传媒歧视，但又不能认识到媒介对“四有新人”（有点权、有点钱、有点品位、有点闲）的追逐正是歧视的开始；他们意识到了数字化浪潮将带来传媒的革命性变化，但又对数字媒介对于传统媒介的替代徘徊、观望；他们认识到了数字游戏对于健康成长的不利影响，却又把它当作主要的休闲娱乐工具；他们肯定新闻媒介在构建和谐社会过程中的巨大功能，但又看不见在今天的制度环境中新闻媒介发展的举步维艰；他们有较高程度的媒介依赖，但又对媒介社会装置及其运行的了解浮于表象。第三，媒介的发展需要培养公民型受众。我国的媒介正在建构新型的公民与媒介的关系，促进中国社会整体迈入媒介化社会。新型的媒介与受众关系的形成，将在很大程度上取决于目前大学生群体的媒介素养。因此，全面提升大学生群体的媒介素养，在今天显得尤为重要。从全国来看，目前针对非新闻传播专业学生的媒介素养的教育尚处于学生自发的状态，这一现状并没有得到实质性改变，[①]高等学校的媒介素养教育亟待拓展。全面提升大学生的媒介素养，拓展我国高校的媒介素养教育，使当代大学生成为自由自觉的阅听人、积极主动的传播者、公共议程构建的参与者、传媒接近权的实现者、媒介监督的接受者、媒介化社会的优质公民，至少需要从以下三个基本方面展开媒介素养教育的探索。

---

① 所谓“媒介素养的自发状态”，是指“大学生不是通过科学的媒介理论指导以及系统的训练获得媒介素养，而是在日常媒介接触经验的基础上，通过个人的直觉感悟来培养自身的媒介素养”。鲍海波等. 象牙塔里看媒介——西安大学生媒介素养现状调查，新闻记者，2004（5）。

（一）更新大学生群体的媒介观念

在与我国的社会转型互动共生发展的过程中，我国的新闻媒介正在发生数字化转型、市场化转型、民本化转型。这就需要对包括大学生群体在内的公众的媒介观念进行更新，要充分认识媒介的三大转型所带来的新趋势、新发展，以形成科学合理的接触、解读与利用媒介的素养基础。

第一是认识媒介的数字化转型。信息技术的创新、传播与扩散，直接而剧烈地引发了新闻信息传播与媒介发展的数字化转型。仅仅从新闻传播的方面来看，数字化时代将呈现七大趋势。①传播活动网络化。互联网的发展和普及，不仅仅对新闻信息传播的所有环节产生了广泛而深刻的影响，而且为新闻信息传播提供了新的基础平台。这既从宏观上改变了传统的传媒格局和传播生态，又从微观上改变了新闻信息传播机构的运作方式。②传播渠道复合化。不仅各类信息的传播渠道越来越多，而且不同形态的传播渠道相互融合。尤其是电视、通信、网络的“三网合一”工程的推进及媒介的数字化转型和融合，使信息传播渠道日益复合化、整合化。③传播主体多元化。除了一般意义上的媒体及媒介集团之外，目前值得关注的传播主体还包括各类专业信息机构、民营传媒产品生产企业、电信运营商、广大的个体网民。截至 2008 年年底，中国网民规模达到 2.98 亿人，较 2007 年增长 41.9%，互联网普及率达到 22.6%，略高于全球平均水平（21.9%）；中国网民使用宽带接入互联网比例达 90.6%，即 2.7 亿人使用宽带访问互联网，较 2007 年增长超过 1 亿人；使用手机上网的网民达到 1.176 亿人，较 2007 年增长一倍多；中国网站总数达到 287.8 万个，较 2007 年增长 91.4%，是 2000 年以来增长最快的一年。[①]网民规模的剧增和新媒体的发达，已经使网络舆论成为影响社会生活的重要力量。④受众和市场的碎片化。在这样一个分众传播的时代，无限增长的媒介资源正肆意地争夺有限的受众注意力资源，受众裂变为基于不同兴趣与需求的碎片。与之相适应，传媒市场也从过去的整体市场细分成各层次的分众市场。⑤产品形态多媒体化。今天的新闻信息的采集、发布和互动，可以通过文字、图表、视频、音频动画等介质进行全方位、多层次、适时互动的多媒体表达。网络媒体、IPTV、手机媒体、楼宇媒体、电子杂志、电子阅读器等新媒体都可以展示多媒体形态的新闻信息。⑥信息流通的全球化。地球已经被各种传播网络层层包裹，新闻信息跨国界传播、受众对国际新闻信息需求量增大、境外新闻传播机构加紧向中国市场渗透等，成为信息流通全球化的重要表征。⑦传播机构形态两极化。在数字技术的作用下，新闻信息传播机构的功能、类型与形态也在发生结构上的变

---

① 中国互联网信息中心. 第 23 次中国互联网发展统计报告. http://www.cnnic.net.cn/[2009-02-15].

化，一方面部分机构成为面向大众市场的综合性全媒体集团，而另一方面部分机构则成为面向分众市场的小型新闻信息传播机构。

第二是认识媒介的市场化转型。改革开放30多年以来，我国的新闻媒介在市场化的轨道上产生了很大的变化。主要是新闻传媒业的身份变了。在这30多年中，我们的传媒业先后经过了三次身份改变：第一次是1978年由《人民日报》等多家首都新闻单位提出要试行“事业单位企业化管理”，得到了中央的认可，并在全国传媒业中推广。这次身份改变，就是允许传媒业这类事业单位可以有一部分搞企业化管理。第二次是1992年6月，中共中央国务院发布《关于加快发展第三产业的决定》，正式将报刊经营列入第三产业，允许媒体一部分实行商业化运作；2001年8月，中央又颁布了《关于深化新闻出版广播影视业改革的若干意见》，明确将传媒业中的发行集团和电影集团等的定位从事业性质变为企业性质。第二次身份改变，就是允许传媒业从整体上实现事业性质和企业性质两种身份共存。第三次是2003年，中央先后出台了两个文化体制改革的试点文件，一个是《文化体制改革试点中支持文化产业发展的规定（试行）》，另一个是《文化体制改革试点中经营性的文化事业单位转制为企业的规定（试行）》，进一步将党报、党刊这样一些核心媒体的宣传业务和经营业务分离开来，经营部分另外组成企业集团。第三次身份改变就是允许党报、党刊也实行事业性质和企业性质两种身份共存。这样，我们现在的传媒业都普遍实行了“一媒两制”，既是事业单位，又是企业单位。

第三是新闻传播的理念、观念改变。市场化转型给新闻传播理念、观念带来最为明显的变化是，注重媒介的目标消费群体的信息需要的满足；新闻产品的商品性显现，传媒的娱乐功能开始释放。随着传媒业的市场化转型，新闻信息的接受者已经由原来体制下的受众，演化成市场经济体制下的新闻消费者。由此，新闻产品的商品性开始显现，“争夺眼球”成了众多传媒市场竞争的主战场。这突出表现在新闻可读性、可受性增强的同时，也出现了这样几个倾向：一是重大新闻事件报道的故事化、戏剧化；二是文化娱乐报道的作秀化；三是社会新闻报道的煽情化。

第四是新闻传播实务在运作上也开始发生变化。新闻的价值取向由宣传灌输向既提供事实又提供认知世界的方法论转轨；受众定位由无视受众向注重目标受众转轨；媒介的行为方式由宣传政策向内容为王再向产品为王转轨。另外，传媒产业的经营方式也发生变化。由过去国家“包养”变成自己到市场上谋生路、去打拼。这样，各种各样的市场化经营手段和运作方式在传媒业中得以流行，如打价格战，挖人才，组建集约型的传媒集团，实施跨媒体、跨区域经营，进入资本市场搞上市，“走出去”与国际市场竞争等。总之，传媒业的市场主体角色越来越强化。

第五是认识民本化转型。所谓民本化转型，强调的是媒介角色从过去单一的党的喉舌向国民信息传播工具的转型。这一转型表现在：①尽管现在我们的传媒依然接受执政党（政府）的新闻宣传思想指导，但同时也强调以受众为本位的新闻报道理念。②媒介的总体结构由党媒、市场化媒介、公共媒介等不同类型的媒介构成，媒介已经成为一种重要的公共力量。③新闻传播的运作注重社会公众的知情权的实现。尤其是近几年来新闻传媒对诸如广州孙志刚事件、沈阳黑社会头目刘涌事件、重庆最牛钉子户事件、江苏太湖的蓝藻事件、山西黑砖窑事件、陕西的虎照事件及四川汶川大地震、北京奥运会等新闻事件所做的透明化报道，就是新闻专业主义开始张扬的结果，同时也显示了中国新闻传媒宏观政策的价值重心正在逐步地向满足民众的信息知情权、最大限度地保障民众在社会生活中的意见表达权的方向转移。④新闻报道平民化倾向彰显，传媒的亲民形象日趋鲜明。⑤网络互动新闻的崛起。以网络的论坛、博客、播客、相册、圈子等为媒介的网民个人新闻传播，正日益影响着新闻传播活动和社会舆论的生成与发展。新闻网站及其网络论坛、博客、播客、相册、圈子等网络媒体所释放的巨大的新闻传播能量，已经成为巨大的媒体力量。传媒的民本化转型，使之逐步回归社会公器的本性。

（二）构建大学生媒介素养教育的科学内容体系

所谓大学生媒介素养教育的科学内容体系，可以从如下三个基本点上体现出科学性。

首先，能够有效地引导大学生所面临的媒介生活，并有助于他们自主拓展媒介素养。当前媒介已经渗透到我们生活的全过程。“媒介已经完全渗透到我们的日常生活当中。以致我们经常感觉不到它的存在，媒介对我们产生的影响就更不在话下。媒介向我们传递信息，给我们提供娱乐，使我们兴高采烈，让我们烦恼困惑。媒介改变我们的情绪，挑战我们的知识，侮辱我们的理智。媒介经常把我们变为最高中标者的廉价商品。媒介给我们下定义，为我们塑造现实。”[①]而从一个大学生的视角来看，“早上去上课的路上总是听着MP3，即便教室离寝室也就10来分钟的路程；课上，用U盘拷贝笔记或者用录音笔录下老师上课的一字一句；朋友在一起喜欢用手机拍照；为了每天更新网络日志的需要，数码相机成了必备的‘武器’；寝室的电脑，不是查阅学习资料就是播放着热门的韩剧；到了晚上，完成图文并茂的网络日记，回复评论成了习惯……自己无法想象没有了这些数码产品的生活会是怎样。就好像有时忘了带数码相机出门，就会懊恼不已，觉得丢

① [美]斯坦利·J·巴伦．大众传播概论：媒介认知与文化．中国人民大学出版社，2005：5.

失了一次记录自己生活和心情的机会”。[①]这是一个大学生作为新媒介的使用者的日常媒介生活自述。如何科学地认识媒介、积极地选择和接触媒介、有效地使用媒介构成了大学生在媒介化社会中基本的专门能力之一。

其次，与中小学的媒介素养教育形成整体合力。媒介素养作为公众接触和使用媒介的素质和能力，并不是一朝一夕或者某一个阶段的教育能够毕其功于一役的，它需要从娃娃抓起，从人的成长阶段的最初环节开始，同时在每个教育阶段完成层次递进的教育目标。针对大学生的媒介素养教育，在内容与目标上，应该与幼儿园和小学阶段（儿童时期）、初中阶段（少年时期）、高中阶段（青年前期）既相互衔接，又各有侧重，循序渐进，形成整体。如果说，幼儿园与小学阶段的重点在于培养学生了解与识别媒介，区别事实与虚构、广告与新闻，对媒介进行认知启蒙的话，初高中阶段的重点则侧重于接触媒介、解读媒介，培养学生如何看电视（读报纸、听广播、上互联网）的能力，并能够对媒介信息提出质疑，能够评估并管理自己的媒介接触行为，培养他们能够分析、判断并批判地接收来自各类媒介信息的能力。而大学时代的媒介素养教育，既需要整合此前各阶段的接触媒介、解读媒介的素养，又需要培养学生使用媒介、实现自身的媒介权益的能力。

最后，有助于不同类型大学生的层次和专业个性发展。可以参考美国、英国等发达国家的高校媒介素养教育的思路，组织相关专家制定《中国高等教育媒介素养能力标准》，以此为目标形成《高等学校媒介素养教育教学大纲》，作为编写媒介素养教材的基本依据，完成科学的大学生媒介素养教育内容体系的构建。在媒介素养教育的内容确定以后，除了通过开设必修课、选修课，举办讲座等常规教学手段外，还需要进一步探索实施媒介素养教育的新方法、新手段。

（三）开拓大学生媒介素养教育的媒介实践途径

媒介素养教育并不是一种仅仅依靠学校教育就可以完成的教育，而是一种多边、多因素的教育关系，需要建构学生与家庭、媒介从业人员、教师等多边的关系。其中，家庭媒介素养教育固然重要，但与大学生自身的媒介环境密切关联的媒介实践的教育具有学校的课堂教育所不可替代的功能。拓展大学生媒介素养教育的媒介途径，至少有三个方面的延展走向。

首先，设立以大学生为目标受众群体的大众传媒。大学生受众群体因为购买力较弱难以成为面向市场的大众传媒的目标消费群体，因而除了《大学生》等极少数面向大学生的杂志，以及校内网等极少数网站以外，目前面向大学生群体的大众传媒十分缺乏。国家应该在上海、北京、武汉、广州、成都、西安等高等教

① 参见《文汇报》，2006 年 1 月 26 日，第 11 版。

育发达地区，设立一定数量的面向大学生群体的公益性报纸、广播、电视和网站，以大学生群体的信息需要作为内容定位的主要根据，以大学生的生活、观点作为主要的传播内容，满足大学生现实性、权威性、国际性、娱乐性的信息需求特性。

其次，拓展校园媒介的素养教育途径。校园内的广播、电视、报纸、杂志、计算机网络、网站等小众媒介资源，以其信息贴近学生、目标受众集中、接触频率较高等优势，构成了大学生的日常生活媒介环境。拓展这一媒介素养教育渠道，既可以普及媒介知识、营造媒介素养教育的氛围，又可以让大学生成为媒介实践活动的主体，开展各类传播实践活动，还可以为相关媒介方面的学生社团等提供交流沟通平台。

最后，优化公共性大众传媒的内容，增设媒介素养教育的板块。对大学生等成年人开展媒介素养教育，不仅仅是高等学校的职责之一，也是媒介的职责之一。在今天，新的媒体层出不穷，他们创造出新形态的信息，反过来又要求新的获取信息的方式出现。这就需要大众传播媒介优化传播内容的结构，培育自己的受众和信息的接触、分析与传播方式。在社会的公共类报纸、电视、广播、网站中，开拓面向全社会的媒介素养教育内容板块，普及媒介知识与技能，介绍媒介化社会的批判、驾驭媒介的观念、技能与方法等，都属于培养媒介受众、培育信息接触与传播方式的主要途径。

第二部分

教学体系与人才培养检讨

新闻传播学科实践教学与人才培养三题*

武汉大学新闻与传播学院　强月新

武汉大学新闻传播学教育始于改革开放之初，学院前身为1983年组建的原武汉大学新闻学系，2000年12月成立新闻与传播学院。学院现有新闻学、广播电视、广告学、网络传播4个系，设有新闻学、广播电视新闻学、广告学、广告艺术设计、网络传播、播音与主持艺术等6个本科专业。当前学院综合办学实力位居于国内同类专业院校的先进行列。

建院以来，学院一直坚持以马克思主义理论为指导，秉承培养“有思想、负责任的传媒人”的办学宗旨，形成了自己鲜明独特的办学特色。进入21世纪以来，在信息化、全球化、多元化及社会转型的时代背景下，针对新闻教育中出现的诸如新闻教材老化、新闻观念西化、研究方法玄化、新闻理论教育与新闻实践相脱节等新问题，学院坚持理论与实践相结合，不断加强与新闻单位的合作共建力度，努力提高新闻传播专业人才培养质量，取得了较好的成效。

一、牢固树立理论与实践相结合的人才培养理念

新闻传播专业属于应用型学科，实践能力的培养在新闻传播人才培养中具有重要作用。武汉大学新闻与传播学院建院（系）之初就提出了“加强基础、注重实践、服务社会、面向未来”的办学理念，高度重视实验（实践）教学环节在新闻人才培养过程中所占有的重要地位，坚持把马克思主义新闻理论教育与新闻专业实践实习相结合，并贯穿在长期的教学过程中，着力提高学生的理论水平和业务能力。学院在总结长期教学经验的基础上，依据学科特点和人才培养的规律，构建并实施了以课堂实验教学为基础、以第二课堂社会实践为提高、以专业大实习为创新的梯形结构的传媒类专业实验教学体系，取得突出成效。学院实验教学中心在2006年被评为全国首家新闻传播学国家级实验教学示范中心。

为提高学生动手能力和业务能力，2006年学院在修订本科培养方案的时候，一改过去实验课依附于理论课的传统做法，在全国同类专业中率先设计了独立学

* 本文最早发表于武汉大学学报(人文科学版)2009年第6期。

分的实验课程。目前，学院每个本科专业都有3～5门独立学分的实验课程，为提高学生实践动手能力提供了制度保障。

为了强化第二课堂社会实践的效果，学院已连续9年举办了新闻先生新闻小姐大赛，已将这一活动打造成为武汉地区高校知名的品牌活动。此外，学院还积极鼓励学生参加各种专业竞赛，例如，在全国大学生广告设计大赛、全国新闻学子优秀论文评选等活动中，学院学生均获得多项奖励。

二、强化实习基地建设

学生专业实习基地，不仅是学生实践能力培养的重要方式，而且是高校与新闻单位合作共建的平台。经过多年的努力，学院已与中央电视台、中央人民广播电台、人民日报、光明日报、经济日报、中国青年报等中央媒体和部分地方媒体签订了实习基地协议，建立了良好的合作关系，每年都安排大批学生到这些新闻媒体实习，与知名记者、编辑一起工作。目前我们已经形成了北京、武汉（长沙）、广州（深圳）三点一线的稳定的实习网络。2008年10月17日，学院和实验教学中心在全国新闻教育学界首次举办了传媒类实习基地（包括国内主要媒体和广告公司）及人才培养高峰论坛。国内30多家知名媒体和广告公司负责人与会，代表们就新闻传播学科实践教学与创新性人才培养等话题进行了广泛深入的研讨。在这次峰会上，学院又与10家新闻媒体和广告公司签订了学生实习基地合作协议。2008年，学院和实验教学中心安排了理论功底强、专业水平高的多名教师充实到学生实习指导小组中，增强了学生实习指导小组的力量。学院还首次编辑印刷出版《新闻与传播学院2004级本科生优秀实习成果汇编》（共500余页），以后每年汇编出版一次。

三、不断探索高校与新闻单位合作共建模式和机制

十多年来，武汉大学新闻与传播学院根据学科特点和人才培养规律，不断探索高校与新闻单位合作共建模式和机制，主要有以下几点。

（1）从新闻单位聘请兼职教授和研究生导师。学院先后聘请14位宣传部门和媒体负责人担任学院兼职教授和研究生导师。目前担任学院博士生导师的有王晨（原人民日报社社长、时任国务院新闻办公室主任）、徐光春（原中共中央宣传部副部长、时任河南省委书记）、冯并（原经济日报社总编辑）、江作苏（湖北日报传媒集团社长、总编辑）等。

（2）常年聘请2～3位媒体业务骨干担任本科生专业课程讲授；学院每年都要聘请10多位媒体知名人士到学院珞珈新闻传播论坛做学术报告，讲授国情、民情、舆情。2006年，学院先后邀请中央和湖北省新闻战线“三项学习教育”活动巡回

报告团来学院做报告。两次报告会，学院都是组织全院师生出席。报告团成员深入浅出的理论阐述、刻骨铭心的采访经历、经年累月的实践经验、发自肺腑的真实感悟，为广大师生奉献了两顿“精神大餐”。师生在细心“品尝”之中，领悟到了作为新闻人的强烈责任感和神圣使命。

（3）选派骨干教师到媒体见习或参加中共中央宣传部、教育部举办的“三项学习教育”培训班。目前，新闻学院的青年教师基本上都具有在国外学习的经历或在媒体的从业经历。从 2006 年到 2007 年，学院先后选派了 11 名骨干教师参加了 10 期培训班的学习，每期一个月。通过在培训班的学习，这些骨干教师更加牢固地树立了马克思主义新闻观，努力践行社会主义荣辱观，恪守新闻职业精神和职业道德，并自觉将“三项学习教育”的内容融入自己的教学、科研中，灌输到学生的脑海里，成为学院开展“三项学习教育”活动的骨干老师。有的老师通过培训班的学习以后，主动为师生开办马克思主义新闻观讲座，把自己的学习和研究心得奉献给学院师生。

（4）面向新闻传播实践开展科学研究，为新闻单位出谋划策。学院鼓励问题式研究，鼓励面向新闻实践展开科学研究。新闻实践面临的重大问题成为教授们关注的研究选题。近年来，学院教师承担了教育部哲学社会科学重大攻关项目“新闻传媒发展与建构和谐社会关系研究”、国家社会科学重大项目委托课题“西方媒体西藏 314 报道研究”及“我国传媒的竞争与合作研究”“湖北省新闻报道三贴近研究”等研究课题，直接破解新闻实践中的重大理论难题。这些课题均吸纳学生参与研究，并且将一部分研究成果直接转化为教学内容，成为具有时代特征的新闻教育内容新的增长点。

此外，学院还积极鼓励学生独立开展学术科研和社会实践活动。首先，每年暑假和寒假，学院都会组织学生参加专业实习或社会调查活动，学校、学院对每个实践团队进行资助，鼓励学生利用业余时间深入基层、深入农村、深入社区，开展调研，了解国情、社情、民情，增强学生的社会责任意识。其次，鼓励学生申报大学生创新实践项目。2008 年，学院学生共获批教育部重点资助项目 1 个、校级重点资助项目 2 个、校级一般资助项目 9 个，申报率和通过率位居我校文科院系前列。

（5）根据媒体需求，积极为新闻单位培养人才。学院近年来分别在北京、武汉、深圳开办了针对媒体从业人员的“名记者”硕士班、博士班，提高媒体从业者的学历层次和理论水平，受到媒体的广泛欢迎。

理论与实践相结合的教育理念，既能使学生在课堂上系统、完整地学习和掌握新闻传播学科的基本理论和基本知识，对马克思主义新闻观产生理性认识，又能让学生在社会实践、实习中认识国情、了解民情、知晓社情，在广阔的社会天地中进一步加深对马克思主义新闻观和社会主义新闻工作的感性认识，培养了学生的社会责任意识和担当意识，提高了学生的实践动手能力。高素质、创造型、复合型的新闻与传播人才受到业界的普遍欢迎。据统计，截至 2005 年，学院毕业生中已有 50 余人分别获得过中国新闻奖一等奖、全国百佳新闻工作者和广播电视“金话筒”奖等中国新闻界最高荣誉，并有 100 多位毕业生先后走上了报社社长、广播电视台台长、政府部门厅局长及企业董事长等领导岗位。最近几年，由于各种原因，本科生就业压力增大，但武汉大学新闻传播各专业的本科毕业生就业情况好于同类学科的其他高校毕业生就业情况。据 2008 年 7 月统计，学院 2008 届毕业生就业率、毕业率、学位率分别达到 91.8%、98%、98%。

从课程体系检讨国内重要新闻传播院校广播电视学专业教育

武汉大学新闻与传播学院课程调研小组①

20 世纪 80 年代中后期，我国新闻传播院校如北京广播学院（即今中国传媒大学）电视系、中国人民大学新闻学院和复旦大学新闻学院等，逐渐开始设立广播电视新闻专业。20 世纪 90 年代末至 21 世纪初的数年间，是广播电视新闻学专业发展最快的时期。一方面，广播影视系统的新闻改革促进了广播电视新闻事业的较大发展；另一方面，教育部放宽了对广播电视新闻专业的审批，从而出现了一个广播电视新闻专业的办学热。2008 年，全国高校共有 135 个广播电视新闻学专业点②。2012 年 9 月，教育部将广播电视新闻学专业更名为广播电视学，专业代码为“050302”。广播电视学不再被视为新闻学的一个分支，而是作为一个独立的专业而存在。截至 2015 年 11 月，全国共有广播电视专业点 169 个。

由于习惯原因，很多高校的广播电视学专业仍然被称作广播电视新闻学专业，因此本文对广播电视学专业教育的探讨将包括广播电视学和广播电视新闻学两个专业。而广播电视编导专业、电视摄像专业等则不纳入研究范围。

一、研究构想

（1）研究对象：在全国新闻传播院校中，本文选取在 2012 年教育部对全国性的新闻传播专业评估中，排名靠前的中国人民大学、中国传媒大学、复旦大学、武汉大学、清华大学、华中科技大学、四川大学、北京大学、暨南大学、上海交通大学、上海大学、浙江大学、华东师范大学、南京大学、厦门大学、河北大学、南京师范大学、湖南大学、北京印刷学院、安徽大学、河南大学、陕西师范大学、上海理工大学、郑州大学、西南政法大学、西北大学这 26 所院校的广播电视学专

① 武汉大学新闻与传播学院课程调研组由强月新、周茂君、洪杰文、冉华、叶晓华、陈世立、王伶俐、杨娜、李抟南、周逸青、郝珺曼等组成，对国内新闻传播学科相关专业主干课程进行了系统调研，写出了系列文章。本文由李抟南执笔。

② 郭卫东. 对广播电视新闻教育热背后的冷思考. 中国广播电视学刊，2009(4)：87-88.

业或广播电视新闻学专业作为研究对象。通过多种途径（如浏览以上院校的官方网站、熟人帮忙等）收集到了以上26所高校本科的广播电视学专业或广播电视新闻学专业的最新培养方案，在此基础上对国内广播电视学专业教育进行检视。

（2）研究方法：本文主要采用定量研究的方法，对26所高校的相应培养方案中的学分分配、开课状况等进行统计分析，从而得出相应的数据资料。同时结合定性研究的方法，将相近专业的培养方案进行对比，将不同高校的培养方案进行对比，并辅以相关文献资料，从不同角度检视当前广播电视学专业教育。

（3）研究目的：从课程体系的角度对26所高校的广播电视学专业教育进行检视，总结归纳出当前我国广播电视学专业教育的特征与问题，以期引起高校教育界的关注。

二、基本数据呈现及分析

通过对26所高校广播电视学专业培养方案中课程体系的梳理，本文从以下几个方面对广播电视专业教学进行了分析。

（一）26所重要新闻传播院校本科广播电视学和广播电视新闻学专业开设情况分析

在这26所重要新闻传播院校中，开设广播电视学专业的院校共6所，开设广播电视新闻学专业的院校共13所，没有开设相关专业的院校7所（图1）。开设广播电视学专业的院校分别是：中国人民大学、中国传媒大学、武汉大学、华中科技大学、浙江大学和厦门大学。这些院校按照教育部的《普通高等学校本科专业目录》及时调整了专业名称，体现出对广播电视学专业在认知上的转变。而没有开设相关专业的7所院校分别是：清华大学、上海交通大学、华东师范大学、北京印刷学院、陕西师范大学、上海理工大学及西北大学。因此，在本文后续的研究中将不会涉及这7所大学。

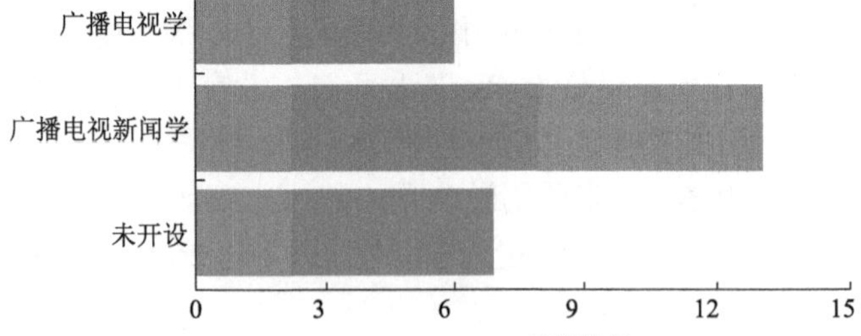

图1　26所重要新闻传播院校本科专业开设情况[①]

① 数据源自各新闻传播院校官方网站。

（二）开设有广播电视学和广播电视新闻学专业的19所院校课程体系情况分析

课程体系是培养方案的核心内容。课程体系的设置直观地反映了本科教育的知识结构和具体的知识内容，是衡量本科教学是否科学合理的重要标准。本文将从课程体系的结构和内容两个方面对19所院校进行考察。在课程体系的结构方面，本文关注了通识课学分在总学分中的占比，以及专业课学分在总学分中的占比。在课程体系的内容方面，本文关注了广播类课程的开设情况、新媒体及媒介融合类课程的开设情况及实践类课程的开设情况。

1. 通识课学分在总学分中的占比情况分析

各院校所开设的通识课主要包括思想政治类课程、大学英语、大学体育、军事训练、职业规划等课程。根据已有数据，19所院校通识课学分在总学分中的占比为20%～45%，其中14所院校的占比为25%～40%，属于大多数。其中，占比在25%～29.99%的有4所，占比在30%～34.99%的有4所，占比在35%～39.99%的有6所。3所院校的占比在25%以下。而有两所院校通识课学分在总学分中的占比达到了40%以上，分别为武汉大学和厦门大学（图2）。

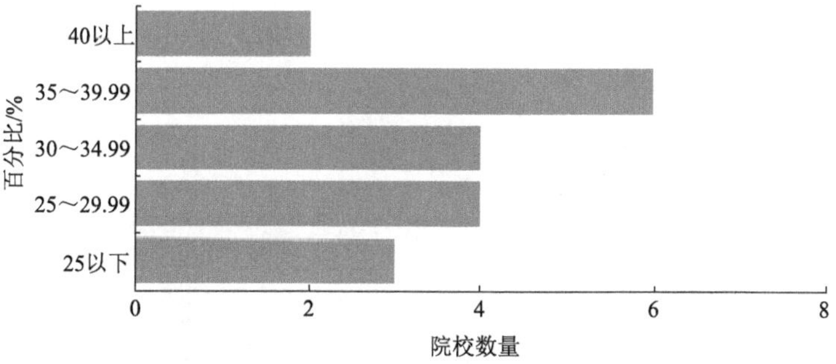

图2 通识课学分在总学分中的占比情况①

2. 专业课学分在总学分中的占比情况分析

本文所指的专业课包括各院校开设的学科平台课（也叫作专业基础课）、专业必修课及专业选修课。总的来看，专业课学分在总学分中的占比集中在50%～70%，这个区间一共有15所院校。其中，占比在50%～59.99%的有8所院校，占比在60%～69.99%的有7所院校。3所院校占比在50%以下，1所院校占比在70%以上（图3）。如此看来，仍有大部分学生40%以上的时间在学习与专业无关的内容。而这些与专业无关的内容除了通识课以外，主要包括任意选修课及社会活

① 数据源自各院校培养方案，计算过程中精确到小数点后两位。

动、竞赛等内容。

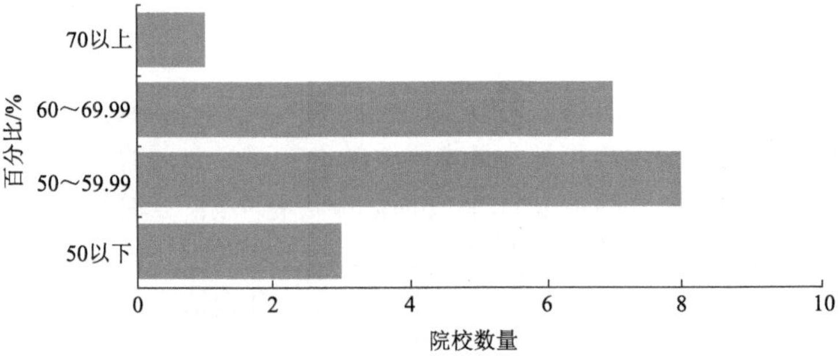

图 3　专业课学分在总学分中的占比情况①

3. 广播类课程的开设情况分析

在 19 所开设广播电视学专业和广播电视新闻学专业的院校中，12 所院校并没有专门开设与广播有关的课程，7 所院校开设了与广播有关的课程（图 4）。在 7 所开设了广播类课程的院校中，一般开设 1～2 门相关课程，如“广播新闻报道”“广播节目制作”“录音技术”等。而在其他专业课程中虽然课程名称中包括了“广播电视”但实际授课过程中一般只讲电视，很少涉及广播。这反映了国内广播电视学专业教学中重电视轻广播的现象。

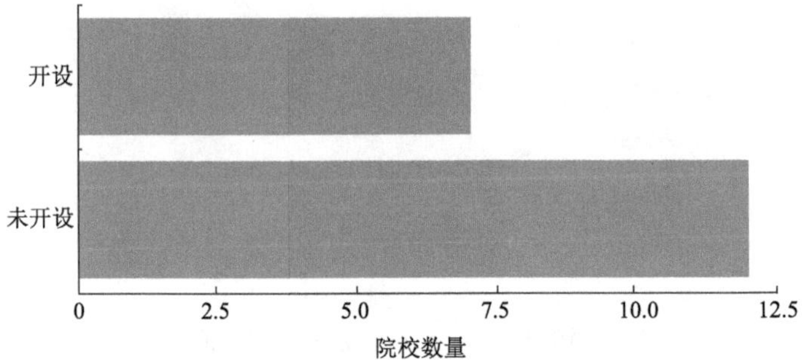

图 4　广播类课程的开设情况②

4. 新媒体及媒介融合类课程的开设情况分析

新媒体的发展和媒介融合的趋势都对广播电视产生了极大的影响。在专业人才的教育方面，为了适应新的趋势增开相关课程就成为必然选择。本文从以下三个方面来分析新媒体及媒介融合类课程的开设情况：首先，考察 19 所院校是否开设相关课程；其次，考察相关课程的开设数量；最后，考察相关课程的课程性质，

① 数据源自各院校培养方案，计算过程中保留到小数点后两位。

② 数据源自各院校培养方案。

即是选修课还是必修课。

（1）新媒体及媒介融合类课程的开设情况分析

在 19 所院校中，有 18 所院校都开设了与新媒体及媒介融合相关的课程，只有 1 所院校没有开设相关课程（图 5）。这说明，广播电视学专业的本科生需要掌握一定的新媒介及媒介融合的知识技能已经在高校教育中达成了共识。

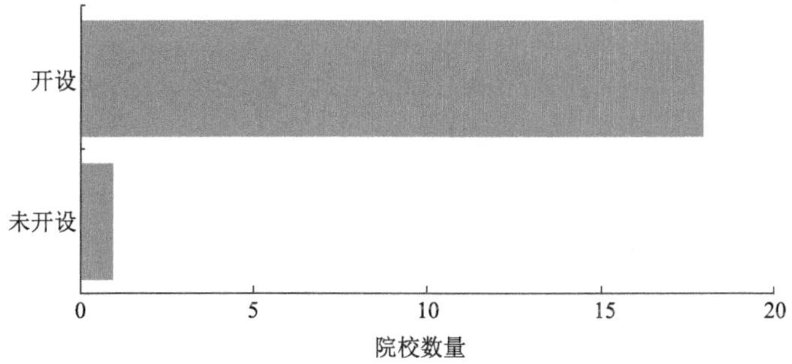

图 5　新媒体及媒介融合类课程的开设情况[①]

（2）新媒体及媒介融合类课程开设数量分析

根据已有数据，在 19 所院校中，有 11 所院校开设了 1 门新媒体及媒介融合类课程。在查阅培养方案时观察到，唯一的 1 门新媒体及媒介融合类课程为“新媒体概论”（或“新媒体导论”或“网络传播概论”）这类概论性课程。有 4 所院校开设了 2 门相关课程，而开设 3 门及以上相关课程的院校有 3 所。有 1 所院校没有开设相关课程（图 6）。因此，总的来讲，国内广播电视学专业在本科教育阶段开设的新媒体及媒介融合类课程数量偏少。

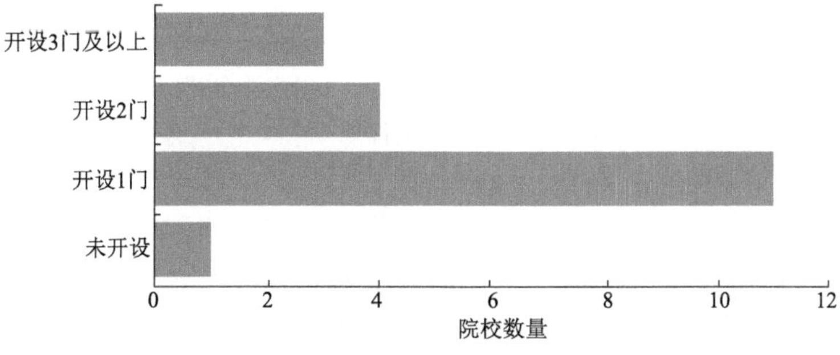

图 6　新媒体及媒介融合类课程开设数量[②]

（3）新媒体及媒介融合类课程性质分析

在 19 所院校中，既开设了新媒体及媒介融合类课程必修课，又开设了相关选修课的院校有 5 所。只开设了相关必修课的院校有 11 所，只开设了相关选修课的

① 数据源自各院校培养方案。

② 数据源自各院校培养方案。

院校有 2 所。其中，只开设相关必修课的 11 所院校大多只有 1 门相关课程（图 7）。因此，可以看出大多数院校都认识到了新媒体及媒介融合类课程对于广播电视学专业本科生的重要性，并纷纷开设相关必修课程。但由于课程数量少，又囿于概论类课程，恐怕难以达到预期效果。

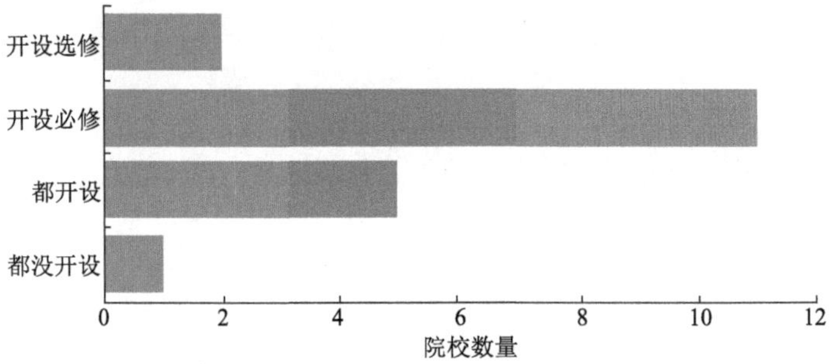

图 7　新媒体及媒介融合类课程性质

5. 实践类课程开设情况分析

广播电视学专业是应用性极强的专业，因此，在本科教学阶段开设实践类课程很有必要。本科阶段的实践教学直接决定了学生的动手能力，以及其能否顺利适应工作要求。本文将从以下三个方面考察 19 所院校实践类课程开设情况分析：首先，考察实践性较强的课程学分在专业课学分中的占比情况；其次，考察独立的实践类课程开设情况；最后，考察 19 所院校是否构建了多层次的实践教学体系。

（1）实践性较强的课程学分在专业课学分中的占比情况分析

本文所指的实践性较强的课程是指广播电视学专业教学中操作性较强的课程，又被称为专业术理性课程、业务类课程，如“新闻摄影”“非线性编辑”“电视写作”“电视节目策划”“纪录片创作”等课程。这一类课程往往是采取教师理论讲授和学生实践操作相结合的模式，在课时的分配上往往会留出专门进行实践操作的时间，学生独立进行实践操作的时间往往在总课时的一半以下，或者直接以课后作业的形式进行。根据已有数据，实践性较强的课程学分在专业课学分中占比低于 30%的有 1 所院校；占比在 30%～39.99%的有 10 所院校；占比在 40%～49.99%的有 7 所院校；占比在 50%以上的有 1 所院校（图 8）。因此，实际上广播电视学专业的本科生在专业课堂上进行实践操作的机会是较少的。

（2）独立的实践类课程开设情况分析

本文所指的独立的实践类课程是指在各院校培养方案中明示的专门用于实践教学的课程，如“新闻摄影实验”“非线性编辑实验”“电脑图文设计试验”等。而在 19 所开设了广播电视学专业或广播电视新闻学专业的院校中只有 4 所开设了独立的实践类课程，而其余的15所院校都没有专门开设独立的实践类课程（图9）。这很有可能导致很多学生必须掌握的实践技能在学习质量和时间上得不到保证。

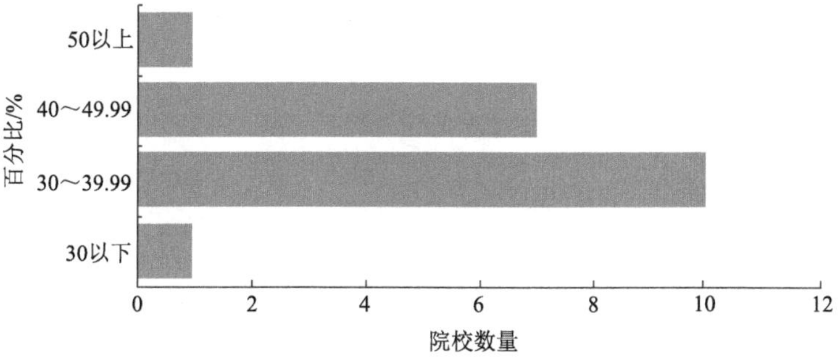

图8　实践性较强的课程学分在专业课学分中的占比情况[①]

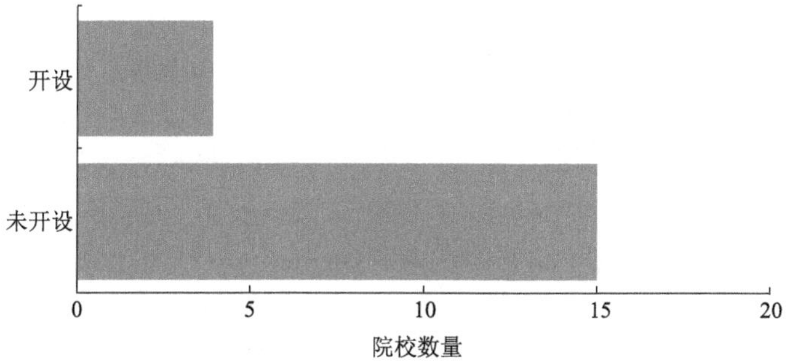

图9　独立的实践类课程开设情况[②]

（3）多层次的实践教学体系构建情况分析

本文所指的多层次的实践教学体系不仅包括了实践课程和专业实习，还应该包括各院校自行组织的相关实验室、工作室、兴趣小组，以及专业实习以外的小实习、认知实习、社会实践和专业赛事等。根据已有数据，13所院校仍然是通过传统的实践类课程加专业实习的方式来进行实践教学，并未构建多层次的实践教学体系。有6所院校构建了多层次的实践教学体系（图10）。

三、问题与反思

本文将19所开设了广播电视学专业或广播电视新闻学专业的院校的培养方案与相近专业的培养方案进行对比，并将不同高校的广播电视学培养方案进行

① 数据源自各院校培养方案，计算过程中保留到小数点后两位。
② 数据源自各院校培养方案。

对比，结合上文中呈现的数据资料，辅以相关研究文献，提出了以下几个方面的问题。

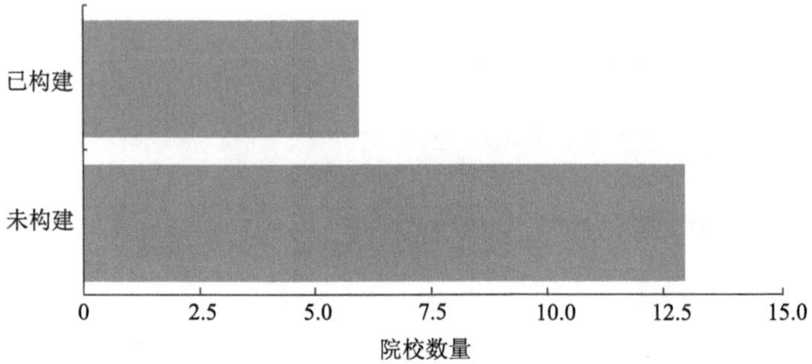

图 10　多层次的实践教学体系构建情况①

（一）广播电视学专业课程体系结构不尽合理

根据上文中数据资料，在 19 所开设了广播电视学专业或广播电视新闻学专业的院校中，一半以上通识课学分在总学分中的占比达到了 30%以上，而一半以上的专业课学分在总学分中的占比在 60%以下。这就意味着，大量的广播电视学专业本科生有一半以上的时间和精力在学习“思想政治”“大学英语”“大学体育”“职业规划”等课程，而真正用于专业学习的时间则被严重压缩了。

大学期间的通识教育固然有存在的必要，大学生的确需要提高思想政治水平、外语水平，需要锻炼身体，并且掌握一定的求职技能。但在时间和精力都十分有限的情况下应该适当控制通识课的比例，让本科生将更多的精力投入专业学习当中，掌握扎实的专业技能才能最终为社会服务，创造个人价值。

（二）广播电视学专业特色不够鲜明

广播电视学专业的本科教学应该使其本科生具备其他专业学生不可替代的学科优势，从而提升自身的核心竞争力。如果广播电视学专业本科生所能够从事的工作极易被其他专业学生替代，或者没有自己独特的擅长领域，则会在实际工作中缺乏竞争力。广播电视学专业成为一门独立的学科，反映了我国广播电视事业和相关研究的成熟，广播电视业作为一个独立的行业必然有区别于其他行业的特点与规律，因此才需要培养专门的专业人才来从事该行业工作。

而我国的广播电视学专业脱胎于传统的新闻学专业，在 2012 年前，该专业还一直被称为广播电视新闻学，很多院校的广播电视学专业课程体系与新闻学课程体系重合度较高，两个专业的区别并不明显。部分院校针对广播电视学专

① 数据源自各院校培养方案。

业只设置了较少的几门专业必修课，而专业选修课与新闻学专业的设置一模一样。更为严重的问题是，广播电视学专业的必修课往往是新闻学专业的选修课，而新闻学专业的必修课往往是广播电视学专业的选修课。所以结果是两个专业的本科生所修的课程几乎一样，只是选修和必修的设置不一样而已。综观广播电视学专业的课程体系，大多数院校的核心专业课程仍然没有摆脱传统的采写编评，如“新闻采访”“新闻写作”“新闻编辑”“新闻评论”“广播电视新闻深度评论”等，专业课程的结构基本上是传统的新闻学课程再加上一些广播电视操作技能课程。

在这 19 所院校中，有 3 所院校在广播电视学的专业必修课中开设了大量关于播音主持的课程，包括“普通话与发声”“播音语音表达”“广播播音主持”“电视播音主持”“即兴口头表达”“新闻播音”“节目支持”等。还有 2 所院校在广播电视学专业必修课中开设了大量语言文学类的课程，包括“古代汉语”“现代汉语”“中国古代文学 1”“中国古代文学 2”“中国现代文学”和“基础写作”等。而相应的，这 5 所院校开设的关系到广播电视学专业核心技能的专业课只有 1～2 门，如“电视编辑与节目制作”或“广播电视节目编辑”和“广播电视节目制作”。出现这种状况很可能是由于相关院校根据已有的教学资源来开设课程，遵循方便原则和因人设课原则。而且目前国内大多数高校的新闻传播学院都脱胎于文学院，保留了大量文学背景的教师，从而导致了文学类课程过多的问题。

仍然有一些高校在突出广播电视学专业特色方面进行了有益的探索。中国传媒大学在培养广播电视学专业人才方面开设了英语试验班、英语节目主持班、国际教授工作室等，着力于培养优秀的国际新闻传播人才。另外，中国传媒大学还优化出“出镜记者”的特色发展模式，培养专门的出镜记者和主持人。中国人民大学为广播电视新闻学专业设置了两个专业方向选修课程包，分别为广播电视方向及出境报道和新闻主持方向，各专业方向的学生在本方向课程包中选修的课程不少于 6 学分。同样，武汉大学也采取了这种设置选修课程包的模式，以便让本专业特色更为凸显。华中科技大学也在传统广播电视学的基础上凝练了出镜记者和视听新媒体两个特色培养方向。西南政法大学作为开办广播电视新闻学专业的法科大学，走出了一条特色办学道路，其全球新闻与传播学院利用学校已有的资源优势，采用“主新辅法”的教育培养模式，形成了独特的学科交叉优势。在广播电视新闻学专业，着力于培养既懂广播电视新闻又懂法律的从事广播电视法制新闻报道、出版和宣传工作的德才兼备的复合型专门人才。

（三）课程设置上重电视、轻广播

根据上文已有的数据资料，19 所开设广播电视学专业与广播电视新闻学专业的院校只有 7 所开设了专门的广播类课程，12 所院校没有开设专门的广播类课程。而开设了相关课程的院校一般只有 1 门广播类课程，少数院校开设了 2 门广播类课程。

在我国，虽然广播业和电视业都属于体制内的产业，但两者在内容生产、运营管理等方面都存在很多不同之处。广播业区别于电视业有其自身的特点和规律，不能一概而论。同时，随着新媒体特别是移动互联网的发展，广播业受到了巨大的冲击，也面临着转型变革的挑战。当前为了应对新媒体环境下全新的媒介生态，广播媒体从机制体制、平台融合、产业运营等方面积极调整应对，但产业转型的顺利实现离不开优秀的专业人才。海南师范大学新闻传播系副教授曾庆江认为，广播低迷的原因之一就是传媒教育和传媒研究中对广播的重视程度严重不足。广播低迷的原因固然很多，但是广播业界和广播学界自身存在的原因才是根本所在[①]。

（四）新媒体及媒介融合类课程开设不足

根据上文中已有的数据，19 所开设有广播电视学专业或广播电视新闻学专业的院校中有 18 所院校都开设了新媒体及媒介融合类课程。但大部分院校都只开设了 1 门相关的概论课程。在 18 所院校中只有复旦大学和南京大学开设了媒介融合类课程，复旦大学开设了 1 门“媒介融合概论”必修课和 1 门“融合报道”选修课，南京大学开设了 1 门“媒介融合”选修课。复旦大学传播学系教师邓建国在“传播变革与中国传播学教育”学术研讨会上介绍了“媒介融合概论”和“融合报道”这 2 门课。他介绍说，这两门课是基于“密苏里模式”推出的基础课，让学生将采集和制作的内容发布在网上，意在破除他们的技术恐惧，并通过小组作业的方式训练他们的自学能力、人际沟通能力和项目管理能力[②]。从整体上看，各院校虽然意识到了开设新媒体及媒介融合类课程的重要性，也进行了一些尝试，但是相关课程的开设仍然严重不足。

由新媒体的迅速发展引发的媒介融合潮流，改变了广播电视传播的技术平台、组织结构与运营方式。目前，大多数的新闻传播院校仍然在按媒介的传播介质设置专业，但实际上在媒介融合的趋势下传播介质之间的差异逐渐缩小，甚至于趋

---

① 申启武，吴侠. 探寻新媒体时代中国广播创新与发展之路——第四届全国广播学术研讨会综述. 现代传播：中国传媒大学学报，2014(2)：147-148.

② 柳成荫. 转型时代中国传播学教育的责任、定位与走向——“传播变革与中国传播学教育”学术研讨会综述. 新闻大学，2013(4)：141-144.

同。现在广播电视业界更加需要熟悉多种传播技术工具，并能够进行整合传播活动的全媒体人才。因此，调整课程结构，开设相关课程就显得十分必要。然而，根据目前的课程开设状况来看，学界对于学生的培养远远没有达到业界的要求。概论类的课程都是介绍性的，它可以让学生形成一个大概的认识，但其缺乏针对性和深度。比如，数字电视、多媒体或全媒体给广播电视新闻带来的挑战，广播电视媒体在新媒体环境下的调整与转型，以及手机电视、移动电视及其他的智能终端的发展等问题都应该开设专门的课程进行讲授。

华中科技大学在开设新媒体及媒介融合类课程方面的特色比较突出，值得一提。在专业必修课方面，华中科技大学广播电视学专业设置了“数字传播技术基础”“视听新媒体导论”“新媒体视听节目制作”等课程；在专业选修课方面，开设了“数据新闻专题”“新媒体用户分析”“跨屏传播与营销策略”“跨媒体报道”“新媒体营销”“网络传播功能设计”及“互联网应用模式与战略”；而在通识课程中更是设置了“微积分”与“计算机及程序设计基础”2 门课程。因此，华中科技大学在开设新媒体及媒介融合类课程的数量、范围及深度上都远远超过了其他院校。这当然也得益于其深厚的工科背景。可以看到，华中科技大学开设的相关课程都具有较强的应用性，这也使得其本科生能够较快地适应实际工作。

（五）实践训练不足且缺乏规范性

长期以来，新闻传播人才的培养逐渐形成两种模式，一种是重理论、轻实践的综合大学人才培养模式，一种是重实践、轻理论的新闻传播专门人才培养模式。重理论、轻实践的模式立足于综合性大学的深厚文化底蕴，偏重基础理论与书本知识的传授，强调“厚基础”的重要性。但这种培养模式相对忽视实践教学环节，容易造成学生后劲足但上手慢的问题，难以满足当前媒介市场要求新闻传播人才“适应性强、实践能力出众、出活儿快”的需要。而另一种重实践、轻理论的模式可以在短期内让学生上手快、实践能力强，甚至符合用人单位对其动手能力的要求，然而由于其过分强调了“重实践”而相对忽略“厚基础”，就容易造成学生毕业走上工作岗位后后劲不足。

但总的来看，实行重实践、轻理论模式的院校仍在少数，大多数院校仍然存在实践教学严重不足的情况。到目前为止，绝大多数院校的实践教学主要包括两个部分：一是课堂教学中的实践部分，二是本科生的专业实习。但是这两个主要的实践环节都具有极大的不规范性。根据上文的数据资料，一方面，大部分院校所开设的具有一定实践性课程的学分总数在专业课学分总数中的占比低于 50%，而这一类课程一般采用理论讲授与实践操作相结合的办法，最后到底有多少时间能够用于实践操作具有极大的随意性。而且，这类课程的考核方式主要还是以卷面考试为主，实践操作在总成绩中所占的权重往往较低。另一方面，专门的实践课程的开设情况也十分堪忧，19 所院校中只有 4 所开设了专门的实践类课程，有 15 所并未开设专门的实践类课程。而在专业实习方面，不规范性就更为严重了。多数院校对专业实习采取由本科生自己联系实习单位（不排除学生在找不到实习单位时由学院或老师个人推荐）、自己管理的无组织方式，致使专业实习由于没有相应的制度约束与规范而出现不参加专业实习、专业实习不完整、专业实习不系统、中途随意变换实习单位、不遵守实习单位纪律等不良现象。通过专业实习来锻炼学生实践操作能力的效果就大打折扣了。

对于大多数院校来说，加强实践教学的部分很有必要，但也不能矫枉过正，毕竟两种模式都存在固有的缺陷。因此，各院校应该在保证广播电视学专业人才具有深厚扎实的理论功底的基础上，加强实践教学环节，规范实践教学流程，从整体上提高人才培养的质量。在综合类大学践行实践教学方面，武汉大学的多层级结构的专业实践教学平台值得一提。其平台以专业主干课程实验教学为基础，以专业赛事、学生专业社团活动、学生暑期社会实践项目等社会实践活动为扩充，以大学生创新实验项目为提高，以专业实习为创新。这样，从基础到扩充到提高再到创新，就将上述丰富的内容，完全纳入实践教学的多层级结构之中，从而构建起新型的新闻传播专业实践教学体系。而南京大学通过设立实验室的方式来进行拟真教学，颇具借鉴意义。南京大学国家级传媒试验示范教学中心下设 9 个实验室：平面媒体实验室、网络与新媒体实验室、非线性编辑实验室、广播实验室、摄影与美术实验室、电话调查实验室、学生模拟广告公司、融合应用传播实验室、舆情监测实验室。通过实验室的开发教学，学院可以尝试进行全真实环境的拟真教学，同时通过对教学课程的重组和整合，将实务操作内容纳入教学课程中，形成全方位的实验实践教学体系。

从课程设置检讨国内重要新闻传播院校数字营销教育*

武汉大学新闻与传播学院　周茂君　杨　娜

近年来，伴随着“移动互联网”、“社交媒体”、“大数据”、“互联网思维”和“跨媒体整合”等关键词大热，“数字营销”成为国内营销界讨论的热词，更在实际操作中得到广泛的应用。然而，与此形成鲜明对照的是，国内新闻传播教育界对“数字传播”却相当“冷”，不仅公开发表的研究专著、研究论文较少，而且在本科生教育和研究生教育中极少开设相关课程，表明我国数字营销教育滞后于业界的发展与需求。

一、研究构想

（1）研究对象：本文在全国开办新闻学、广播电视新闻学、广告学和传播学（网络传播）等专业的新闻传播院校中，选取在2012年教育部对全国性的新闻传播专业评估中，排名靠前的中国人民大学、中国传媒大学、复旦大学、武汉大学、清华大学、华中科技大学、四川大学、北京大学、暨南大学、上海交通大学、上海大学、浙江大学、华东师范大学、南京大学、厦门大学、河北大学、南京师范大学、湖南大学、北京印刷学院、安徽大学、河南大学、陕西师范大学、上海理工大学、郑州大学、西南政法大学、西北大学26所院校作为研究对象，从其本科生和研究生的课程设置检讨我国数字营销教育①。由于在西南政法大学官网上未能搜索到该校全球新闻与传播学院的本科生和研究生的培养方案，故而由山东大学文学与新闻传播学院代替。

（2）研究方法：在上述26所重要新闻传播院校官方网站上搜索其本科生和研究生的最新培养方案，检视其课程设置，再对这些课程进行统计、分析，从而得出相应的数据资料，并提出问题进行检讨。

（3）研究目的：从上述26所重要新闻传播院校本科生课程和研究生课程的设置情况，透视数字营销教育在我国的开展情况与存在的问题，以期引起学界的关注。

---

* 本文最早发表于阳翼2015年主编的《数学营销传播：思维、方法与趋势》。

① 高校课程设置情况来源于各高校官网培养方案及教务处课表。

二、基本数据

26 所重要新闻传播院校本科开设“数字营销”课程的，仅有武汉大学新闻与传播学院和北京印刷学院新闻出版学院 2 所，占 26 所高校的 7.7%（表 1）。

表 1　26 所重要新闻传播院校本科开设“数字营销”课程情况

院校	专业	课程名	课程性质
武汉大学新闻与传播学院	广告学、广告设计	数字营销传播	专业选修
北京印刷学院新闻出版学院	数字出版	数字出版营销	专业必修

26 所重要新闻传播院校本科开设数字营销相关课程的，有中国传媒大学广告学院、清华大学新闻与传播学院、中国人民大学新闻学院等 10 所学院，它们多以“新媒体经营与管理”“网络营销与策划”“网络媒体实务”之类的名称命名该类课程，占 26 所高校的 38.5%（表 2）。

表 2　26 所重要新闻传播院校本科开设“数字营销”相关课程情况

院校	专业	课程名	课程性质
中国传媒大学广告学院	网络与新媒体	网络传播与网络经济	专业选修
清华大学新闻与传播学院	新闻学	数字媒体实务	专业选修
中国人民大学新闻学院	广告学	新媒体经营与管理	专业选修
华中科技大学新闻与信息传播学院	各专业	网络营销与策划	公共选修
北京大学新闻与传播学院	广告学	新媒体营销传播研究	专业选修
上海交通大学媒体与设计学院	传播学	互联网与新媒体实务	专业必修
湖南大学新闻传播与影视艺术学院	广播电视编导	网络媒体实务	专业必修
河北大学新闻传播学院	广告学	网络广告与营销	专业必修
南京大学新闻传播学院	广告学	新媒体传播与应用	专业选修
山东大学文学与新闻传播学院	新闻传播	数字传播技术与应用	专业必修

26 所重要新闻传播院校本科未开设“数字营销”及相关课程的，有复旦大学新闻学院、四川大学文学与新闻学院、暨南大学新闻与传播学院、厦门大学新闻传播学院等 14 所高校，占 26 所高校的 53.8%（图 1）。

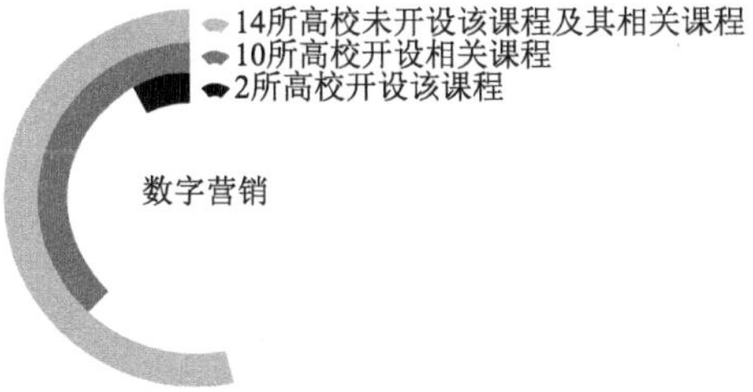

图 1　26 所重要新闻传播院校本科开设“数字营销”及相关课程情况

26 所重要新闻传播院校研究生教育开设“数字营销”课程的，仅有武汉大学新闻与传播学院、暨南大学新闻与传播学院 2 所，占 26 所高校的 7.7%（表 3）。

表 3　26 所重要新闻传播院校研究生教育开设“数字营销”课程情况

院校	专业	课程名	课程性质
武汉大学新闻与传播学院	传播学、新闻学	数字营销研究	专业选修
暨南大学新闻与传播学院	新闻传播学	数字营销传播研究	专业选修

26 所重要新闻传播院校研究生教育开设“数字营销”相关课程的，有中国传媒大学广告学院、清华大学新闻与传播学院、华中科技大学新闻与信息传播学院等 9 所高校，占 26 所院校的 34.6%（表 4）。

表 4　26 所重要新闻传播院校研究生教育开设“数字营销”相关课程情况

院校	专业	课程名	课程性质
中国传媒大学广告学院	广播电视领域	网络营销	专业必修
清华大学新闻与传播学院	传播学	数字媒体设计	专业必修
华中科技大学新闻与信息传播学院	广告与公关	网站经营管理案例研究	专业选修
上海交通大学媒体与设计学院	新闻传播学	数字技术发展与产业	专业选修
浙江大学传媒与国际文化学院	新媒体产业	新媒体产品设计与运营	专业选修
南京师范大学新闻与传播学院	新闻学（网络与新媒体方向）	新媒体营销与广告	专业选修
湖南大学新闻传播与影视艺术学院	网络传播	网络传媒经营与管理，新媒体营销	专业选修
上海理工大学出版印刷与艺术设计学院	传播学	数字媒体技术与应用	专业选修
郑州大学新闻与传播学院	传播学（应用型方向）	网络营销	专业选修

26 所重要新闻传播院校研究生教育未开设数字营销及相关课程的，包括中国

人民大学新闻学院、复旦大学新闻学院、厦门大学新闻传播学院等 15 所高校，占 26 所高校的 57.7%（图 2）。

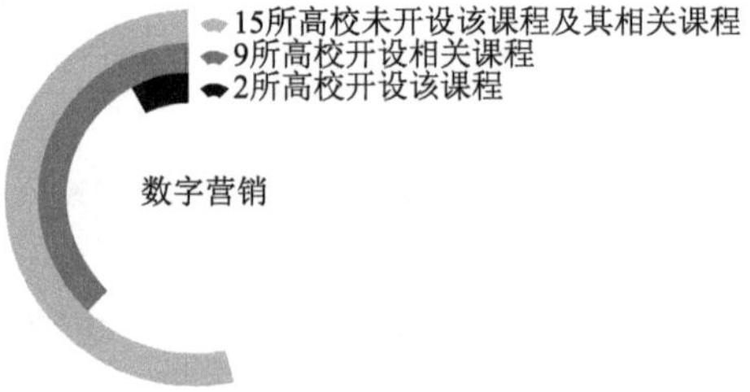

图 2　26 所重要新闻传播院校研究生教育开设“数字营销”及相关课程情况

三、问题与检讨

以上 6 组基本数据说明，“数字营销”课程及相关课程在国内重要新闻传播院校的设置现状都不很令人满意，由此滋生出不少问题，值得检讨。

（一）业界应用“热”与学界研究“冷”对比鲜明

数字营销在业界的“热”，既表现在数字营销规模的迅速扩大，又表现在专业化数字营销公司及研究机构的良好发展，还表现在由业界精英操盘的数字营销峰会的经常举办，并且各类奖项开始对数字营销伸出橄榄枝。所有这一切无不彰显出数字营销在业界受到火热追捧的局面。

第一，数字营销市场规模迅速扩大。根据艾瑞咨询的分析预测：2013～2017 年，我国数字营销的市场规模呈持续上升的趋势，预计 2017 年市场规模可达 2862 亿元，2013～2017 年实现 28.69%的年复合增长率①。按照这个发展速度和势头，用不了多少年，数字营销规模就会在我国营销市场独占鳌头（图 3）。

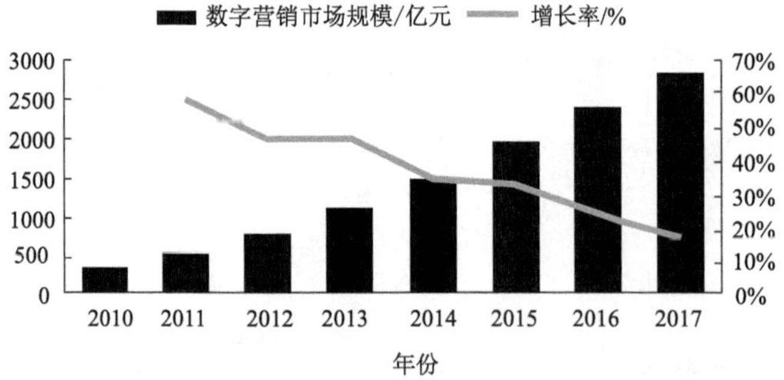

图 3　我国数字营销市场规模增长情况

数据来源：国泰君安：2014 年中国数字营销深度研究分析报告，2014.09，P2.见本页注释①

① 国泰君安. 2014 年中国数字营销深度研究分析报告. http://www.199it.com/archives/264724.html[2014-08-13].

第二，专业化数字营销公司及研究机构的发展呈现欣欣向荣之势。近年来，欧赛斯、安索帕中国、IM2.0、蓝色光标、蓝门数字营销等新型数字营销服务商迅速崛起，成为数字营销领域的领军者。艾瑞咨询、中国电子商务研究中心、易传媒、华扬数字营销研究院等研究机构定期推出新媒体方面的行业报告，逐渐成长为行业权威。

第三，由业界精英操盘的数字营销峰会经常举办。汇聚国内外广告营销公司、媒体集团、互联网领军人物，以及知名广告主等业界领袖的各类数字营销峰会，极大地推动了数字营销行业的发展。自 2011 年中国首届数字营销高峰论坛成功举办伊始，各类组织和媒体每年都会举办各式数字营销峰会和年会，共同探讨中国数字营销的发展方向和产业新格局。诸如 2012 年由《数字营销》杂志主办的第二届中国数字营销领袖峰会，2013 年 Top Digital 中国数字营销大会暨中国杰出数字营销奖（Top Digital Awards）、市场部网和《中欧商业评论》联合主办的 2013 年第二届数字营销峰会，以及 2014 年在北京由艾瑞咨询和易传媒主办的 2014 年中国数字营销行业峰会等。

第四，广告和营销界的各类奖项开始对数字营销伸出橄榄枝。2009 年 3 月，第一届金投赏数字营销奖开始举办，用于嘉奖面向数字媒体应用的最具投资回报价值的营销案例。2011 年 7 月，经美国营销协会批准，艾菲奖开始在中国地区新增中国艾菲数字营销奖和中国艾菲媒体实效奖两大奖项。

然而，与数字营销在业界红红火火的发展态势不同，学界对数字营销的研究却处于比较冷清的状态。目前国内以数字营销为主题出版的专著较少且质量参差不齐，比较有代表性的大多是翻译国外文献的作品。在中国知网中以“数字营销”作为关键词进行搜索，虽然有约 5 万条的结果，但这些文献大多把数字营销作为一种经济现象或实现营销的新型手段进行探讨，关注的是数字营销出现后各行业呈现出来的新气象、营销运作方式上的新变革，并未将其上升到学理层面进行研究。值得高兴的是，暨南大学新闻与传播学院在 2013 年 12 月举办了首届数字营销传播研究与应用国际研讨会，开了国内高校举办数字营销国际研讨会的先河。尽管如此，学界在数字营销研究上还是存在暂时性缺位，这种状况与数字营销在业界的迅猛发展形成鲜明对比，个中缘由值得深思。

（二）由学界数字营销研究的暂时性缺位带来国内数字营销教育遇“冷”

学界在数字营销研究上的暂时性缺位带来国内新闻传播院校数字营销教育遇“冷”。关于这点，可从其开设课程中得到证明。上述 26 所重要新闻传播院校，无论是本科生教育，还是研究生教育，开设“数字营销”课程或者相关课程的，比例都偏低。

其中本科生教育开设"数字营销"课程的仅有2所院校，占26所高校的7.7%，开设数字营销相关课程的院校有10所，比例为38.5%，二者相加为12所，占比为46.2%；而未开设"数字营销"及相关课程的院校却有14所，比例高达53.8%（图4）。

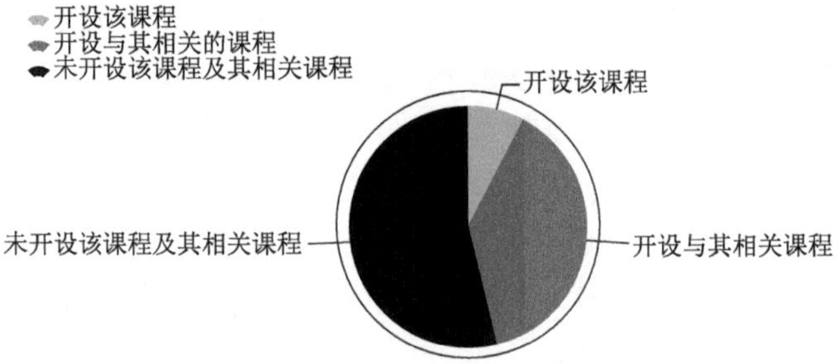

图4　国内重要新闻院校本科生教育"数字营销"课程开设情况

研究生教育开设该课程的仅2所院校，在26所高校中占比7.7%，开设"数字营销"相关课程的院校有9所，占比为34.6%，二者相加为11所，占比为42.3%；而未开设"数字营销"及相关课程的院校，比例更高达57.7%（图5）。

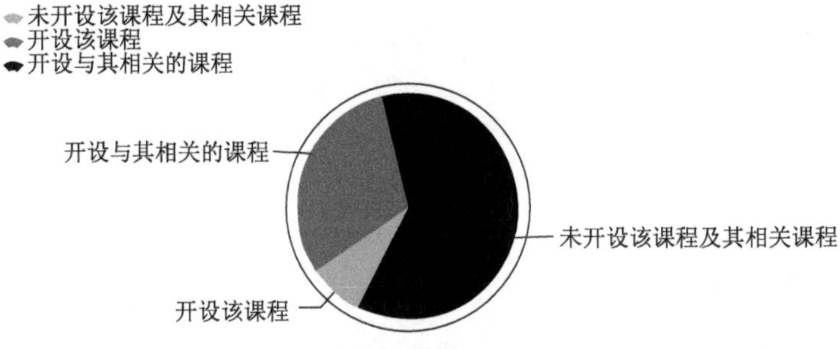

图5　国内重要新闻院校研究生教育"数字营销"课程开设情况

可见，无论是本科生教育还是研究生教育，位于国内重要新闻教育前列的这26所高校，未开设"数字营销"及相关课程的比例都超过了一半。当数字营销在业内已呈燎原之势时，国内重要新闻院校仍对其在课程设置上无动于衷，说明国内新闻传播教育界对数字营销教育的重要性认识不足，对其重视程度不够。

（三）高职高专院校对"网络营销"课程的讨论热与重要新闻传播院校在"数字营销"课程设置上的集体性滞后并存

以"数字营销教学"为关键词，在万方数据库中进行搜索的结果不足百条，在中国知网数据库进行查询约有2000条，然而其中比较契合主题的论文只有不到

100 篇，且多以探索高职高专院校“网络营销”课程的实践操作为主，内容涉及“网络营销”课程或“新媒体营销”课程的特点、教学上存在的问题及其解决方法等，仅仅停留在对网络营销“术”的讨论阶段，只关心如何使用它，却并不关心其本质究竟是什么。相比较而言，国内重要新闻传播院校在“数字营销”课程设置上存在集体性滞后的问题。尽管网络营销与数字营销在内容上有相通之处，但是从根本上说网络营销只是数字营销的表现形态之一，数字营销包括网络营销，二者是不同的概念，并不能完全画等号。所以，高职高专院校对网络营销课程的讨论热，并不能掩盖国内重要新闻传播院校在“数字营销”课程设置上的集体性滞后。这从另一个侧面说明国内数字营销教育总体上还处于“术”的讨论阶段，还没有真正进入“学”的研究时期。

（四）数字营销颠覆传统营销向国内新闻传播教育界提出新挑战

初广志和李晨宇认为“专业教师匮乏、课程体系陈旧、教育观念滞后、教学方式落伍”是中国开展新媒体营销教育所面临的主要挑战[①]。其实这四个方面又何尝不是国内数字营销教育面临的困境。数字营销对传统营销、传统媒体和传统广告的颠覆是全方位的，由此向国内新闻传播教育界提出了新挑战。

第一，精准营销对传统广告营销模式的颠覆，带来了网络广告市场规模的迅速增长。作为数字营销技术中的一类，精准营销相比传统广告营销，拥有更高的技术壁垒，使得衡量广告效果成为可能，在降低媒体溢价水平的同时有效地提高了广告投放效率。在传统广告的市场规模和营销模式受到冲击和颠覆的当下，国内重要新闻传播院校更有必要加强在数字营销方面的教学实践和系统理论研究（图 6）。

图 6 是我国网络广告市场规模从 2012 年第三季度到 2014 年第二季度的增长情况，从图中可以看出，我国网络广告市场规模同比增长率最低为 36.0%，最高为 54.4%，增长速度惊人，到 2014 年第二季度，其市场规模更是达到 381.5 亿元。

第二，互联网思维变革传统营销运行规则。互联网的迅速发展渗透和改变了各个行业的运行规则，甚至引起它们的颠覆性变革，互联网思维已然成为数字营销领域的一种新的工作方式。“‘移动’、‘社交’、‘数据’、‘内容’与‘整合’这五个关键词，概括了近几年数字营销变化的重要方向，在各个方面都能看到相关表现。”[②]数字营销是一门涉及经济学、营销学、传播学和计算机科学等多学科综合的交叉学科，所以，我们必须摒弃用研究传统营销的方法和手段来研究

① 初广志，李晨宇. 中国的新媒体营销教育：挑战及对策——基于广告学专业教师的调查. 现代传播，2013(3)：139-142.

② 华扬数字营销研究院. 以思创行——2014 中国数字营销行动报告. http://news.sohu.com/20140403/n397687144.shtml[2014-03-31].

数字营销。在互联网发展和新媒体勃兴的背景下，我们更需要具备互联网思维，从而在观念层面和行为层面，以全新的姿态研究数字营销。

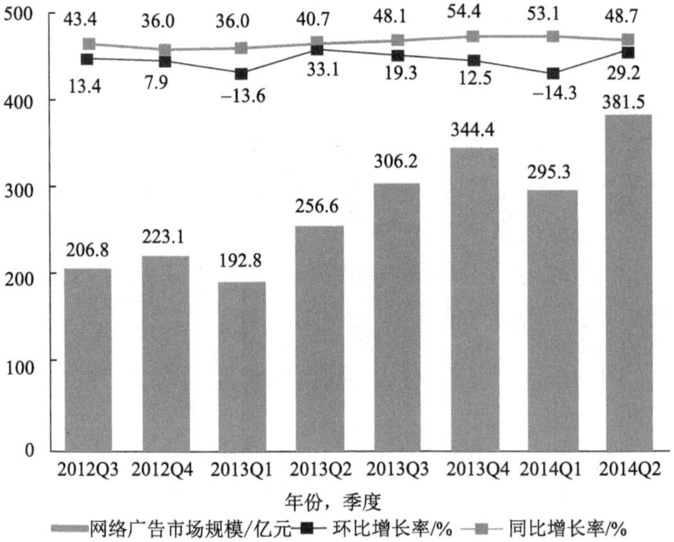

图 6　2012Q3～2014Q2 中国网络广告市场规模①

注：1.互联网广告市场规模按照媒体收入作为统计依据，不包括渠道代理商收入；2.此次统计数据包含搜索联盟的联盟广告收入。也包含搜索联盟向其他媒体网站的广告分成。

数据来源：根据企业公开财报、行业访谈及艾瑞统计预测模型估算。

第三，媒体业态的颠覆性变革带来跨媒体整合。网络技术、数字技术和移动通信技术等带来媒体业态的颠覆性变革，使跨媒体整合成为国内传媒市场发展的方向和趋势。在营销活动中，不同媒体类型的跨界整合已成常态，其中尤以 BAT（百度、阿里巴巴、腾讯）三家互联网大佬在各个行业的攻城掠地最为突出。BAT 三家在基于自身互联网产品服务的基础上，在搜索、社交、视频、电商、生活服务、移动支付、理财工具等领域不断发力，通过并购或投资的方式与各行业的优势企业实现跨界合作、强强联合。互联网巨头之间激化的竞争，有力地推动着数字营销平台的加速进化。来势汹汹的移动互联网，让几乎所有网络媒体都提出要加快在移动端发展的路线，社交媒体在继续引领着视野焦点的同时更加关注对自身用户数据的挖掘和维护，视频类媒体除了以高昂的价格购买版权以应对内容竞争外，还加大了自制栏目与内容的开发力度以力求差异化。媒体在强化自身的数据资源积累及应用的同时，也在发展支持营销应用的数据工具。②

① 艾瑞咨询. 2014Q2 中国网络广告市场规模达 381. 5 亿元，热点营销推动市场增长. http://www.iresearch.com.cn/View/234964.html[2014-07-22].

② 华扬数字营销研究院. 以思创行——2014 中国数字营销行动报告. http://news.sohu.com/20140403/n397687144.shtml[2014-03-31].

第四，大数据（big data）取代传统调研，成为数字营销的基础和支撑。2013年被称为大数据元年，云计算的发展和移动互联网的爆发，使大数据从概念走向应用，将掀起以大数据应用为核心的新一轮工业革命，为传统产业的变革提供技术动力。互联网是大数据的主要源头，也是其应用的先锋阵地。将海量、客观、精准、实时的数据变化成生产要素，应用到数据营销的各个环节，带来消费者洞察、广告传播乃至营销决策上的全面变革。在数据的挖掘、整理和分析的基础上进行消费者洞察，从而为营销决策的产生和运营的优化提供参考可谓是当下的热点。无论是在传统营销时代还是数字营销时代，对消费者的洞察都是开展营销活动的重要基础。传统营销主要通过调研的方法来实现，数据量小而不全，代表性不够强；而数字营销利用的则是大数据的分析方法，它获取的是全体对象的数据，通过对总体数据进行系统和细致的分析，可以更准确和深入地了解消费者从行为层面到心理层面的需求[①]。正因为如此，未来大数据在市场营销中的角色也越来越重要，将直接或间接地影响广告、产品推销和消费者行为。

因此，在这种背景下开展数字营销教育，我们有理由问一声：数字营销来了，国内新闻传播教育界准备好了吗？

① 华扬数字营销研究院.以思创行——中国数字营销行动报告. http://news.sohu.com/20140403/n397687144.shtml[2014-03-31].

从课程体系检讨国内重要新闻传播院校网络传播专业教育

武汉大学新闻与传播学院课程调研小组[①]

从2002年复旦大学等4所高校在本科阶段开设传播学专业至今，传播学的本科教育在中国已经走过了15年。根据2013年教育部公布的《普通高等学校本科专业目录》，传播学代码为“050304”，意味着历经10年摸索后传播学已经“转正”，且新闻传播学类下又新增网络与新媒体（代码 050306T）和数字出版（代码 050307T）2个试办专业[②]，无论是传播学、网络与新媒体还是数字出版，都是为了在一定程度上适应网络与新媒体的快速发展，因此本文对网络传播教育的探讨，会将这3类专业纳入研究范围。然而，近年来以网络传播教育为核心的专业在各高校遍地开花的背后，国内的网络传播教育仍面临着诸多挑战，除了专业定位和培养目标不明确以外，课程体系和实践能力培养也存在着诸多问题。

一、研究构想

（1）研究对象：在全国新闻传播院校中，选取在2012年教育部对全国性的新闻传播专业的评估中，排名靠前的中国人民大学、中国传媒大学、复旦大学、武汉大学、清华大学、华中科技大学、四川大学、北京大学、暨南大学、上海交通大学、上海大学、浙江大学、华东师范大学、南京大学、厦门大学、河北大学、南京师范大学、湖南大学、北京印刷学院、安徽大学、河南大学、陕西师范大学、上海理工大学、郑州大学、西南政法大学、西北大学26所院校作为研究对象，从其本科生教育中传播学（以及网络与新媒体、数字出版）等相关专业的培养情况

---

① 武汉大学新闻与传播学院课程调研组由强月新、周茂君、洪杰文、冉华、叶晓华、陈世立、王伶俐、杨娜、李抟南、周逸青、郝珺曼等组成，对国内新闻传播学科相关专业主干课程进行了系统调研，写出了系列文章。本文由杨娜执笔。

② 中华人民共和国教育部网站. 教育部关于公布2012年度普通高等学校本科专业设置备案或审批结果的通知. http://www.moe.gov.cn/publicfiles/business/htmlfiles/moe/s4930/201304/xxgk_150112.html[2013-03-28].

检讨国内网络传播教育[①]。

（2）研究方法：在上述26所新闻传播院校官方网站及教育部备案信息中搜索各高校本科生教育的最新培养方案，检视其专业开设和课程体系，再用定量研究的方法，对这些课程进行统计、分析，从而得出相应的数据资料；同时辅以近年来对网络传播教育进行探讨的文献的分析来对现存问题进行检讨。

（3）研究目的：从上述26所重要新闻院校网络传播教育的本科生课程设置情况，透视网络传播教育在我国的开展情况与存在问题，以期引起学界的关注。

二、基本数据

通过对上述 26 所重要新闻院校网络传播教育的本科生专业和课程设置情况进行梳理，笔者将从各院校的网络传播类专业开设情况、开设了网络传播类专业院校的课程设置情况和具体类型这三方面进行分析。

（一）26所重要新闻传播院校本科开设“网络传播”及相关专业情况

在这26所院校中，本科教育开设了传播学专业的有8所高校，开设网络与新媒体专业的有 5 所高校（其中中国传媒大学既开设了传播学专业，也开设了网络与新媒体专业），开设网络传播专业的有1所高校，开设数字出版专业的有1所高校。开设与网络传播相关专业的高校有 4 所，未开设网络传播及相关专业的高校有8所，占比30.8%（图1）。

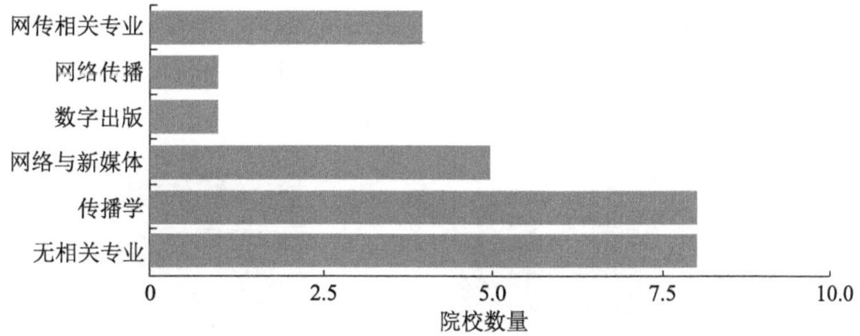

图1　26所重要新闻传播院校本科开设网络传播及相关专业情况[②]

（二）开设有网络传播及相关专业的18所院校的课程体系情况

为进一步了解开设网络传播及相关专业的18所院校的课程设置情况，下面将从通识教育类课程在整个课程体系中的占比、专业课课程中理论类与实务类课程

① 高校课程设置情况来源于各高校官网培养方案及教务处课表。

② 统计数据来自各高校官方网站的培养方案及课程表。

的占比、新闻学类和传播学类课程占比、概论介绍类与专题研究类课程占比、新媒体类课程占比多方面进行分析。

1. 通识教育类课程所占比例

在这 18 所开设了网络传播及其相关专业的院校中，通识教育类的课程占到了整个培养体系的 44.8%，由接近一半的通识教育类课程的设置可以看出，这些高校仍然十分重视对学生通识教育的培养（图 2）。这些通识类教育课程主要是“大学英语”“大学体育”“思想政治类课程”（如“毛泽东思想和中国特色社会主义理论体系”“中国近代史”“思想道德修养和法律基础”“马克思主义基本原理”）“国情与政策”等全校的公共必修课和人文与社会科学、数学与自然科学、哲学与心理学等不同领域的选修课。

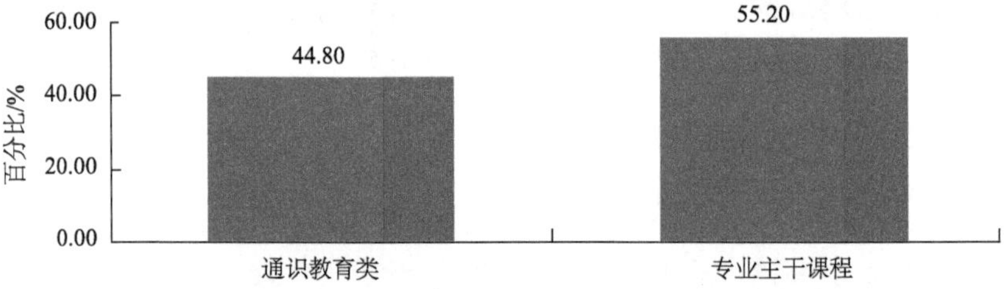

图 2　18 所开设网络传播相关专业的院校通识教育类课程所占比例①

2. 理论类与实务类课程所占比例

在这 18 所开设了网络传播及其相关专业的院校中，在非通识类教育中的专业主干课程中，理论类课程所占比例达到 62.1%，而实务类课程占 37.9%（图 3）。

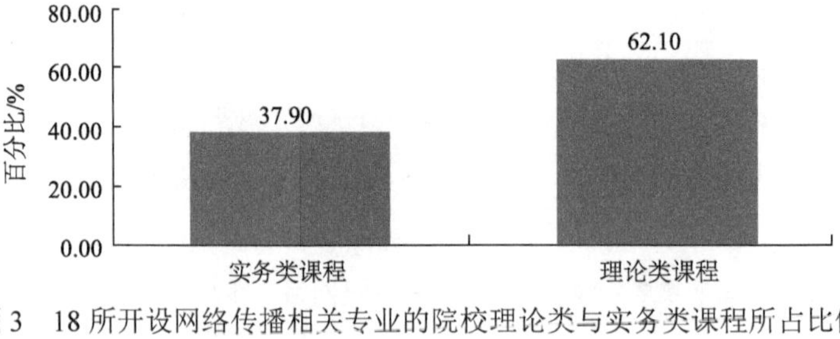

图 3　18 所开设网络传播相关专业的院校理论类与实务类课程所占比例

总体来看，各校的理论类课程多为新闻传播学科的导论课（如“新闻学概论”

① 本文的相关数据计算方法：以各高校的培养方案及课表为依据，用通识类课程的学分之和除以毕业要求的总学分，得出通识类课程所占比例；在非通识类课程中，用某一类型课程的学分之和除以非通识类课程的总学分算出某一类型课程所占比例；最终数据取研究对象中的各高校平均值。

“传播学概论”“广播电视学概论”“广告学概论”“大众传播概论”“数字媒介概论”等）“学科发展历史”（“中国新闻传播史”“外国新闻传播史”“中国编辑出版史”等），新闻传播学的相关理论课（“传播学理论”“新闻理论”“传播伦理与法规”等），以及拓展到人文社科领域的相关理论课（“社会学概论”“哲学导论”“逻辑学”“经济学原理”“美学原理”）和与其他学科相结合进行研究的理论课（如“传媒心理学”“媒介经济学”“传播统计学”“网络营销学”等）。理论课程涉及的学科领域较为多元化，且与新闻传播学学科的结合比较紧密，而不是单独将新闻传播学学科割裂开来进行讨论。

3. 新闻学类课程与传播学类课程所占比例

在这 18 所开设了网络传播及其相关专业的院校中，新闻学类课程（如“新闻学概论”“新闻采访”“新闻评论”“新闻史”“新闻编辑”“英语新闻阅读与写作”“多媒体新闻报道”“新闻传播理论与实务”等）占到了专业课课程的 22.1%，而传播学类课程（如“大众传播学”“传播学概论”“传播研究方法”“传播统计学”“跨文化传播”“组织传播”“政治传播”“网络与新媒体传播”“人机传播学”等）占到 38.4%。二者的比例接近于 2∶3，足以看出在国内的传播学学科教育中，传播学教育新闻化的倾向比较突出（图 4）。

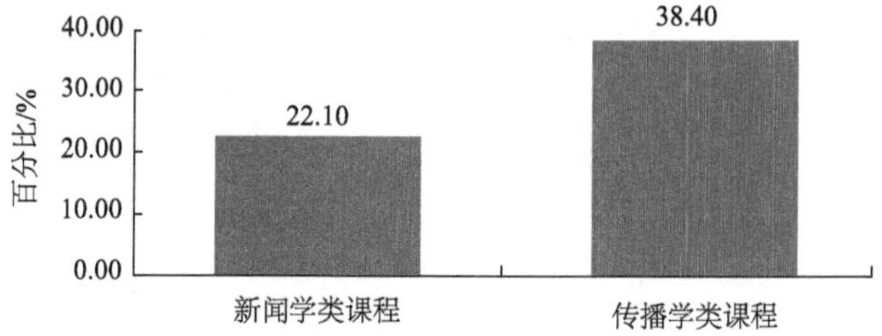

图 4　18 所开设网络传播相关专业的院校新闻学类与传播学类课程所占比例

4. 概论介绍类课程与专题研究类课程在课程体系中所占比例

在这 18 所开设了网络传播及其相关专业的院校中，概论介绍类的课程占到了专业课课程的 58.1%，专题研究类课程占 41.9%。其中的概论介绍类课程指的是笼统介绍某一学科或某一领域类理论知识或发展脉络的课程，如“新闻理论”“传播理论”“新媒体概论”“数字出版概论”“视觉传播”“公共关系学”“媒介融合导论”“战略传播”等。而专题研究类课程则指深入某一学科，从不同角度，结合不同学科认识去深化对该学科和研究的课程的认识。以网络传播专业为例，与它相关的专题研究类课程就包括“网络新闻评析”“网络新闻制作”“网络视觉传播”“网络编程实验”“网络安全与法制”“网络营销与网络广告”“网络社会学”“数字媒介产品策划”“网站规划与设计”等以网络传播为核心，融合

多学科知识，面向网络化社会需求的课程。（图5）

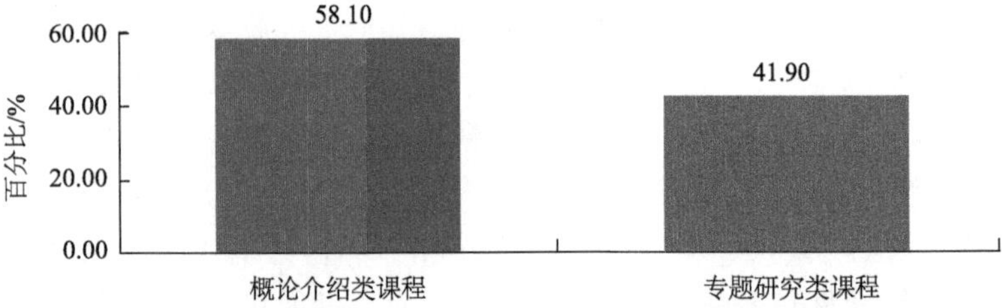

图5　18所开设网络传播相关专业的院校概论介绍类与专题研究类课程所占比例

5. 新媒体类课程所占比例

在这18所开设了网络传播及其相关专业的院校中，新媒体类的课程占到了专业课课程的41.2%，说明这些院校正积极向新媒体和网络信息时代靠拢。这些专业课程有“网络分析与策划”“网络媒体经营管理”“多媒体信息传播”“网络报道策划与实施”“数字出版技术”“网络编辑”“新媒体创意实务”“网页设计与制作”“数字媒介产品策划”“电子商务与政务”“应用软件开发基础”“数据结构与信息模型”等，基本覆盖了互联网产品策划、设计和运营等过程。（图6）

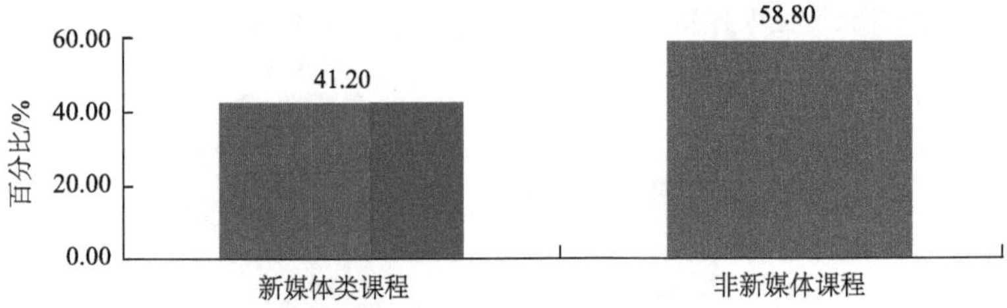

图6　18所开设网络传播相关专业的院校新媒体类课程所占比例

（三）开设有网络传播及相关专业的18所院校的类型划分

虽然这18所开设网络传播及相关专业的院校在课程设置上有一定的共性，但是彼此之间又都存在着差异。根据这些院系的课程体系特征，可将其分为以下几种特点比较突出的类型。

1. 偏重实践类课程

上海交通大学媒体与设计学院是比较典型的偏实践类教学的院校，实践类课程占专业课程的比例高达54.3%。该院多采用“理论+实务”的课程模式，在传授基本的传播学学科理论知识时，又将实务类操作有机地加入课程之中。相关的课程有“数字出版理论与实务、新闻传播理论与实务”“公共关系理论与实务”“市场营销理论与实务”“广告理论与实务”“互联网与新媒体实务”等。

同样实践类课程所占比例较高的院系还有上海理工大学出版印刷与艺术设计学院的传播学专业、北京印刷学院新闻出版学院的数字出版专业等。

偏重实践类课程的院系，有利于培养学生的实践能力，使之能更快速地适应工作岗位和信息时代的需求，但也可能由于理论修养不够而导致后劲不足。

2. 偏重传播学理论类

复旦大学作为国内创办传播学专业的鼻祖之一，在传播学学科的不同领域都有积极的探索，例如，开设了“人际传播学”“跨文化传播”“视觉传播”“整合营销传播”“危机传播管理”“政治传播”等不同类型的传播学专题课程，这种专题类的课程占到复旦大学专业课课程的69%。此外，厦门大学新闻与传播学院传播学专业开设的“中外传播史”“大众传播学”“政治传播”“健康传播”“人际传播”“组织传播”“跨文化传播”“小团体传播”“战略传播”等不同类型的传播学课程，也是对传播学学科有比较系统而全面的把握，该院专题类课程占到了专业课课程的50%。中国传媒大学传播学专业也有类似的特点。

上述几所院校传播学专业课程的开设有力地避免了传播学学科向大众传播学这一类型的狭隘化发展，能让学生接触到更全面的传播学学科；同时这些院校还开设了一些与其他学科结合来进一步深化和拓展传播学学科内涵的课程，如“传播统计学”“传播研究方法”“传播心理学”“整合营销传播”“危机传播管理”“礼仪传播”等。但是这些院系的课程也存在着以概论介绍为主，进一步的研究尚待深入等不足，学生也许只能对它们有个初步的了解。

3. 理论与实践相对平衡

这一类型的院校在专业课的课程安排上，呈现理论类课程与实践类课程相对平衡的状态。例如，南京大学新闻传播学院广告与传播学系，概论课占比42.9%，实践课占比38.1%，呈现比较均衡的状态。

除此之外，南京师范大学新闻与传播学院的网络与新媒体专业、北京大学新闻与传播学院的网络传播专业、河南大学新闻与传播学院的编辑出版学（新媒体编辑方向）专业也有类似的特点。

理论与实践相对平衡的教学体系，既能让学生积淀一定的理论素养，又不至使其毫无动手能力，应该说是比较理想的一种教学方式，但是在实际操作中仍然需要解决课程名称与课程内容不契合的情况。

4. 新媒体类和实践类并举

武汉大学新闻与传播学院传播学专业的课程设置呈现以新媒体类和实践类课程并举的特色，其中新媒体类的课程占到专业课程的 50.7%，实践类课程占到53.7%。该校最初是以“网络传播”为专业命名，但是未得到教育部审批，因此以

“传播学”为该专业命名，但实质还是培养适应互联网时代的网络传播人才。该专业学生大一要学习新闻传播学“大类”的课程，如“广告学概论”“新闻学概论”“广播电视概论”“大众传播理论”等。进入大二专业细分后，则将精力集中于网络传播类课程上，如“网络信息编辑”“网络编程实验”“网页设计与制作实验”“流媒体创作与应用试验”等多门融实践操作和新媒体于一体的课程，且该专业的学生多去往四大门户网站实习，积累了丰富的实践经验。

类似的将新媒体和实践并举的还有陕西师范大学新闻与传播学院和暨南大学新闻与传播学院的网络与新媒体专业等。这类型的院系对学生的主要培养目标就是“在媒介融合和传播新技术更替的发展趋势之上，旨在培养从事数字媒介内容表达与管理、数字产品策划与运营的复合型专门人才”[①]。

5. 以信息技术类为主导

华中科技大学新闻与信息传播学院传播学专业，与该校理工科大学的气质相契合，课程设置偏向技术类型。该专业的学生既要学习“微积分”“线性代数”等数理类型课程，也要学习社会学、文学、哲学、传播学、新闻学等学科的概论知识，同时还要选修“C 语言程序设计”“网站规划与设计”“网站编辑与策划”“应用软件开发基础”“数据库设计”等偏工科性质的技术类课程。培养的学生在实践能力和互联网技术操作上要超过传统文科院系培养的学生，更符合当今媒介融合和传播新技术更替的时代需求。

类似地，安徽大学新闻与传播学院的数字媒体艺术专业、上海理工大学出版印刷与艺术设计学院的传播学专业的课程设置也有偏信息技术方向的特点。

三、问题与反思

从以上的数据分析可以看出，当前我国在网络传播教育的专业设置和课程体系上还存在着一些让人不甚满意的地方，也因此滋生了不少问题，值得反思。

（一）专业定位不明确

中国传媒大学胡正荣教授认为当前国内的传播学本科教育是一种“千校一面，千院一面，千系一面”的局面，传播学专业是一个“什么都讲一点”的“拼盘教育”，传播学教育亟须再定位[②]。目前国内的传播学教育在专业定位上存在的问题主要有以下两个方面。

---

① 武汉大学新闻与传播学院. 2013 版本科人才培养方案. http://journal. whu. edu. cn/notice/20140425tld2[2013-03-13].

② 胡正荣. 全媒体时代的复合教育. 新闻大学，2014(1)：1-3.

第一，传播学教育与传统的新闻学教育相似。从这18所开设有传播学及相关专业的院校的培养方案来看，无论是在培养目标上还是在课程设置上都与新闻学专业有一定程度的重合。从各院校平均值来看，新闻学类课程与传播学类课程所占比例居然将近2∶3，这在一定程度上说明目前许多高校还没有明确传播学专业的差异化定位，培养出来的学生与新闻学教育培养的学生没有太大的区别。除了用人单位和学生自己可能对传播学专业毕业生究竟有什么能力和特点含糊不清以外，还可能会导致传播学毕业生挤占新闻学毕业生的工作岗位。

第二，传播学教育的大众传播化发展。通过梳理18所开设有传播学及相关专业的院校的课程设置情况，可以看到除了复旦大学、厦门大学和中国传媒大学的传播学专业，在除大众传播学以外还开设了较多的传播学学科其他领域的课程，如“组织传播”“人际传播”“政治传播”等的课程以外，其他高校往往都只是开设了“传播学理论”和“大众传播学”这2门传播学的课程，这使得国内的传播学教育偏向于大众传播学。而大众传播学只是传播学学科领域的一个重要组成部分，狭隘化的用大众传播学指代传播学学科，一方面使教育界和学生对传播学的认知狭隘化，另一方面，大众传播化指导思想下的培养目标和课程设置体系不适应学科的发展和社会的要求①。

这种传播学学科有所偏重的倾向对网络传播教育有着重要影响。一方面，网络传播学、网络与新媒体等专业方向来源于传播学学科，并在其基础上深入和发展而来，一旦在教学实践中操作不当，可能导致传播学学科狭隘化。另一方面，如果在网络传播学教育中融入过多的新闻类课程和传播学不同分支的课程，就会弱化网络传播教育的专业性和深度性。因此究竟网络传播学教育应该寻求一个怎样的定位，是在传播学学科中独树一帜，成为迎合媒体融合和技术变革时代的新型教育方向，还是应该遵循传播学学科教育的普遍性，在系统全面地介绍传播学的不同分支、流派等知识后，适当地融入新媒体的相关知识，这值得教育者深思。

（二）培养理念的陈旧

当厘清了网络传播教育的专业定位以后，我们仍需要进一步辨析该教育方向的培养目标。这就需要辨明网络传播学从教者及专家学者的培养理念，只有明确了网络传播教育要培养怎样的人才，才能更好地寻找到合适的教学方法。

作为在互联网潮涌之下应运而生的网络传播教育，应该是以培养适应媒介环境和传播技术更替及变革趋势的新媒体运营和研究人才为目标。该方向的毕业生

---

① 贺建平，徐涛，韩振. 传播学专业本科教学改革研究回顾与前瞻. 新闻界，2009(6)：189-191.

应该要具备较广阔的人文社科基础知识、扎实的专业素养和技能及一定的信息科学技术和操作能力。此外，因为网络传播教育本身有别于传播学学科学理性较强的特点，其更具有实用性质的趋向，所以该方向毕业生需要加强实践能力的培养，以便更好地适应媒介融合的发展趋势和运作机制。

然而，关于大学教育中“器、术、道”三者的探讨，一直以来都是学界热议的焦点之一。其中大学是以培养高素质、综合能力为主的声音势头最为强劲。这种观点认为，传授具体的操作技能是职业院校的事情，大学本科教育应该秉承培养具有深厚人文底蕴、独立思考能力和理论涵养的综合性人才的理念。因此，传道比授业更为重要。在2012年12月15日于复旦大学新闻学院举行的传播变革与中国传播学教育学术研讨会上，多位教育名师就表达了类似的观点。

浙江大学传媒与国际文化学院院长吴飞教授认为，虽然“器”和“术”很重要，但“道”才是核心，不能本末倒置。况且很多的“器”和“术”学生完全可以自学，不必在课堂上花费时间。“专业教师无法带领学生倾听先贤和当下最优秀学者的思考，没有融入同学中与他们一起讨论社会问题。”[①]

复旦大学新闻学院殷晓蓉教授也认为面对浮躁的社会环境，应加强“道”的教育；同济大学传播与艺术学院副院长余克光教授说，“决不能把大学变成软件培训班，毕业生应该是‘创作者’而非‘技工’，不能第一年上手快却后劲不足”。总体来讲，在目前国内的新闻传播教育领域，专家学者们普遍将理论学习和研究置于一个很重要的位置，但是对技能方面的关注却相对寥寥。

然而在目前环境下来看，这种一味重视专业理论学习，却有意无意忽视技能培养和实践能力提升的培养理念略显陈旧，有待革新。毕竟，作为新技术变革时期的新闻学和传播学人才，尤其是网络传播方面的专业人才，还是必须要有一定的互联网技术基础和实践技能，这样才能更快更好地适应新媒体的发展，也才能为当下的新闻传播教育拓展新的方向。在互联网迅速发展和变化的年代，以纸媒为代表的传统媒体的衰落已是不争的事实，在传统媒体积极拥抱新媒体，发展寻求变革和重生的当下，新闻传播教育加强对学生的技能和实践能力培养的重要性不言而喻。互联网行业最重视的就是产品思维，对他们而言，产品策划、设计能力和产品运营能力都是很重要的，而且这个行业也要求从业者有较强的上手能力和相关经验，这就对刚出象牙塔的大学生提出了新的挑战。有扎实的文化基础和专业素养固然是重要的，这样才能为新闻传播类人才的可持续发展不断提供智力保障，但是快速的适应能力和操作能力，是互联网产品从雏形设计到逐步完善、上线推广及运营等都离不开的具体要求，如果是一群熟读新闻理论、传播理论却

① 柳成荫. 转型时代中国传播学教育的责任，定位与走向——“传播变革与中国传播学教育”学术研讨会综述. 新闻大学，2013(4)：141-144.

毫无实践能力的学生，在实际的工作中是比较吃力的。因此在加强专业理论素养培育的同时，适当辅以互联网基础技能的学习同样是不可或缺的。

香港城市大学的祝建华教授结合自身的海外教学经验指出，中国学生在方法训练上往往是欠缺的，因此教师有义务将学生领进门。而认识是“一个从具体到抽象的过程，应当经由‘器’‘术’通往‘道’的境界”。因此，尽管“道”十分重要，但必须从最基础的“术”开始训练[①]。无疑，这种理念对于网络传播教育有较强的借鉴价值。当学生掌握了较为实用的方法技能后，应该进一步跳脱出技术主义的藩篱，去琢磨背后的原理和更深层次的理论，这样才能更深入地把实践融于理论，再用理论去推进实践，成为一个理论知识与技能兼具之才。

（三）课程体系不合理

从本文对18所开设有网络传播教育相关专业的院系的课程情况整理来看，目前网络传播教育的课程体系设置整体上是不合理的。

首先，通识类课程所占比例过高。高达44.8%的通识类课程，在理想状态下应该是囊括了自然科学、社会哲学、人文基础和信息科学等不同领域的多学科、多门类的知识体系，有利于学生自身形成较为广阔的学习视野和内在涵养。然而，现状是，在这些通识类教育课程中，思政类课程和大学英语、体育等公共必修课程占据了主要地位，基本覆盖了大学的前两个学年。无可否认，大学英语、体育锻炼对大学生而言仍然具有重要意义，思政类课程也有着政治上的必要性。但是，这些课程所占的比例是否过高而妨碍了学生多元化地学习不同领域知识的可能呢？通识类教育中一般还有10～20分左右的公共选修课学分，但是总体来说，非常容易形成一种看似选择多样，其实不尽其然的结果，不利于学生拓展自己的知识面，不利其根据个人兴趣和目标真正学有所益。

其次，传播学专业的课程偏新闻化、偏理论化。传播学专业的学生，有必要接触和了解一定的新闻学方面的知识，但是这不能成为传播学课程新闻化倾向较严重的托词。只有在课程体系上与新闻学区分开来，传播学专业才能真正找到自身的立足点所在。另外，正如刘海贵教授所说，“目前国内的传播学教育仍处于介绍、评价西方传播学和探讨中国传播学理论体系的初级阶段，对国际传播学界最新研究动态和成果关注、采集不够。”无论是传播学专业还是网络传播学专业的教育，涉及的传播学学科的教学知识多集中于泛泛介绍西方传播学的发展和核心理论，却缺乏对国内传播学体系和学派的思考。只学习传播学发展之初的理论成果却不能融会贯通于中国背景下的学科现状，也不与当下的社会现实相联系来

① 祝建华. 大数据时代的新闻与传播学教育：专业设置，学生技能，师资来源. 新闻大学，2013(4)：129-132.

发展该学科，“理论教学的主导地位导致‘学而无用’，教学与学术研究分离导致学科发展缓慢。”[①]从长远看来，是不利于国内传播学教育的科学发展的。

最后，没有一批合理的传播学或网络传播教育的教材。刘海龙曾对目前高校中使用的传播学教材作了如下概括：“教材引进侧重大众传播理论；泛泛的概论介绍偏多。而具有一定深度的理论考察还比较少；在理论范式的介绍方面也还不够开放，仍是客观经验主义范式一统天下的局面。”[②]

这些观点比较全面合理地概括了当今传播学教材的现状。目前国内使用较多的还是源自美国大众传播学的译著，例如，麦奎尔的《大众传播学》、多米尼克的《大众传播学》等，国内比较通用的教材有郭庆光教授主编的《传播学教程》等。这些书籍虽然不断在更新和再版，但终究是对多年以前理论的学习，没有囊括最近几十年传播学发展中新兴的理论和变化，因此不太能满足当下的学习所需。另外，偏重美国客观经验主义范式，却忽略了英国等国家的传播学流派知识等，势必使得国内的传播学发展比较局限化，学生也不可能真正了解到传播学学科的全貌。虽然很多学校的老师也在积极著书立说，但是整体来说传播学的教材建设仍然薄弱。

（四）实务类课程不足

实务类课程不足是当今网络传播教育面临的又一重要桎梏，从数据可以看出，实务类课程仅占专业课程的 1/3 左右，是理论类课程的一半，而且这些实务类课程，还往往因为教学的老师自身并不具备业界经历和实践能力，打着实务类课程的名号，上着千篇一律的理论课内容。学生在短短三四年里，被灌输了各种各样的理论知识，却很少有机会去上手锻炼。试问这样教育出来的学生，又怎么能在互联网潮流之中脱颖而出并被好单位相中？

此外，作为提升学生实践经验最佳途径的专业实习，在很多学校没有得到足够的重视。往往是学校要求学生在大四出去实习三四个月，学生可能随便找个单位盖个章，蒙混过关，实践能力并不能得到有效的提高，这种状况值得深思。

在媒介融合的趋势下，国内的网络传播教育单位是否有信心培养出时代的弄潮儿？这需要我们认真反思。

---

① 张玲. 传播学本科教学模式探索. 新闻界，2008(3)：166-167.

② 刘海龙. 被经验的中介和被中介的经验——从传播理论教材的译介看传播学在中国. 国际新闻界，2006(5)：5-11.

媒介融合时代新闻传播人才培养模式探究

——复旦大学、中国人民大学、武汉大学培养方案考察

武汉大学新闻与传播学院　杨　力

数字技术的不断革新、新媒体的不断发展，给高校新闻传播培养带来巨大的挑战。

一方面，媒介融合时代的到来，使社会对于媒体工作者专业素养的要求全面升级。媒体从业人员既要有扎实的实务技能，懂得尽可能多的媒介技术，有较强的人际交往能力，还要有广博的知识面，并且最好要对某一类或几类专业有比较深入的了解。尽管媒体、网络、广告公司的人才需求持续可观，但新闻传播类毕业生的就业境况却并不理想。学生和用人单位往往表示学校的理论学习跟不上媒体技术的变化，而新闻传播类专业的学生知识结构较为单一，也容易使其在工作中后劲不足。

另一方面，新闻传播专业毕业生就业结构也在逐渐发生变化。以武汉大学新闻与传播学院本科生办公室统计的就业数据为例，近几年，新闻学、传播学、广告学、广播电视学 4 个专业的学生去媒体单位就业的已不足 30%，而到党政机关、事业单位、部队和企业等行业的人数却逐年增加。虽然这一数据反映出新闻传播专业的学生到媒体单位就业难度变大，但同时也说明新闻传播专业毕业生更加被社会其他行业所接纳。

为了扭转高校新闻传播教育与社会需求错位的局面，各高校纷纷投入到教学模式、课程设置的改革与研究之中。改革的方式多样，但宏观层面主要落脚到本科人才培养方案的调整与更新上。在众多高校的新闻学院中，复旦大学、中国人民大学及武汉大学的改革比较全面彻底。进入这 3 所大学的教务部或学院官网可以找到学院目前正在使用的本科人才培养方案，3 所学校的培养方案在课程设置上各具特色，但其人才培养目标却基本一致，都是培养一专多能的复合型新闻传播专业人才。尽管现在全国对于新闻传播人才培养模式改革的路径尚未形成定论，但是这 3 所学校共同关注的重点仍能对新闻传播人才培养起到很好的启示作用。

以下笔者就尝试对复旦大学、中国人民大学、武汉大学新闻传播人才培养方案进行比较研究，探讨媒介融合时代新闻传播专业教学模式的改革。

一、多维度通识教育打造复合型人才

好的大学教育一定是通识教育与专业教育并重的。培养专才和技师的传统人才培养模式早已不能满足社会日益全面的人才需求，兼具知识、能力、品格的复合型人才真正为社会所需要。何为通识教育呢？“通识教育是一种兼顾完整知识、自由心灵和高尚人格培养的活动，目的在于避免个人知识、人格的狭隘，培养通观事物的能力，学习不同领域的知识，避免见解的独断与僵化；培养理性思维、独立思考的能力，获得心灵的真正自由”①。好的通识教育有赖于学校层面的重视，需要学校整合优质的教育资源，建立多维度的通识教育培养体系。

（一）共同的通识教育课程，以成人教育统领成才教育

通识教育作为超越专业教育的元教育，对于学生人格的塑造、知识结构的完善、思维的锤炼有着举足轻重的作用。作为新闻传播专业的学生，拥有敏锐的思考判断能力、良好的道德修养、广博的知识面，是学好专业的基本前提。复旦大学、武汉大学、中国人民大学对于通识教育的重要性都有着深刻的理解。

首先，3 所学校在学分上向通识教育倾斜。复旦大学新闻学院通识教育课程学分为 48 分②，占总学分的 31.4%；中国人民大学通识教育课程 61 分③，占总学分的 39.1%；武汉大学通识教育课程学分为 56 分④，占总学分的 40%。

其次，校方注重对通识教育改革进行积极探索。复旦大学自 2015 年开启新一轮的通识教育课程建设，在核心通识课程七大模块中重点建设 50 余个基本课程单元，着力打造单元内优质课程资源。中国人民大学在全校层面实施“本科人才培养路线图”⑤，所有的学科和专业面向全体本科学生开放，鼓励学生自主选修课程，并以学分认证的方式授予第二学位证书。对于新闻与传播学院的学生，新闻学、广告学、广播电视学、传播学 4 个专业的学生均要求跨专业、跨学院选修 30 学分

---

① 周叶中. 努力营造通识教育文化，扎实提高人才培养质量. 中国大学教学，2016(12)：6-10.

② 复旦大学官网. 2014 年复旦大学本科人才培养方案. http://www. fudan. edu. cn/files/2014zysz. pdf [2016-09-07].

③ 中国人民大学新闻学院官网. 2016 年人民大学新闻学院专业培养方案. http://jcr. ruc. edu. cn/peiyang/benke/peiyang/content-1077. html [2016-09-12].

④ 武汉大学本科生院官网. 2013 年武汉大学新闻与传播学院本科人才培养方案. http://kczx. whu. edu. cn/G2S/ShowSystem/SpecialtySet. aspx [2017-06-05].

⑤ 陈雨露. 构建研究型学习制度，完善本科人才培养新体系. 中国大学教学，2013(10)：4-6.

的选修课，其中跨专业选修不得少于 6 学分，跨学院选修不得少于 8 学分，鼓励学生在专业外发展一个或多个专长。武汉大学自 2004 年以来已开设 1002 门通识选修课，选修课程充足。2015 年学校确立以成人教育统领成才教育的办学理念，将通识教育与专业教育置于同等重要的地位，在确定通识选修七大领域的基础上，强化专业基础通识课程，成立通识教育委员会，制定了《武汉大学关于进一步加强通识教育的实施办法》，不断提升通识教育课程质量。

（二）跨学科联合办学，实现多学科知识的融合

中国人民大学新闻学院党委书记蔡雯教授说过："媒介融合时代表面上看来需要的是人才的技术适应性，实际上更需要的是人才的内容适应性，要求媒体从业人员具有一定的专业知识背景，是某个行业或领域的专家，这样媒体才能为不同阶层、不同背景、不同知识层次的人群提供贴近性的精细化信息服务。"[①]复旦大学与中国人民大学在跨专业联合培养方面的改革比较靠前。

从 2011 年开始中国人民大学新闻学院尝试跨学院联合培养，与国际关系学院合作开设新闻学—国际政治实验班[②]，与法学院合作开设新闻学—法学实验班[③]，旨在通过系统的教学，培养能胜任学科交叉相关工作的高端复合型本科人才。按照培养方案要求完成学习任务后，学生可以获得文学（主）、法学（副）学士学位。对于没能进入实验班学习的学生，学院也鼓励学生学习其他专业的双学位，来丰富自己的知识结构。

相比中国人民大学，复旦大学新闻学院"2+2"跨学科教育培养模式，就更为彻底。新闻学院的学生在头两年先接受通识教育，在经济学、社会学、电子信息科学与技术、汉语言文学、法学、国际政治、政治学与行政学、行政管理 8 个方向中选择 1 个专业方向，前两年系统学习这一专业方向所需的大类基础课程及核心专业课程，到大三才正式进入新闻学、广播电视学、传播学和广告学专业的学习。通过教师的指导，完成所学 2 个专业知识技能的复合。

二、大传播的教学理念指引专业教育改革

在媒介技术迅猛发展的背景下，手机、网络等新兴媒介不断冲击着报纸、广

---

① 高海珍. 新闻业与新闻人的未来——专访中国人民大学新闻学院党委书记蔡雯. 新闻与写作，2015(9)：66-69.

② 中国人民大学新闻学院官网. 2016 年中国人民大学新闻学-国际政治实验班培养方案. http://jcr. ruc. edu. cn/peiyang/benke/peiyang/content-1075. html [2017-06-04].

③ 中国人民大学新闻学院官网. 2016 年中国人民大学新闻学-法学实验班培养方案. http://jcr. ruc. edu. cn/peiyang/benke/peiyang/content-1074. html [2017-06-04].

播、电视等传统媒介。单纯的采写编评、媒介经营与管理等实务课程已不能满足业界对新闻传播人才的需求。新闻传播学学科已经进入大传播时代[①]。

（一）强调宽口径、强化大类培养

无论是复旦大学、中国人民大学还是武汉大学新闻学院，都是按照新闻传播学类进行招生，在经历 1～2 年的大类培养后，才进入专业学习。在新闻传播人才培养不断改革的进程中，“大类”的概念得到进一步强化，专业课程基本只保留最经典、最具特色的课程。复旦大学新闻学院规定所有新闻学院学生大类基础课程需修满 28 学分，新闻学、广播电视学、传播学和广告学 4 个专业的专业必修课学分缩减至 14～16 学分，仅占总学分的 10%左右。专业选修课彻底打破专业的限制，以新闻传播、艺术传播、公共传播、商业传播几个板块来划分，并且规定各专业可以跨专业选修，非本专业必修课程可以计入专业选修课程学分。

中国人民大学专业教育部分，学科基础课程达到 18 门，共 35 学分，各专业的专业必修课只有 3～4 门，具体为新闻学专业 4 门，新闻采访写作、新闻编辑、新闻评论、视觉报道，共 8 学分；广播电视专业 3 门，广播电视报道、电视新闻报道、纪录片创作，共 7 学分；广告学专业 3 门，广告策划、广告媒体策略、传媒经济理论与实务，共 6 学分；传播学专业 4 门，公共传播、策略性传播、网络信息整合、社交媒体，共 8 学分。

武汉大学在 2017 年新版培养方案修订过程中，也进一步增加了大类平台课程数量，进一步浓缩专业课程。新版方案中，设置 18 门平台必修课程，14 门平台选修课程，专业课控制在 30 学分左右，占总学分的比例将近 20%。

（二）设置学科基础课程、重视新媒体技术课程的拓展

面对飞速变化的媒体环境和不断更新的媒介技术，很多高校一味追求对新技术的捕捉，长此以往，一方面高校教师会因技术瞬息万变而压力倍增，另一方面高等教育也有沦为职业技校之危险。所谓新与旧都是相对的，新闻传播教育只有在设置课程时找准相对稳定的根本性知识，以不变应万变，才能帮助学生在需要的时候运用所学的知识更快地习得新的技能。对比 3 所学校本科人才培养方案中的专业课程设置，除了传统的新闻采写编评、中外新闻传播史、伦理与法规这些基础课程以外，3 所学校均有相应的社会科学课程，同时也十分注重新媒体技术课程的引入。中国人民大学新闻学院学科基础课程中，设置了社会学概论、经济学基础、政治学概论和法学概论；武汉大学在新版培养方案中开设了中国文学、

① 李良荣，张华. 从“小新闻”走向“大传播”——新闻传播学学科建设和科研的新取向. 现代传播，2013(8)：34-38.

社会心理学，通过人文社会科学基础课程的讲授，帮助学生塑造全面的思维方法。为了使学生在进入单位后尽快地进入情况，向其传授新媒体前沿知识很有必要，而前沿知识的传授往往需要业界与学界相结合。复旦大学开设“媒介融合”“网络新闻传播原理与应用”“传播统计软件应用”课程，都是在传授理论知识的基础上，强化对新技术的应用；武汉大学新闻学院在新版方案中也开设“媒介前沿研究”“数字媒介技术基础”等新媒体课程，邀请学界、业界专家到院传授新媒体知识。

三、重视实践教学、锤炼学生实践动手能力

作为应用型学科，实践教学是连接学生理论学习与实际应用的桥梁。复旦大学一方面强化实习管理，设立时长不少于42天的教学小实习和时长不少于4个月的教学大实习；另一方面搭建一流的实习平台，建立文汇新民联合报业集团等一批优质的教学实习基地，为学生实习提供组织保障。复旦大学还尝试多种实习实训的方式，“记录中国”暑期专业实践项目就是其中之一①，由专任教师与媒体业界辅导老师共同带队，让实习生直接参与报道作品。中国人民大学实践教育共设置12学分，其中包括2学分社会研究与创新训练，要求学生在教师指导下参加“千人百村调研”“学生创新训练计划”等活动，完成不少于5000字的社会研究报告；2学分的社会实践与志愿服务以及4学分的不少于8周的专业实习。武汉大学新闻与传播学院向来以实践教学为特色。武汉大学新闻学院是文科专业中最早设立独立学分的专业实验课程的新闻传播学院，同时学院以课程为依托，开展“广告模拟竞标”“数字媒介工程实践”等拟态实践教学课程。在大三下学期设置为期4个月的专业实习，学院成立专门的实习领导小组，对实习进行全程跟踪管理；与实习单位、全国知名媒体、企业保持密切联系，以北京、武汉、长沙、广州、深圳5个中心城市为重点，建立几十家优质实习实训基地，形成一条“实习京广线”；每3年召开一次实践教学高峰论坛，邀请学界、业界专家共商实践教学改革大计。为了进一步帮助学生有效地将理论知识转化为实践技能，在新版教学方案中，学院计划第5个学期在每个专业开设一门大实践课，利用演播厅、实验室等优质资源开展拟态教学，帮助学生提升实践能力和业务水平。

结　语

习近平总书记在“2.19”重要讲话中对新闻工作者提出做“全媒型、专家型”新闻传播人才的要求。复旦大学、中国人民大学和武汉大学新闻学院作为全国顶

① 张涛甫. 打开新闻传播教育直达社会的通道. 新闻战线，2016(21)：50-52.

尖的新闻传播人才培养单位，其培养复合型新闻传播专业人才这一培养目标，以及其在培养方案修订过程中对于通识教育、专业教育的改革与尝试，顺应了习近平总书记的要求，值得其他院校借鉴学习。当然，人才培养是一个系统工程，除人才培养方案外，课程教学大纲、教师授课方式、师资培养及培训等，都是至关重要的环节，如何在各方面全面提升本科人才培养质量，仍是一个值得研究的课题。

国内部分新闻传播院校本科人才培养方案对比研究

武汉大学新闻与传播学院　杨　力

作为一门应用性、实践性很强的学科，新闻传播专业如何在新媒体融合的大背景下培养符合社会需求的高素质人才，是各大新闻传播院系共同面对的课题。国内新闻传播专业呈遍地开花之势，然而传媒市场的深刻变革，使一般新闻教育流水线上生产出的毕业生，无法满足人才市场的需求。近几年来，国内新闻传播教育单位已启动好几轮本科人才培养方案的修订工作，对于人才培养模式创新进行了一些探索。本文试图对几所国内知名院校正在使用的人才培养方案进行比较研究，从而为新闻传播培养单位人才培养模式创新提出可行性建议。

一、各高校本科人才培养方案对比分析

经过多年的实践改革，各高校新闻传播专业人才培养已形成自有的模式。因共同的时代大背景和人才市场需求，各培养方案存在很多相似之处，但由于地域差异及所在学校办学理念和优势差异，各培养方案也呈现各自的特色。

（一）人才培养目标确立

明确人才培养目标是制定人才培养方案的基础，培养目标因解决“培养什么样的人”的问题，而在培养方案制定过程中处于中心地位。纵观新闻发展历史，从起初单独的新闻学，到传播学、广播电视、印刷出版、网络新媒体的陆续加入，新闻传播教育范围不断扩大，培养目标也从过去单纯的培养新闻人逐渐转变为培养适应性更广的传播人①。此外，媒介融合的不断深入，促使社会对于媒体从业者的要求不断提高。除了扎实的业务技能，一个合格的媒体工作者还需掌握尽可能多的媒介技术、拥有更广博的知识储备，这也促进人才培养目标向“复合型新闻传播人才”转变。几所新闻传播院系的人才培养目标比较相似。华中科技大学：培养既有扎实人文社科功底又能掌握现代传播工具的复合型新闻与信

---

① 白净. 除了记者，新闻出版教育还能培养什么人. 青年记者，2016(22)：64-65.

息传播人才[①]。暨南大学：培养具备系统的新闻传播基本理论和专业技能及宽广文化科学知识的复合型新闻传播专业人才[②]。中国传媒大学：培养具备系统的新闻学知识与技能，拥有较广博的文化与科学知识背景，能在广播、电视、报刊、互联网等新闻媒介以及宣传部门、企事业单位从事新闻传播、经营管理及理论研究等方面工作的高级专门人才[③]。华中师范大学：本专业培养融合媒体时代能胜任新闻传播、新闻教育、新闻管理、新闻研究、出版宣传的工作，在熟悉我国新闻、宣传政策法规的基础上，胜任政府部门、新闻与出版单位、学校、大型企事业单位等从事采编、公关策划及经营管理等工作的复合型专门人才[④]。可以看出，培养"复合型新闻传播专业人才"的培养目标，已经在各大新闻传播培养单位中形成共识。

很多高校也因其独特的地理位置和办学条件，在培养目标上呈现出独有的特色。复旦大学新闻与传播学院因其在新闻传播领域遥遥领先的地位，在培养目标上增加了"定位于精英新闻传播教育"的目标[⑤]；华中科技大学新闻与信息传播学院，作为第一个在工科院校创办新闻专业的学院，一直秉承"文工交叉见长，复合特色取胜"的理念，走新闻学与传播学并重、传播文化与传播科技结盟的办学新路。汕头大学长江新闻与传播学院凭借其沿海的地域优势与美国密苏里大学合作建立的融合媒体实验室，着力打造实践型国际新闻传播人才[⑥]。

（二）专业设置有合有分

大部分的新闻传播本科培养单位都已形成大类招生、经过1～2年的大类培养后分散到各专业学习的培养方式。中国人民大学、武汉大学、暨南大学等都是在大二开始分专业培养，而复旦大学、华中师范大学则是通过2年的大类培养后，在第3年才进入专业学习，专业课程数量也进行精简，只保留最经典的专业课程。例如，复旦大学4个专业必修课程压缩至总学分的10%，中国人民大学专业必修

① 华中科技大学教务处官网. 2016年华中科技大学2016版培养计划. http://jwc.hust.edu.cn/info/1159/5218.html [2017-07-14].

② 暨南大学新闻与传播学院官网. 2015年暨南大学新闻与传播学院2015级本科人才培养方案. http://xwxy.jnu.edu.cn/html/bks/peiyangfangan [2017-07-11].

③ 中国传媒大学新闻学院官网. 2015年中国传媒大学新闻学院专业介绍. http://sjc.cuc.edu.cn/[2017-07-16].

④ 华中师范大学教务处官网. 2016年华中师范大学新闻传播学院2015级人才培养方案. http://jwc.ccnu.edu.cn/info/1118/4249.htm [2017-07-17].

⑤ 复旦大学官网. 2014年复旦大学本科人才培养方案. http://www.fudan.edu.cn/files/2014zysz.pdf [2016-09-07].

⑥王军，范东升. 新闻专业应用型人才培养模式研究及实践——基于汕头大学新闻传播本科教学的改革. 汕头大学学报(人文社会科学版)，2009(25)：78-80.

课程只保留 3～4 门[①]，暨南大学各专业必修课程也压缩至 6～7 门。这种宽口径的大类培养的目的是为了让学生获得综合性、基础性的新闻传播专业技能，以应对媒介融合发展的现实需要。

与这种大类培养模式相反的是细分的专业培养，华中科技大学就是其中之一。新闻与信息传播学院拥有新闻学、广播电视新闻、广告学、传播学、播音与主持艺术 5 个本科专业，各专业都拥有独立的培养方案和基本独立的课程设置，为突出特色人才培养，学院还开设了新闻评论方向，旨在培养新闻评论专业人才。

（三）课程设置

本文所调查到的新闻传播专业本科人才培养方案一般是由通识教育课程、专业基础课程（大类基础课程）、专业教育课程及实践环节 4 个课程类别组成。在具体的课程设置上，各培养方案均呈现通识课程和专业课程并重的特点。

1. 通识课程所占比重较大

所调查的高校培养方案中，存在通识课程占比较大的共性。通识课程包括通识必修课程及通识选修课程，必修课程主要包括英语、政治、体育等基础课程，选修课程则一般由人文、社会、科学、艺术等模块构成。中国人民大学通识教育课程学分 69 分，占总学分的 39.1%；复旦大学通识教育课程要求学分 48 分，占总学分的 31.3%；华中科技大学通识教育课程学分 39 分，占总学分的 24.1%；暨南大学通识教育课程学分 58 分，占总学分的 36.2%。这些覆盖面广阔的通识课程，对于拓宽学生的视野、丰富知识面有一定帮助，使学生通过学习培养理性的思维方法和独立思考的能力，促进基本素养的形成。

2. 设置学科基础课程，注重复合型专业知识的培养

设置学科基础课程有助于学生习得必要的研究方法和思维模式，为今后的专业学习打好基础。华中科技大学从专业需求出发，每个专业要求学生修满 25 学分的学科大类基础课程，课程包括微积分、概率论与数理统计、中国古代文学、经济学原理等。暨南大学基础教育课程类别要求学生修满 40 学分的基础教育必修课程和 6 学分的选修课程，课程包括现代汉语、古代汉语、中国古代文学、逻辑学、统计学等。复旦大学在复合型人才培养上颇有建树，实行“2+2”的人才培养模式，即新闻学院的学生在前 2 年先接受通识教育，在经济学、社会学、电子信息科学与技术、汉语言文学、法学、国际政治、政治学与行政学、行政管理 8 个方向中

① 中国人民大学新闻学院官网．2016 年中国人民大学新闻学院专业培养方案．http://jcr.ruc.edu.cn/peiyang/benke/peiyang/content-1077.html [2016-09-12].

选择 1 个专业方向，前 2 年系统学习这一专业方向所需的大类基础课程及核心专业课程，到大三才正式进入新闻学、广播电视学、传播学和广告学专业的学习。通过教师的指导，完成所学 2 个专业知识技能的复合。

3. 专业选修课实现学科内共享

包括暨南大学新闻与传播学院在内的大多数新闻院系在专业选修课上实现了资源的共享。暨南大学将专业选修课按照知识群划分为摄影与广电艺术知识群、传媒经济与新媒体知识群、广告学知识群、华文媒体与文化研究知识群及开放创新试验与能力拓展项目 5 类，需要学生按照要求修满 24 学分。复旦大学与之模式相似，将专业选修课分为新闻传播、艺术传播、公共传播、商业传播 4 类，每类又以不同版块进行划分，不同专业方向的学生要求修满 18～24 个学分才能达到要求。中国人民大学将专业选修版图扩展到学校范围，要求学生修满 40～42 学分专业选修课，其中专业方向选修课 12 学分，其余 28～30 学分需通过跨专业、跨学院选修获得。专业选修课程实现学科内共享也是培养复合型人才教育理念的重要举措，有助于学生根据自身兴趣及需求，在学科内掌握多元化知识。

4. 开设前沿理论及新技术课程，积极应对新媒体挑战

新技术的迅猛发展，使媒介环境发生剧烈变化，一方面新闻传播教育夯实基础，以静制动，另一方面还是需要通过对新媒体知识的介绍，使学生对新媒体发展趋势有所了解。汕头大学新闻学院，重点加强了媒体融合时代所需的视觉、技术、运营等 3 方面课程的设置，包括艺术欣赏、版面与装帧设计、旅游摄影、网络媒体与新闻业变革、数据新闻、数字媒体前沿、内容营销等课程。华中科技大学增开了跨媒体报道、互联网应用模式与战略等课程。复旦大学开设前沿讲座，邀请业界专家分享最新技术和新媒体前沿知识。

（四）重视实践教学环节

作为实践型、应用型学科，实践教学的重要性无须赘述。专业实习、社会实践、各种拟态实践教学课程等，都属于实践教学范畴。综观各新闻传播培养方案，几乎都设有独立的专业实习课程，学分为 6～8 分不等，一般在大三下学期或大四上学期安排完整的学期进行。有条件的学院会在尊重学生自主性的前提下，集中安排学生去达成稳定合作关系的实习单位实习，实习单位一般为报社、电视台、广告公司及互联网公司等。通过专业实习，学生可以将平时习得的理论知识运用于实践，在实践中加深对所学知识的理解；学生还能接触到最新的行业发展动向及最先进的媒介技术，对今后的职业发展有一个初步的规划。

除专业实习外，校内实践教学活动对于培养学生动手能力和综合素质也有十分重要的意义。华中师范大学要求学生在学院设立的 6 个工作坊（摄影、新闻采访、纪录片、微电影、品牌创意、数据挖掘）中选择 1 个，工作满一年，工作成绩获指导老师认可，可以获 2 个学分。清华大学要求学生于大二夏季参加专业强化夏令营，即在媒介批评工作坊、清影工作坊、新媒体工作坊、学术研究工作坊中任选一个完成。暨南大学则在专业选修课版块中开设开放创新试验与能力拓展项目，开设报纸工作坊、新媒体工作坊、学术研究工作坊、准记者南方训练营、暑期社会实践、新闻发言人实务、影像创作工作坊、创新学分（开放实验课）等拟态实践活动。武汉大学新闻学院则开设广告模拟竞标、数字媒介工程实践课程等拟态实践教学活动，通过在校的实践教学培养，为学生的专业实习打下良好的基础。

通过对各高校新闻传播专业人才培养方案的比较分析可以得出，新闻传播人才培养方案需要明确人才培养目标，结合学院办学特色来制定。在具体的课程设置上，将通识教育和专业教育摆在同等重要的地位，注重学科基础知识、专业核心知识及媒介前沿知识的传授，重视实践教学，着力培养复合型新闻传播专业人才。

二、不足及建议

虽然文中提到的本科人才培养方案都是依据社会发展需要制定的，凝结了新闻传播培养者的研究成果和智慧，方案本身具有科学性和可行性。但通过对高年级学生的调研就会发现，方案中仍不可避免地存在一些问题，影响培养效果的施展。问题主要存在于方案的具体实施过程中，现将共性的问题整理如下。

（一）通识教育体系需不断完善

在“厚基础、宽口径”的教育理念指导下，各院系纷纷提高了对通识课程学分的要求，初衷是通过不同领域通识课程的学习，培养学生健全的人格，丰富知识面，为专业学习打好基础。然而，有的学校实际的通识课资源不足以满足全校通识教育的需要。通识课程数量欠缺会导致学生无法顾及教学质量，疲于选课来补充学分，教师教学水平参差不齐也会大大影响通识教育质量，有悖于学校通识教育的初衷。

解决这种困境需要学校整合全校资源，建立通识教育管理中心，引入通识教育课程的准入机制，充实通识课程数量，在课程数量可以满足学生选课需求的情况下，根据学生评价自动形成竞争和淘汰机制；立项建设一批师资强大、基础雄厚、内容完善的精品通识课程，创立学校通识教育的品牌；在通识课程数量和品质都达到一定效果的前提下，注重建立各领域内部课程结构，使通识课程形成完整体系。

（二）培养方案存在重修订、轻监管的问题

培养方案需要具体课程的支撑。但是从对学生的访谈结果来看，有的课程设置不能完全体现培养目标的要求，课程设置先后顺序矛盾或衔接不上；有的课程内容存在重复现象；有的课程虽然名字进行了更新，但实际上课内容依旧按照老一套来。

这就需要学院在制定培养方案后，加强培养方案的实施监管工作，对于配套课程教学大纲及课程简介进行严格审核，切实更新课程内容，理清课程结构，规避课程设置不合理情况的发生。

结　语

通过对上述高校新闻传播专业人才培养方案的比较可以看出，它们在人才培养目标、专业设置、课程结构和实习实践等方面显示出了差异，展示了各高校不同的人才培养模式。从对学生的访谈可以看出，目前培养方案中仍存在一些问题，这些问题应该在今后的人才培养方案修订过程中引起重视，以便修订出更加科学、更适应社会需要的人才培养方案。

再议媒体融合时代新闻专业人才培养

武汉大学新闻与传播学院　叶晓华

互联网在中国的兴起至今已近30年，新闻业风起云涌。在新技术革新带动下，新闻传播从Web1.0时代、Web2.0时代进入全媒体时代、移动互联网乃至互联网+时代，导致媒体形态发生了根本性转变，传播平台不再拘泥于传统的报纸、广播、电视、甚至网络媒体，官方微博、微信、手机客户端各种新媒体形式层出不穷，新闻生产模式正在嬗变，新闻业进入融合媒体时代。这一切无可避免地渗入新闻教育和学术研究领域，其影响之深刻、冲击之巨大是前所未有的。在过去的2015年，媒体融合与新闻传播业变革不但已成为新闻业界无法回避的现实问题，而且也成为学术界研究的热点，其间重要的议题之一便是媒体融合时代新闻传播教育的创新，研究“主要围绕跨媒体人才培养，社会化媒体传播能力、媒体产品的设计和运营能力训练，跨学科培养体系、新媒体课程设置，师资队伍建设，产学合作拓展，价值观坚守等展开”①。无论是跨媒体新闻传播人才、全媒体新闻传播人才还是专家型新闻传播人才的培养，其核心都在于培养什么样的人及如何培养。本文着眼于从新闻教育的理念、内容及方式等层面对这一核心进行再思考，提出切实可行的途径与措施，以期有助于提升新闻专业人才培养的质量，回应当今传媒业的现实需求和未来期许。

一、回归新闻教育的本质

教育的本质是人。“不同的时代培养人的目标会有变化，培养人的手段会有变化，这是由时代和技术的发展决定的。但是，无论是传统学校还是未来学校，学校最重要的功能是培养人，这个教育本质是永远不变的。”②延伸至新闻传播的教育领域，新闻教育的本质则在于培养什么样的新闻从业人才。

---

① 光明日报理论部、学术月刊编辑部、中国人民大学书报资料中心. 2016-01-13. 2015年度中国十大学术热点. 光明日报，2016（16）.

② 佚名. 2016. 坚持教育本质，技术才能走得更远. http://www.edu.cn/info/focus/li_lun_yj/201601/t20160126_1360657.shtml [2017-02-08].

1911 年《报人守则》宣称："我们相信，新闻事业为神圣的职业。" 1923 年《报业信条》将"责任"立为七条守则的第一条。虽然时过境迁，但是新闻记者之社会责任这一担当从未改变。无论科学技术如何更新变化，无论媒体形态、传播平台甚至传播模式发生如何转变，社会所需要的依然是真实、客观、公正的新闻报道，公众所需要的依然是一群负责任、有担当的专业新闻报道者。培养具有"渊博的知识，广泛的见闻与经验，以及天赋与专业训练而成的深刻观察力以及最明确的理解力"①的新闻记者这样的教育目标依然没有过时。有新闻教育者坦言："大学新闻教育的目标是什么？我的回答是：应该定在改进和提升整个社会的新闻工作水准上，使全社会因有高水平的新闻服务而受益。更重要的是，要教育学生认识新闻工作对社会的责任和价值。"对于纯粹的新闻人而言"新闻工作不只是一种职业，更是一种召唤"。②另有研究者对国外 20 所新闻传播院系的院长、系主任和教授进行系列深度访谈之后，归纳总结出的基本结论是："新闻传播教育的最终使命是培养有社会责任感的新闻传播工作者，而学生培养模式和师资结构当适应培养目标。"③

新闻学院的教育应警惕在新技术的浪潮中失去自我，以致偏离新闻教育的本质。社会责任与新闻品格的培养应该永远放在第一位。厘清并持守新闻学教育的核心理念，以积极、开放的态度面对新媒体环境的改变，不拘于老旧观念，接纳、学习新技术、新平台，同时避免应景式教育，持守责任担当的教育核心理念，培养负责任、有担当的新闻专业人才，这样才能立足于瞬息万变的网络时代。

二、持守以媒介伦理为核心的传统新闻价值观教育

崇高的新闻理想与高尚的职业道德可以说是新闻教育的基石之一。一直以来，职业道德、传播伦理与法规等课程是传统新闻学院的核心课程，甚至贯穿本科生和研究生的教育环节。"在新环境下，以媒介伦理为核心的准确、独立、批判性的新闻价值观在新闻教育中仍不过时。"④以媒介伦理为核心的传统新闻价值观教育在当今的新闻教育中仍应被置于重要的地位，对专业素养、职业精神和新闻道

---

① 见 1923 年《报业信条》文本。

② 邓炘炘. 面对时代挑战的大学新闻教育——与南加大新闻系主任帕克斯教授谈新闻教育. 中国记者，2008(2)：92-93.

③ 钟新，周树华. 新闻传播教育的若干核心问题——对国外 20 所新闻传播院系的调研报告. 国际新闻界，2006(4)：5-10.

④ 陈昌风，王宇琦. 创新与坚守：美国经验与新环境下国内新闻教育路径探索. 国际新闻界，2015(7)：26-35.

德的探讨与学习应贯穿于新闻学院教学的始终。

具体而言，首先，应在现有课程体系中强化、优化新闻职业道德与法律法规的课堂教学，建立传统新闻价值观教育的层级，对新闻价值观、专业精神、职业道德的教育贯穿新闻学专业的本科及研究生学习阶段。本科生期间的教学以新闻价值、新闻理念与职业道德的基础概念、原理为主要课程内容，以案例教学为主要教学手段，采纳理论“大课”与案例“小课”相结合，教师讲授与小组讨论相结合的方式，完善媒介伦理课程的教学环节。其次，增加媒介伦理课课时，并建议单独设课。目前，绝大多数学院仍然将传播伦理与法规课程[①]（或称媒介伦理与法规）合二为一，仅有北京大学等少数新闻学院将伦理与法规课分开[②]，单独设课。另外，大部分新闻学院将其设置为专业必修课，有的甚至提升至全院课程平台，如武汉大学新闻与传播学院，但多为 2 学分，2 周学时。单从教学内容的角度而言，根据笔者授课的经历，该课程内容非常丰富，若增加小组讨论、课堂展示等环节则仅有的 2 学分 36 课时远远不能满足教学的需求，增加学分与课时是非常有必要的。

再者，需重视新闻伦理职业道德的教材与案例库建设，可用科研立项的方式激发教师参与的积极性。例如，武汉大学新闻与传播学院根据《中共湖北省委宣传部与武汉大学共建新闻与传播学院 2015 年本科工作方案》设立《部校共建本科项目》，资助教师出版或翻译 4 至 6 部精品教材，建设 2 至 4 个精品案例库[③]。这一做法值得推广。

最后，可借力教育部新闻传播学类文科实践教育基地，如浙江大学浙广集团新闻传播学类文科实践教育基地、南京大学人民日报新闻传播学类文科实践教育基地、武汉大学湖北日报报业集团新闻传播学类文科实践教育基地等，与媒体共同搭建新闻职业道德教育平台，将新闻专业学生职业道德教育的课堂搬进媒体，也可定期邀请媒体的记者、编辑及管理者进入校园，走进课堂，以授课、讲座或小型讨论会等形式参与伦理课程的课堂教学及课外学习。同时为任课教师提供短期到媒体调研和学习的机会，更新教师对业界的观念与认知，弥补理论与实践脱节的缺憾，避免大学教育自说自话的现象。

---

① 各高校新闻学院所开设的此类课程名称不一，如复旦大学新闻学院该课程的名称为《新闻传播法规与伦理》，中国人民大学新闻学院为《新闻伦理与法规》，武汉大学为《传播伦理与法规》，清华大学为《媒介伦理与法规》。详见各高校新闻学院网站。

② 北京大学新闻与传播学院开设该课程的情况：《传媒法律法规》为全院必修课程，2 学分 2 周学时；《传播伦理学》为全院选修课，2 学分 2 周学时。详见该学院网站。

③ 详见武汉大学新闻与传播学院网站，http://journal.whu.edu.cn/notice/20151123hm16。

三、夯实新闻专业基础教育

根据研究者针对全国新闻从业人员现状进行的调查，新闻从业者对职业培训的态度这一调查项的数据显示，新闻从业者对新闻业务技能的需求度在80后群体中排列第二，在70后的群体中排列第三，在60后群体中排列第四①。这表明业界对于从业者业务技能的要求是高的，从业者对业务绩能的渴求度也是高的。李良荣认为，新闻传播专业的学生在网络时代仍应立足于三个基本素质——敏锐视角、沟通能力、表达能力②。而《纽约每日新闻》（*New York Daily News*）资深编辑斯图尔特·马奎斯（Stuart Marques）则发现，"许多新记者比前辈们更具备技术知识和网络知识，这些人中有许多人'活跃于各种平台并且在平台上分享自己拍摄的视频，但有些人缺乏基本的报道技巧和深度发掘信息的技巧'"③。就全媒体时代的记者而言，无论在何种平台发布新闻作品，（如传统报纸、电视、广播还有门户网站、新闻网站及视频新闻、微博直播、手机新闻客户端等），新闻采写与编辑能力是最基本的要求，尤其是在调查性报道与深度报道中，新闻记者的写作能力和田野调查能力在很大程度上决定了新闻报道成功与否。可以说，新闻专业基础训练尤其是采写能力的训练和培养是当今新闻教育的一大基石。

笔者认为要加强新闻专业学生采写等专业基础技能需注意三点。

一是重视文史哲知识的积淀，提高学生人文素养。通过将人文学科的通识课程列入培养方案，鼓励新闻学专业的学生选修该门类课程；鼓励跨院系选课（公共选修课程、选修课程）；在课外为学生列出经典文史哲类作品清单，定期举办读书会，邀请有关专家、作家及学者与学生进行互动交流；建立线上虚拟交流互通平台，组织线下讨论小组和兴趣小组；新闻学院定期举行读书与写作比赛等多种方式激发新闻学专业学生的阅读和写作兴趣，鼓励其广泛涉猎人文学科的经典名著，在阅读中积淀知识，在写作中训练思维，夯实新闻学专业学生的文史哲学科的基础知识，提升其人文素养和思维能力。

二是加强新闻写作能力的训练。写作可以说是新闻从业者最基本的专业技能，"新闻传播专业的学生就要'落笔成文、出口成章'，没有扎实的文字表达能力，就称不上学新闻传播出身。"④如今媒体平台虽然发生了改变，除了文字，图片、

① 陈颂清，夏俊，柳成荫. 全国新闻从业人员现状分析——以"60后"、"70后"、"80后"的代际比较为视角. 新闻大学，2014(4)：1-10.

②新闻传播学生培养应更重基础素养. 中国教育新闻网. http://info.jyb. cn/high/gjsd/201212/t20121221_522147.html[2017-02-08].

③ 吉恩·赫斯科维兹，江海伦. 新闻学教育：生存还是繁荣？新闻记者，2011(10)：61-64.

④ 北京大学新闻与传播学院开设该课程的情况：《传媒法律法规》为全院必修课程，2学分2周学时；《传播伦理学》为全院选修课，2学分2周学时。详见该学院网站。

音频、视频、动画等的新闻表现形式更加丰富，新闻写作的呈现方式发生了极大的变化，但是对新闻报道写作能力的要求没有降低，反而提高了。有教育者认为“杰出的新闻服务体现在优秀的新闻报道上，而文笔决定着报道和传播的质量。……写作训练是促进和提升思维能力和传播能力的重要过程。”[①]所以，有的新闻院系“从一开始就训练学生写作，远在他们学习如何报道之前。”[②]并且，在写作训练中要特别注重逻辑思维的训练和培养，着力训练新闻专业学生的逻辑思维能力，同时结合全媒体的运行模式，训练并提升学生“以多元形式讲述、创作、表现故事的能力”[③]。

三是注重培养学生田野调查和新闻实践的能力。在新闻专业基础课程中引入实践环节，可规定学生在该课程中必须在指定校内、院内或校外媒体实习一定课时数，将其新闻作品列入成绩评定的范围，使学生可以将课堂所学的知识即时运用在新闻实践中，既有助于学生将课堂知识转化为新闻实践能力，又有助于教师在跟进中发现教学中的知识盲点与问题，及时进行补充与改进。同时可尝试拓展基础课程的教学时空，利用小学期增加新闻专业基础课的实践课时，集中完成教学。例如，将田野调查引入新闻采写实践课，利用假期中的小学期集体外出进行社会实践型田野调查，在课程实践中激发学生对人的兴趣，对社会的感知，同时开阔学生的视野，激发其新闻学的想象力，培养其高度的新闻敏感性，形成新闻专业学生应具备的良好的新闻判断力。在这一方面，清华大学新闻学院“新闻采访与写作”精品课程之“师傅带徒弟”社会采访实践可作为借鉴。同时，使课程小实习与专业大实习相互呼应，相辅相成，为新闻专业学生进入正式的专业实习阶段打下良好的基础。

四、搭建身教互通平台

何为教育？雅尔贝斯说：“教育的本质是唤醒。教育，意味着一棵树摇动另一棵树，一朵云追逐另一朵云，一个灵魂唤醒另一个灵魂。”真实的教育乃是生命影响生命，生命唤醒生命，生命造就生命。现在的教育环境仍缺乏如此的影响、如此的唤醒、如此的造就。新闻专业的学生不仅仅需要接受专业的训练、知识的累积、技巧的掌握，从某种意义上说他们更加需要有生命来影响他们、感染他们、关爱他们。教育者的言传身教可以帮助他们在其人生迈向成熟的阶段形成稳定的

---

① 邓炘炘. 面对时代挑战的大学新闻教育——与南加大新闻系主任帕克斯教授谈新闻教育. 中国记者，2008(2)：92-93.

② 同①。

③ 郑广嘉，秦静. 传播教育的当下与未来——“新媒体时代传播教育的困境与创新”研讨会综述. 新闻记者，2015(6)：85-89.

性格、良好的品格和优秀新闻人的气质。

目前，大学教育环境中教师与学生之间的关系更多地局限于知识的教授者与接受者这一单一层面。由于种种原因师生之间近距离交往的途径、时空、内容依然有限，彼此之间存在某种心理界限，缺乏深层次交流、情感交融、生活化相处，双方心理距离较远。教师对学生的影响和感染力亦有限，在人格、情操、品性上难以对学生产生更深、更广的影响。为改变这一境况，在现有条件下可以从以下几个方面进行尝试：一是可利用新媒体技术建立多元化师生交流平台，线下与线上活动并进，由负责学生与教师工作的学院机构协调，具体实施管理和组织。线下定期举办主题性活动，如体育、文化活动等，并逐渐制度化，形成稳定的师生交流互通机制，营造和谐文化，帮助师生进行更深层次的沟通与了解，形成彼此信任的关系，建立真实的人际关系，突破心理界限，真正达到亦师亦友的境界。二是可在教学中推行小班教学，并鼓励教师根据课程内容采取灵活的教学方式，例如，在高年级偏理论的课程中采用研究性学习的教学方式[①]，组成研究小组，带着问题一同探究，以研究带动学习，在学习过程和指导过程中增进师生间的交流及接触的深度和广度，教师言传身教。 三是将教学活动延伸至课堂以外，以新闻实践为主体，建构多元互通形式。可以以系或专业为单位，每学期组织一次新闻实践，师生共同参与项目，例如，母亲节人物摄影展，让学生拍摄老师，配以人物专访或特写，不仅使学生有实践摄影技术的机会，更创造了师生彼此了解、深入沟通的机会，增进其情感交融。另外，可鼓励教师开放个人时间，例如，每周或每两周确定一个固定时间，接待所教授课程的学生，授业解惑，增加面对面接触的机会，扩大、延伸双方交往的时空。除此以外，在现有的成熟的各类校级或院级学生活动中，例如，武汉大学每年一度的金秋艺术节，增加或设计师生联合或互动节目或项目亦大有裨益。

由此，学校、学院与教师在规制、组织与参与等层面相辅相成，以言传身教为主旨，以关爱学生为实质，建立师生互动交流的真实场域，使师生双方在交往、互动中彼此受益，以爱育爱，有益于学生性情的成熟、稳定，优良品格的造就。当然，大学及学院竭力营造真诚、关爱的和谐文化环境，让教师们不只活在评价体系的数据中，保障教师们的身心健康与活力，乃是其中关键的一环。

---

① 杜俊飞. 新闻传播教育的若干基本问题. 新闻大学，2009(1)：24-30.

产业数字化转型背景下中国广告教育创新研究

武汉大学新闻与传播学院　廖秉宜

自 1983 年厦门大学成立中国大陆首个广告学专业至今，中国广告高等教育已经走过了 30 多年的历程。回顾 30 多年来中国广告高等教育发展的历程，有一个显著的特点，就是中国高等院校广告学专业不断适应广告行业变革的要求，探索广告人才培养的新模式。当前，中国广告行业正在发生着急剧变革，传统广告产业日益萎缩，数字广告产业迅猛发展，这对广告人才培养提出了新的要求。传统的广告人才培养模式已经无法适应数字时代广告行业对人才需求的新要求，因而亟须变革。

一、中国广告产业数字化转型的现状与趋势

广告业是一个智力服务型行业，广告主需求的变化和广告媒体环境的变化，都会对广告公司的经营运作产生重大影响。数字时代正在颠覆传统广告产业的运作模式，许多传统的广告调查、策划、创意、设计制作、媒体计划和效果评估方法，在数字时代都需要重新诠释。中国广告产业数字化转型的现状与趋势主要体现在以下三个方面。

（一）广告主将更多预算投向新媒体广告，对广告人才数字营销能力提出更高要求

由于中国网民人数不断增加，传统媒体受众人数持续减少，新媒体广告的价值日益受到广告主肯定，更多的营销预算开始向新媒体广告倾斜。据国家广告研究院互动营销实验室发布的数据显示，2016 年中国互联网广告经营额达到了 2305.21 亿元，相较上一年系统性调增后的 1775 亿元，增长了 29.87%[①]。此外，智能手机、平板电脑等移动终端设备的不断普及，正在深刻改变着整个广告市场营销的生态，大数据、智能化、移动化必将主导未来的营销格局。据美国调研公

① 国家工商行政管理总局. 6489 亿：2016 年中国广告经营额增长 8.63%. 现代广告，2017(7)：23.

司 eMarketer 发布的最新报告显示，全球媒介广告的投入从 2015 年的 5780 亿美元增长到 6150 亿美元，其中数字广告投入为 1980 亿美元。移动互联网广告投入在 2016 年达到 1010 亿美元，在数字广告投入中占比首次突破 50%。2016 年全球智能手机用户的数量达到 20 亿，其中有 1/4 来自中国。在智能手机用户增长的驱动下，移动互联网广告投入将在接下来的四年内保持快速增长，至 2019 年将达到 1955.5 亿美元，占总体数字广告投入的 70.1%[①]。未来的中国广告市场在移动端支出将在所有数字广告版中块起主导作用。当前，我国企业对数字营销传播人才的需求日益增加，迫切需要高等院校创新广告教育体系，培养专业的数字营销传播人才。

（二）传统媒体广告经营额呈现持续下降态势，广告媒体加速向融合媒体转型发展

当前，电视、广播、报纸和杂志等传统媒体面临互联网媒体的巨大冲击。根据国家工商行政管理总局公布的数据显示，2016 年，电视媒体在传统的硬广告之外，利用各种综艺节目极大地丰富了广告收入的来源，电视广告经营额出现一定的反弹，增长幅度为 8.05%，达到 1239 亿元。私家车增多使广播增加了高质量的固定听众，广播广告经营额增幅高达 38.67%，达到 172.64 亿元。但是报纸和期刊广告经营额持续下滑，报纸广告经营额为 359.26 亿元，降低了 28.31%；期刊广告经营额为 60.31 亿元，降低了 16.12%[②]。传统媒体广告经营额下降的主要原因在于其受众更多转向互联网媒体和移动媒体，这使得传统媒体的广告价值降低，对广告主的吸引力减弱。为了应对传统媒体的经营困境，一些大型传统媒体集团加速向融合媒体集团转型，一方面加速推进传统媒体数字化转型，例如，上海报业集团《东方早报》团队打造的“澎湃新闻”客户端，取得了比较好的市场反响，另一方面急需培养和引进一批熟悉传媒数字营销的专业人才，提升数字媒体经营水平。近年来，越来越多的广告学专业毕业生应聘到传统媒体的数字媒体部门或新媒体公司工作，这也对我国广告高等教育的改革提出了迫切要求。

（三）传统广告公司面临业务萎缩和经营额下降的压力，数字广告公司则发展迅猛

广告主营销预算向新媒体广告倾斜，使得代理传统媒体广告的广告公司面临

---

① eMarketer. 2016 年全球数字广告投入数据洞察. http://www.199it.com/archives/351510.html[2017-05-10].

② 国家工商行政管理总局. 6489 亿：2016 年中国广告经营额增长 8. 63%. 现代广告，2017(7)：22.

巨大挑战。广告业务的萎缩与经营额的下降，导致传统广告公司纷纷裁员。广告公司的数字化转型，成为产业发展的必然趋势。转型的具体路径为：一是将原有的公司整体转型为数字营销公司，比如，蓝色光标公共关系机构更名为蓝色光标数字营销机构，这是蓝色光标在数字化战略之下的重大举措，意味着蓝色光标向数字整合营销服务的整体转型。二是在原有组织架构的基础上增设数字营销部门。三是在原有公司之外组建一家专门的数字营销公司。四是通过并购一家专业的数字营销公司，拓展数字营销服务。数字营销传播行业的发展对广告人才提出了更高的要求，不仅需要广告人具有数字营销策划创意和广告媒体运作的能力，而且需要其具备对数字营销技术进行分析的能力，如大数据的挖掘、分析与应用能力等。数字媒体是一种全新的语言，需要全新的营销策划方法，因而需要全新的专业人才。面对数字化的浪潮，有业界人士甚至提出传统广告人如不及时更新知识结构将有一半以上会被淘汰，这并非危言耸听。我国广告教育界如何适应数字时代广告行业的变化趋势，培养高素质的数字营销传播人才，成为当前我国广告教育界迫切需要关注的重要课题。

二、产业数字化转型背景下广告教育的困境

新媒体发展正在深刻改变广告产业的生态，对广告人才培养也提出了新的要求。在数字时代，传统的广告教育理念和教育模式已经无法满足数字时代广告行业对人才需求的新变化，当前，我国广告教育面临的困境主要表现在以下五个方面。

（一）传统的教育理念不适应广告行业发展的新要求

“以互联网为代表的新兴媒体崛起，以及以互联网为平台的媒体融合趋势使本学科的根基动摇，学科调整成为引人关注的话题。”[①]传统的教育理念不适应广告行业发展的新要求重点表现为：①传统广告教育更多是为广告公司、广告主和广告媒介培养专业的策划、创意、设计制作、媒体计划和经营管理方面的人才，其中又以为广告公司培养专业人才为主。当前，广告主和广告媒介对广告专业人才的需求也在增加，尤其是对数字营销传播专业人才的需求量增大，传统的定位于为广告公司培养人才的理念需要变革。②传统广告教育是培养策划创意型人才，而数字时代广告行业不仅需要策划创意型人才，还需要专业技术型人才，例如，要求学生掌握大数据挖掘、分析与应用技术，学会开发和使用广告程序化购买软件等，传统广告教育大都是采用本专业培养的模式，由于广告专业教师大都缺乏计算机技术和应用方面的学科背景和学术训练，很难适应专业技术型人才培养的

① 陈培爱. 数字化时代中国广告教育改革的思考. 广告研究，2011(4)：35.

新要求。③传统广告教育主要还是为传统广告行业培养人才，从目前国内高等院校广告专业学生的就业来看，学生毕业后选择去数字营销公司、新媒体企业、传统媒体数字媒体部工作的比例较高，这也就意味着，学生就业后其本科阶段学习的知识或不是其职业所需，或是很快就过时了。

（二）现有广告课程体系不利于数字营销人才培养

“新媒体营销教育在中国的广告本科教育中还处于起步阶段，仅有不足一半的高校开设了此类课程。而在未开设此类课程的高校中，仅有不足40%的高校明确表示将在未来一年内开设此类课程。”①国内现有的广告专业课程体系一般包括通识课程、专业必修课、专业选修课，专业必修课包括广告运作的核心主干课程，如“广告学概论”“广告调查”“广告策划”“广告创意与表现”“广告文案”“广告媒体”“广告经营管理”“广告法规与管理”“中外广告史”等，广告选修课程基本包括“市场营销学”“公共关系学”“平面广告设计”“电脑图文设计”“广播电视广告”“中外经典广告案例评析”“网络广告”等，学生可以结合自身的兴趣爱好和职业发展，选修部分课程。当前，我国广告专业课程体系主要存在以下问题：一是数字营销传播方面的课程没有进入专业主干课程，目前一些高校虽然开设了数字营销传播方面的课程，但是大都作为专业选修课。二是数字营销传播方面的课程数量比较少，一些高校广告专业虽然意识到数字营销传播教学的重要性，但是大都采用增量改革的方式，增加1～2门相关课程。三是现有课程教学中数字营销传播内容所占比重较少，这与教师的知识结构、教材内容老化有关。四是学生缺少数字营销传播方面的实践平台和实践机会，尤其在课程实践中缺乏对数字营销传播能力的训练。这些因素极大地限制了广告专业数字营销传播人才的培养。

（三）广告专业师资队伍的知识结构亟须更新升级

广告业是一个快速变化的行业，这就要求广告专业教师及时了解广告行业动态，为学生讲授最新的专业知识。目前，我国广告专业师资队伍存在以下四个方面的突出问题：一是专业教师缺乏数字营销传播教学的主动性，即对数字营销传播教学的重要性和紧迫性缺乏认识。二是专业教师缺乏数字营销方面的实践经验，数字营销传播教学需要教师不仅具备广博的知识和专深的数字营销传播理论，还需要教师具有专业的数字营销传播实践能力。三是专业教师的知识结构不适应数字营销传播时代的要求，目前大部分教师自身没有接受过系统的数字营销传播知

① 初广志，李晨宇. 中国新媒体营销教育：挑战及对策——基于广告学专业教师的调查. 现代传播，2013(3)：139-142.

识学习，也没有数字营销传播行业的丰富实践经验，这使得数字营销传播课程的教学大都只是停留在知识介绍或案例分析的层面。四是专业教师的数字营销传播研究能力亟待提升，教学和科研可以相互促进，教师开展数字营销传播研究，可以提高其数字营销传播课程的教学效果。但是总体来看，目前我国广告学者的数字营销传播研究成果还比较少，这一方面反映出教师对数字营销传播的重要性还缺乏深刻认识，另一方面也说明广告专业教师亟须适应数字营销传播人才培养的新要求，更新自身知识结构。

（四）广告教材建设无法满足学生对新知识的渴求

广告专业教材一方面可以满足教师教学的需要，另一方面可以培养广告专业学生使其具备系统的知识结构。教材建设作为广告学科建设和专业建设的重要组成部分，在广告学科发展与广告专业建设方面发挥着积极作用。“国内一些高校广告学专业十分重视教材建设，纷纷组织编写广告学专业系列教材，不仅满足了本校广告专业教学需要，而且一些优秀的广告专业教材也被其他高校所采用，提升了全国广告专业教育质量与水平。”[①]数字时代的到来，正在深刻改变传统广告运作方式及其对技能的要求。目前，国内已经出版的广告专业教材存在以下三个方面的问题：一是教材知识内容的老化。数字时代，传统的广告运作流程与运作方法正在发生巨大变革，现有的广告教材大都还是集中于传统广告的知识介绍，亟须增加数字营销传播的知识点。二是缺少有影响力的数字营销传播系列教材。数字营销传播对于广告教育而言还是一个全新的知识领域，目前国内还缺少专业的数字营销传播系列教材。三是教材编写缺少学界和业界的合作。数字营销传播是一个高度专业化的工作，需要学界和业界专家发挥各自所长，编写既有理论深度和系统的知识结构，又有实践指导价值和专业技能训练的教材。

（五）广告实践教学缺乏与广告业界的积极对接

理论教学与实践教学的相互促进，可以提升学生的理论素养和实践能力。广告专业教师在教学中需要将理论教学与实践教学紧密结合，既要从广告运作的丰富实战案例中归纳总结规律性的理论知识，又要运用广告理论指导学生的广告实践训练。当前，我国广告实践教学存在的主要问题表现为：一是教师存在重理论教学、轻实践教学的倾向。理论教学对于教师而言相对比较容易操作，采用指定教材，按计划完成课堂教学，实践教学则对教师的实践能力和专业素质提出了更高要求，需要教师全程参与指导，对教师的挑战更大。二是重假期实践和专业大

---

① 廖秉宜. 中国广告高等教育三十年的反思与变革. 新闻界，2014(2)：77.

实习，轻学生课堂实践。课堂实践对于提高学生数字营销传播意识和能力具有重要意义，目前课堂实践在广告教学中课时有限，不利于大学阶段广告专业学生数字营销传播能力的锻炼。三是广告实践教学缺乏与业界的合作。关门办学的方式目前还比较普遍，事实上，广告学界具有深厚的理论资源，广告业界则拥有丰富的实践资源，双方的合作可以相得益彰。

三、产业数字化转型背景下的广告教育创新

广告教育界如何顺应广告行业变化的新趋势，培养适应业界需要的专业数字营销传播人才，已经成为我国广告教育体系改革的重要议题。面对当前我国广告教育存在的突出问题，笔者认为需要从以下五个方面创新广告人才培养的模式。

（一）转变广告教育理念，培养适应广告行业需求的专业人才

教育理念对于广告专业建设而言具有战略性和指导性，广告教育理念必须定位于行业发展的前沿和趋势，提高广告人才培养的质量和水平。当前，虽然数字营销传播已经深刻改变了广告行业竞争格局，但是我国广告专业的教育理念还没有彻底转变。这就需要国内广告专业开展教育改革大讨论，凝聚共识，共谋发展，提高对数字营销传播重要性的认识，探讨数字营销传播人才培养的模式与路径。如何转变广告教育理念，培养适应行业需求的专业人才？具体路径为：一是树立广告专业不仅要为广告公司培养人才，而且要为媒体、企业培养广告人才的专业定位与教育理念。这就需要广告专业调整课程体系，增设媒介经营管理、营销企划实务等方面的课程，同时与媒体、企业合作建立实践基地等。二是不仅要培养策划创意型广告专业人才，而且要培养专业技术型人才。高校需要改变传统的单一专业建设的格局，与本校的计算机学院或软件学院等探讨合作培养人才的新模式，让跨院系教师共同开发新课程，如开设计算广告学、数据挖掘技术与应用等。三是不仅要为传统广告行业培养人才，更要为数字营销传播行业培养人才。传统广告行业的人才需求目前呈现饱和态势，甚至面临裁员压力，而数字营销传播行业对人才有着巨大需求，并日益成为广告专业学生就业的首选，广告专业教育理念向数字营销传播转型成为该专业可持续发展的必需。

（二）改革现有的广告课程体系，提高学生数字营销传播能力

广告专业的课程体系设置目前还是一种传统的思维，即按照传统广告的运作流程设计课程，虽然在课程中增加了一些数字营销传播方面的内容，但是学生无法接受系统的数字营销传播知识训练。改革现有的课程体系，培养学生的数字营销传播能力，成为课程改革的重点，具体路径为：一是将数字营销传播课程列为

专业主干课程。专业主干课程的设计体现了人才培养的理念和方向，数字营销传播课程理应被列为专业重点建设课程。二是增设数字营销传播方向的课程模块。虽然目前一些高校开设数字营销传播、网络广告等课程，但是其数量比较少，知识缺乏系统，需要在课程体系中增加 5～10 门数字营销传播方向的课程模块，例如，新设数字营销传播概论、移动营销传播、内容营销、电子商务、视频广告、计算广告学、数据挖掘技术与应用、新媒体广告设计与制作等。三是合并传统的广告学专业课程。一些课程太过于专门细化，不利于学生整体思维能力的训练，例如，可以考虑将广告创意与表现和广告文案合并为广告创意表现与文案写作，将广告调查与广告效果评估合并为广告调查与效果评估，将广告经营、广告法规与管理合并为广告经营与法规管理等。四是建立数字营销传播课程实践平台。课程实践是实践教学改革的重点，一方面教师可以与业界合作，利用课堂组织学生开展专业实践，例如，武汉大学广告学系每年举办的学生模拟招标大赛，与广告公司和新媒体企业合作，以小组竞赛的形式开展课堂实践教学，取得了很好的效果；另一方面广告学专业还可以通过开办专业网站，开通微博、微信公众号等，为学生提供实践平台。

（三）更新师资队伍知识结构，以科研促进教师教学水平提升

广告行业的快速变化，急需广告专业教师更新知识结构，适应数字时代的新要求。一是广告专业教师要提高对数字营销传播教学重要性和紧迫性的认识，广告行业是一个智力服务型行业，必须根据广告主和媒体需求的变化调整经营战略，广告教育行业是为广告行业培养专业人才的知识服务性行业，因而必须要适应广告行业需求变化，更新和完善知识结构。二是专业教师要增强数字营销传播的实践经验。院系要鼓励教师到新媒体企业和数字营销公司挂职或兼职，并给予政策支持和待遇保障，这样可以快速丰富和提升专业教师的数字营销传播实践经验与能力，对于教师的数字营销传播教学大有助益。教师也需要积极与新媒体企业和数字营销公司合作，将项目引入课堂，这样既可以提升教师自身的数字营销传播能力，同时也可以为学生创造实践机会。三是通过参加专业培训、学术会议等方式，提高教师的数字营销传播知识水平。例如，北京大学广告学系主办的创意传播管理暑期公益学校，邀请数字营销传播方面的专家学者和业界精英授课，为全国各高校的师生搭建数字营销传播交流学习平台。教师参加专业培训可以接触到数字营销传播前沿理论，与数字营销传播方面的专家学者和行业大咖面对面交流，可以快速提高教师的专业能力。同时，广告专业教师还可以参加数字营销传播业界的会议，感受最前沿的行业资讯与研究动态。四是广告专业可以招聘一些具有计算机或相关学科背景的博士和优秀硕士进入广告教师队伍。五是专业教师需要

提高数字营销传播研究的能力。以研究促教学是提升教师队伍数字营销传播教学能力的重要路径，教师数字营销传播研究水平的提升，对于提高教学质量和水平具有重要意义。

（四）加快现有教材的修订，组织出版数字营销传播系列教材

目前国内出版的广告教材大都还是对传统知识的介绍，缺少数字营销传播的内容，因而亟须修订和完善。广告业是一个快速变化的行业，要求教师的知识结构不断更新，同时也要求教材知识内容及时更新。广告学专业教材建设的具体路径为：一是加快现有教材的修订。教材修订不能仅仅增加数字营销传播方面的知识内容，而应该根据数字时代的新变化，系统构建全新的知识框架。在数字时代，传统广告运作方式，比如，广告调查、策划、创意与表现、文案、设计与制作、媒体计划与购买、效果评估等也在发生急剧变化，原有的知识内容也需要更新。二是组织出版数字营销传播系列教材。国内一些有实力的广告专业可以组织教师出版数字营销传播系列教材，这一方面有助于教师知识结构的更新，另一方面有助于数字营销传播课程的教学。另外，也可以组织一批在国内从事数字营销传播教学与研究的中青年广告学者，推出有影响的数字营销传播系列教材。三是鼓励学界和业界合作编写数字营销传播教材。学界和业界各有专长，业界拥有丰富的实战案例、数据资料和分析软件等，学界则拥有深厚的理论功底和系统的知识结构，双方的合作可以产出一批既有理论深度和系统知识架构，又有鲜活案例和实战训练方法的数字营销传播经典教材。

（五）搭建广告实践教学平台，增强学界与业界之间的交流合作

广告学专业是一个实践应用性非常强的专业，不仅要培养学生扎实的广告理论功底，更要培养学生的实际操作能力。“新媒体广告自身，以及传统广告的后期处理，均需要新媒体的操作技能。而新媒体广告的操作技能，既是艺术的，更是技术的，因此需要大比重的实验性教学来予以支撑。”[①]搭建广告教学实践平台，增强广告学界与广告业界之间的交流合作，是广告学专业实践教学改革的必然要求。具体路径为：一是教师要增强对广告实践教学重要性的认识。广告专业教师一方面需要积极投身数字营销传播实践，提高自身的数字营销传播能力，另一方面需要自觉地将实践教学贯穿于课程教学之中，增加实践教学在课程教学中的比重。二是教师要重视课堂的实践教学。比如，教师可以与数字营销传播公司或企业合作，设计一些实战性的数字营销传播项目，鼓励学生积极参与课堂实践。三

① 舒咏平. 新媒体广告趋势下的广告教育革新. 广告研究，2008(2)：84.

是教师需要加强与业界之间的合作。比如，邀请业界数字营销传播专家来校授课或讲座，与数字营销传播公司、广告公司、企业和媒体合作建立实习基地，鼓励学生积极参加全国大学生广告艺术大赛等活动，将业界项目引入课堂，开展产学研合作等，为学生参与实践提供平台，提高学生的数字营销传播能力。

论新世纪本土广告专业人才的竞争力获取问题

——以市场调研的实践教学为切入点

暨南大学新闻与传播学院　万木春

一、引言

进入21世纪之后，我国的广告产业在外部经济环境剧烈变化的前提下，仍然保持了较高的增长速度。但由于跨国广告集团加快并购本土优质广告企业、本土公司资本化集团化、全球化传播需求提速、本土广告客户传播需求多元化、广告产业范围宽泛化的合力影响，我国广告产业及其他相关行业的资源运用、各资源要素之间的使用比例也发生了很大的变化，而且，各资源要素的丰歉程度也不尽相同。这对新时期的广告产业运行个体通过发展核心竞争力进而获得竞争优势提出了新的挑战。

所谓广告产业核心竞争力，是指广告公司整合与协调各种资源（包括媒体资源、客户资源、消费者资源、知识资源、人力资源、技术资源、资金资源与组织资源等）与多种能力（包括营销传播咨询能力、市场调研与分析能力、广告策划与创意能力、设计制作能力、媒体计划与购买能力、公关服务能力、促销服务能力、互动行销能力、体育行销能力、娱乐行销能力以及组织管理能力等），从而为广告主提供高度专业化的营销传播服务，由此形成的一种能够确保广告公司在广告市场竞争中获得竞争优势与可持续发展的独特能力[①]。廖秉宜指出，广告产业核心竞争力具有六个方面的属性，即异质性、价值性、不可替代性、延展性、持久性和动态性[②]。这六个属性，既可能在广告运作某个领域的单方面能力中体现，也可能是整合各种能力，在整个企业或整个行业的彼此竞合时体现。而如果寻根溯源，则必然由广告产业运行个体的每个组织成员在广告活动中的各种行为与业务实践能力所决定。这种能力的获取，在相当大的程度上是与广告专业的教育相

---

① 廖秉宜. 自主与创新：中国广告产业发展研究. 北京：人民出版社，2009：121-122.

② 廖秉宜. 自主与创新：中国广告产业发展研究. 北京：人民出版社，2009：122-124.

关联的。

2003 年“当代中国高等广告教育系列研究”中反映的情况弥足珍贵。在 102 份针对广告公司的调查问卷中，广告公司从用人单位的视角检验了 20 年来大陆地区开展广告学专业的教育成果，也为广告教育的发展提供了参考依据。其中有以下数据值得引起重视[①]：①对广告专业毕业生总评价在“一般”及以下的受访比例占到 57.1%；②在广告公司对广告专业毕业生的能力评价 14 项指标中，11 项指标位于“及格”到“一般”之间，3 项指标“不及格”，无“优”“良”评价；③在对高校广告教育的看法平均值超过 4(满分为 5)的比例由高到低依次是：国内大学广告教育滞后于广告实践、入行教育应是广告专业教育的必需环节、实践锻炼比课堂学习更重要、学生在校期间应该学习更多专业以外的知识、广告专业的学生普遍缺乏实践。

这份报告诞生距今已有 10 年时间。10 年当中，“广告教育事业的体量规模仍然在不断增大，师资力量、培养层次、教育观念、教学条件、培养方式等方面都有了显著提升。……（但是）这些成绩掩盖不了目前中国广告专业教育的严重问题。例如，一度热议的理论与实践（包括素质与技能、‘学’与‘术’）关系问题，虽有一定共识，但并没有彻底解决，而且变得更加复杂。”“2007 年现代广告杂志社和中国人民大学新闻学院专题调查组发布的《中国广告高等教育现状调查》，指出了中国广告教育存在‘学生素质下降’‘教材落后’‘教师无经验，学生无实践’‘专业课程不专业，基础课程不扎实’‘大量学生专业水准缺失’五大问题”[②]。并且，“如果将 20 世纪 90 年代与当下高校广告学专业的教育理念、培养方式、教学计划、教材、教学手段等做一番比较，除了在教学上广泛应用多媒体技术外，其他方面的变化确实令人黯然，至少存在五大问题：①专业教育理念模糊；②教学体系混乱；③教学内容陈旧；④教材写法刻板空洞；⑤教学与考核方法单一”[②]。而即使是在教学及社会实践中广泛应用多媒体技术，强调“大传播”“数字传播”“大广告”“泛广告”的概念之下，“广告教育（仍）缺乏市场观念和改革意识，既没有根据市场发展和时代需要拟订具有前瞻性的人才培养目标，又缺乏创新的专业课程体系及相适应的教学方法与教育水平检验方法。”“广告专业重基础理论知识讲授，轻学生实践及解决问题能力的培养，令他们习惯了系统化的思考方式，有时候会因缺乏创造性导致学生毕业上岗后严重不适应。这是中国教育在广告专业发展上面的又一个弊端。科研与实践的互动，在广告学研究领域显得特别突出”[③]。

① 张树庭. 广告教育定位与品牌塑造. 北京：中国传媒大学出版社，2015：90-94.

② 陈月明. 反思与批判：中国广告教育体系重构. 当代传播，2012(6)：77-79.

③ 陈培爱. 数字化时代中国广告教育改革的思考. 广告大观(理论版)，2011(8)：31-36.

广告学专业的应用型特征非常明显。如果专业性课程讲述的概念、理论、方法、原则没有经过实践应用操作的导入，则很难深刻领会，也无法形成基本研究能力。因此，笔者选择了绝大多数广告学专业开设的市场调查课程，进行了 9 年共 18 个学期的“短期实践课时”实验，并在经验的基础上，在本文中就本土广告专业人才培养的竞争力获取问题展开后续讨论。其理由有如下几点。

（1）市场调查实践是广告学专业，尤其是综合类院校在校学生少有的实际接触社会的机会之一。通过这种实践活动的开展，学生能够自发学习更多专业以外的知识，提升本专业的综合、应用优势。

（2）合理平衡“学”与“术”之间的关系；合理吸纳、建构质化与量化相结合的研究思路与专业思维。

（3）以市场调查为依据，建立逻辑清晰、环环相扣的整体策划脉络，并围绕整合营销传播与大数据背景下的消费者洞察，对适应环境能力、责任心、语言表达能力、人际沟通能力、创造力、动手能力、独立工作能力、组织管理能力、勤奋、踏实、团队合作力、心理承受力等专业素养进行全方位的培养。

（4）结合热门商业话题与各种全国性广告比赛、营销比赛命题，夯实专业基础，大广告思维与硬竞争技能并重，凸显新时期广告专业人才的自身价值。

二、近期一次市场调查课程的实践教学例示

（一）市场调查课程的时间安排及理论框架

1. 市场调查课程的时间安排

笔者负责的市场调查课程每学期共 36 学时，其中理论课程 20 学时，实践课时 10 学时，评讲与补缺 6 学时。在实践课时开展的 5 周内，可不限时间、不限地点、不限次数，对各组成员进行全体或个别辅导。

2. 市场调查课程的理论框架

市场调查是一门较具复杂性的综合类课程。在理论课时讲授或要求学生在课外自学的主要内容包括 5 点。

（1）微观经济学：供给与需求基本原理及简单应用、选择和效用理论、替代与他择及互补、成本分析、初级博弈论、SCP（Structure-Conduct-Performance，市场结构-企业行为-市场绩效）。

（2）管理学：价值链理论、五力理论、三大竞争战略、态势分析法。

（3）市场营销学：STP（Segmenting、Targeting、Positioning，市场细分-目标市场选择-市场定位）、安索夫矩阵、价值感知、要素品牌战略、竞争对手界定、

行业分析、顾客分析、服务管理、渠道管理。

（4）广告学与品牌学：定位理论、品类理论、品牌识别、品牌架构、品牌联想、品牌扩展、品牌资产。

（5）统计学：描述分析、相关分析、线性回归分析、聚类分析。

（二）实践教学的部分例示内容

1. 调查概述

本次调查针对D品牌巧克力在珠三角中心城市的女大学生当中的消费现状[①]，采用了问卷调查法、实验法、访谈法、内容分析法，获得了该地区巧克力市场的一手数据，通过数据分析，对D品牌巧克力在该细分市场的市场地位与竞争态势做出评估，检验市场调查课程的学习结果。

2. 调查地点与调查样本选取

本次调查的实施地点是广州的中山大学、华南理工大学、暨南大学、广东外语外贸大学、华南师范大学、华南农业大学等；珠海的暨南大学分校、中山大学分校、北京师范大学分校、北京理工大学分校、吉林大学分校等；深圳的暨南大学分校、深圳大学、南方科技大学等。问卷访谈采取随机抽样方式，每地抽取15名女大学生，三地共计45名。实验法重新抽取8名珠海在校女大学生。访谈法是在问卷访谈的样本中选择5名作为访谈对象。

3. 调查及数据处理方式

（1）本次调查采用的调查方式包括以下几种。

①问卷调查法：街头拦访，回收问卷并统计信息。

②实验法：使用所罗门四组实验法，随机组合，比较分析观看D品牌广告、品尝D品牌巧克力及两种因素同时作用对消费者关于D品牌巧克力的总体印象、味道、品牌好感度的影响。

③访谈法：实地进入调查地点，采用一对一方式，深入了解受访者对D品牌及竞争品牌的观点、态度。

④二手资料内容分析法：主要用于背景和环境分析。

（2）本次调查使用的数据处理方法包括以下几种。

①描述分析：对回收数据进行简单的统计测量，总结样本的基本特征。

②推断分析：使用SPSS（Statistical Product and Service Solutions，统计产品与服务解决方案软件）计算置信区间，对均值等总体参数进行估计。

---

① 为避免商业性误用，下文中的巧克力品牌已用各英文大写字母代替。

③差异分析：在竞争者分析中，D 品牌与其他多个品牌的产品之间的数据，使用 SPSS 进行方差分析，发现其显著性差异。

④相关分析：使用 SPSS 对数据进行相关性分析，分析不同数据间的关系类型。

（三）背景和环境分析（有节略）

我国目前巧克力的年销售额在 30 亿元左右，市场消费潜力高达 200 亿元。约 3.5 亿美元的市场价值看似巨大，但实际上仅占国际市场的 0.5%。人均巧克力消费大约为每年 40～70 克，而欧洲年人均巧克力消费 7000 克以上，亚洲的韩国、日本也平均有 2000 千克。业内人士普遍认为，未来中国巧克力市场将有每年 10%～15%的增长率。

CMMS2004（春）数据显示：中国巧克力市场中，品牌市场份额位居前十位的分别是 D 品牌（38.61%）、B 品牌（13.22%）、J 品牌（11.12%）、Q 品牌（9.49%）、H 品牌（5.52%）、S 品牌（2.94%）、F 品牌（2.32%）、M 品牌（2.10%）、I 品牌（1.89%）、E 品牌（1.58%），合计共占整个市场的近 90% 的份额。其中，世界三大著名巧克力品牌——D 品牌、B 品牌、J 品牌就占了近 2/3 的市场份额。由此可见，中国巧克力市场品牌集中程度非常高，开始呈现出寡头竞争状态。

（四）调查数据分析（有节略）

1. 产品分析

（1）产品价格

假设：D 品牌巧克力的定价高低对巧克力品牌选择的影响大。

Q3. 请问您经常购买以下哪种品牌的巧克力？

（A）M 品牌　　（B）D 品牌　　（C）F 品牌

（D）H 品牌　　（E）J 品牌　　（F）B 品牌

Q11.您认为 D 品牌巧克力的定价如何？

（A）价位高　　（B）价位合理　　（C）价位低

根据问卷情况，Q3 选择【（F）B 品牌】的问卷数为 0，不再进行对该选项的分析。

以消费者认为 D 品牌巧克力定价高为前提，根据价格对消费者的常规影响，对各品牌巧克力的购买率进行如下假设：

M 品牌：40%；D 品牌：15%；F 品牌：15%；H 品牌：20%；J 品牌：5%。

筛选 Q11 选择 D 品牌巧克力定价【（A）价位高】的问卷，并统计所筛选问卷对 Q3 的选择情况，进行卡方分析，结果如下（图 1）。

品牌	观察数	期望数	残差
1	7	10.1	−3.1
2	7	3.8	3.2
3	7	3.8	3.2
4	2	5.1	−3.1
5	1	1.3	−0.3
总数	24		

（a）价位高

	价位高
卡方	8.293[a]
df	4
渐近显著性	0.081

（b）检验统计量

图 1　巧克力价位与品牌选择的卡方检验（之一）

a. 3 个单元（60.0%） 具有小于 5 的期望频率。单元最小期望频率为 1.3。

注：1 表示 M 品牌，2 表示 D 品牌，3 表示 F 品牌，4 表示 H 品牌，5 表示 J 品牌

上图分别给出了卡方统计量、自由度以及统计量对应的 p 值。$p=0.081<0.05$，所以无法拒绝原假设，即认为样本来自的总体分布与给出的理论分布相吻合。

其中，对 D 品牌购买率的期望数为 3.8，而实际观察数远超过 3.8 到达 7，残差为 3.2，同时，F 品牌的期望数和观察数与 D 品牌一致。此外，M 品牌的期望数为 10.1，观察数与 D 品牌一致为 7。从期望数与观察数的差值来看，对于认为 D 品牌巧克力定价高的消费者而言，对 D 品牌的实际购买率高于预期，价位相当的 F 品牌和价位较低的 M 品牌成为 D 品牌在价格上的主要竞争者。

以消费者认为 D 品牌巧克力定价合理为前提，根据价格对消费者的常规影响，对各品牌巧克力的购买率进行如下假设：

M 品牌：25%；D 品牌：30%；F 品牌：25%；H 品牌：15%；J 品牌：5%。

筛选 Q11 选择 D 品牌巧克力定价【（B）价位合理】的问卷，并统计所筛选问卷对 Q3 的选择情况，进行卡方分析，结果如下（图 2）。

品牌	观察数	期望数	残差
1	2	7.5	−5.5
2	11	9.0	2.0
3	9	7.5	1.5
4	7	4.5	2.5
5	1	1.5	−5
总数	30		

（a）价位合理

	价位合理
卡方	6.333[a]
df	4
渐近显著性	0.176

（b）检验统计量

图 2　巧克力价位与品牌选择的卡方检验（之二）

a. 2 个单元（40.0%）具有小于 5 的期望频率。单元最小期望频率为 1.5。

注：1 表示 M 品牌，2 表示 D 品牌，3 表示 F 品牌，4 表示 H 品牌，5 表示 J 品牌。

上图分别给出了卡方统计量、自由度及统计量对应的 p 值。p=0.176<0.05，所以无法拒绝原假设，即认为样本来自的总体分布与给出的理论分布相吻合。

其中，D 品牌购买率的期望数为 9.0，观察数为 11；F 品牌购买率的期望数为 7.5，观察数为 9；M 品牌的期望数为 7.5，观察数仅为 2；H 品牌的期望数为 4.5，观察数高于期望数为 7。

卡方检验证明，认为 D 品牌定价合理的消费者，对 D 品牌的购买率较高，与预期符合。而当消费者认为 D 品牌定价合理时，对价格相当的 F 品牌的购买率也不低，但会减少对价格相对较低的 M 品牌的购买，不过此类消费者对 H 品牌的购买率高于预期。

故“D 品牌巧克力的定价高低对巧克力品牌选择的影响大”这一假设具有一定的合理性，消费者对 D 品牌定价的评估与消费者自身的消费承受能力相关。认为 D 品牌定价高的消费者对 D 品牌的购买率会低于认为 D 品牌定价合理的消费者，同时增加对 M 品牌的购买；认为 D 品牌定价合理的消费者会购买更多的 D 品牌巧克力，对 F 品牌的购买也较多，而对价格相对较低的 M 品牌的购买会减少。

（2）产品定位和产品印象

Q12. 请问您认为 D 品牌巧克力的定位是________。

（A）高档奢侈品　　　　（B）一般休闲品

（C）特别场合庆典食品　　　　（D）其他__________

根据问卷情况，按假设条件筛选，Q12 选择【（D）其他】的问卷数为 0，不再对上述选项进行分析。

根据市场现状和对消费者水平的认知，对 Q12 中消费者对 D 品牌巧克力的定位进行如下假设：

（1）定位 D 品牌巧克力为高档奢侈品的人数比例为：35%。

（2）定位 D 品牌巧克力为一般休闲品的人数比例为：60%。

（3）定位 D 品牌巧克力为特别场合庆典食品的人数比例为：5%。

统计本次 45 份有效问卷对 Q12 的选择情况，进行卡方分析，结果如下（图 3）。

品牌	观察数	期望数	残差
1	12	15.7	−3.7
2	32	27.0	5.0
3	1	2.3	−1.3
总数	45		

（a）D 品牌的定位

	D 品牌的定位
卡方	2.513[a]
df	2
渐近显著性	0 .285

（b）检验统计量

图 3　D 品牌定位与消费者认知的卡方检验

a. 1 个单元（33.3%）具有小于 5 的期望频率。单元最小期望频率为 2.3。

注：1 表示定位为高档奢侈品，2 表示定位为一般休闲品，3 表示定位为特别场合庆典食品。

上图分别给出了卡方统计量、自由度及统计量对应的 p 值。$p=0.285>0.05$，所以无法拒绝原假设，即认为样本来自的总体分布与给出的理论分布相吻合。将D品牌定位为一般休闲品的观察数为32，残差为5.0，所占比例约为71.1%，超过原假设的60%，即认为D品牌的定位是一般休闲品的消费者数量更加庞大，而认为其定位是高档奢侈品或特别场合庆典食品的消费者所占数量不多。

假设：认为巧克力具有品味情调意义的消费者通常也认为D品牌的定位是高档奢侈品。

Q15. 除了满足味觉需求，你认为巧克力具有什么意义？

（A）品位情调　　（B）爱情象征　　（C）有营养　　（D）其他________

根据问卷情况，按假设条件筛选，在Q15选择【（A）品位情调】的情况下，Q12选择【（C）特别场合庆典食品】和【（D）其他】的问卷数为0，不再对上述两项选项进行分析。

根据市场现状和对消费者水平的认知，对Q12中消费者对D品牌巧克力的定位进行如下假设。

（1）定位D品牌巧克力为高档奢侈品的人数比例为：60%。

（2）定位D品牌巧克力为一般休闲品的人数比例为：40%。

筛选Q15选择【（A）品味情调】的问卷共22份，占所有45份问卷的比例约为48.89%，统计此22份问卷对Q12的选择情况，进行卡方分析，结果如下（图4）。

品牌	观察数	期望数	残差
1	6	13.2	−7.2
2	16	8.8	7.2
总数	22		

（a）对D品牌的定位

	对D品牌的定位
卡方	9.818[a]
df	1
渐近显著性	0.002

（b）检验统计量

图4　D品牌定位与消费者意义感知的卡方检验

a. 0个单元（0.0%）具有小于5的期望频率。单元最小期望频率为8.8。

注：1表示高档奢侈品，2表示一般休闲品。

上图分别给出了卡方统计量、自由度及统计量对应的 p 值。$p=0.002<0.05$，所以拒绝原假设，即认为样本来自的总体分布与给出的理论分布不吻合。

在认为巧克力具有品位情调意义的消费者中，将D品牌巧克力定位为高档奢侈品的期望数是13.2，而观察数仅为6，其残差为−7.2；将D品牌巧克力定位为一般休闲品的期望数是8.8，而观察数达到16，其残差为7.2。在认为巧克力具有品位情调意义的消费者中，仅有约27.27%消费者将D品牌定位为高档奢侈品，更多的约72.73%的消费者将D品牌定位为一般休闲品。所以，尽管有约48.89%的消费者认为巧克力具有品位情调的意义，但品位情调与高档奢侈品的意义关联度并不高。

2.消费者分析

（1）促销对消费者的影响

假设：会因为促销而购买巧克力的消费者最常被买多打折的促销方式吸引。

Q7. 您会因为促销而购买某种品牌巧克力吗（选 ABC 则需回答 Q8，选 D 则直接回答 Q9）

（A）经常　　（B）偶尔　　（C）很少　　（D）绝不

Q8. 以下哪种促销方式更吸引您？

（A）直接降价　　（B）附赠品　　（C）买多打折　　（D）其他______

根据问卷情况，Q8 选择【（D）其他】的问卷数为 0，不再对该选项进行分析。

根据对消费者消费习惯的初步认知和组内成员的集中讨论，对 Q8 中促销方式对消费者的吸引概率进行假设，假设如下。

直接降价：30%；附赠品：20%；买多打折：50%。

筛选 Q7 选择【（A）经常】或【（B）偶尔】的问卷共 24 份，占所有 45 份问卷的比例约为 53.33%，统计此 24 份问卷对 Q8 的选择情况，进行卡方分析，结果如下（图 5）。

品牌	观察数	期望数	残差
1	18	7.2	10.8
2	5	4.8	0.2
3	1	12.0	−11.0
总数	24		

（a）促销方式

	促销方式
卡方	26.292[a]
df	2
渐近显著性	0.000

（b）检验统计量

图 5　促销时购买意愿与促销方式的卡方检验

a. 1 个单元（33.3%）具有小于 5 的期望频率。单元最小期望频率为 4.8。

注：1 表示直接降价，2 表示附赠品，3 表示买多打折。

上图分别给出了卡方统计量、自由度及统计量对应的 p 值。$p=0.000<0.05$，所以拒绝原假设，即认为样本来自的总体分布与给出的理论分布不吻合。

在所调查的 45 位消费者中，有大约 53.33%的消费者会因促销的原因而选购巧克力，而在问卷所列出的 3 种常见促销方式中，买多打折的期望数为 12.0，而观察数仅为 1，反而直接降价的期望数为 7.2，观察数高达 18，这与预期假设差距巨大。卡方分析结果说明对于受促销影响大的消费者而言，直接降价的吸引力最大，其次是买多打折，附赠品的吸引力与预期基本相符，吸引力最小。

（2）广告对消费者的影响

假设：对 D 品牌广告印象深刻的消费者更常购买 D 品牌巧克力。

Q13.请问您对以下哪个品牌的巧克力广告印象最深刻？

（A）M 品牌　　（B）D 品牌　　（C）F 品牌

（D）H 品牌　　（E）J 品牌　　（F）B 品牌

根据问卷情况，Q3（原题见前）选择【（F）B 品牌】的问卷数为 0，不再进行对该选项的分析。根据市场背景和二手资料调查，对 Q3 中各品牌巧克力购买率进行如下假设。

M 品牌：20%；D 品牌：45%；F 品牌：15%；H 品牌：15%；J 品牌：5%。

筛选 Q13 选择【（B）D 品牌】的问卷，并统计所筛选问卷对 Q3 的选择情况，进行卡方分析，结果如下（图 6）。

品牌	观察数	期望数	残差
1	2	5.4	−3.4
2	13	12.2	8
3	8	4.1	4.0
4	3	4.1	−1.0
5	1	1.4	−4
总数	27		

（a）经常购买品牌

	经常购买品牌
卡方	6.416[a]
df	4
渐近显著性	0.170

（b）检验统计量

图 6　常购品牌与广告印象的卡方检验

a. 3 个单元（60.0%）具有小于 5 的期望频率。单元最小期望频率为 1.4。

注：1 表示 M 品牌，2 表示 D 品牌，3 表示 F 品牌，4 表示 H 品牌，5 表示 J 品牌。

上图分别给出了卡方统计量、自由度及统计量对应的 p 值。p=0.170>0.05，所以无法拒绝原假设，即认为样本来自的总体分布与给出的理论分布相吻合。

其中，D 品牌的期望数为 12.2，而观察数为 13，残差为 0.8，即说明对 D 品牌广告印象深刻的消费者常购买 D 品牌巧克力的概率比假设高，实际所占比例约为总调查数的 48.1%。由数据分析得出，对 D 品牌广告印象深刻的消费者更倾向于购买 D 品牌巧克力。即说明 D 品牌广告能刺激消费者对 D 品牌巧克力的购买，强化消费者对 D 品牌的印象和认知。

3. 所罗门实验调查报告

（1）实验目的

探究 D 品牌广告及品尝 D 品牌巧克力对消费者关于 D 品牌巧克力总体印象的影响效果，比较分析观看 D 品牌广告、品尝 D 品牌巧克力及两种因素同时作用对消费者关于 D 品牌巧克力总体印象、味道、品牌好感度的影响大小。

（2）实验步骤

步骤一：在珠海区域选出符合调查条件并对 D 品牌巧克力广告印象不深刻的 8

名被试者，平均分成4组，依次编号1～4。对他们统一进行事前调查，对D品牌巧克力的总体印象、味道和品牌好感度分别进行打分（100分为满分，90～100分为十分满意，80～89分满意，70～79分较满意，60～69分一般，60分以下不满意）。

步骤二：隔天对第2、3、4组的人员进行实验。安排第2组的被试者观看D品牌巧克力广告。安排第3组的被试者品尝D品牌巧克力。安排第4组的被试者一边观看D品牌巧克力广告一边品尝巧克力。实验结束后对4组被试者再次进行态度测试，评分标准同步骤一。

步骤三：

（i）根据4组实验前后的态度评分变化来分析D品牌广告和品尝巧克力对消费者关于D品牌巧克力总体印象、味道及品牌好感度的影响。

（ii）通过第2组实验前后态度评分的对比可得出，观看D品牌广告对消费者关于D品牌巧克力总体印象、味道及品牌好感度的影响。

（iii）通过第3组实验前后态度评分的对比可得出，品尝巧克力对消费者关于D品牌巧克力总体印象、味道及品牌好感度的影响。

（iv）通过第4组实验前后态度评分的对比可得出，观看D品牌广告和品尝巧克力对消费者关于D品牌巧克力总体印象、味道及品牌好感度的综合影响。

（v）通过第2组与第3组态度变化的数据对比得出，观看D品牌广告与品尝巧克力对消费者关于D品牌巧克力总体印象的影响大小。

（vi）通过第2组、第3组与第4组态度变化的数据对比得出，哪种方法对消费者关于D品牌巧克力总体印象影响的效果最佳。

（3）实验记录

（i）对符合调查条件的8位同学进行依次编号A～H，并平均分成四组依次编号1～4。

（ii）分别对8位被调查者进行事前态度测试。测试结果如下（表1）。

表1　事前态度测试

分组	实验者编号	专业	总体印象评分	味道评分	品牌好感度评分
1	A（葛同学）	戏剧影视	85	85	85
	B（陈同学）	汉语言文学	80	82	80
2	C（钟同学）	软件工程	85	80	67
	D（应同学）	物流管理	75	75	75
3	E（张同学）	国际贸易	75	80	80
	F（李同学）	翻译	85	85	85
4	G（闫同学）	法学	80	79	79
	H（章同学）	国际贸易	85	85	80

（ⅲ）一天之后分别对第 2、3、4 组被试者进行实验，给第 2 组的被试者观看两侧 D 品牌广告，给第 3 组的被试者品尝 D 品牌巧克力，给第 4 组的被试者边品尝 D 品牌巧克力边观看同第 2 组的两则 D 品牌广告，事后态度测试结果如下（表 2）。

表 2　事后态度测试

分组	实验者编号	专业	总体印象评分	味道评分	品牌好感度评分
1	A（葛同学）	戏剧影视	—	—	—
	B（陈同学）	汉语言文学	—	—	—
2	C（钟同学）	软件工程	85	80	70
	D（应同学）	物流管理	85	75	85
3	E（张同学）	国际贸易	85	80	88
	F（李同学）	翻译	90	92	90
4	G（闫同学）	法学	85	80	90
	H（章同学）	国际贸易	85	85	80

（4）实验数据分析（表 3～表 5）

表 3　所罗门 4 组实验（第 2 组）态度变化

组别	实验者编号	实验阶段	总体印象评分	味道评分	品牌好感度评分
2	C	实验前	85	80	67
		实验后	85	80	70
		变化量	0	0	+3
	D	实验前	75	75	75
		实验后	85	75	85
		变化量	+10	0	+10
		总体变化量	+10	0	+13

表 4　所罗门 4 组实验（第 3 组）态度变化

组别	实验者编号	实验阶段	总体印象评分	味道评分	品牌好感度评分
3	E	实验前	75	80	80
		实验后	85	80	88
		变化量	+10	0	+8
	F	实验前	85	85	85
		实验后	90	92	90
		变化量	+15	+7	+5
		总体变化量	+25	+7	+13

表5　所罗门4组实验（第4组）态度变化

组别	实验者编号	实验阶段	总体印象评分	味道评分	品牌好感度评分
4	G	实验前	80	79	79
		实验后	85	80	90
		变化量	+5	+1	+11
	H	实验前	85	85	80
		实验后	85	85	80
		变化量	0	0	0
		总体变化量	+5	+1	+11

从第2组实验前后的态度评分对比可得出，观看D品牌巧克力广告使得被试者对D品牌的总体印象和品牌好感度都有较明显的提升，而对被试者关于D品牌巧克力味道的评价没有影响。

从第3组实验前后的态度评分对比可得出，品尝D品牌巧克力使得被试者对D品牌的总体印象有明显的提升，对味道和品牌好感度的评价也有较明显的提升。

从第4组实验前后的态度评分对比可得出，品尝D品牌巧克力并同时观看D品牌广告使得被试者对D品牌的总体印象和味道的评价都有轻微的提升，而对品牌好感度的评价有较明显的提升。

总体来看，品尝D品牌巧克力对被试者关于D品牌巧克力总体印象的影响效果最大，观看广告次之，而两者同时结合的影响效果则最弱。而在被试者对D品牌巧克力的味道评分上，只品尝D品牌巧克力的影响效果最大，而两者结合的影响效果次之，只观看D品牌广告的影响最弱。在被试者对D品牌巧克力品牌好感度的影响上面，3种方法都能起到明显的提升效果，而只品尝D品牌巧克力和只观看D品牌广告产生的效果略优于两者结合的效果。

（5）实验结论

不管是只品尝D品牌巧克力，只观看D品牌广告，还是两者同时结合，3种方式都能有效地提升被试者对 D 品牌的总体印象以及品牌好感度。而综合来看，品尝D品牌巧克力对被试者关于D品牌巧克力的总体印象、味道、品牌好感度的影响效果都为最佳[①]。

① 在第四组的初次实验中出现了由于实验者对广告代言人有个人偏见而对D品牌巧克力态度评价产生较大的负面影响，属极个别的实验样本。由于每组实验人数较少，实验的容错性较大，因此不采用该数据而另作实验。

三、对此市场调查实践报告的讨论

（一）此实践的亮点

（1）该报告具有较好的整体性，即包括了行业分析、环境分析、产品分析、竞争者分析、消费者分析等，形成了一个能够全面检验课程内容掌握程度的框架，对与广告策划有关的信息进行了归纳整理。

（2）在具有整体性的前提下，集中力量对部分内容进行深度挖掘，显示出一定的专业特殊技能发展潜力。

（3）在假设条件下，获得了一些新发现，在此基础上只需向前再多走几步，便可得到颇具学术价值和商业价值的新思路、新方法、新途径。例如：

1）当消费者认为D品牌定价合理时，对价格相当的F品牌的购买率也不低，但会减少对价格相对较低的M品牌的购买，不过此类消费者对H品牌的购买率高于预期。

2）尽管有约半数的消费者认为巧克力具有品位情调的意义，但品位情调与高档奢侈品的意义相关性并不高。

3）对于受促销影响大的消费者而言，直接降价的吸引力最大，其次是买多打折，附赠品的吸引力与预期基本相符，吸引力最小。

4）D品牌广告能刺激消费者对D品牌巧克力的购买，强化消费者对D品牌的印象和认知。

5）短期间内重复观看D品牌巧克力广告，会使消费者对D品牌的总体印象和品牌好感度都有较明显的提升。

6）先看广告并在随后的短时期内品尝D品牌巧克力，会使消费者对D品牌的总体印象有明显的提升，对味道和品牌好感度的评价也有较明显的提升。

7）先看广告，随后在短期内边看广告边品尝D品牌巧克力，会使消费者对D品牌的总体印象和味道的评价都有轻微的提升，而对品牌好感度有较明显的提升。

8）综合来看，品尝D品牌巧克力对消费者关于D品牌巧克力的总体印象、味道、品牌好感度的影响效果都为最佳。

（二）此实践的缺陷

（1）无论是问卷调查还是实验法，都受到经费、时间和能力限制，因此样本量不足且可能选样不准，容易出现统计偏差。

（2）问卷设置不尽合理，如果研究问题更具针对性，则仍有很大的提升空间。

（3）对二手资料的整理存在一定缺陷，未能尽快判别竞争对手，也未能全方位地对自身与竞争对手进行考察。

（4）列联分析的假设是基于对市场的宏观把握之上的，如果宏观认识和市场经验、市场了解不足，则后续分析甚至会出现南辕北辙的错误。

（5）也是由于受到经费、时间和能力限制，问卷产生的数据量不够，影响了深度挖掘。

（6）对数据结果的解释既需要时间沉淀，也需要较高的理论素养、较多的社会接触，以及脱开现象看本质的能力。这既是市场调查的价值所在，也是在校学生不得不面对的悖论窘境。

（7）实验法设计存在一定缺憾，前测、后测的时间设定、程序设定、范围等还值得进一步推敲。

（8）存在学术研究不规范现象。

四、利用市场认可与整体效能提升，进而发展某种专业竞争力的讨论

无论是广告产业的升级、扩张，还是广告人职业地位的提升，归根结底，均依赖于广告人本身职业技能的专门化和不可替代性，并外化于为广告客户提供的经济价值及为社会提供的观念价值，这两种价值必然要通过业务实践得到体现。

在以往的探讨当中，有不少学者从对内争取广告学科的话语权以及对外抵抗西方传播霸权出发，力图借鉴更为宏观的社会学科领域整体和融汇建构更为精致的自洽理论体系。但正如张金海教授所指出的，“有关广告学术研究的论著纷繁复杂，但是其中堆砌术语，大而空，且又跟不上时代，因循守旧者有之；东抄西借，剪刀加胶水，拼凑成章者有之——形成了一个虚假的繁荣景象，实际上这种繁荣在每一次广告学研究的高潮中都会出现，如广告娱乐化、广告业与WTO（世界贸易组织）之间的关系研究热等，理论殖民化和低水平重复是其主要特征”[①]。然而，同样是关注广告产业和广告教育的发展，同样是关注创新问题，黄升民教授的观点则与中部地区广告学者的看法有所不同：“创新其实是一个永恒的命题，从广告教育研究的角度，可以归纳为三个问题。第一，广告专业教育怎么去适应产业环境的变化。第二，大学是个知识装置。社会环境都变了，怎么建构新的专业知识框架。第三，找到自己专业的核心资源和社会实行交换。”[②]很明显，理论如果不经过实践转化，则无法与社会实行交换。对此，黄升民教授与胡晓芸教授

① 张金海、姚曦、黎明. 广告学学科建设与学术规范化. 广告大观(理论版)，2005(10)：8-10.

② 黄升民. 转型、聚合与创新：广告教育和广告研究的任务. 广告大观(理论版)，2006(3)：14-15.

已经给出了很好的答案。

从业界看来，“许多老总们宁要一个学中文的来写广告文案，宁要一个学美术的来做广告设计，宁要一个学市场或经济管理的来做广告策划，宁要一个学计算机的来做网站，却不放心把这些事情交给一个‘什么都懂一点什么都不精’的广告学专业毕业生。这至少说明广告学专业毕业生在很多专业分工领域优势并不突出”[①]。那么，广告专业如何实现教育上的突破？笔者的看法有以下三点。

第一，在应用型学科当中，“学”与“术”的二元化对立思维具有较大的虚幻性。即使是在自然科学中，比如，理论物理与实验物理、理论化学与分析化学、纯植物学与应用植物学等，其分界也不甚清晰。因此，争论何者为“学”何者为“术”，或者将“学”划归高校教育、“术”划归职业教育和业界实践，人为地将二者割裂，既不妥当亦不现实。“术”在澄清过滤后，能转化为“学”；“学”在当用可用之时，能转化为“术”。这既是人类知识发展的历史，也将是广告发展的未来。无论是强调技术、媒体、大数据，还是强化狭义广告定义下的业务分工，广告教育的本质都应是不断提升由“学”到“术”、 由“术”到“学”的转化成功率。这既是一个以结果为导向的评估体系，也是一个以投入产出比为标尺的衡量体系。

第二，应用既不简单地等于理论素养，也不简单地等于动手能力，但必须兼具理论素养和运作能力，应用的过程即为价值转化的过程。这是目前的节点所在、难点所在。无论是任何一门广告专业课程，如果脱离了市场认可[②]，其前景都是堪忧的。总成本领先、差异化、聚焦等战略，都可以成为广告教育单位的发展选择。不过，由于限制因素众多且实施难度不同，差异化、聚焦、总成本领先战略的使用者将会因数量多寡形成梯次。对于综合性高校而言，中国传媒大学的传播平台模式，或是武汉大学的教育输出模式，或是其他院校的营销策划模式、垂直行业传播模式、公共关系模式，已获得了一定的竞争优势，也将会有更多的院校形成自身的独特竞争能力。

第三，大广告思维与硬竞争技能并重，方能凸显新时期广告专业人才的自身价值。这种价值源自于教育者，并通过就学者得以不断放大。既然是教育业，教育者的自身素质理应是学生能力获取的最大决定因素。“广告专业师资队伍很年轻，34 岁以下的教师占将近一半，35～44 岁教师约占 1/3（32.44%），45 岁以上的教师仅占不到两成。由于队伍年轻，所以教学经验不够丰富，教师队伍的职称也偏低。具体表现在从事广告教学工作 6 年或 6 年以下的教师占 64.85%，7～15 年的占 29.33%，15 年以上的占 5.82%。获得正高职称的仅占 11.93，副高职称的

① 何佳讯. 广告教育：面对市场与技术的双重压力. 广告大观(理论版)，2003(10)：18-19.

② 包括学生的“市场认可”(选课及评价)和用人单位的“市场认可”。

占 27.68%，获得高级职称比例的甚至比体育专业还低。此外，学历偏低，具有博士学历的教师仅占 10.93%，本科学历的教师却多达 41.08%。在教师知识背景上，不管是从本科学历、硕士学历还是博士学历来看，广告专业出身的教师均占少数，分别为 16.85%、15.56%和 8.97%，这个比例偏低。广告专业队伍的整体素质还有待提高。”[①]此数据确为多年来的实际情况，也是其他报告的固定模式。遗憾的是，硬竞争技能及这种技能的传授成功率、移植次数与目前的广告专业教师考核机制几乎完全无关，也没有得到相应的重视与定性评估。长此以往，其负面效应的扩散不仅会使知识的价值传递的整体效能无法进一步提升，而且也会使广告学从研究到实践之间的沟壑越来越大、愈发边缘化，遑论建立经济新秩序和传播新秩序。因此，教育者自身的价值体现及机制性保障与改革可能是下一个急需突破的瓶颈。

① 黄合水等. 中国广告教育状况研究报告. 广告大观(理论版)，2008(5)：89-92.

综合性大学平面广告设计的多媒体教学探讨*

武汉大学新闻与传播学院　刘艺琴

随着消费市场竞争的加剧，市场对广告人才迫切需求的同时也对广告人提出了更高的要求，它需要广告人有多方面的知识和能力，要有创造力。因此要求广告人才必须掌握最新的行业动态，具备扎实的实践能力。这必然要求我们建立理论与实务并重的教育体制，建立培养通才、复合型人才的培养模式，使我们培养出的广告人才，具有迅速吸纳各种知识的能力及综合各种知识进行创新的能力。

一、综合性大学平面广告设计教学的困境

限于综合性大学的教学体制，目前在我国综合性高校学习广告专业的学生大多都是文科生，所招收的学生基本上没有设计基础，在课程设置上也是以概论、策划、管理等广告理论课程为主，虽然同时也开设了素描与色彩、广告摄影、广告设计等相关设计课程，但其主要目的在于培养与提高学生的审美鉴赏能力，总体上形成了重理论轻实践的状况。在教学方式上，教学过程是一个单向的传授，大多是教师讲解，学生倾听。在这种大的趋势下，平面广告设计教学长期存在着教与学脱钩的现象，课程教学与业务实践分离，学生业务实践缺失，在广告动手制作、设计方面有着较大的缺陷，面对一个商业广告主题，尽管有很好的想法，却不知道如何去设计、去表现。

要想解决目前综合性大学平面广告设计教学的困境，让广告专业学生不仅掌握全面、系统的理论知识，而且拥有较强的动手设计能力和创新能力，笔者认为，运用多媒体手段辅助平面广告设计教学，对帮助学生深入理解、掌握相关的设计理论、提高动手设计能力与创新能力有重要的作用。

二、平面广告设计多媒体教学的优势

多媒体计算机辅助教学（Multimedia Computer-Assisted lnstruction，MCAl）是运用文本、图形、图像、音频、视频和动画等各种媒体，表现、处理、传递和

＊ 本文最早发表于《湖北第二师范学院学报》2008 年第 4 期。

呈现多种非数值信息的一种教学方式，在平面广告设计教学中，其与传统教学模式相比拥有极大的优势。

（一）有利于激发学生的学习兴趣及其认知主体作用的发挥

传统的平面广告设计教学，仅仅依靠教师课堂讲授和学生课下看书、练习及查阅相关资讯来完成教学活动，无法达到理想的教学目的。利用多媒体教学，可以解决许多传统平面广告设计教学中无法解决的问题。在实践教学中配合多媒体技术，如电脑、投影仪、幻灯片的运用，教师可以将大量优秀的平面广告作品进行收集和整理，运用多媒体技术向学生充分展示，使教学过程生动、直观，让学生能在有限的学习时间内欣赏到众多优秀的广告作品，拓展学生的视野，提高学生的审美能力。教师讲授、指导与广告设计相关的学习工具及软件的操作运用，例如，在机房课堂上使用绘图、设计软件，结合广告主题，进行广告作品的设计实践，使学生的动手能力大大增强，提高其学习兴趣，激发其学习热情，达到较好的教学效果。

（二）有利于培养学生的创造性思维，提高学生的创意能力和动手能力

传统教学一般只讲授相关的专业知识，而缺乏对创造性思维的训练。毋庸置疑，创造性思维的训练与培养对于广告专业学生来说是至关重要的。在多媒体教学中，激发和培养学生的创意能力就从培养和发展学生的艺术想象能力、形象思维能力、动手实践能力等方面着手。多媒体计算机的交互性能同时提供现实和虚拟的教学环境，多媒体教学充分利用多媒体计算机具有数字信息处理、大容量信息存储的能力，将文字、图形、音频、动画等各种媒体的教学信息，全部集中到计算机中，并对这些信息进行综合加工处理。教师可以方便地把文本、概念、图片、图表等链接起来，形成一个可用的教学软件。教师可以根据课程内容，在教学中编排图片、声音、影视片段等，以便更清楚地表达、阐述教学的难点、重点，对学生形成多种感官刺激，活跃学生的思维，激发学生的创意灵感，提高学生的创意能力和动手能力。

（三）有利于学生巩固专业知识

在传统教学模式中，教师对学生的传授绝大部分是在课堂上进行的，并且传统的教学手段，使学生在学习数量和学习时间上都受到了限制，否则教学效果可能达不到预期目标。再者，在传统教学活动中，教学大多是一个单向传播的过程，教师作为教学主体在课堂上讲授，学生在教师的讲授下完成学习内容。学生在进

一步地消化吸收知识的过程中，因为个体情况的不同，对知识点掌握的情况也有所不同，有些学生能根据老师的讲授掌握知识点，而有些学生则无法及时跟进。多媒体教学方式则可以打破这些欠缺。首先，运用多媒体进行教学，以因特网（Internet）为基础的多媒体教学彻底打破了学习的时间和空间限制。其次，多媒体教学系统，为学生的学习提供了不受时空限制的虚拟教学，教师在多媒体教学时准备的课件及其他参考资料，可以充分利用网络技术实现教育资源的共建共享，在共享的教学系统中，学生可将学习资料进行下载，按需学习，借助课件资料温习知识，自主调节进度和难度，加深理解，拓宽专业知识面。

三、平面广告设计的多媒体教学方法的探讨

平面广告设计的多媒体教学围绕文科院校广告设计的专业特点，进行有特色的教学。教学注重创造性思维的启发和现代设计思维的培养，强调理论结合实践，强调创意思维和设计实践的有机融合。

（一）开发平面广告设计多媒体课件

平面广告设计多媒体课件在现代广告教学中十分重要，课件的制作是实现现代平面广告设计教学的一种途径，与教学软件配套的还有一系列素材库，这些素材库可以作为教学软件的补充，随时随地运用在教学中。有了多媒体课件辅助教学，教师可以把必须掌握的专业知识及学习中的重点、难点与现代最新的技术结合起来，使学生产生浓厚的学习兴趣，大大增加学习主体对教与学的介入深度。所以，有一个好的教学课件是平面广告设计多媒体教学的关键。

经过较长时间的准备和制作，通过几年的教学实践和总结，平面广告设计课程在教学方法上做了较大的改进，由笔者承担的平面广告设计多媒体教学课件已经完成，且已在教学中使用。本课程采用多媒体教学，学生的学习积极性很高，知识点也较容易掌握。如在设计实验教学课程中，笔者将每一个章节的教学知识点整理分类，供学生课下拷贝，使每位同学都能根据所讲授的内容去实际操作、设计，这样，学生就可以根据教师提供的课件资料加深理解，增强自身的动手设计能力。

（二）采用多种手法提升学生对广告作品的感受力

在教学实践过程中，尝试采用课堂演播式教学法、探索式教学法等，将平面的教学换成直观、动态的教学，全方位地调动学生的感官，最大限度地输送信息，加强学生的理论修养，提高其对广告作品的鉴赏能力。学生要想有较强的创意设计能力，就必须随时了解和接触国内外最好的创意和设计，多媒体课堂演播式教

学法使学生能更直观、更生动地学习广告设计理论和案例。在教学中，教师必须在课前准备大量的广告作品、广告案例等，并运用图像处理、课件制作等技术进行整理和组织，在课堂教学过程中通过对广告作品的展播和分析，引导学生欣赏和体会。例如，讲解20世纪现代艺术对广告设计的影响时，在传统的教学中，教师无法把搜集到的所有资料图片都带到教室，所以只能选取极少量作品给学生观摩，一件一件地在学生中传阅，费时又费力。而进行多媒体教学，教师只需用鼠标轻点教学课件，某个时期某个艺术家的代表作品、艺术观点及艺术主张，以及受其风格影响的广告作品就会出现在学生眼前，通过艺术作品与广告作品对比，学生在欣赏艺术作品的无穷魅力的同时，不仅认识到了广告作品与纯艺术作品的区别，还能领略到广告作品的独特创意并感受到广告作品的重要的商业目的。学生身在课堂，却能打破时空、地域的界限，让想象插上翅膀，在平面设计的领域中自由翱翔，这些作品可以给学生极大的启示。

（三）启发式教学法提高学生的动手能力

在教学中，还可以利用多媒体设备辅助启发式教学，目的就是培养学生的创意思维，鼓励他们勇于探索，提倡多样性、个性的发挥，提高他们的动手实践能力。在课堂上，教师尽可能地给学生提供更多的素材、资料，通过对多媒体教材的观摩学习，建构一个开放式的环境，让学生们自由讨论，以期望其创意得到最大的发挥。例如，在以雅虎搜索为主题的广告设计创作中，首先进行发散性的启发式教学。在广告作品中，如何体现出雅虎搜索的与众不同的人性化、智能化、快速化是关键，也是雅虎搜索与其他搜索工具不同的特点，要引导学生围绕“人性、智能、快速”这几点思考。通过多媒体设备展示其他相关的广告作品案例，让学生们的思维逐渐活跃起来，再挑选众多的素材供学生参考。学生们不断提出自己的创意设想，根据自己的想法绘制成不同的草图，在不断的讨论中，学生们拓宽了思路，摆脱了常规思维习惯的限制，不断推翻原来已有的创意设想，经过几个来回的反复，最终都挑选出自己满意的草图定稿，然后拍成照片，或者用各种电脑绘图软件将草图在电脑中编辑、合成为正稿。

四、多媒体教学的效果

平面广告设计课程采用多媒体教学进行师生互动，教学效果显著。通常，在教学中，围绕一个广告主题，有什么想法、点子，就可以通过多媒体即时演示效果，既可提高学生的学习兴趣，又可充分利用现代科技成果，省时高效地进行课堂教学。例如，在根据广告主题的命题设计环节的教学中，学生的讨论极为热烈，纷纷拿出自己的多种设计初稿在电脑上进行展示。在展示中，广告作品创意是否优秀、构图是否完美、色彩搭配是否合适、广告语是否恰当等都可以非常直观地展现出来。学生踊跃发言，争先提出自己的看法，教师点评并提出修改意见，帮助学生不断完善、补充，也可以在电脑中直接修改，指导学生尝试从不同的角度去探索设计的最佳方式，运用各种综合知识去完成设计任务。可以说，在多媒体教学设计的实践过程中，学生对广告设计有了更深的认识和体会，达到了很好的教学效果。中国时报在台湾主办的第 16 届金犊奖大学生广告大赛中，多名广告学专业学生创作的作品入围，其中，学生设计的平面广告作品雅虎搜索之《骆驼篇》《野牛篇》《企鹅篇》，经过初赛、复赛层层选拔，最终获得了金犊雅虎项平面类二等奖。在教育部主办的 2007 年全国大学生广告艺术大赛中，多名广告班学生获得了平面类国家级的入围奖，其中广告学专业的卢丽妤同学的《月亮系列》获得了全国平面类三等奖的好成绩。作为文科类广告专业的学生，能够击败全国众多的专业设计院校的学生，获得国家级平面设计类奖项，可以说，我们的教学成果已经凸显。

结　　语

综合性大学平面广告设计教学是广告学专业学生在校期间的一门重要课程，而平面广告设计多媒体教学在学生创意思维的培养、素质的提高方面的作用是显而易见的。它的效果直接影响学生专业知识的学习和创新精神的发扬。多媒体在平面广告设计教学中就充分发挥了现代科技的优势，使教学、科研的灵活性、实践活动的便利性凸显出来，使学生在声、光、电的情景教学中受到最大程度的感染和熏陶，同时也使教师的教学活动显得更加直观和鲜活。因此，笔者认为，为了把学生培养成为基础宽厚、适应性强、有动手实践能力、有创新精神的应用型人才，综合性大学平面广告设计课程多媒体教学的改革势在必行。不断探索新的、有效的教学方法是广告设计教学改革的重要内容，也是本课题最终的研究目的。希望我们能有所作为。

从“西方新闻媒介”课程演进看数字时代新闻传播学科体系的变革

武汉大学新闻与传播学院 侯晓艳

新闻传播学在大学的兴起和新闻专业化发展高度相关，它既推动了新闻专业化，又进一步稳定了新闻作为一种职业的社会地位，新闻行业的变化也反过来影响新闻传播教育的内容。此外，新闻行业的变化又深受整个社会进程的影响，因此，自改革开放以来新闻传播学的课程体系也随着外部环境的几次巨大变化而发生了几次大变革。目前，关于新闻传播学课程体系的讨论是全国性的，甚至是世界性的，因为学科的外部环境发生了巨大变化。人类社会开始步入卡斯特所说的网络社会，在这种新型的社会形态中，技术是社会发展的核心元素，充分体现了马克思的“科学技术是第一生产力”的论断。大众媒体的出现和发展一直深受媒介技术的影响，数字技术对当今大众媒体的影响更是史无前例，过去相对稳定的媒体职业边界开始模糊，按技术介质不同进行分类的传统媒体分类法受到挑战，媒介融合成为趋势；传统媒体被赋予的职业化的新闻信息传播权被逐渐分化，个人、各类新兴的新媒体借助新的传播途径与传统媒体争夺信息传播权，整个信息传播环境发生了翻天覆地的变化，何时再形成新的相对稳定的职业边界尚无定论。新闻传播学具有直接的职业指向性，学生一般有着相应的职业诉求。网络社会中，信息传播的方式、速度和传播的范围及影响力远远超过过往社会，这使得社会中的人和各类组织机构比过去更加注重信息的传播，因此新闻传播专业学生的就业范围空前扩大，除了传统媒体和新兴网络媒体以外，进入各类机构从事宣传等工作的也不胜枚举。既有的教学科研知识体系已经难以应对业界和信息传播环境的巨大变化，变革既有的教学体系不是一件容易的事情。外部的新闻行业和传播环境的巨大变化，使得专业目标变得不确定起来，目标细化更因为方向的不明朗而难以确定，这也是中国各大高校的新闻传播学教学体系面对的共同难题。

“西方新闻媒介”是武汉大学新闻传播学院开设的高年级课程，开设时间可以追溯到20世纪90年代末，最初的授课对象为新闻系、广播电视系（含播音与主持艺术专业）及网络传播系（2001年开设）的本科生。如今，这门课在本院开设

20多年，历经4次学院本科培养方案改革，目前学院的第5次改革方案正在酝酿中，“西方新闻媒介”作为课程体系中的一员也发生了不小的变化，折射了学院课程体系的变化历程。本文试图通过“西方新闻媒介”在武汉大学新闻与传播学院的小历史，一窥新闻传播学体系在社会转型时期的变化和存在的问题。

一、灵活先行的后置课程，难以转型的基础课程

在本院新闻传播学（本科）教学体系中，“西方新闻媒介”是为高年级开设的后置课程，一般在大三或大四开课。后置课程大多是新兴课程，往往随时代发展应运而生，相较而言时间短，有着较强的前瞻性和内容的不确定性。新闻传播学的职业指向性决定了该专业对社会和业界的回应要强于高校的非职业导向专业。1992年国家提出建设社会主义市场经济体制，作为事业单位企业化管理的传媒业随之进一步走向市场，于是西方发达国家在新闻业务、经营管理方面的经验引起了业界的关注；在20世纪90年代之前，新闻学科建设自成一体，在新闻业务和理论方面主要依托1949年之后中国新闻业的发展，极具中国特色；进入20世纪90年代后，西方的新闻传播学思潮开始涌入国内，到21世纪初，已有大量新闻传播学译著出版。学院（当时还是系）对外界变化反应非常敏锐，1993年设立广告学专业，并进一步探索该学科特色，在20世纪90年代中期建立了比较新闻学和跨文化传播研究的特色目标。“西方新闻媒介”在这样的背景下应运而生，随着办学规模的扩大，1995年，当时的新闻系更名为新闻学院。“西方新闻媒介”最初以单波教授为主导，后来笔者和单老师组成了较为松散的教研组织。单波教授设置了教学大纲，大纲涉及西方新闻理论、西方新闻体制、西方新闻道德与法规、西方新闻业务、西方主流新闻媒体等方面的内容。不少内容补充了其他课程没有或还未深入涉及的内容，例如，当时的“新闻学”课程，主要以吴高福教授的《新闻学基本原理》为教学内容，“西方新闻媒介”在理论部分探讨当时新闻学课程中未深入涉及的新闻客观性问题、新闻自由问题等；在业务方面，主要引入西方的客观报道的具体操作等。2002年笔者成为“西方新闻媒介”的主要授课教师，也主要依循单老师制定的大纲授课。2001年中国加入WTO后，经济迅猛发展，学界的国际交流越来越频繁，新闻传播学的课程内容和课程体系逐渐与国际接轨，自成一体的中国特色新闻学科体系被彻底打破，采写编评等业务课、新闻理论课等核心课程也都融入了西方传媒的经验和学界的知识积累，还有不少新课如“媒介经营管理”开始设立。“西方新闻媒介”已经完成最初的使命。笔者开始逐渐减少西方新闻理论、业务、道德法规方面的内容，以西方主流新闻媒体的风格和现状为重点。

互联网的迅猛发展挑战了传统媒体的生存，传统媒体不得不奋起应战，新生

事物不断催生出新的观念和理论，整个西方新闻媒介处于一种动态变化当中。作为后置提高课程，笔者在内容设置上力求做到现实性和新近性，同时，也要带着疑问探究这些变动背后可能引发的新闻业界、新闻学界的全方位的深层变化。比如，媒介集团的全球化发展及网络社会的到来，动摇了以欧洲公共广播电视为主导的广播电视格局。在内容设置上，笔者先将发达国家的公共广播电视格局作为“面”，让大家有一个大体的认识，然后以英国 BBC——这个世界公共广播电视典范作为“点”具体讲解，并将 BBC 在近几年受到的挑战作为案例让学生讨论，引发学生思考以公共服务和促进民主为核心理念的公共广播电视的未来走向，以及媒体的责任问题；在新闻业务方面，重点探讨传统的新闻采访、写作、编辑等业务在媒体融合时代发生的变化。这方面的案例也非常多，业界和学界在这方面的研究也颇丰。另外，西方主流媒体如《纽约时报》《时代周刊》《卫报》、CNN 等在长期发展过程中，逐渐成为世界一流媒体，有很多值得我们借鉴和学习的地方。因此以它们的发展史为背景，重点讲解它们在当下如何应对变化，如《纽约时报》《卫报》等传统纸质媒体，如何应对网络的冲击，它们的业务模式有哪些改变，它们还进行了哪些改革，这些变化能力挽纸媒在网络社会时代的颓势吗？在新兴媒体及新媒体诞生后所生发的一系列新理念、新模式方面，也是以案例为主，比如，互联网报纸《胡芬顿邮报》获得普利策奖后，成为大家探讨的热点；由于本课程强调西方媒体当下的变动性，因此课程内容每年都会根据现实状况，做一些大小不一的调整。

高校专业教学中的后置课程的内容往往是结构不良领域的知识，即有关知识应用的知识，它们既不像书本知识那样意义分明、逻辑严谨、组织良好，也不像基础专业课程那样有知识和结构较为固定的教材，作为后置课程，教师在教学中具有更大的发挥空间，在课程架构上有较大的灵活性。因此，在高校新闻传播学体系中，如果要应对业界的变化，最容易走的道路就是变革较为灵活的后置课程，并设置适应时代的新课程。近 20 年来武汉大学新闻与传播学院根据业界变化设置了很多新的课程，后置课程的教师也极大地改变了教学内容，都说明了这一点。而前置课程大多经过多年的发展，形成了较为完备的课程体系，有较为统一的教材，在新闻学专业中，主要以采写编评为核心；“西方新闻媒介”的前置课程主要有“新闻学概论”“新闻采访”“新闻写作”“新闻编辑”“新闻评论”“传播伦理与法规”“大众传播学”“外国新闻传播史”“中国新闻史”“新闻摄影”等。前置课程知识体系相对封闭和完善，在面对比如数字技术对新闻业界的挑战时，其内容改革相对滞后，也难以转型。就新闻学专业而言，最难转型的就是基础的核心课程（不包括历史类课程）。这种困难主要源自业界的转型尚未结束，特别是传统媒体中的报纸业，其受到的技术冲击最大，虽然已开始采取种种应对措施，但至今尚未形成新的、稳定的、可持续发展的行业前景，旧的工作模式仍为主导，由传统媒体专业化发展特别是纸媒发展而来的采写编评，就很难超前变革，只能做一些小的内容变化。另外，业务类课程注重操作性，任课教师一般在新闻单位有着或长或短的工作经验，随着新闻业界的工作模式因数字技术冲击而发生巨大变化，学院对任课教师的相关培训能否及时跟上也是一个问题。新闻理论、大众传播学也因为整个传播环境的巨大变化而受到挑战，一些积累的理论观念也因新理念的涌现受到挑战，导致课程也必须进行调整和纵深研究，基础课程要形成新的知识体系，还需要更长的时间。

二、外部全媒体融合的趋势与内部科系的区隔

在很长的时间里，学院按专业招收本科生，学生未入学时就已经确定了要攻读的专业方向，学院各个科系的生源平衡。随着全国高校开始注重学生的专业选择权并强调通识教育的重要性，大约从 2006 年开始，学院新闻传播学开始进行大类招生，学生进入学院学习一年后，再根据自己的兴趣选择具体专业，因此争夺学生的竞争机制被引入了教学，学院内部科系学生数量的均衡逐渐被打破。

“西方新闻媒介”从开设以来，一直面向全院除广告系之外的所有科系开课，事实上，在很长一段时间里，科系之间不少课是共通的，不同科系的老师经常跨系授课，不过这种现象逐渐减少。一方面是因为学院办学规模扩大，每个系都新增了师资力量，一些共通课程开始由各系新增教师承担；另一方面是生源竞争机制引入后，各个科系逐渐增加了一些具有自身特色的课程，再加上共通课程学分有限，一部分共通课程就被取消了。“西方新闻媒介”在这样的背景下，逐渐演变成新闻系专有课程，20 世纪 90 年代中期学院开拓的比较新闻学也主要针对新闻系的学生。如今，这种竞争机制已历时十年有余，各个科系生源都有所变动，其中变动较大的是广播电视系和新闻系，在最初几年广电系生源最少，有时只有 20 多名学生报名，而新闻系生源最好，生源一般都维持在 80 人以上。然而，最近几年新闻系生源骤降至 30 人左右，甚至还有继续下降之势。而网络传播系的生源是逐年看好，广告系生源较为稳定。科系生源之争表面看是内部师资力量、科系课程特色等的较量，但各科系生源数量变化的最深层次的因素还是外部信息传播环境的巨大变化。

Web2.0 兴起以来，各类社交媒体的兴盛，智能手机、Pad 等智能终端得到广泛使用，小小的终端大有将所有媒体囊括其中之势，全媒体融合趋势显见。广播、电视在各类终端中找到了立足点，目前和互联网处于共赢态势，有望发展出可持续发展的新型职业系统，而纸质媒体从各类终端中获取的红利远低于其他传统媒体，国内纸质媒体数字化转型的步伐和力度还远弱于英美等发达国家。中国高校中的新闻传播学专业所在院系大多按照纸质媒体、广播电视、网络媒体等媒体介

质来划分科系，这种划分和当时较为稳定的传媒产业高度相关。本院四个系中，除了广告系外，新闻系、广播电视系、网络传播系基本都是按照这种方式划分学院的主体教研机构。这种划分方式显然和当下的全媒体融合趋势相悖，各个科系大多采取设置新的课程来应对外部信息传播环境的变化，整体性的学科体系变革还难以进行。一方面是外部环境仍然变动不居，业界和学界都处于摸索状态，全盘改革不见得就胜券在握；另一方面是既定的师资配置难以迎合全媒体融合的趋势，即使对教师重新整合，效果也不见得有多好。如何有效整合现有资源，优化科系结构是要认真思考的问题。

三、复合型人才的培养和专业目标的困惑

学院科系生源分布不均有内因也有外因，但主要是学院内部矛盾。数字技术变革了整个社会，给新生代学生创造了很多机遇，和数字技术相关的专业成为高校热门专业，新闻传播学专业自然也位列其中。学院的新闻传播学专业在全国高校位列前茅，总体来看全院的生源数量和质量在武汉大学都是不错的。学院面对的并不是生存问题，而是如何培养和学校目标一致的一流复合型人才，培养可以和其他高校的新闻传播学人才相比的优秀人才，并最终为社会的发展服务的问题。在高校复合型人才培养规划中，主要涉及三个层级的组织机构，上层是国家层面的教育部，中层是学校，下层是学院。例如，从2013年学校公布的本科生培养方案来看，学生的课程主要有三类：第一类是全国高校通行多年的通识必修课，课程设置变化不大。第二类是全校通识选修课，主要是跨学院的课程，这一部分课程承担了跨学科教育的重任，是国家倡导的博雅教育的基础。第三类是学院各类专业课。从最近几年的培养方案看，本院学生所修学分中，有时通识课学分偏多一点，有时专业课学分偏多一点，但大致都保持在各占一半的态势。例如，在2013年的培养方案中，新闻学专业毕业总学分为140分，全校范围的各类通识课程86分，学院开设的专业课75分，其他任意选修课9分。

学院的课程体系改革主要体现在专业课程上。从历年培养方案看，院系的专业课程越来越细化、专业化，一些专业相关性不是很强的课程被剔除出去。新闻传播学是跨学科性很强的学科，主要涉及人文科学和社会科学，学院早期偏向于人文科学，学院创始人也多半来自文史哲领域，很长一段时间本科生的必修课中有“中国现当代文学”“中国古代文学”“写作”等课程，2013年的培养方案已经将这些课程剔除。

学校的复合型人才培养主要体现在跨学科的学习和研究上，例如，在2013年的培养方案中，新闻传播学类学生的全校通识选修课涉及人文、社科、理工等各个领域，其中自然与工程类不得少于4个学分。在日常的学院科系会议中，常

有教师提出要在学院内设置跨学科课程，如社会学类，可见全校范围的跨学科学习效果有待考察。博雅教育、跨学科学习模式主要参照了美国等一些发达国家高校的做法，例如，美国不少大学本科生大一、大二必须在全校范围内选修课程，大三、大四再选具体专业，他们在博雅教育中积累了很多好的经验，如助教制，效果良好，而且也形成了良好的博雅教育文化。但是中国高校的很多全校选修课学生太多，常常一门课学生有乌泱泱成百上千人，教师没有精力和时间顾全每一个学生，学校在具体运作上需要更加具体的规则，而要形成良好的博雅教育文化还需更长的时间，在借鉴中探索适合自己高校的特色也许更重要。目前更有效的办法也许是将部分跨学科课程设置权限纳入学院，学院根据自己专业的特色精准定位，小班上课，外聘其他学院的教师，课程不占用学院专业课学分（毕竟专业课程学分有限），不过这又涉及复杂的人事、薪酬等问题。

具体到科系，生源竞争机制的引入使得各个科系必须凸显各自的特色。但外部信息传播环境的变动不居使得科系专业特色定位并不容易，在 2017 年 7 月份召开的全院教学会议中，每个系主任的发言基本都涉及各自科系定位的问题。

新闻系谈到“去纸媒”的意向，事实上新闻系“去纸媒”好几年前就有了具体的操作，主要发展目标是以新闻内容生产为核心，并发展国际新闻传播特色，例如，除了既有的“中西新闻比较”“西方新闻媒介”，近年又增设了“国际新闻报道”“国际关系与新闻传播”“英语新闻写作”等；新闻内容生产也在新闻系的会议上多次被讨论，并达成一定共识。数字技术挑战的是传统媒体，不是新闻信息本身，网络社会中新闻本身并没有被边缘化而是更加重要了，新闻系要在全媒体新闻生产中独树一帜，追求深度报道，同时新闻专业主义不能被抛弃，在求变中也要“固本”；新闻系大部分教师都在自己的课堂上或多或少地引入了新知识，内容涉及广播电视、各类数字媒体，但新闻系如何朝目标努力，实现成功转型还要具体细化。

广播电视系主任强调“去新闻”。2013 年学校的本科生培养方案中，“广播电视新闻学”去掉了“新闻”，变为“广播电视学”，预示着广播电视系未来有更广阔的发展空间。

网络传播系主任提出对网络传播学科具体目标的疑惑，这一疑惑恰恰反映了网络社会的无限可能性。各种自媒体的兴盛、社交媒体的发达都对过去组织性的信息传播构成了极大挑战，数字技术扩宽了信息传播职业边界，学生未来可从事的职业范围十分广泛。

传统广告业也面临着数字技术的挑战，大数据的应用、定向商品信息传播改变了传统广告职业样态，模糊了职业边界，广告系的课程体系改造也势在必行。

新闻传播学所面向的职业越来越广泛，这个趋势不是今天才开始的，早在 20 世纪中期，大众传播学和新闻学逐渐在美国的大学勾连，并逐渐影响全世界新闻传播学建构，学科的职业指向也因为大众传播理念的引入而多元化了。如何确定一个好的专业目标和科系特色，如何规避过于松散的课程体系，以及科系之间的专业如何链接成一个有机整体，也许是学院和四个科系都要不断思考的问题。随着数字技术对社会的纵深影响，多元化的职业趋势还会继续，未来新闻信息传播专业也许会像文史哲一样，没有明确职业指向，变成网络社会、信息社会中的基础性学科。

四、教学方法的改革与师资的再培训需要

互联网也冲击了传统的教育模式，线上教育十分兴盛，各专业有所长的人在线上进行各种形式的教学，慕课（Massive Open Online Courses，MOOCs）打破了高校之间的藩篱，打破了高等教育的国家界限。线上教育既给教师带来新的机遇，为教师的专业才能开拓了更广阔的传播空间，也给教师带来了全面的挑战，它要求教师在教学内容深度、广度及教学方法上有更高的追求。一些高校鼓励教师开设慕课，主动扩宽教学对象，服务社会乃至全球。除了外部的挑战，在学院内的生源竞争机制、学校督导制度、学生评教机制、中期检查制度等监督机制的敦促，教师越来越注重教学方法，投入教学的时间和精力都成倍增加。就笔者个体而言，作为“西方新闻媒介”的主讲教师，不仅在内容改革上力图跟随时代的步伐，而且在教学方法上也多方尝试。笔者认为在信息错综复杂的网络社会，培养学生的批判性思辨能力很重要，特别是对未来从事新闻信息传播工作的学生尤为重要。我们谈到的“教学改革”，不仅仅是教师“教”的改革，还有学生“学”的改革，二者是合二为一的。一般而言，教师长期从事教学和科研工作，无论是知识量还是思辨能力都强于学生。但在网络社会，学生在新技术接受尤其是网络资料收集方面可能比教师更胜一筹。在教学过程中，师生应本着相互尊重的原则，教学相长。教师固然应该努力提升自己的教学水平，学生亦应在教师的帮助下，改掉被动学习的习惯，即在教与学中，教师发挥主导作用，学生发挥自己的主体角色。笔者在平日和同事聊天中，也常常谈到教学方法问题，作为职业导向性强的专业，不少同事尝试了案例教学法，哲学家维特根斯坦和杜威均认为知识的意义在于其应用，知识要为解决问题服务，具体的案例分析或实际解决问题的过程是培养学生批判能力的有力途径。

面对数字技术对新闻传播学科的颠覆性影响，一线教师面临着教学和科研的双重压力，难以完全靠自身力量更新和扩展自己的专业知识体系，还需要学校和学院给予更多元的再培养。学校和学院对教师的再培训已经投入了一些经费，近年效果比较显著的有两个项目：一个是学校和教育部联合推行的青年教师骨干项目，每年选拔一些教师到海外高校访学；另一个是学院于 2011 年开始推行的“双

一计划”，规定学院青年教师必须到国外高校访学一年，到国内媒体挂职一年。两个项目都取得了较好的效果，教师扩宽了国际学术视野，对业界的现状也有切身的体会，但项目的专业针对性还有待加强。学校推行博雅教育，学生的跨学科学习主要是在学院外进行，学院则需要在专业性上加强力度和深度。因此学院和教师在选择海外访学高校时，应该尽量选择和自身教学科研方向一致的学校；去媒体挂职也应该和自己的教学内容和科研方向尽量一致，特别是业务课教师应该深入媒体一线，更新业务知识体系，增加业务操作能力。同时，对教师的再培训应该是全覆盖的，而不是完全投向青年教师，事实上不少年长的教师仍然奋战在教学一线，如何增强年长教师的再培训也是值得研究的议题。这两个项目都是长期的培训计划，学院还可以设置各种中短期培训项目，增加只针对教师的专业性短期培训课程，例如，聘请在数据分析、网络语义分析、计算传播学等新兴研究方法和研究领域有所建树的学者和业界人士对全体教师进行短期培训。

结　　语

从全国范围看，新闻传播学科体系的改造都是在摸索中前行。武汉大学新闻与传播学院对学科体系的改造走在全国前列，是全国首批设置网络传播系的学院，也是首批将理工科和新闻传播学科教师联合起来建设网络传播专业的学院，各个科系在课程设置上也引入了一些适应新的信息传播环境的课程。作为网络社会核心力量的数字技术，仍在不断变革社会的方方面面，面对纷繁复杂的、不断变化的信息传播环境，如何规避课程过于碎片化、零散化，如何建构较为完善的、系统的、适应网络社会的信息传播专业知识体系，如何建构学科特色，以及如何建立更适合的科系组织，都不是一蹴而就的事情，这些过程应该是动态的，不断向外界学习、不断自我反省和自我修正的过程。

“新闻编辑”课程教学改革的实践与思考

武汉大学新闻与传播学院 叶晓华 禹 露

一、教学改革的背景与意义

进入 21 世纪以来，新闻传播业发生了翻天覆地的变化，传统媒体日渐衰微，新媒体日益兴盛，媒介融合成为业界探讨并实践的重点之一。随着媒介融合的深化，业界对于新闻传播人才的要求发生了改变，由一专一能到一专多能，新加了广视野、宽口径和厚基础的要求。

作为传播内容的选择、把关和优化者，新闻编辑在媒介融合的背景下仍将是不可缺少的核心人才，除了传统的报纸编辑、电视编辑等岗位以外，网站编辑、新闻客户端编辑、微信公众平台编辑、数据新闻编辑等多样化的新闻编辑岗位相继衍生。业界对于新闻编辑人才的需求呈现复合化的特点，新闻编辑的工作内容从以往单一地针对报纸媒介进行选题策划、稿件处理等，转变为综合编辑文字、图片、音频、视频等信息，还要将其加工处理为多形态、多媒介的新闻产品。新闻编辑的职业需求标准进一步提高，除了要具备传统意义上的新闻编辑能力外，还需了解新媒体平台中信息传播的特点，以及图片编辑、视频编辑、数据平台运用、多媒体制作等操作技能①。传统“新闻编辑”课程的教学内容和方法已无法满足媒体融合背景下多样化的人才培养需求，简单的新闻策划、新闻稿件的修改等原理和方法不适用于网站、手机、互动平台等多样化的新闻编辑工作。因此，对于“新闻编辑”课程进行教学改革势在必行。

二、“新闻编辑”课程改革的具体实践

（一）确定课程目标和主旨

新闻学专业本身建基于以报纸为主的传统媒体，其培养目标和课程设置皆围绕其而设计。如今新闻学专业受到新媒体环境的极大冲击，各高校新闻学院纷纷

① 贺蕾. 新媒介环境下新闻编辑教学的变革与坚守. 新闻知识，2016(1)：82-84.

有所行动，寻求新的改变以应对业界的新需求。其中一个重要的环节就是课程设置与课程教学的改革与调整。“新闻编辑”是新闻学专业的核心实务类课程之一，主要内容涉及新闻编辑工作的基本特征、基本原理与规律、主要方法与技能。

在当前的传媒业发展态势下，传媒业务的工作方式与工作流程均发生了显著的变化，采编人员必须能够创造性地整合图文声像等内容形态，充分发掘多种媒介形态的各自特质和组合效果，实现传播效益的最大化。为适应业界对于人才的新要求，新闻编辑人才的培养体系必须逐步实现创新。对目前的课程教学体系进行改革，将课程目标与主旨调整为在构建多媒体课程体系的基础上，培养适应媒介融合需求的复合型新闻编辑人才，使其具备传统编辑技能的同时又掌握现代传播技术和传播手段。

（二）调整教学思路

从偏理论为主、实践为辅，到以理论带动实践，将实践融合在理论之中。新闻学实践性、应用性强的学科特点，决定其在课程内容的设置上必须体现时代性、现实性。因而，教学活动要在夯实基础理论与强化实践操作技能两个方面寻求平衡。根据这一特点，“新闻编辑”课程教学坚持三个结合：一是理论与实践相结合。教师主要向学生介绍新闻编辑的基本理论知识，而这些理论知识是在对大量案例进行分析的基础上总结概括出来的，理论知识的讲授离不开每日具体的新闻编辑实践。二是讲授与练习相结合。理论知识要转化为学生的动手能力，必须经过实践，因此，“新闻编辑”课程教学要坚持讲授与练习相结合，安排多次课内外作业，提高学生的新闻编辑能力。三是课堂讲授与课堂讨论相结合。增强教学的互动性、启发性，提高学生的学习积极性。

在课堂的讲授中紧密围绕实践活动，从媒介定位和新闻产品设计开始，到选题策划并设计实施方案，进行专题报道的选稿、改稿，标题、版面设计，最后完成一个完整的新闻产品，通过实践教学促进对理论的理解。

（三）丰富与补充教学内容

“新闻编辑”是新闻学专业的主干专业课程，传统的课程指向以报纸为其针对的主要媒体，其核心教学内容为报纸的编辑，辅之以广播、电视及网络媒体编辑的部分内容①。但是，在当前网络媒体兴盛、媒介融合成为大趋势的背景下，原有的课程内容显然无法满足业界对新闻人才的需求。

有学者认为，媒介融合带来对两类新型人才的迫切需求：“一类是能在多媒

① 参见各高校新闻学院“新闻编辑”课程大纲。

体集团中整合传播策划的高层次管理人才，这类新型人才不同于传统的传媒管理人才，必须是精通各类媒体的专家，知道技术发展为新闻传播所提供的可能性，以及如何运用这些技术使新闻内容得到更好的表现。另一类是能运用多种技术工具的全能型记者编辑。然而，这种归纳只是说明，新闻传播教育在媒介融合背景下要强化综合技术培训，形成技术与能力的增量。也就是说，新闻传播教育要走技术化道路，这无疑会形成新闻传播教育的‘偏向’。”[①]基于此，仅仅针对单一媒介教授学生相关新闻技能的传统教学模式已无法满足新闻实践的需要，必须在现有的基础上，对教学内容进行丰富、补充与调整。

（1）突破传统新闻编辑学的框架，建立多媒体编辑学的课程内容架构。以往大多数“新闻编辑”教程通常以与新闻报道的策划、新闻稿件、新闻标题、新闻图片、版面设计等相关的内容为核心，有的则增加广播、电视、网络等媒体编辑的章节[②]。在新媒体环境下，在此内容框架基础上建立多媒体编辑学的内容框架成为一种选择。

内容框架的设置可以有多种思路。其中之一，首先在概论或概述中对现今媒体演变、新闻编辑工作的变化及主要内容、新闻编辑的角色认知等进行介绍。其次，以不同媒体平台的新闻编辑为主体架构，如报纸的新闻编辑、网络媒体的新闻编辑等，以此构成完整的编辑知识体系。再次，也可以新闻编辑的核心内容为主体架构，在每一个环节中分别讲述不同媒体平台的操作方式与运作理念。例如，在新闻稿件的处理这一部分分述报纸、网络媒体、手机客户端等不同媒体平台的处理方式与理念。

（2）增加、补充新媒体新闻编辑的内容。例如，手机新闻客户端的新闻编辑、社交媒体新闻编辑、大数据编辑等。这些内容特别是大数据编辑在以往的课程教学中没有呈现或少有呈现，但在今天的新闻业却是新闻编辑必须掌握的知识与手段。

（3）加强新闻编辑技术性内容的教学，帮助学生掌握不同媒体所使用的主要编辑技术手段。例如，强化各种数字化媒体编辑工具、常用制图制表软件等的原理与使用方法，使学生全面了解掌握文字、图像、音频、视频、动画等内容素材的处理方法，以及网页、多种格式文件、移动推送等内容产品的编辑手法及针对不同媒体平台的个性化推送技术。

（4）补充、丰富原有的课程内容，如增强对新闻编辑角色总体认知的知识内容。日新月异的技术环境深刻改变着传统媒介格局，促使新闻编辑角色重新定位。从以往的内容编辑，到如今的平台编辑、全媒体编辑等，梳理从传统媒体编辑角

① 单波，陆阳. 媒介融合与新闻传播教育的“融合”. 新闻记者，2010(3)：100.

② 参见新闻编辑学相关教材内容。

色到当代编辑角色的认知流变，将有助于学生形成完整的新闻编辑概念，为后续知识讲授打下良好的基础。

（四）教学手段多样化

在传统的新闻编辑教学过程中，常采用的是静态式、知识性的讲解模式，教师在课堂上讲授，学生课下完成作业即可。然而，基于媒介融合时代新闻编辑岗位人才需求的新特点，“新闻编辑”课程的教学手段应该更加多样化。

一是在传统课堂交流的基础上充分利用互联网的交互优势，搭建多媒体交流平台，拓宽交流渠道，课内、课外交流相交融。例如，建立微信群，实时交流信息，分享相关文章；在交流讨论中，针对学生提出的问题及时进行解答，改变过去教师在课堂教学中“一言堂”的情况，做到与学生无障碍地交流。

二是在教学及实践中以焦点小组为学习单位，让学生从始至终分组学习、讨论、实践，在面对面或网上交流讨论中、在课程实践中体验团队运作，完成不同媒体形态的新闻编辑实操，提升教学的效果。

三是在模拟编辑部的情境中体验新闻编辑工作的业务流程，将理论知识实时运用在实践中，在实际操作中发现问题、解决问题，建立并提高新闻编辑能力。

四是在实践中注重将传统媒体与新媒体结合，培养全媒体编辑人才。例如，在要求学生完成设计、制作一份报纸的基础上，要求其运营微信公众号，培养学生多媒体传播的观念，即面对同一个新闻事件时，应该考虑在不同时机利用不同媒介手段呈现新闻内容，同时兼顾报网之间的充分互动和资源整合。运营微信公众号不仅需要前期的整体策划、栏目策划、选题策划，还需要选择稿件、修改稿件、编排稿件、给稿件配评论等，这些都是报纸编辑手段在新媒体平台上的灵活运用。通过综合考虑不同媒介的传播特点及不同受众的需求差异，培养学生对内容产品的整体规划和把控能力，实现差异化传播。

三、对“新闻编辑”课程未来发展的思考

随着媒介融合的深化，当代传媒运营日益全媒体化，适应全媒体的新型传媒人才是传媒业转型发展的关键因素。在全媒体趋势下，编辑人员需从传统的报纸编辑过渡到全媒体编辑，应具备更丰富的知识和技能才能满足未来传媒业务的需求。全媒体业态下的传播活动，关键在于将重要信息加工为与多种不同媒介形态相适应的内容形态，充分发掘多种媒介形态各自的特质，实现尽可能广泛的组合式传播，达到传播效益的最大化。全媒体编辑应拥有跨媒体传播的策划和组织能力，以及跨学科的专业知识结构、先进的数字化编辑技术等。因此，在“新闻编辑”课程的教学中，应树立全媒体编辑的理念，对现有的课程体系进行渐进式改

革，逐步构建面向全媒体的融媒式学科和课程体系，使其更为开放和兼容，才能使培养的编辑人才更好地满足未来传媒业态多向度的需求[①]。

在媒体融合时代，学科间的交叉日渐增多，行业间的跨界现象也较为明显。IT 产业的大数据技术促成数据新闻的产生，也对新闻编辑提出了更高的要求，不仅要求其熟知各种数据处理软件，掌握数据的可视化技巧，同时要求其具备创作多媒介故事的能力。基于此，新闻学的学生除了要具备一般的文字、图片、影音编辑技能外，更要掌握计算机数据挖掘与处理、数据价值分析、平面设计等跨学科领域的知识，并且在善用技术的同时，秉承“受众本位”的优良编辑传统，用全媒体的思维打造新闻产品。因此，如何进一步转变教学理念，调整教学内容，完善教学体系，仍是“新闻编辑”课程教学改革应着力研究的课题。

① 曾绚琦. 全媒体时代编辑类专业教学改革探析. 现代出版，2015(6)：47-50.

第三部分

基地建设与专业实习

坚持四个并重，创新实验教学

——不断探索国家级实验中心发展模式*

武汉大学新闻与传播学院　强月新

武汉大学新闻传播学实验教学示范中心前身为武汉大学新闻与传播学院实验室，2006 年被评为国家级实验教学示范中心，是我国传媒类第一家、文科类第一批国家级实验教学示范中心。成为国家级实验教学示范中心（以下简称“示范中心”）以来，在学校和学院的支持下，示范中心紧紧围绕实验教学改革和实验室建设开展工作，进一步明确实验教学理念与思路、完善实验教学体系、改进实验教学内容方法与手段、优化实验教学队伍，积极探索文科实验教学示范中心的建设与发展模式。我们主要的建设思路如下。

一、坚持理念与运作并重，不断完善实验教学体系

传媒类专业属于应用性学科，实验（实践）教学环节在传媒类人才培养过程中占有重要的地位。这一理念在传媒类专业教育中应该说已成为大家的共识。示范中心成立以来，特别是成为国家级实验教学示范中心以来，我们坚持理念与运作并重，不断完善实验教学体系。我们依据学科特点和人才培养的规律，在大实验观的基础上提出了“以课堂实验教学为基础、以第二课堂社会实践为提高、以专业大实习为创新”的梯形结构的传媒类专业实验教学体系。我们在 2006 年修订本科培养方案的时候，着眼于学生动手能力的提高，在全国同类专业中率先设计了独立学分的实验课程，改变了实验课依附于理论课的做法。目前，我们每个专业都有 3～5 门独立学分的实验课程，为提高学生实践动手能力提供了保证;为了强化第二课堂社会实践的效果，我们继续打造华中地区高校新闻先生新闻小姐竞赛品牌活动（已连续举办 10 届），示范中心与广告系共同组织学生参与历年全国大学生广告设计大赛，获得多项奖励。经过严格的推选和答辩，2008 年学院和示

* 本文于 2010 年发表于《新闻教学与学术研究会议论文集》。

范中心资助学院大学生暑期社会实践项目20多项，覆盖面和实际效果都比往年有很大提升;作为创新平台的专业大实习，历来是传媒类学生创新实验的重要舞台。2008年学院和示范中心加强了学生实习指导小组的力量，首次编印了《新闻与传播学院2004级本科生优秀实习成果汇编》（约500页），以后将每年汇编一次。示范中心和学院于2009年10月17日召开传媒类实习基地（包括国内主要媒体和广告公司）及人才培养高峰论坛，有30多家国内知名媒体和广告公司与会，代表们就新闻传播学创新性人才培养进行了广泛研讨，示范中心新签10家学生实习基地。理念与实践并重的实验教学体系，极大地促进了学生动手能力的提高。近5年来，学院广告学系本科生在全国各等级广告大赛中获国家级奖24项、省级奖61项、校级奖45项、市级奖2项。仅2008年、2009年两年学院本科生就公开发表论文373篇，其中包括发表在《国际新闻界》上的高水平论文1篇，参加国际会议论文1篇。

二、坚持规范与创新并重，不断改进实验教学内容、方法与手段

和理工科相比，文科在传统上并不重视实验教学，也没有形成规范的实验教学内容、方法、手段，甚至对于在同一学科之内应该有哪些实验课程、项目的观点，也并不完全一致。作为文科第一批国家级实验教学示范中心，在其建设过程中，始终把规范传媒类专业实验教学内容、方法与手段作为其日常工作的重点。示范中心先后制定并完善了武汉大学新闻与传播学院全程实验教学计划及学期计划（与理论课程互相衔接的）、武汉大学新闻与传播学院实验课程教学规程和实验课程考核与成绩评定办法；示范中心还参考借鉴理工科实验教学的做法，统一印制了实验课程记录表格和实验报告，建立了较为规范、完整的实验教学档案室。

实验教学规范化不仅为示范中心提高实验教学效果打下了基础，而且为传媒学科实验教学规范化提供了示范。创新是实验教学的生命力所在，特别是在当前知识型社会、创新型国家的时代语境下，传媒类专业实验教学的内容、对象、条件都在发生变化，不断改进创新实验教学也是国家级实验教学示范中心的责任。2007年底，示范中心在全院范围内征集传媒类创新性实验教学项目选题，经过申请人答辩、教授委员会讨论，最后确定资助26项，目前这些项目已基本结题并产出相应成果。这些项目既有关于实验教学内容创新的，也有关于改进传媒实验教学方法与手段的，包括实验教学案例库、网络虚拟实验教学平台等。该示范中心认为，对于文科类实验教学示范中心而言，规范是基础、创新是生命，二者构成了示范中心实验教学改革的主要内容。

三、坚持争取投入与自我发展并重，不断改善实验教学设施提高实验教学效果

当今社会传媒技术突飞猛进，更新换代很快，作为传媒类国家级实验教学示范中心，当然要尽量追求和新闻媒体的设备硬件接轨，因此一定要想办法争取加大投入。这几年学校和学院高度重视国家级实验教学示范中心的建设和发展，多次召开专题会议研究相关问题，并制定了一系列制度，在人、财、物等方面为示范中心的建设和发展提供支持和保障。学院在“985 工程”二期预算中为示范中心投入经费近千万，用于改善示范中心的教学设备和增设实验教师岗位。近年来，学校、学院为改善示范中心硬件设施，共投入经费总额达 50 多万元;仅 2008 年、2009 年，学院就投入 30 多万元新建了数码摄影工作室、非线性编辑系统、卫星收录系统和媒资管理系统。同时，学校每年为示范中心提供 30 万元以上的实验教学改革配套经费。目前示范中心的硬件设备基本上达到了省级主流电视台的水平，满足了本专业人才培养的需求。

争取学院和学校投入为示范中心的建设和发展奠定了坚实的基础，但是，在当前高校办学经费普遍缺乏的情况下，上级的投入总是有限的，总是赶不上传媒技术的更新换代。就是在这样的背景下，我们必须探索示范中心的自我发展之路。这两年我们中心主要做了如下探索：一是面向社会开办培训班。示范中心已开办摄影、语音等多个培训班，既发挥了示范中心的社会辐射效益，又提高了设备的利用率，还可以带来一些经济效益。二是和厂商合作共建实验室。我们的演播厅正在和有关厂家协商合作共建，已达成初步协议。三是主动争取社会资源。示范中心和学院积极组织专家，为新闻传播单位提供咨询或承接相关的研究课题，其研究成果一方面可以丰富教学内容并且解决对方的难题，另一方面还能够筹措资金解决示范中心和学院的经费困难。

四、坚持共性与个性并重，不断凝练示范中心特色

作为教育部质量工程的重要内容，国家级实验教学示范中心的申报与建设目的是通过加强实验室建设和实验教学改革提高大学生实践动手能力，培养合格人才。这一根本目的，决定了示范中心的建设在理念与运作、实验教学体系、实验教学方法与手段、实验教学效果、制度与保障、辐射与示范等方面具有相同性。示范中心的建设也要围绕这些方面展开，具有较强的共性;但是学科归宿不一样、学校特色有差异，依托学校和学科的国家级实验教学示范中心的建设，也必定会有差异，必定会各有特色。我们示范中心一方面围绕实验室建设和实验教学改革的共性展开，另一方面重视示范中心特色的凝练。我们体会到，示范中心特色的

凝练应该符合学校的特色、学科的特点和人才培养的规律。示范中心目前已初步形成的特色主要是:提出了“一体二翼”的新闻传播人才培养理念，即以传授知识培养人才为“一体”、以加强理论基础和提高动手能力为“二翼”。在大实验观的背景下，建构了以课堂实验教学为基础、以第二课堂社会实践为提高、以专业大实习为创新的梯形结构的复合型实验教学体系。充分利用学校和社会两个资源，建构实验实践教学的良性循环机制，从实践（实验）部门聘请一批经验丰富的专家担任学院的兼职教授，近两年示范中心和新闻学院每年都举办 20 场左右的珞珈新闻传播论坛，邀请兼职教授和著名传媒人士来校讲学。主动服务社会，通过服务社会的方式利用更多的社会资源。共性和个性相结合，加强了示范中心的辐射示范作用。自示范中心成立以来，就不断有兄弟院系前来参观学习。近几年，有近 3 0 批次 40 余人参访该示范中心，其中有国内兄弟院系领导和相关实验教学教师、相关实验室管理者，国内外高校专家和学生前来交流学习，包括美国专家、新加坡、中国台湾等地的学生。实验教学示范中心一直重视发挥自身的示范和辐射作用，有计划地对外开放、展开培训。

几年来，我们在传媒类国家级实验教学的建设和发展模式上做了一些探索，也取得了一些成绩。我们希望以这次交流会为契机，和各位多多交流，共同提高。

新闻传播学科本科专业实习的制度设置*

武汉大学新闻与传播学院　周茂君

提起制度设置，人们自然会想到英国犯人船的故事①，坏的制度会使好人做坏事，好的制度却可以让坏人做好事。由此我们想到新闻传播学科本科专业实习的制度设置的问题。新闻传播学科下属各专业的实践性、应用性极强，实践教学在培养合格新闻传播人才过程中扮演着越来越重要的角色，而作为实践教学重要内容的专业实习，则在本科生将知识应用于实践，将储备转化为能力，由准新闻人、准传媒人蜕变为新闻人、传媒人的过程中起了关键作用。但是，目前国内各重点高校的新闻传播学院（以下简称新闻院校）对专业实习的重视程度普遍不够，主要表现在多数新闻院校对专业实习主要采用由本科生自己联系实习单位（不排除学生在找不到实习单位时由学院或老师个人推荐）、自己管理的无组织方式，致使专业实习由于没有相应的制度约束与规范，而出现不参加专业实习、专业实习不完整、专业实习不系统、中途随意变换实习单位、不遵守实习单位纪律并造成不良影响、适应环境能力差且不能很好地融入实习单位、在实习成果上弄虚作假等不良现象，产生了较为严重的后果和较坏的影响。相对而言，只有少数新闻院校由学院出面与新闻媒体、广告公司和企事业单位签署实习协议，有组织地进行专业实习。这种做法在相当大的程度上避免了上述后果的同时，还得到实习接收单位的广泛赞誉和支持。有鉴于此，本文将结合武汉大学新闻与传播学院本科专业实习，对新闻传播学科本科专业实习的制度设置进行探讨。

---

* 本文最早发表于《武汉大学学报》（人文科学版）2009 年第 6 期。

① 18 世纪英国政府为了开发澳洲，决定将囚犯运往澳洲。从英国到澳大利亚的船运工作由私人船主承包，政府支付长途运输费用。私人船主为了赚钱，拼命降低条件和饮食，致使囚犯死亡率极高，达到惊人的 33%。英国政府不仅经济上损失巨大，而且还在道义上受到社会谴责。之所以会出现这种情况，是由于英国政府在制度设置上的缺陷——按上船时囚犯的人数支付船主费用，而不管这些囚犯是否活着到达澳大利亚。为此，英国政府对付费制度进行了改革——按囚犯到达澳洲下船时活着的实际人数付费。此举逼迫私人船主改善船上条件和饮食，尽最大力量保证囚犯能够活着登上澳大利亚海滩，否则将得不到运费。英国政府此举既没有对黑心船主提出谴责，又没有提高运费，只是改变了付费制度，一切问题就迎刃而解。新制度实施后效果显著，囚犯死亡率迅速下降到 1%～1.5%。

一、编制新闻传播学科本科专业实习指导书

编制新闻传播学科本科专业实习指导书是制度设置的开始，其内容包括专业实习的目的、内容、时间、地点、纪律等，对本科专业实习从指导思想上做出明确的规定，从而避免随意性。武汉大学新闻与传播学院编制了六大专业和专业方向的实习指导书，它们包括《新闻学专业实习指导书》《广播电视新闻专业实习指导书》《广告学专业实习指导书》《播音与主持艺术专业实习指导书》《网络传播专业方向实习指导书》《广告设计专业方向实习指导书》。以《广告学专业实习指导书》为例。

（一）专业实习的目的

广告学专业实习是在广告学专业本科生基本完成专业基础课和专业必修课后，进行的一次集中教学实习，是整个本科教育培养计划的一项重要内容，其目的是：检验大学本科前两年半的专业学习成果，通过实习，获得更多的有关广告的知识和技能，培养相应的实践能力。了解广告公司的运作流程，对广告公司内部的客户部、调研部、策划部、设计制作部和媒体部的职责及运作有较为深入的了解。了解媒体广告部的运作过程及经营管理。了解企业广告营销部的运作，培养相应的感性认识。了解广告公司、媒体和企业，接触社会实际，有利于学生通过专业实习，形成对自己未来职业的准确定位。

（二）专业实习的内容

在实习过程中，学生应对广告运作过程具有较为全面而深入的了解，特别应重点关注广告公司的运作流程、媒体广告部的运作过程或企业广告营销部的运作过程，适应广告公司、媒体广告部或企业广告营销部内各部门的不同工作。具体内容为：广告公司类实习生：广告学专业的实习生主要进入中型以上广告代理公司进行专业实习；进入广告公司的客户部、调研部、策划部、设计制作部和媒体部，了解广告公司的运作流程，掌握相关知识与技能；了解广告客户的开发与维系；掌握调研步骤与方法，学会如何对调查问卷进行统计、分析，并能独立写出调研报告；了解策划部的具体环节，能适应策划部的工作，并能独立完成一套整体策划方案的写作与实施；了解设计制作部的工作，能独立完成单支广告的设计或创意、文案写作和制作；了解媒体部的工作，掌握媒体投放的原则与媒体组合的依据；了解广告效果测定的方法，并能独立组织小规模的广告效果测定。新闻媒体类实习生：广告学专业实习生主要去一些国家级或省级广播、电视或报社的广告部进行专业实习。了解广播媒体经营管理的特点及运作；了解电视媒体经营管理的特点及运作；了解报纸媒体经营管理的特点及运作。工商企业类实习生：

广告学专业的实习生主要去一些大中型工商企业进行专业实习，了解企业广告营销部的运作特点及实务。

（三）专业实习时间和地点

广告学本科专业实习一般安排在每年的2～6月，共4个月时间。广告学专业实习地点主要选择北京、武汉、长沙、广州和深圳五地的广告代理公司、新闻媒体和工商企业。

（四）专业实习纪律

遵守国家法律及实习单位的纪律和各项规章制度；不得向实习单位索要报酬、好处；在新闻单位、广告公司或工商企业实习时，不得收取被采访对象或广告客户所给的各种红包，即使难以推辞，也要主动上交实习单位；不能卷入实习单位的复杂人事纠纷，为自己营造一个宽松、和谐、良好的实习环境；没有特殊情况，必须坚持实习期满，不能随便中途跳槽或结束实习；如有特殊情况，需改变实习单位，必须事先征得原实习单位和学院实践教学指导小组的同意；实习生最多只能向实习单位请假一个星期，一个星期以上必须向学院实践教学指导小组请假，并得到同意方可；保守实习单位的商业机密，不能在实习生中任意传播，更不能将之泄露给竞争对手；保存好实习鉴定表和实习成果的原件或复印件，不得随意涂改由实习单位签署的实习评语。

二、建立与建设新闻传播学科本科专业实习基地

由学院出面建立与建设本科专业实习基地，搭建起“五点一线”的稳定的本科专业实习网络，实现学院对本科专业实习的规定性与指导性，同时为每位本科生提供高层次的专业实习平台，体现公平原则，这是本科专业实习制度设置的关键性环节。毫无疑问，北京是中央级媒体分布最多的城市，实习生在那里能够得到更高层次的锻炼；广州、深圳是报业的发达地区，处在改革的前沿，能让实习生眼光更远更新；湖南卫视的娱乐节目能让学生耳目一新；武汉是学校的大本营所在地。为此，学院把北京、武汉、长沙、广州和深圳五个中心城市定为本科教学实习基地的重点建设区域，五点相连形成了“实习单位京广线”。其中北京和广州又成为基地建设重点中的重点。事实上，武汉大学新闻与传播学院每年分赴北京、广州（含深圳）两地实习的学生人数可以达到实习总人数的70%以上。反之，如果学院不出面建立稳定的本科专业实习基地，那么就会有相当多的来自中小城市或农村、没有门路的学生找不到实习单位，更谈不上找到高层次的专业实习平台了。因此，由学院出面建立、建设本科专业实习基地，在为每一位本科生

提供高起点、高规格和高层次的专业实习平台的同时，也为弱势群体提供了一个展示自己能力的舞台，充分体现了教育公平的原则。

经过长期努力，本科教学实习基地建设工作卓有成效。截至 2008 年年底，武汉大学新闻与传播学院已与中央电视台、经济日报社、中国青年报社、新浪、网易、南方报业传媒集团、深圳特区报业集团、深圳广电集团、广东省广告公司、广州蓝色火焰广告公司、北京互通国际广告公司、广东致诚广告公司等 18 家国家级、省级媒体、国内著名的广告公司和著名网站签订了实习合作协议；而该院虽还没有与中央人民广播电台、人民日报、新京报、腾讯、搜房网、广州 4A 协会、广州日报报业集团、羊城晚报报业集团、湖南卫视、湖北日报传媒集团、长江日报报业集团、湖北广电总台、武汉广电总台等新闻媒体及 10 多家广告公司签订正式的实习合作协议，但已经建立起了长期的合作关系，每年都有大量实习生到这些实习单位进行专业实习。这些本科实习单位则主要由中央级、省级和省会城市级的报纸、电视台、广播电台、网站和杂志组成，广告公司则大部分为国际和国内 4A 广告公司。优越的实习环境造就了武汉大学新闻人、广告人广阔的视野，也为他们未来的择业搭建起一个个高端的平台。

三、专业实习过程的中期巡视与检查

对本科专业实习过程的中期巡视与检查是本科专业实习制度设置的重要环节，既体现了学院对本科专业实习的重视程度，又是对学生顺利完成专业实习的一种重要的制度保障。大致而言，这项工作开展于实习的中期，此时实习生到实习单位已经有两个月左右了，在实习过程中该遇到的困难已经遇到了，该暴露出的问题已经暴露了，该出现的不足已经出现了，因而选择这个时候去巡视与检查是最佳时间。其程序是这样的：

第一，听取实习单位的意见。所谓听取实习单位的意见，就是由学院负责实习工作的教师亲自到实习单位去，听取其人事部门或实习接受部门的相关负责人对实习生在实习期间的表现的评价以及意见。一般由实习单位人事部门或者行政部门组织实习接受部门的负责人或者实习指导教师开一个小型座谈会，对学生两个多月的实习情况进行总结与评价——肯定成绩，发现不足，提出希望。

第二，召开实习生座谈会。学院负责实习工作的指导教师到实习单位后，还有一项重要任务就是组织实习学生开一个座谈会，听取他们关于两个月实习情况的汇报，对其专业实习进行检查，并发现存在的问题。

第三，解决各种具体问题并对学生进行业务指导。针对学生在实习中遇到的各种困难与问题，学院负责实习工作的指导教师积极与实习单位的人事部门或行政部门进行协调，积极与实习接受部门负责人或指导教师进行沟通，尽量解决这些问题，并对学生的专业实习进行业务指导。

四、构建科学的本科专业实习成绩评价体系

长期以来，如何对本科专业实习成绩进行评价是一个充满争议的重要问题。这种争议主要表现在：一个是关于评价要素方面的——有的以评价学生专业实习成果为主，有的以评价学生的专业实习总结为主，有的则是以评价实习指导教师的评语和实习单位的鉴定为主；另一个是关于各个评价要素所占百分比方面的——随评价要素侧重点不同而出现巨大差异。笔者认为，构建科学的本科专业实习成绩评价系统是制度设置的关键环节，它应该由三个部分组成：实习指导教师的评语和实习单位的鉴定；专业实习成果；学生自己的专业实习总结。它们按照重要程度依次排列，在实习总分数中分别占有 50%、30%和 20%。

（一）实习指导教师的评语和实习单位的鉴定最重要

专业实习成绩的评定，应该以实习指导教师的评语和实习单位的鉴定为主导，在实习评价体系中所学的比重为 50%。这样做的原因是：第一，尊重实习指导教师的劳动及其对实习生的评价。实习生到实习单位进行专业实习，实习单位为其配备指导教师，在 4 个月的实习期间，指导教师对他（她）的实习情况可以说是最了解的，因而指导教师对实习生的评价也最接近他（她）的实际状况，应该充分尊重。第二，信任实习单位人事部门或行政部门的实习鉴定。实习单位人事部门或行政部门对实习生的评价，比起具体的业务部门，就不仅限于实习生的业务能力，而是更加全面，更能全面反映实习生的真实情况，应该充分信任。第三，我们通过实习指导教师的评语和实习单位的鉴定，重点考察该实习生是否具备适应社会与环境的能力，是否能够融入所在实习单位或部门的团队，是否能够得到实习指导教师及实习单位的认可与接纳，这是至关重要的。

（二）专业实习成果次之

实习生在专业实习中取得的实习成果，在实习评价体系中占有 30%的比重，其重要程度仅次于实习指导教师的评语和实习单位的鉴定。这样做的原因是：实习成果的取得，一方面在于实习生自身的努力与勤奋，是实习生自身实力的展示；但在另一方面，实习成果的取得，并不完全取决于实习生自身的努力与实力，还有其他许多因素。诸如实习单位或实习部门给予实习生出成果的机会的不尽相同：在中央级的媒体实习，实习生出成果的机会很少，而在省级媒体实习或在省级以下媒体实习，其出成果的机会就会大为增加；在党报实习，出成果的机会较少，而在都市类报纸实习，出成果的机会很多。所以，我们在评价实习成果时，既要

看到学生的努力与实力，给予充分的肯定，又不能过于夸大这种努力与实力，给予太高的评价。

（三）专业实习总结报告再次之

学生结束专业实习返校后，将进行专业实习总结。主要分三个层次进行：一是学生就自己的专业实习进行总结，写出 5000～10,000 字的专业实习总结报告；二是由学生所在班级组织，由院实践教学指导小组成员和班级导师参加的专业实习班级汇报会；三是全院性的实习总结表彰大会。前两个层次被纳入实习成果评价体系，学生实习总结报告和学生的专业实习班级汇报情况，将作为评价指标，占 20%的比重。

结　语

新闻传播学科本科生专业实习的制度设置，能够实现四大目标，使本科专业实习走向规范：编制实习指导书，从指导思想上避免本科专业实习的随意性；建立与建设本科专业实习基地，实现学院对本科专业实习的规定性与指导性；专业实习过程的中期巡视、检查与指导，可以将实习管理工作贯彻于专业实习的全过程；构建科学的本科专业实习成绩评价系统，有利于调动实习单位的积极性，有利于鼓励学生努力多出成果、出好成果，有利于学生认真总结专业实习的得与失。

新闻传播专业实习模式及效果研究*

武汉大学新闻与传播学院　洪杰文　彭雨田

新闻传播专业是一门具有很强实践性的学科，要求学生在学习期间既要充分掌握理论知识，又要具备足够的实践能力。实习则是新闻传播专业学生将所学知识运用到实际中、适应从学校到社会的身份转变、提高专业应用能力的重要途径。通过专业实习，可以调动学生参与新闻实践的积极性，增进学生对于新闻媒体工作的理解，更好地了解自身的优势与不足以及整个行业的发展状况，为未来的成功就业打下良好的基础。反之，缺乏必要的实践经历，可能导致学生动手能力的缺失，在就业市场中处于劣势，在就业竞争中感到无所适从。由此，专业实习也日益受到各大高校新闻院系的重视。据统计，全国已有 639 所本科院校开设新闻传播学专业，在校本科生逾 23 万人①。大多数高校新闻院系将专业实习与实践列入本科生教学计划中。由于各个新闻院系施行不同的教学培养计划，其在专业实习模式的制定上也存在差异。以往也有一些研究从高校教师、新闻从业者的角度出发，对于专业实习的形式进行调研，对于现存的实习模式进行分析和反思，但少有研究从学生角度出发，了解他们对于专业实习的思考。另外，以往的研究对于新闻传播专业实习模式新的发展趋势亦少有关照。本文通过对部分已经经历过专业实习的综合性大学新闻传播专业高年级学生进行访谈，分析和比较各种不同的实习模式，以及各种模式的效果好坏，进而对于未来新闻传播专业实习的开展提出一些具有可行性的意见和建议。

一、各高校新闻专业实习模式设置

经过多年的实践和改革，我国各高校的新闻传播专业实习已经形成了自有的模式和实施方案。不同高校的新闻院系，由于自身实际教学安排和教学情况的不

---

* 本论文为湖北省高等学校省级教学研究项目《新闻传播学拟态实践实习平台的构建与实践研究》(项目编号：2013008)研究成果。本文最早发表于《湖北第二师范学院学报》2017 年第 1 期。

① 张小辉，肖赣生. 新闻传播专业学生人才培养研究——以专业实习为例. 新闻研究刊，2015（22）：147-165.

同，以及所掌握的实习单位资源的不同，专业实习的实际开展情况也存在差异。

（一）专业实习时间安排

大部分新闻院系会安排学生在高年级进行专业实习，以期让学生在充分掌握专业知识和实践操作技能之后再进入社会，并在实习过程中更好地理解和运用以往所学知识。其中部分学校将专业实习安排在大三下学期。例如，武汉大学新闻与传播学院的做法是，在大三上学期开展实习动员大会，了解学生实习意向，指导和帮助学生联系确定实习单位。大三下学期学生则分赴各个岗位，进行专业实习。部分学校将实习时间安排在大四上学期，例如，根据北京大学新闻与传播学院、中国人民大学新闻学院的本科生培养方案，二者都将专业实习安排在第七学期。这样做的好处在于学生有更多的时间进行专业知识的学习，但也有可能导致专业实习与同时间进行的校园招聘、出国、考研、升学考试等存在时间冲突，导致学生的时间和精力无法完全投入到实习中，实习达不到预期效果。对此，安徽大学新闻传播学院新闻卓越班的做法是，学生可以根据自身实际情况灵活安排实习时间，一部分考研、找工作的同学可以选择在大四下学期再完成专业实习。另外，也有部分学校将实习时间安排得更早。例如，根据华中师范大学新闻传播学院的培养方案，专业实习安排在第五学期进行。这有利于学生尽早接触实践工作，并在后期的学习中针对实习实践中存在的不足进行进一步的学习，提升自己的能力，但也存在所学理论知识无法支撑实际工作的可能性。

（二）专业实习单位去向

在本研究所调查到的高校当中，关于实习单位的安排一般采取的是学院安排和学生自己联系相结合的方式。不少高校在多年的专业实习组织中，与各大实习单位达成了稳定的合作关系，每年固定地向这些单位输送实习学生，确保每个学生都能找到专业相关的实习岗位，获得实习机会。

此外，尽管各大高校以学院安排实习单位为主，但是对于学生自主联系实习单位，院系一般采取支持的态度，不会强制学生必须去学校联系的实习单位实习，给了学生更多自主选择的空间，但一般要求与所学专业相关。

由于新闻传播院系一般设置有新闻、广电、广告、传播学等专业，在具体实习单位去向上，各个专业学生最终进入的专业实习单位也会因自身自己所学专业和兴趣方向不同而有所差异。例如，新闻专业学生一般会进入报纸等新闻采写一线岗位中进行实习；广电专业学生则多会进入电视台，全方位地了解电视新闻拍摄制作过程；广告专业学生一般倾向于选择各类广告与公关公司。

值得注意的是，随着近几年互联网和新媒体的发展以及学生就业渠道的拓展，更多学生会选择进入互联网公司进行实习，实习岗位遍及新闻传播专业相关的网络编辑、内容运营、市场宣传等。例如，华中科技大学新闻与信息传播学院2013级广告专业的Y同学表示，专业实习期间，本专业学生大部分都进入互联网公司实习，其人数明显多于去往广告和公关公司进行实习的人数。

除此之外，在国家对于大学生自主创业的一系列政策鼓励下，更多的大学生选择自主创业作为未来的就业方向，因此也有学生将创业作为专业实习来进行。例如，武汉大学新闻与传播学院广告设计专业的L同学在大三上学期加入一个创业项目后，大三下学期选择继续在该创业公司实习，这种做法也得到了其所在学院的认可。

还有些学校会与境外新闻机构进行合作，选派学生去这些机构进行实习，这也成为专业实习单位去向中的一个亮点。例如，清华大学新闻与传播学院本科生培养方案中提到，为进一步培养熟悉境外传媒机构的具有国际视野的人才，新闻与传播学院还与境外媒介机构进行探索性的合作，例如，选派学生到《南华早报》、路透社北京分社和韩国放送公社（KBS）等媒介机构实习①。

另有部分学校没有明确的实习单位，而是由学院组织学生统一进行实践。例如，中国地质大学（武汉）艺术与传媒学院新闻传播系会组织学生去往外地进行为期两个月的视频拍摄实操，以此作为专业实习项目。这样便于学校进行统一管理，也能够更好地通过导师指导学生规范化地完成实习任务，起到一定的提升专业能力的作用，但此类做法离实际工作还是存在一定差距，一定程度上失去了专业实习的意义。

（三）专业实习的实习要求

大部分院系对于专业实习的时间要求是不少于连续的2～4个月，这个周期可以让学生充分了解和参与到实习工作的各个层面，全方位地提高实际操作能力，真正理解专业实习的意义。在实际情况中，学生可能会根据自身情况延长实习时间，或在学校规定的实习期满后进入其他单位实习，体验不同的实习工作和环境。例如，武汉大学新闻与传播学院网络传播系的H同学在结束在一家广告公司4个月的实习后，自己联系并通过面试进入一家新闻媒体继续实习。通过对这两份实习工作的比较，H同学对于自己未来的职业规划更加清晰和明确，认为在新闻媒体工作更加适合自己。

另外专业实习一般与学分挂钩，各个新闻传播院系对于学生的实习学分要求一般在2～8个学分，占学生整个大学学习期间应修学分的5%左右。但也有个别

① 清华大学新闻与传播学院官方网站. http://www.tsjc.tsinghua.edu.cn/publish/jc/255/index.html.

学校专业实习所占学分比例较高，比如，华中科技大学新闻与信息传播学院给专业实习分配了 24 个学分，在学生获得学位必修的 188 个课内学分中占比达到 12.7%。从中也可以看出学校对于专业实习的重视。

实习结束后，高校一般会要求学生提交实习成果以及实习鉴定，并以此作为评判实习成绩的依据。此外，还有一些院系会要求学生在实习过程中定期提交实习周记或实习中期自评表等，以此督促学生认真对待实习工作，并在对自己工作的不断反思中提高自身能力，真正在实习工作中有所收获。

二、专业实习效果访谈

根据对多位经历过专业实习的同学进行的访谈，专业实习这一实践过程对于他们提高自身能力起到了明显的作用，主要体现为以下四点。

（一）将所学理论知识运用到实际工作中

对于新闻传播专业这一应用型很强的学科来说，学生的采、写、编、评等能力都需要在不断的实习实践过程中获得提高，学生对于实际工作的操作流程和规范也需要有全面深入的认知。更重要的是新闻传播相关工作一般要求学生在进入工作岗位之际具备一定的实际操作能力，以便更快地适应工作需要，就业单位在招聘时也一般倾向于选择实习经验丰富、对于工作适应性更强的学生。专业实习则是学生迈出象牙塔的第一步。通过系统的专业实习，学生在学校学习到的理论知识可以得到充分的应用，对于理论知识能够有更好的掌握，也能够认识到自身知识储备和能力上的不足之处，进而反馈到自己的学习中，在后续的学习过程中加以改进和补充。

（二）接触到行业最新发展动向

新闻传播专业是一个快速发展的学科，尤其是近几年来随着互联网的发展、媒介融合的不断延伸，整个新闻传播行业都处于迅速变革的过程中。这就要求新闻传播专业的学生了解行业的最新发展动向与趋势，并不断提高自己的实际能力，以适应这样的趋势。虽然在新闻传播专业课堂中也会对于行业发展前沿进行追踪，一些新闻院系还会专门聘请新闻业从业人员进入课堂为学生介绍业界动态，最大限度地让教学内容与时代接轨，但学生在专业实习中的切身体验显然更为直接，也更为生动鲜活，会对学生产生更多的启发。了解实习单位的发展理念、所使用的最新技术、所运用的最新策略，能够帮助学生对专业相关领域形成较为系统、全面和真切的认识，理解媒介融合发展的现状以及未来所面临的机遇和挑战，从而抓住属于自己的机会，在时代的浪潮中有所作为。

（三）明确职业规划

职业规划指的是对职业生涯乃至人生，进行持续的系统的计划的过程，它对于人生目标的确立和实现有着重要的指导作用。而大部分学生在大学学习期间对于自己未来的去向没有明确的规划，不知道如何合理利用大学四年这段求知和提升自己能力的黄金时光，并最终导致在临近毕业，需要做出选择的时候产生迷茫、焦虑情绪，无法形成正确的判断。缺乏职业规划也是大学生“毕业即失业”这一广为人诟病的现象长期存在的重要原因之一。而大部分新闻传播专业的学生在专业实习结束之后，对于自己未来可能从事的工作已经有了经历和了解，能够清楚地了解自己的优势与劣势，以及自己的就业兴趣之所在，对于未来是选择就业还是继续深造、应该选择怎样的就业方式有更为清晰的认识。

（四）更好地适应社会

社会环境与校园环境相比，存在很大的差异，社会中的人际关系、为人处世规则都远比校园内更为复杂。这就要求学生多接触社会，适应社会交往法则。而专业实习则提供了这样一个机会。在专业实习中，学生离开自己所熟悉的校园环境，在工作中，要和同事、上司进行沟通，由于新闻传播专业的特殊性，部分前往新闻采写一线的学生还会和社会中不同层次的人打交道。这对于学生的人际交往能力都是很好的锻炼，也有利于学生获取人脉，积累社会资源。除此之外，部分离开学校和家庭所在城市进行专业实习的同学还要尝试自己租房，真正体验独立生活。而这都是将来学生真正走上工作岗位、走向社会后所必须经历和面对的现实问题。提早对这些问题有所了解有助于学生更好地在社会中立足，完成从学生到社会人的身份转变，尽早形成独立的人格和明确的身份认同。

三、反思及建议

虽然新闻传播院系组织学生进行新闻传播专业实习的好处十分明显，也起到了上述的积极效果，但必须清楚地认识到，现阶段的新闻传播专业实习在实行过程中，仍然会存在一些问题，尚不能完全满足所有学生的需要。在对已经进行过专业实习的学生进行访谈中发现，新闻传播专业实习存在以下三个方面的不足。

（一）实习工作中学生专业知识得不到全方位的运用

新闻传播专业实习单位一般由学校帮助学生联系和确定，但学校掌握的实习资源一般有限，无法照顾和满足每个学生的需要。例如，安徽大学新闻专业的 Y 同学在专业实习中被分配到一家网络媒体的家居频道，实习工作主要是网站编辑，该同学认为在实际工作中接触不到与专业相关的新闻采写实操过程，自己所学到的知识没有用武之地。

这就要求学生在实习过程中更加主动，多与同事、领导沟通，在做好自己本职工作之余，尽可能地接触到不同的工作内容，使自己得到全方位的锻炼。另外，新闻传播专业院系应加强与实习单位之间的联系，并与之建立长期稳定的合作关系，同时加快专业实习基地的建设步伐，不断拓展实习范围，为学生提供更多更优质的岗位选择。

（二）实习工作的要求与学生能力之间的矛盾难以平衡

有一些岗位对于工作人员的能力要求较高，而去实习的学生达不到要求，就会产生较大的心理压力，或是只能被动地去做一些基础和枯燥的工作，无法接触到实习工作的核心部分，专业实习的效果和学生的实习工作热情也因此大打折扣。

对此，学生应该充分认识到在实习工作中面临压力虽然是一种挑战，但更是良好的机遇。遇到挫折时不应该轻易放弃，而是应该主动、谦虚地向工作中的前辈请教，在工作之余不断充实、提高自己，迎难而上，尽早使自己的能力胜任工作需求。

另外，学生也可以在专业实习之前利用其他时间自己主动进行实习。不少接受访谈的大学生在专业实习之前已经有过一些实习经历，这让他们在选择专业实习去向的时候有更为明确的目标和方向，也能更快适应实习工作的状态。

对于新闻传播专业院系来说，则应该深化课程和培养方案改革，使教学内容与实际工作需要更为贴近，同时应该更加注重在专业实习之前培养学生的实践能力。积极开展校内实践是解决这一矛盾的重要途径。

华中师范大学新闻传播学院在组织学生统一进行专业实习之余，要求本专业学生必须修读 4 个社群教育学分。学生在学院设立的 6 个工作坊（摄影、新闻采访、纪录片、微电影、品牌创意、数据挖掘）中选择一个，工作满一年，工作成绩获指导老师认可，可以获 2 个社群教育学分[①]。虽然这一方案尚在试行过程中，但不失为一种良好的尝试。

（三）部分学生实习积极性不高

虽然绝大部分学生对于专业实习都是抱着积极参与的态度，但部分学生可能由于种种原因，实习积极性并不高。比如，有的学生并不打算未来在新闻传媒行业从业，因而不愿认真对待实习工作；有的学生有继续深造的计划，错误地认为

① 华中师范大学新闻传播学院官方网站. http://jc.ccnu.edu.cn/info/1031/6775.htm.

大学期间没有进行实践的必要。这使这部分学生的实习效果大打折扣，也给实习单位留下了不好的印象，影响实习单位与学校之间的进一步合作。

对此，新闻传播专业的学生应该充分认识到专业实习的重要性，以积极的心态主动学习，在实习过程中全方位提高自身的综合能力。另外，新闻传播院系也可以在实习前开展动员大会，充分调动学生参与专业实习的积极性；在实习中途进行巡视和走访，了解学生实习的最新进展；在实习结束后对于实习中表现优秀的同学进行表彰，以激励学生在实习过程中认真工作。

结　语

通过对不同高校新闻传播专业的学生进行访谈，本研究从实习时间、实习去向、实习要求三个维度归纳和总结了各高校新闻传播专业实习的不同模式。从对已经完成专业实习的学生访谈中可以看出，专业实习对于新闻传播专业教育来说，起到了提升学生专业能力和综合素质、增进学生对社会及工作的了解的多重效果，绝大部分学生在参与过专业实习后都取得了较大的收获。在访谈中也发现目前的新闻传播专业实习过程中存在一些问题，这些问题应该引起学生和培养单位的重视，以利于以后更好地开展新闻传播专业实习工作，培养出更多适应社会需要、实践能力强的新闻传播专业人才。

新闻学专业本科生实习的现状与对策*

武汉大学新闻与传播学院　叶晓华

专业实习是学生了解社会、走向社会、提高能力、实现就业的阶梯。目前，由于新闻人才需求的变化以及行业渗透的加深等各种因素的影响，新闻学专业实习仍存在许多问题，同时也有着可供探索的空间。认真抓好新闻学专业实习的分析研究工作，对于推进大学培养厚基础、宽口径、高素质、强能力的创造、创新、创业复合型人才及培养模式的转变意义重大。

笔者通过电话、邮件、面对面的深度访谈、文献分析等方式，调查了中国人民大学、北京大学、清华大学、南京大学、武汉大学等重点高校新闻学专业本科生专业实习情况。调查结果显示，目前国内重点高校的新闻学专业已从思想观念上彻底改变过去新闻学教育重“学”偏“术”，重课堂教学轻课外实践的现象，但是由于学校政策、师资力量、教育资源等方面的差异，各学院在实践教学的体系建设、具体实施等层面表现出不同的特点。

一、新闻学专业实习的方式与特点

从内容上看，新闻实习是一个由浅入深、循序渐进的过程，根据学生的知识水平和认识能力，结合本科阶段的课程设置分步骤、分重点进行新闻专业的实习和业务培养。而内容决定形式，模式决定具体方法。新闻学专业实习是新闻学专业教学的一部分，根据搜集整理的各大新闻院校的实习计划，结合专业教学方法，将各类实习具体归纳为四种类型。

（一）实理并重的实习方式

所谓实理并重，是指将专业实习、实践与理论教学融为一体，通盘规划，形成完整体系。在理论教学方面，强调理论对于实践的指导意义，提高学生学习理论的积极性和自觉性，帮助学生学会运用所学的理论知识正确分析新闻现象，认识新闻规律，掌握新闻工作的原则和方法。同时，加强对学生业务技能的训练，

---

* 本文最早发表于《武汉大学学报》（人文科学版）2009 年第 6 期。

增强其动手能力，在课堂教学、新闻实习和社会实践等各个环节上都要围绕提高学生的新闻采编制作能力下工夫。实习既是理论的目的，也是理论指导实践的连接纽带。

南京大学新闻学院在多年的实践中，逐步形成了日常实习、小实习、大实习相配套的实理并重方法。日常实习，主要是指结合课程（特别是专业核心课程）展开的课外实践活动。如上新闻采、写、编课程时，安排学生到有关新闻单位进行教学实践。小实习主要是指在教学进行到一定的阶段时，由系里统一部署的教学实践活动。一般在第四或第五学期都有到相关新闻单位实习一段时间（大约两周左右）的安排。大实习主要是指在第七学期由系里统一安排的专业实习活动，是整个教学实践的重要内容①。

中国人民大学新闻学院依照循序渐进的原则，把新闻实习分为小、中、大三个不同档次。小实习以短时间的社会调查和体验采访生活为主。中实习带有半实战性质，按新闻报道实际程序的要求锻炼学生的采写能力。大实习为毕业实习，与毕业论文写作和就业分配密切相关，意义重大②。

武汉大学新闻与传播学院则建立了包括课程实验、第二课堂社会实践及专业大实习（即毕业实习）在内的梯形结构的实践实验教学体系。在整个新闻学专业学习过程中，首先，结合课程学习，依托国内新闻传播学科目前唯一的国家级实验教学示范中心——武汉大学新闻传播学实验教学中心，利用报纸编辑、广播电视编辑、计算机网络编辑等实验室的设备和技术条件，熟悉掌握新闻实务操作基本方法，以具备一定的经验和技能。其次，利用寒暑假期，组织学生到湖北和学生家乡的媒体进行初步的新闻实践，熟悉传媒环境，让所学的知识转化为能力。最后，进入专业大实习环节。这期间不仅能够检验学生对专业技能的掌握情况，而且也是学生进行创造性实践活动的集中展示。这种梯形结构的实践教学体系使课堂实验、第二课堂社会实践和专业大实习衔接互动，互相促进，强化了学生的综合实践能力③。

这样的实习类型充分勾连起理论学习和技能培养，“理”与“实”相辅相成，贯彻始终，新闻实习变成了一个根细丝，串联着新闻教育不同阶段的理论重心和培养目的。

（二）拟态媒体环境实习方式

这种实习方式是指根据培养目标，结合实务课程内容的需要，预先设计需要

① 根据作者对时任南京大学新闻学院新闻系主任丁和根的访谈，2009 年 3 月 20 日。

② 郑保卫. 新闻长思录. 北京：人民教育出版社，2003.

③ 根据作者对时任武汉大学新闻与传播学院副院长强月新的访谈，2009 年 5 月 6 日。

解决的相关问题，并按解决这一问题的实际需要，营造真实的工作环境，让学生在其中进行范例式业务实训的方法。它重在让学生通过媒体实践，亲自解决一系列范例问题来掌握有关的知识、技巧和能力。

该种实践方法最初多应用在实务课程的教学中，在港台地区高校中较为常见，如香港中文大学新闻与传播系。其主要特点是：一是建立模拟报社、模拟电视台等拟态媒体，具体案例对于学生来说就是模拟报社、模拟电视台所遇到的问题。二是学生以小组或个人方式解决问题，寻求解决方案。教师只从旁协助及提供资料，并非主导角色。目前，此方式已被中国人民大学、武汉大学、清华大学等学校新闻学院的实务课程教学所采纳，有的已拓展为创办学生媒体，并逐渐与新闻学专业实习相勾连。例如，中国人民大学新闻学院正在考虑对原有的专业实习环节进行调整，淡化专业大实习在整个教学计划中所占据的比重，减少专业大实习学分（现为 8 学分），转而强化学生媒体在实习中的分量[①]，也就是改为以拟态媒体环境实习方式为主体的实习模式。

此种方式让学生在拟态的媒体中，带着案例（问题）参与报纸编辑、节目制作的实践，一方面使学生边学边干，业务能力、合作意识得到明显提高，激发了学生的创造潜力，另一方面也较为现实地发扬实理并重方法的长处，而且不需要投入大量的人力、财力和物力，同时减少学生实习的经济负担，也便于学院进行统一管理。

（三）院校与媒体互动的实习方式

这种方式是指新闻院校与新闻媒体之间建立合作关系，进行教学和业务上的互动的实践方法。这种模式不仅要求共建双方在课程设计、师资等方面展开实质性合作，而且还大力地将校方学生的培训、实习纳入到合作的事项中，使人才培养计划具有强烈的指向性。

对媒体而言，定时定向的专业实习一方面可以从实习生中挑选优秀实习生，充实自身的队伍；另一方面也可促进媒体工作人员对新闻传播理论进行研究和实践总结，提升媒体人的理论层次和学术品位。对校方来说，这种实习方法一方面可以组织学生到媒体实习，另一方面也可以组织校方教师到媒体进行新闻业务调研，从而有利于改进和提高新闻院校新闻业务课的教学。目前，复旦大学新闻学院、中国传媒大学等新闻院校普遍采用这种实习方法。

（四）学生自主的实习方式

这种方式是指根据既定的培养目标、课程内容及学生就业的需要由学生自主

---

① 根据作者对时任中国人民大学新闻学院副院长蔡雯的访谈，2009 年 4 月 9 日。

联系实习单位，院校仅在实习组织管理、实习成绩和效果评价上做出具体要求。这种实习方法显然具有极大的自由度，学生可以根据自身的兴趣、特长以及家庭关系来选择实习媒体。比如，天津体育学院新闻学专业实习计划书就明确指出，实习单位“采取学生与实习单位双向选择的形式进行，由学生按照专业要求自主联系实习单位。”这种实习形式在大多数实力不强、影响不大的新闻院校中极为常见。

二、新闻学专业实习的现实困境

从此次调查看，新闻学专业实习仍然存在一些问题，主要表现在以下三个方面。

（一）对新闻学专业实习重要性的认识不统一、管理不规范

专业实习虽说为新闻教学环节中的重要一环，但与部分新闻院系新闻学专业本科培养方案、教学大纲、教学计划等纲领性文件中所呈现的话语不完全相符，还不同程度地存在着不确定的事实。

仅有少数院校出台了专门性的专业实习管理办法。武汉大学新闻与传播学院专门编制了《新闻学专业实习指导书》，其内容包括专业实习的目的、内容、时间、地点、纪律等，对本科专业实习从指导思想上做出明确的规定。北京大学新闻传播学院制定了《北京大学新闻与传播学院本科生毕业实习要求》，并列入《北京大学新闻与传播学院本科生教学手册（2007 年版）》，内容包括实习性质、实习时间、实习任务等，并对实习单位做了明确的规定：“实习单位以学生自己联系和学院安排相结合。自己无法联系实习单位的学生服从学院安排，在指定单位和指定时间内实习。学生开始实习后，原则上实习单位不再变化，若擅自改变实习单位，则不给予实习成绩。”[①]西南政法大学和天津大学不仅明确了实习的目的、要求、性质，还进一步将实习过程中，学院、实习领导小组、实习生各自所应承担的职责进行了细分。

其他院校则缺乏相关规范性文件，仅将实习管理工作笼统地归于学院本科生教学管理工作当中，而且新闻专业实习往往被摆在院系教学的末尾环节，有的仅包含对实习地点、实习时间浅层次的工作安排，而实习的具体内容、实习指导、实习发稿数量、实习效果评价这些带有实质性的内容计划却难以知晓，有的甚至于根本未见有关新闻专业实习的只言片语。

另外，即使部分院系发布了新闻专业实习的指导性文件，但其对实习目的的

① 《北京大学新闻与传播学院本科生教学手册(2007 年版)》，第 83 页，由北京大学新闻与传播学院提供。

表述或援引本科生教学目的，或参照其他院校实习文件，这样不符合本院情况的指导性文件的科学性和针对性值得怀疑。

（二）实习方式单一、流于形式且难保实习质量与效果

前文讲述了四种类型的实习方法，大多数新闻院校主要的实习方法却无外乎一到两种。方法的单调难以激发学生浓厚的实习兴趣。如定向定时的院校与媒体互动的方法，固定的实习地点会形成学生新闻观念的单一、新闻采写手法的趋同，而现成的实习基地则会让学生形成不思进取、懒散的实习态度。

而学生自主的实习方式则显然难以保障实习的切实完成和效果。新闻院校一面制定严格的实习计划，一面将实习的选择主导权和管理权交给学生，这本身就存在着很大的矛盾。在组织管理、安全保障、实习评价等方面存在的一系列问题难免造成学生对实习的敷衍了事，完全违背实习的初衷。

（三）专业实习体系的不完善与实习时间、实习指导及实习评价的粗放式特点

首先，绝大多数院校的专业实习时间依然安排在第七学期，届时学生既要完成专业实习任务，又要兼顾研究生入学考试备考或者忙于寻找工作单位；而实习单位也面临实习生过于集中、实习机会大大减少、媒体指导老师疲于应付的局面，这势必影响专业实习的实际效果和质量。

其次，很少有新闻院系设立实体组织专门负责专业实习过程中的指导工作。有的学院仅指定一位教师兼职全院的实习指导；有的名义上规定每四位学生安排一位指导老师，负责全程跟踪实习过程和效果，协助学生顺利完成实习任务，但实际上由于学校没有制定相关政策，老师们的工作得不到实质性的承认，所以参与的积极性不高，造成实习指导如同虚设。

再次，多数院校没有建立科学的实习成果评价体系，学生的实习成绩大多由指定的教师根据学生的实习成果、实习小结和媒体签发的实习鉴定来评定分数，受主观因素的影响较大，容易造成不公正的后果。

三、完善新闻学专业实习的对策

（一）完善新闻专业实习的规划性纲领与注重实理并重

全国重点高校必须首先担当起完善与规划新闻专业实习整体体系的责任，主动在新闻专业实习层面下工夫，争取将新闻专业实习纳入学生教学计划的重要环节。同时，在坚持实习与理论并重的原则下，纲领指导性文件不仅要在结构设计

上进行调整，还要在框架上力求创新。

（二）注重实习方式的多元化与灵活性

各高校新闻院系应根据自身的实际情况，学习、借鉴海内外新闻院系的成功经验，在原有的基础上灵活采取多样化的实习方式，更全面地促进新闻人才的培养。

香港大学新闻及传媒研究中心的成功经验就值得我们学习。该中心除了安排学生到媒体机构实习以外，还充分借助国际化资源开展教学（如学生出外实习、与社会机构合作培养有潜质的学生）。这种模式既培养了学生国际化的视野和多角度思维的能力，又降低了专业型硕士培养费用。

另外学生媒体的实践活动可以与课程实务教学、专业实习更好地结合起来。目前，各新闻院校大都有自己的学生媒体，比如，武汉大学的《新视点》、清华大学的《清新时报》等。但学生媒体的活动仅被看成学生的一种业务实践，不算学分，也缺乏专业老师的实时指导和相互间的充分沟通。可以考虑将其纳入教学体系，作为专业实习的一种方式。

（三）建立专业实习管理体系、提升实习质量并满足社会对人才培养的需求

在这一点上，可借鉴武汉大学新闻与传播学院的做法。目前，该院已建成较为完备的专业实习管理体系。该院成立了专门的实践教学指导小组，由学院分管教学的副院长直接领导，统一管理本科生专业实习工作。并与全国 20 多家国家级、省级新闻媒体和广告公司签订实习协议，建立实习基地，为本科专业实习提供了保障。实践教学指导小组负责学生实习期间的指导工作，并在实习中期回访媒体单位，了解学生的实习和生活情况，协助解决学生所遇到的实际困难。同时与媒体进行沟通，一方面了解其对学生实习的反馈意见和评价，便于进一步改进和完善实习工作。另一方面洞察新闻业对专业人才培养的最新要求，便于及时调整人才培养的思路，完善教学计划，提高毕业生质量。专业实习结束后，由实践教学指导小组负责组织对学生实习成绩进行评定和评选优秀实习生。

另外，应建立科学的实习成果评价体系。只有将实习的各项指标落到实处，该量化的明确量化参数，并将实习生、实习指导老师、媒体指导老师纳入统一的监督评估体系中，才能最终实现实习工作合理有效地进行。

广播电视专业创新性实践教学体系的构建

武汉大学新闻与传播学院课程调研小组①

20 世纪 90 年代，市场经济的复苏，使我国的新闻传播事业的发展走上了新轨道，不论是报业、广播电视业，还是刚兴起的新媒体行业，均出现了媒体人才短缺的情况。在媒介经济的带动下，全国各大高校，如中国人民大学、中国传媒大学、复旦大学、武汉大学、清华大学纷纷试水，相继成立新闻传播院系或开设相关专业。我国新媒体技术不断成熟，为新闻传播行业注入新的活力，同时还极大地推动了新闻传播教育事业的发展。在新的浪潮下，广播电视专业作为新闻传播领域的核心专业之一，其人才培养模式也亟待转型。通过教与学，培养新型的广播电视专业人才，填补媒介市场的人才缺口，对广播电视业的可持续发展具有重要意义。

本文将围绕课程整合、能力整合和平台整合三个部分展开创新性实践教学体系研究。重点分析广播电视专业培养过程中学科建设的诸多问题，探讨广播电视专业实践教学系统的构建、培养效果及发展方向，为其他新闻传播院校的广播电视专业教育提供一些具体的经验和建议。

一、新媒体时期广播电视专业人才培养要求

新媒体的出现，将传统媒体推向了一个极具共享和交互特质的平台。媒体的地域差异、内容差异逐渐被多元的媒介形态消解。在信息频繁更迭的过程中，广播电视行业对人才的要求也不断提高，只有那些专业技能过硬又有灵活应变能力的人才能在媒介市场的激烈竞争中脱颖而出。广播电视专业对学生的培养要求如下。

第一，掌握广播电视学、传播学、新闻学的基本理论和基础知识；

第二，具有新闻采访、写作、编导、摄录、制作的基本能力；

---

① 武汉大学新闻与传播学院课程调研组由强月新、周茂君、洪杰文、冉华叶、晓华、陈世立、王伶俐、杨娜、李抟南、周逸青、郝珺曼等组成，对国内新闻传播学科相关专业主干课程进行了系统调研，写出了系列文章。本文由王伶俐执笔。

第三，具有口头与文字表达能力，在现场及镜头前采访报道的能力，社会调查和社会活动能力及广播电视节目策划、制作、评论和分析能力；

第四，了解广播电视新闻工作的方针、政策与法规；

第五，了解人文社会科学知识与科技常识，了解中外文化创意产业及广播电视发展的历史和现状；

第六，具有良好的外语应用能力、使用传播新技术的能力，以及初步的学科研究能力。

因此，在教学过程中，要注重对学生综合能力的培养，使其实现从基础能力到综合能力的飞跃，把握广播电视行业动态，积极应对媒介市场上的竞争态势，从而成为优秀的广播电视人才。

二、我国广播电视专业建设的困境

媒介市场对人才的需求带来了新闻传播教育事业的迅猛发展，但这种发展却是不均衡的。以信息传递为导向的媒体，在经济发达地区发展最为成熟，其新闻传播教育事业相对经济落后地区发展快。我国广播电视专业学科建设中遇到的困境主要表现为。

第一，偏向理论教学，而忽视实践教学。广播电视专业，在很大程度上仍保留着早期的教学思路，学生的学习以理论为主，并未同实践相结合。主要表现为两个方面：一是理论教学与实践教学脱节，学生的理论学习和实践学习分开进行；二是缺乏有效的实践教学指导，导致学生盲目实践。理论只有运用到实践并反复检验，学生的能力才能真正地得到提高。

第二，高校纷纷设立广播电视专业，而自身硬件设备跟不上。这不仅是广播电视专业教育中遇到的阻碍，也是整个新闻传播专业教育中遇到的问题。广播电视专业通常需要配备较高水准的教学实验设施，如演播厅、非线性编辑实验室、录音室、摄影实验室等。对二、三线城市的地方院校来说，设备购买和设施建设的投入力度较小，必然对教学产生较大影响。随着设备更新换代的频率越来越快，地方院校在广播电视专业建设中面对的问题会越来越多。

第三，专业建设相对稳定，而媒体行业发展迅猛。传统媒体时期，广播电视的运作流程较固定，专业建设难度小，但新媒体时期，网络和移动设备的出现，不断开辟着新的未知领域，广播电视人才的培养不得不向新媒体靠拢。随着广播电视形态的日益丰富，广播电视教育事业面临着巨大的挑战。

第四，课程设置丰富，但缺乏体系化。专业课程的设置是学生实践教学的基础，主要问题表现为三个方面：一是过于追求多元化的学科建设，开设和广播电视关系不大的课程；二是在理论教学基础上，开设较多概论课，如“广播电视概论”“中外电视史”“广播学概论”等；三是过于偏重实践课程学习，忽视理论教学，将“广播电视技术基础”“影视非线性剪辑”“多媒体技术”这类应用性较强的课程放在首位。从媒介市场对人才需求的情况看，广播电视教学应平衡学生的学习领域，将学生培养成为既懂技术，又懂理论的综合型人才。

第五，缺乏专业特色，学科建设的同质化程度高。为了节省课程建设成本，许多二、三线城市的地方院校采取了借鉴其他高校的课程体系的方法，这种做法的确简化了工作，但从长远看，却不能保证教育事业的持续发展。不论是理论教学环节还是实践环节，新闻传播院校都需根据自身条件开展教学，充分发挥自身优势，彰显院校的教学特色。

第六，高校同媒体联系不强，学科建设与业界脱节。新闻传播教育事业的最终目的是为媒体行业输送人才，因此在教学过程中除了教会学生基础专业知识以外，还应积极地同媒体建立联系，为学生搭建良好的媒体实习平台，充分把握行业动态。广播电视专业学生的就业方向多为广播电视新闻传播机构，但部分院校因地域限制而与强势媒体联系不多，这对学生未来的职业发展造成了不利的影响。

三、新媒体时期广播电视人才培养模式

武汉大学新闻与传播学院广播电视专业旨在培养具备扎实的理论和实践知识，具有良好的政治素养、社会责任感、专业精神和职业道德的广播电视人才，经过多年的实践，成效显著。下文将从广播电视专业主干课程实践教学系统、学生课外实践教学系统和学生专业大实习实践教学系统三个方面谈人才培养模式的构建。

（一）课程整合：让学生的知识学习更加到位

在新的媒介环境下，媒介融合趋势加强，信息的呈现形式逐渐多样化，在培养广播电视专业人才时，需要在理论教学的基础上，逐步提高学生的多媒体数据处理能力。为此，国内不少新闻传播院校以广播电视行业对人才的需求为出发点，将理论课程与实践课程整合，构建了广播电视主干课程实践教学系统，以期培养多元化的广播电视人才。武汉大学新闻与传播学院就通过对电视摄像、非线性编辑、广播电视脚本写作、广播电视策划、电视直播与现场报道等专业主干课程进行整合，使学生构建较为完整的广播电视知识体系。在此基础上，设置与专业主干课相配套的实验课程，包括电视摄像实验、非线性编辑实验、数码摄影实验和电脑图文设计实验等。

“电视摄像”和“电视摄像实验”课程：通过本课程，让学生基本掌握摄像机及其零部件的使用、镜头长度与画面的协调、光线和色彩的调节，以及机位和角度的配合。在阶段性学习的基础上，使学生逐步学会独立拍摄，并通过一系列拍

摄技巧，烘托影片的特定情感，表达某种意境，实现摄影技术与艺术的融合。总学时为 72 学时，其中理论教学和实验课程各占 36 学时。

“非线性编辑”和“非线性编辑实验”课程：本课程旨在通过讲授以 Premiere 为代表的非线性编辑系统，让学生掌握基本的视频剪辑技术，并在理解镜头语言、叙事技巧和拍摄视角的基础上，融合自身的审美，呈现完整的故事画面。课程最后要求学生自己根据视频创作分镜头剧本，拍摄并剪辑成一段 5～10 分钟的视频作品。总学时为 72 学时，其中理论教学和实验课程各占 36 学时。

“数码摄影”和“数码摄影实验”课程：通过本课程，让学生对数码相机部件及其工作原理、影像成像原理有基础的认识，并掌握对焦、景深、构图、曝光、色彩等摄影技巧，后期还将教授学生照片的冲洗技巧，全方位多角度的帮助广播电视专业学生逐步提高摄影技巧。总学时为 72 学时，其中理论教学和实验课程各占 36 学时。

“电脑图文设计”和“电脑图文设计实验”课程：本课程旨在系统地讲授矢量图形、像素、分辨率等电脑图文设计知识，培养学生基础的图像处理能力，强调学生对 Photoshop、Adobe Illustrator 这类图像处理软件的学习。课程最后，需要学生结合自身创意，设计出原创作品或对图像进行后期处理。总学时为 72 学时，其中理论教学和实验课程各占 36 学时。

选取上述实验课程的目的在于构建一个以专业主干课程为核心，专业技能为拓展方向的实践教学体系。该体系符合学生的认知规律，即从理论拓展到实践，该体系不但能帮学生更好地巩固学习的理论知识，还能让他们更快地掌握业界需要的技能，最终实现从课程整合到知识整合转变的目标。

（二）能力整合：专业赛事让能力型学生脱颖而出

新媒体时期，不论是报纸、杂志、广播、电视还是网络，其信息承载形态和传播路径均发生了较大变化，从过去单一的传播模式转变为多元化的信息传播模式，媒体行业对新闻人才的要求提高了许多。因此在新闻传播专业人才的教育上，新闻传播院系必须拓展新的人才培养模式。通过拟态实践教学，将学生置于拟态的媒介工作环境中，最大限度地锻炼学生的专业实践能力和环境适应能力，达到知识整合和能力整合的目的。

2001 年，武汉大学新闻与传播学院创办了第 1 届新闻先生新闻小姐大赛，该比赛着力于为广大在校学生提供一个展示个人风采的专业平台，同时也是对广播电视专业实践教学的重要补充。对广播电视专业的学生来说，新闻先生新闻小姐大赛的一系列比拼环节，可以考察学生的新闻敏锐度、知识储备量及现场应变能力，发掘他们的新闻潜能，提高其对新闻的驾驭能力，很大程度地弥补了他们在校期间对行业认知不足的缺憾。

目前，武汉大学新闻与传播学院已成功举办了 17 届新闻先生新闻小姐大赛，大赛以权威的考核标准和新颖的表现方式取得了良好的社会反响和显著的成绩，得到了广大师生与专业人士的一致好评，在华中地区的影响力最为广泛。此外还吸引了中国人民大学、中国传媒大学、复旦大学、华中科技大学、华中师范大学、中山大学、兰州大学等高校的学子参加，并邀请其优秀选手直接晋级大赛决赛。

在新媒体时代，信息被赋予更多元化的表现形态，传统媒体从业者也面临着新的挑战，他们必须尽快掌握新媒体运作规律，并充分利用网络平台的集聚效应，最大限度地提高自身的行业创新能力和实践能力。构建广播电视专业的实践教学体系也应遵循新的媒体运作模式，将全媒体的概念引入教学过程中，密切广播电视媒体和网络媒体的关系，实现信息传播的优化组合。新闻先生新闻小姐大赛就是实践教学模式探索的模式之一，以第 14 届新闻先生新闻小姐大赛为例，选手的比拼分为线上和线下两个部分。线上比拼需要每个学校的两名推荐候选人组队，针对自己所在的学校或城市，自寻新闻线索，拍摄不长于 5 分钟的新闻调查类短片，统一上交后上传到视频网站，根据点击量决定胜负，作为最具人气奖的选评参考。该环节通过网络点击量对选手制作的短片进行考核，既对新闻先生新闻小姐大赛进行了宣传和拓展，又对考察参赛选手的新闻敏锐度和视频拍摄技巧方面提出了较高要求。只有具备较高新闻价值且剪辑流畅的短片才能够获得较高的点击量，从而赢得线上环节的胜利。

线下比拼的流程则包括新闻面孔、新闻地图、新闻态度和新闻开讲四个环节。

第一个环节新闻面孔：每位选手进行 30 秒的自我介绍，形式新颖，内容全面。此环节计分不淘汰。

第二个环节新闻地图：每位选手根据视频所显示的新闻事件给观众带来现场播报。此环节计分不淘汰。

第三个环节新闻态度：选手两两一组，针对同一新闻事件发表评论，观点可以对立，也可以不对立，但要选择两个不同方面进行阐述，每组 3 分钟。本环节淘汰 4 人。

第四个环节新闻开讲：由评委一一提问选手新闻学领域的相关知识，结合实时热点及专业知识进行作答，每位选手 2 分钟。本环节淘汰 4 人。

最终，大赛根据各环节累计得分，评出新闻小姐、最强专业奖、最佳智慧奖、最佳上镜奖、最具人气奖、最佳口才奖、最具潜力奖、最具活力奖八大奖项。获得奖项的选手，将有机会获得到所有与武汉大学新闻学院有合作协议的媒体去实习的机会，成为其踏入著名企业的敲门砖。

新闻先生新闻小姐大赛作为一款大型新闻竞技类比赛，模拟了媒体从业人员在实际工作中可能遇到的问题，从新闻热点出发，如“犀利哥事件”“谷歌退出中国大陆”等，通过模拟主持人的形式，考察参赛选手对争议性比较大的话题的思维视角及其沟通表达能力。

新闻先生新闻小姐大赛充分利用了武汉大学新闻与传播学院的活动组织优势和平台合作优势，将专业前期的“电视摄像实验”“非线性编辑”“媒介案例分析”“新闻采访”“新闻评论”等课程融入广播电视专业实践教学体系中去，将广播电视行业的职业形态转移到校园，极大地丰富了广播电视专业学生在校期间的实践能力。通过高校间的比拼，能够给比赛带来不同观点的碰撞，加强各高校的联系。大赛作为广播电视专业实践教学的重要补充，提供了一个让学生和业界近距离接触的平台，嘉宾权威的点评和新颖的比赛环节，能够让学生充分发挥自身优势，并认识自身的不足，以便在后期有针对性地学习。无论是从帮助学生提高职业认同感角度来看，还是从新闻传播教育事业的发展来看，该比赛的运作模式都是值得深入挖掘和推广的。

（三）平台整合：搭建多维广播电视专业实践教学体系

武汉大学新闻与传播学院长期致力于为广播电视专业搭建良好的实践教学平台——以专业主干课程实验教学为基础，以专业赛事、学生专业社团活动、学生暑期社会实践项目等社会实践活动为扩充，以大学生创新实验项目为提高，以专业实习为创新，构建起新闻传播专业实践教学的多层级结构，很好地实现了教学内容和教学形式、理论教学和实践教学、第一课堂和第二课堂的有机结合。这样，从基础到扩充到提高再到创新，就将上述丰富的内容，完全纳入专业实践教学体系。

传统媒体和网络媒体实习平台的搭建，能够让学生接触一线的媒体，并根据自身能力选择合适的媒体进行深入学习。传统媒体的优势在于其拥有经验丰富的一线媒介人才，通过导师带领的方式，广播电视专业的学生能够对新闻采编、节目制作有较为直观的认知，甚至还能直接参与到摄影、摄像和剪辑工作中去，并在实习中逐渐摸索出媒介的基本运作流程。网络媒体和传统媒体相比，虽起步比较晚，却拥有比传统媒体更广阔的资源平台和更为便利的信息传播途径。广播电视专业的学生在网络媒体实习，同样也离不开网络视频节目的制作，和传统媒体相比，选题、策划、独立写作稿件，以及节目多渠道的推广，这些工作对广播电视专业的学生来说，要求或许会更高。

无论是传统媒体还是网络媒体，学生在实习过程中都能够学到丰富的知识，尤其对广播电视专业的学生来说，传统媒体和网络媒体的融合有利于他们形成多元化的媒介视角。从人才培养的角度看，武汉大学新闻与传播学院与各媒体单位进行深度合作，有利于提高广播电视专业学生的整体素质，以更好地满足媒介市场对人才的需求。

结　语

新媒体的出现，为信息传播提供了多样的渠道和丰富的表现形态，势必会冲击到广播电视这类传统媒介平台，广播电视专业人才培养模式亟待转型。在充分把握新媒体发展规律的基础上，从课程整合、能力整合、平台整合三个方面构建起广播电视专业创新性实践教学体系，该体系的建立对传统的广播电视专业人才培养有积极的推动作用。

第一，该体系平衡了理论教学和实践教学的关系，并在教学过程中赋予学生极大地主动权。“新闻学概论”“广播电视概论”等课程的学习，对学生掌握扎实的媒介知识有重要指导意义。“电视摄像”和“电视摄像实验”、“非线性编辑”和“非线性编辑实验”、“数码摄影”和“数码摄影实验”、“电脑图文设计”和“电脑图文设计实验”的配套教学更能够锻炼学生在拍摄中解决实际问题的能力。

第二，该体系整合了院系的资源优势和人才优势。武汉大学新闻与传播学院的资源优势在于其同多家媒体建立的实习基地，在为学生提供大量的一线媒体资源的同时，也为媒体单位输送了大量优质人才。往届毕业生有许多已经走上了媒体工作岗位，他们出色的表现，也为院校与媒体单位的深入合作打下了基础。人才优势方面，武汉大学新闻与传播学院广播电视专业的学生在日常的学习中已具备较完善的工作技能，能够快速融入媒体工作环境中，对合作单位而言，新鲜力量的进驻，也有利于开拓新的工作视角。

总的说来，在新媒体环境下，网络媒体对传统新闻传播教育事业的发展产生了较大的影响，而移动媒体的出现更是颠覆了整个社会的信息传播方式。单一且互动性不强的媒体机构会逐渐退出舞台，只有那些满足信息接受者需求并能够不断保持活力的媒体才能得到长足的发展。为此，广播电视专业在人才培养上，必须紧跟媒体发展潮流，把握热点走向。在课程设置和实践教学环节，要充分发挥自身优势条件，不断挖掘传统广播电视和新媒体之间的连接点，达到媒体资源整合的效果，并积极和媒体单位联系，在实践中检验创新性实践教学体系的合理性和科学性，为后期的学科发展和其他院系的实验教学提供借鉴。

广播电视媒体实习成绩评定标准刍议*

武汉大学新闻与传播学院　刘建明

广播电视机构是新闻与传播学院本科生实习的重要基地之一，大部分广播电视新闻学专业和播音与主持艺术专业的学生，以及其他专业的部分学生都在电台和电视台进行为期四个月左右的专业实习。每年实习结束时，同学们个个满载而归，硕果累累，而实习成绩如何评定，则成为师生共同关心的问题，相对于纸质媒体实习成果的易保存性、易甄别性，电子媒介成果即音像作品，制作成本较高，难以保存，而且甄别难度更大。实习成绩标准的确定，不仅会直接影响实习生实习成绩的评定结果，而且会间接影响实习生实习的积极性。同时，公正合理的评价标准还会起到指挥棒作用，为实习指明正确的努力方向，因此，拟定合理的实习成绩评定标准显得尤为重要。

一、现行实习成果评定标准存在问题

武汉大学新闻与传播学院实习成果评定分值所占比例分别为：实习单位评语50%，实习成果30%，个人自评20%——这个比例是存在问题的。

（一）成果分值比例问题

按照现行标准，单位和个人主观评定标准占总成绩的70%，客观实习作品仅占30%，大多数单位评语是实习指导老师对实习生的中肯评价，但也存在不可避免的主观色彩。由于指导老师的个性不同，他们有的比较宽容，有的比较苛刻，对实习生的期望值和满意度也不一样，所以，对实习生的评价不免会因人而异，而且同样的表现可能评语不同，或者不同的表现得到相同或近似的评语。此外，实习期间指导老师更换或由多名老师指导的情况也是经常发生的，这种情况下应由哪个老师给评语，也是一件容易引起争议的事，因为同样的表现，不同指导老师的评语可能是不同的。如果由最后指导的老师写评语，他可能带实习生的时间并不长，对学生未必十分了解，因而评语的准确性就会大打折扣。更不

* 本文最早发表于《武汉大学学报》（人文科学版）2009 年第 6 期。

该出现的情况是，据部分实习归来的同学反映，有些评语由实习生自己操刀，写好后让实习指导老师再誊一遍，或者干脆自己写好后让指导老师签名，实习单位成绩判断完全是实习生的自评。这样的话，事实上70%的实习成绩是依据实习生自己的评判，相对客观的实习成果只占30%。因此，实习成果依据的主观分值太高，客观分值太低，这种状况对实习来说不尽公正合理，成果鉴定也缺乏科学性。

（二）成果鉴定的困惑

一般情况下，对实习成果的鉴定主要从以下三个方面着手。

1. 成果数量

实习期间作品数量是衡量实习成果的重要依据之一，它往往反映实习生的勤奋程度和才智水平，但是，实习岗位往往对实习成果数量有很大制约。一般来说，地方媒体比中央媒体更容易出成果，后期编辑制作比前期采访和拍摄更容易出成果，报纸比电台、电视台更容易出成果（尤其是地方大众化报纸），跑社会新闻比跑其他新闻更容易出成果，等等。这些与媒体的地位、性质、运行周期、传播特征、媒体对实习生的重视和信任程度，以及媒体内部人员规模等因素具有密切关系。一般来说，级别越高的媒体，出作品越难；各级主流媒体比都市类媒体出作品难；周期长的媒体比周期短的媒体出作品难；电子媒体比纸质媒体出作品难。媒体重视实习生，对实习生充分信任，敢于放手让实习生大胆外出采访或编辑制作，这种情况更容易出作品；媒体内部员工人手紧缺，实习生更容易出成果；实习开始阶段不容易出成果，时间长了，成果往往呈加速度增加，所以实习时间长的同学更容易出成果；有些同学在一个单位实习不满意，或因为其他原因，可能中途跳槽到别的媒体，成果也相应地呈现出不同的形式，给计算成果带来复杂性。

2. 成果质量

成果质量也是考核实习成绩的重要标准，质量标准应该包括节目时段、播出频道或频率、领导评价、影响力及获奖情况等。一般来说，黄金时段播出的节目，比其他时段的节目分量更重；中央电视台或中央人民广播电台视听率高的台比视听率低的台上稿件更难，节目质量相比而言应该更高；省级卫视比其他频道相对而言质量要求更高；在社会上引起广泛影响的节目、转播率高的节目、受到领导表扬的节目、获奖的节目往往质量更高，在计算成绩时应该相应加重分值。当然，这只是在通常意义上而言的，不排除一些特殊情况的存在。

3. 成果署名

成果署名问题，不同媒体也相当复杂。有些是实习生参与的，有些是实习生亲手制做的，但是没有署名。有些实习生运气好，碰到好领导，他们对实习生眷顾，就加上了名字。有些媒体署名非常难，有些是无法在节目中上名字的，如某些新闻，即便是电视台正式职工署名都难，有的在其他地方加名字都不合适，就放在拉尾的时候加，如编辑责编之类。有些成果是实习生独立完成的，有些是集体劳动的结果，有些是在老师指导下完成的，署名也很不一样，给计算实习成绩带来难度。

二、实习成果鉴定标准的新建议

鉴于上述成果分值比例和鉴定中存在的诸多问题和困惑，建议在今后的实习成果评定中尝试以下做法。

（一）成果分值比重

建议将实习成果分值比重做出调整，实习成果占总分值的 50%，单位评语占 40%，个人自评占 10%。这样既可以突出实习成果这一客观表现的分量，又可以克服主观因素在实习成绩中占比重太大的问题，同时也强调了单位评语的重要性，淡化了个人自评的主观性。实习成果当然是实习成绩的最重要的考量，占总成绩的 50%不为过。实习期间指导老师与实习生朝夕相处，对实习生比较了解，指导老师的满意度以及单位意见的评定可以把实习成果、作品作为一项评分的重要依据，这部分占 40%是应该的。个人自评主观性最强，所以分值不应该很高，占总成绩的 10%应该说比较合理。这样的分值比例应该是公正的、有说服力的。

（二）成果可比性

由于实习岗位不同，实习成果的可比性也就存在质疑。鉴于此，建议将同类型岗位的实习生的实习成果进行比较。比如，将中央级不同媒体的实习成果进行对比，将省级不同媒体的实习成果进行比较，将地方级不同媒体的实习成果进行比较。当然这样做同样存在疑问，由于媒介特征不同，成果比较难以服人。如果将中央电视台和中央人民广播电台的实习成果分别进行比较，这个问题可以得到相对的解决。所幸每年在中央电视台和中央人民广播电台的实习生较多，这样中央电视台的实习生可与中央电视台其他实习生的成果进行比较，中央人民广播电台的实习生可与中央人民广播电台其他实习生的成果进行比较。当然，这样做也不是绝对公平的，因为即便同在中央电视台或中央人民广播电台，不同频道、不同岗位出成果的难易度也是不同的，这就要综合考虑了。实习生较少的同级别实习单位，其实习成果可以相互之间进行比较，然后根据在不同媒体或单位实习的人数占班级人数的比例，确定相应的实习成果分值的分布，以及优秀实习生名额的分配比例。

（三）成果数量

即便是在同一个单位，不同的岗位实习成果获得的数量往往也不同。比如，做后期比做前期往往出成果更多，由于参与前期拍摄、采访的标准及要求更高，所以这类实习生成绩应该更显著，尤其对中央电视台的实习生来说更是如此。在省级电视台的实习生由于标准稍低于中央电视台，出镜采访或主持也是可能的，但在中央电视台几乎是不可能的。省级卫视频道比省级其他频道对节目质量的要求更高。当然，节目时段也是考量节目质量和实习成果的重要标准，不应该被忽略，黄金时段的节目更难上。实习成果极易受节目周期的影响，周播的节目实习作品数量当然就受到很大限制。节目时长也应该作为衡量节目数量的重要标准，时长与节目数量应该是正相关的关系。

（四）成果质量

质量是实习成果考量的重要标准之一，每篇作品的质量都是不一样的，衡量成果质量既有客观因素，也有主观因素。一般来说，获奖节目质量更高，受到领导好评或嘉奖的节目质量更高，在社会上引起广泛反响或影响的节目质量更高。视听率高低、黄金时段播出与否可以作为节目质量高低的评价标准之一，但有时也不尽然，某些视听率低的节目或非黄金时段播出的节目质量同样很高。衡量节目质量高低往往带有强烈的主观色彩，这就要求评分老师专业性强，且为人公正。不同质量的成果如何兑换成绩分值，也是十分困难的事情，同样要求评分教师具有精通的专业水准和公正之心。

（五）成果署名

有些成果是实习生独立完成的，有些是合作完成的，在团体完成的成果中，每个人的贡献也不尽不同，因此成果排名顺序也就不一样。独立完成或在实习老师指导下完成，署名为实习生一人，或者署名指导老师加实习生，可以视作实习生单独完成。如果是多人完成，由多人署名，应该根据署名人数多少及排名顺序，分别计算分值，酌情而定。至于由于种种原因，未能署名的作品，需经实习指导老师签名认可，也应列入有效作品。

（六）民主测评

召开班级会议，让同学们各自汇报实习成果和心得，由其他同学进行评价打分，然后算出每位同学实习表现的班级平均值，以此作为实习成果鉴定的重要考量标准，也不失为评价实习成果的一种好方法。

总之，应该兼顾影响实习成果的所有变量，统筹协调，合理安排，这样才能得出令人信服的实习成果评价标准体系，也才能正确评价同学们在实习期间的表现，同时也为下一届实习生指明应该努力的方向，调动他们实习的积极性。

广告学专业主干课程实践教学平台建设研究

武汉大学新闻与传播学院课程调研小组[①]

广告学作为一门年轻的专业，在我国仅仅只有30年的发展历史，新专业要想实现发展，就要在遵循教育发展内在逻辑的基础上，有创新的思路与方法。广告学专业要想在当下变幻莫测的环境中实现发展，其首要的任务就是在坚实的专业基础上构建具有创新性的教学系统。结合广告专业本身实践性强的特点，其教学系统的创新点就在于建设理论与实践并重的教学体系，实现理论教学与实践教学的结合，以培养出能力与知识并重，技巧与智慧同具的精英广告人才。其中，课程体系的建设，作为广告学专业研究和实践领域的重要组成部分，必然成为广告教育界关注的核心问题。

目前，鉴于广告学科的规律和人才市场的需求，各大高校都试图通过理论知识讲授与实际操作相结合的混合模式来完成广告专业的教学，但在这个方向的探索过程中，缺乏连接理论与实践的桥梁，没有形成系统的课程体系，以致当前国内的广告学教育依然存在理论与实践脱节的状况。因此，在本科的课程体系建设过程中，需要搭建一个整合性的平台，一方面实现广告学专业主要相关课程知识的融合，帮助学生夯实广告专业理论基础，另一方面为培养学生的专业实践能力提供条件，解决在校本科生专业课程知识的融合与应用问题。

鉴于此，本文将围绕广告专业主干课程体系的建设问题，结合当下广告学专业发展的实际经验，深入讨论如何在课程体系建设中创新性地构建整合性平台，实现理论教育与实践教学的统一发展。

一、从理论到实践：搭建整合平台实现知识的应用

广告学是一门侧重实际运用能力的学科，也是理论更新频繁，需要密切联系社会实践的学科，因此，其教学的目标是理论与实践的有机统一。而从知识理论

---

① 武汉大学新闻与传播学院课程调研组由强月新、周茂君、洪杰文、冉华、叶晓华、陈世立、王伶俐、杨娜、李抟南、周逸青、郝珺曼等组成，对国内新闻传播学科相关专业主干课程进行了系统调研，写出了系列文章。本文由郝珺曼执笔。

的角度看，人们所有有目的的实践行为都是受知识支配的，或者说，是由理论知识所建构的。当个体发展越来越被认为是一种唤醒的过程，一种激发其创造性力量和释放其个体作用的过程，而不是一种由权威从外部来灌输与塑造的过程时，广告教育的目标内在地包含帮助学生通过学习构筑自身的知识结构，进而提升其实践能力。

所以，广告学专业应当在以学生为主体的环境中，将完善学生专业知识结构作为基础，围绕专业主干课程构建实验教学体系，并在其中融合实践教学环节，增强学生利用实践反哺理论知识学习的能力，最终实现理论教学与实践教学的融合贯通。

（一）建设系统性的专业主干课程教学体系

为了理论知识教育的顺利实现，同时也为之后的实践教育提供出发点和落脚点，在整合平台搭建之前，各大高校首先应当着力构建创新性和系统性的专业主干课程教学体系。

目前，广告学专业的培养目标主要包括以下两个方向：一是偏向于广告创意策划人才，二是侧重于经营管理方面的广告营销型人才。为了实现这两个人才培养目标，广告学专业主干课程教学体系应该包括“广告调查”“广告策划”“广告创意与表现”“广告媒体”等策划创意系列课程和“广告经营”“广告管理”和“市场营销”等经营管理系列课程。之所以选择这些课程，是因为现代意义上的广告是包括市场调查、产品研究、广告策划、广告创意、广告计划制订、广告制作、媒体策划、广告活动执行、广告效果测评等一系列连贯的环节在内的系统化活动。这些环节在广告运动过程中绝非孤立的、局部的，而是环环相扣、不可或缺的，从而构成了一个完整的整体。因此，在进行专业主干课程整合的过程中，也应遵循广告运动的规律，从广告调查到广告策划，从广告创意表现到广告媒体选择，从广告经营到广告管理再到市场营销，形成一个完整的系统。这种课程和教学资源整合的方式，强调了课程的创造性和交流性，使学生可以在较大的范围内构建自己的知识体系，实现广告学专业系统性知识体系的构建。

专业主干课程教学体系自成系统，囊括了一个完整的广告运动各个环节所需的理论知识。然而，理论的学习不仅仅是为了收获理论知识，还要掌握理论对现实的合理应用，从理论出发，经过实践再回到理论，这一闭环回路的完成需要一个实践体验的环节。为此，教学过程要突出实践教学的比重，给学生提供广告实践机会，广告学专业整合“广告经营学”“广告调查”“广告策划”“广告创意与表现”“广告文案写作”和“市场营销学”等多门专业主干课程，开展一些实验教学活动，作为整合实践和理论的平台，也是专业主干课程教学体系中的重要部分。

（二）搭建整合平台促进专业主干课程知识的应用

蔡元培讲过："学术一词可分为两个名词，一是学，二是术。学为学理，术为应用。""学必借术以应用，术必以学为基本，二者并进始可。"理论的应用，是学术的应有之义。因此，要成功搭建整合平台促进专业主干课程知识的应用，创新的拟态实践教学活动是一种有效的手段。拟态意味着模拟真实的广告实践场景，从真实广告项目中来，落脚到真实的广告实践中去，这种方式不仅要整合多门专业主干课知识，还要能将它们灵活地应用于实际，从而成功实现从理论到实践的过渡。一方面，学生通过对各门专业主干课程理论知识的学习，初步建构起广告学知识系统，具备一定的广告实践能力，并在广告实践教学活动的拟态实践教学中得到修正、完善、提高。另一方面，在学生以完成特定广告项目为目标的过程中，运用自己在专业主干课程教学过程中学到的知识，进行广告项目策划与代理竞标。这两个过程相辅相成，共同实现了专业主干课程知识在实践环节的应用。

一个完整的广告运动包括了市场分析、战略规划、策略制定、创意表现、媒介策划、经费预算、效果评估等多个实践操作环节，每一个广告活动的成功运作都离不开以上这些环节的综合运用。因此，实践教学活动包括从市场调查、产品定位、广告创意到广告表现策略制定、媒介投放计划确定，再到招标和竞标的全过程。这种广告公司模拟机制能满足每个学生接触广告实务的需求，并且最大限度地保证了学生运用理论知识指导社会实践的可能。而熟悉和掌握广告运动的工作环节与实务流程的过程，可以帮助学生完成从理论知识学习到实际运作体验的飞跃。

从以上拟态实验教学活动的过程可以看出，学生需要完成由初级信息处理到制定广告竞争策略并进行最终提案的整个过程，这充分地运用了专业主干课程知识的内容，具体而言。

第一，运用了"广告调查"课程的相关知识。专业主干课"广告调查"的课堂教学，教授广告调查的一般程序与常用方法，包括选样、问卷设计、调查实施、统计分析，以及广告调查报告的撰写和分析。在拟态实践教学环节，市场调查作为广告策划的基础和前奏，是学生在广告模拟竞标活动中必须要进行的环节，不然最后成型的广告策划书只能是空中楼阁，不切实际。学生不像广告公司那样可以通过向调查公司或咨询公司购买数据获得大量的市场数据，只有通过独立或协作执行小型广告调查来获得第一手数据，这个过程就是将理论知识运用于实践的第一步。

第二，综合应用了"广告创意与表现""广告策划"及"广告媒体"等课程的理论知识。面对这一项系统性、群体性的策划工作，广告公司在接到客户的委托后，就会成立为客户服务的专门小组，并进行具体的分工。参照该运作模式，学生在广告模拟竞标活动中成立策划小组，全程实施专题策划，同时按照市场调查—营销分析—广告战略—广告表现—媒介策略—预算分配—广告效果测定的广告策划流程展开。学生的策划节奏也跟着课堂教学的节奏，综合运用在“广告创意与表现”课程中学习到的广告创意的基本思维方法与创意表现基本元素的运用方法进行创意的设计与制作；同时运用媒体调查的一般程序与常用方法，通过撰写媒体分析报告或媒体投放计划书实践“广告媒体”的理论知识。最后，协作执行小型专题策划，撰写广告策划书，通过整个广告运动策划过程，体验“广告策划”课程中教授的策划一般程序和基本方法。

第三，在广告策划教学任务结束之后，学生除了提交策划书之外，还必须提交一份 ppt 以便进行提案。广告提案是指通过书面文字的描写，借助视觉因素、听觉因素的辅助，用简短有力的传播手段，与客户沟通的一种方式。作为广告公司成功说服客户的必要手段，提案被称为广告服务过程的临门一脚，在模拟实战教学中的提案过程不仅最能体现学生实力和专业素养，更是“广告经营”课程主要的教学内容。广告经营课程中讲授的关于广告经营的一般程序、运作技巧的理论知识，使学生能协同完成广告代理提案并进行有效的提案竞标。

第四，“广告管理”课程主要通过广告行政管理与广告代理公司组织管理的案例进行教学，使学生掌握广告行政管理的基本程序和管理方法，熟悉广告法律法规体系，运用相关法律法规，对广告违法案例做出准确的分析与判断，并能协助广告代理公司的管理者执行公司的内部管理。具体到广告模拟竞标中，就在与客户沟通和学生小组内部沟通环节得到应用。客户对自己的项目是非常熟悉的，学生也应换位思考，从客户的角度去思考整个项目，针对对方小组的提案提出问题，而进行提案的小组应予以解答，提案完毕，再由教师进行点评。在这个过程中，每个小组都会扮演双重角色，这种方式会更好地培养学生思考的广度和深度。

（三）学习迁移理论中搭建整合平台的意义

教育心理学研究认为，任何学习都存在迁移现象。迁移是指“在一种情况中获得的技能、知识和态度对另一种情境中技能、知识的获得或态度的形成之影响”。所谓学习迁移（learning transfer）是一种学习对另一种学习的影响，它广泛地存在于知识、技能、态度和行为规范的学习中。任何一种学习都要受到学习者已有知识经验、技能、态度等的影响，只要有学习，就有迁移，迁移是学习的继续和巩固，又是提高和深化学习的条件，学习与迁移不可分割。

事实上，广告学教育也强调学习迁移，在广告教学中，从理论到实践的过程其实就是知识的迁移过程，也就是说，迁移即应用。学习的迁移就是知识结构在新条件下的重新构建。而广告拟态实践教学活动就是在强调知识的使用情境，通过对专业主干课程知识的应用来体现学生对知识的深刻理解。新媒体不断发展，营销环境变化难测，这就要求广告教育，尤其是专业主干课程教育不仅要“授人以鱼”，更要“授人以渔”。在广告学专业主干课程教学系统中引入拟态实践教学环节的关键意义，就是对保证专业主干课程教学中知识迁移的有益尝试。拟态教学的一个重要目标就是为迁移而教，即通过广告实践活动的训练，使学生能够将学习到的知识、技能、能力以及认识和分析事物的方法、态度应用到解决传播实践中层出不穷的新情形中，从而做到举一反三，闻一知十，进而达到如陶行知先生所说的“行是知之始，知是行之成”的教学效果。

二、从实践回归理论：搭建整合平台增强知识的融合

伽达默尔在《真理与方法》一书中说：“一切实践的最终意义就是超越实践本身。”对于广告学专业的教学活动而言，让实践不再徘徊于单纯的低级行动过程，在实践中能够反问实践、反思实践，并由此构建实践中应有的理论内涵，从教学实践回归教学理论，是其要实现的重要目标。

（一）整合平台的搭建促进主干课程知识的学习

如同尼采在《查拉图斯特拉如是说》中说，我们必须先变成啜饮一切水的骆驼，才会变成狮子。在真正步入社会，创造出有意义的产物之前，我们必须经历一个吸收的过程，对我们所收获的知识进行思考。拟态实践教学环节是专业主干课程教学系统的一部分，作为一个整合性的平台，它使学生在课程教学环节中有了参与和实践的机会，但这种实践归根到底是为了帮助学生完成对知识的思考和吸收，具体来看，整合平台的搭建可以从以下三个方面促进学生对主干课程知识的学习。

第一，可以参照经营性广告公司的组织结构来运作实践活动，使学生系统掌握各组成单元的职能与功能，并通过竞赛形式把各环节有效地连接和组织起来。同时，从校园广告起步，先易后难，逐步向承接社会广告业务跨越，这种循序渐进地融入广告运动的方法是广告代理模拟竞标鼓励学生探索的一个有力手段。虽然，学生在知识上可能远未完成广告学知识框架的系统构建，但其思维活跃，且敢想敢干，富有创意和冲劲。可以说，通过有计划、有组织的安排，让学生适度扮演传播主体角色，能够有效地激发学生的学习热情，促进学生的主动思考。

第二，可以通过预设广告代理项目问题，实现模拟、参赛、实战的有机结合，帮助学生理解和掌握专业主干课程知识。以往各大高校主要通过各种广告类竞赛和广告专业实习进行实践教学。但广告类专业竞赛相对缺乏实战性，广告专业实习难以考察具体效果。而整合平台的搭建可以以业界的实际项目为核心，包括确

定企业的产品并推广为提案内容，由此获得企业的经费赞助，以及邀请企业各部门的负责人充当提案竞标的评判者等过程。这些过程使拟态具有某种实战的性质，使模拟更具有实际的贴近性，更加接近真实的广告公司竞标情境。一方面通过具有拟态性质的竞赛过程，充分调动学生的积极性，同时全面地检验学生对知识的掌握和理解；另一方面通过具有实战性的模拟竞标过程，弥补课堂教学与业界脱节的弊端，更直观地从广告项目中了解广告策划等相关知识的内涵及作业流程。

第三，现代教育理论强调情境的重要性。情境学习理论认为，“知识是在情境中通过活动产生的。”首先，将任务放在真实的情境中，不仅有利于调动学生的主动性，使其积极挖掘头脑中原有的知识、经验来解决问题，还有利于将在情境中获取的知识和经验进行广泛迁移。其次，将学习置于知识产生的真实情境中，学生经历的是一个类似于专家发现知识的知识再现过程，这就能促使学生积极探索，主动发现，并独立解决问题或完成任务，从而实现对知识的构建。而广告拟态实践教学就是从改善教学环境入手来达到其教学目的的。活动不仅可以预设广告代理项目，而且可以预设广告招标与竞标的真实情境。拟态实践教学环节中采用的拟态性质的实战教学模式，参考了广告公司的运作模式，最大限度地塑造广告运作过程的实战性氛围，从策划团队的组建到最后进行的提案、竞标，都让学生感到自己是广告公司的一名成员，能有效激发学生的自主性和竞争性，达到学以致用、知行合一的教学目的。

（二）缄默知识观下搭建整合平台的意义

缄默知识是一种与显性知识相对的，存在于个人头脑中，在特定情景下、难以明确表述的知识。通常被人们称为知识的东西，如用书面语言、图表或数学公式表达出来的知识，都是显性知识。而另一种不脱离认识主体，只可意会，无法明确表述的知识，如建筑师的建筑诀窍，作家的写作技巧，就是缄默知识。它的获得一般很少通过他人的帮助或环境的支持，必须通过个人亲自去体验、实践和领悟来获得。在教育教学领域内，缄默知识资源的存在是不争的事实。

正确认识缄默知识的双重功能，剔除其中的无益成分，合理利用其有益成分，能够产生巨大的教育价值，因此，教育如果想要培养学生的知识创新意识、素质和能力，只向他们传递已有的和显性的知识成果和方法是不够的，还必须使他们掌握大量缄默的认识信念、概念、框架、方法与技巧等。而这些是主要在以传递、理解和掌握显性知识为主的课堂教学中是难以做到的。“大匠能诲人以规矩，不能使人巧”，反映了教学面对缄默知识的困境。

正因为缄默知识在个人的知识构成中意义重大而又难以通过课堂授课培养，

所以，找到正确获取和提高缄默知识的途径至关重要。正如著名教育家波利亚所言："学习任何知识的最佳途径是由自己去发现，因为这种发现理解最深、也最容易掌握其中的规律、性质和联系。"因此，把利用拟态实践教学方法实现整合作为一种有效的学习方法，不仅可以应用与检验显性知识，而且更能在缄默知识范畴内有所作用。

首先，学生们在日常的学习和生活中应用最多的是缄默知识，而不是显性的课程知识。那么，如何加强显性知识，也就是理论知识在实践中的应用，而避免高分低能的现象（高分说明他们掌握了很多的显性知识，低能则说明他在实践中与那些未受过教育或未受过同等教育的人一样，应用的仍是缄默知识），就需要重新审视拟态实践教学的价值。这种拟态的类似于实战的实践活动是建立在缄默知识基础上的实践活动，真正地给予了学生在真实情景中，长期观察、体会与实践的机会，让学生不仅可以整合吸收专业主干课程中的显性知识，构建自己的知识框架，而且可以学会分析自己显性知识和想法中所蕴含的缄默知识，特别是缄默的认知模式，从而不断提高元认知的水平，提高对自我学习行为进行分析和管理的能力，进而借助于显性的知识来不断地修正自己的缄默知识，并将显性知识应用于实践。

其次，缄默知识主要来源于经验和技能，领悟和练习才是学习它的唯一方法。把广告项目作为贯穿专业主干课程教学的红线，将具体的经验与课堂知识对接，就是为了让学生尽可能通过个人体验，以及与团队成员、教师的交流互动，收获那些藏在课堂教学深处和教师个人经验传授中的有关广告运动各环节的缄默知识，帮助学生创造和促成个人体验的空间。最终，只有把学习建基于学生有益的缄默知识之上，并把显性的课程知识融入他们的缄默知识之中，才能使其发展出自己完整的人格、自主的个性和持久的创造力。

再次，在显性知识的获得方面，缄默知识既可以起到一种基础的、辅助的和向导的作用，也可能干扰和阻碍对与之不一致或相冲突的显性知识的获得。比如，我们平常所说的教学难点的形成，一方面可能是由于课程知识本身的复杂性，另一方面也可能是由于学生所秉持的与课程知识不一致甚至是相反的缄默知识的干扰。显然，教学过程中对缄默知识的无知及由此导致的缄默知识的自发作用在很大程度上会影响到教学难点问题的解决，影响到整个教学活动的有效性。在拟态实践教学的全过程中，学生可以充分发挥个体的主动性与才智，实现缄默知识的外化和显性化。这样一来，如果缄默知识与认识或实践的目的一致，那么就可以得到利用和保存；如果它与认识或实践的目的不一致，那么也可以得到限制和克服。每个人缄默的认识立场、观点或模式伴随其具体的见解和行为显现出来，从而既可以为自己也可以为他人认识和理解，并在此基础上进行检讨、修正、批判或利用。

三、广告代理模拟竞标：创新性的整合平台

（一）广告代理模拟竞标平台

广告代理模拟竞标是一种目前国内外正在广泛研究、推广的基于项目的教学模式（Project-based Learning）。由学生担任广告代理模拟竞标的主角，组建成立“广告代理公司”，并在教师的组织、指挥、指导、协调下，充分扮演不同的角色，承担完成任务。其具体做法是：由5～6人组成一个实践教学小组，在教师的指导下，各小组围绕确定的代理项目，进行市场分析、战略规划、策略制定、创意表现、媒介策划、经费预算等，形成完整规范的代理方案文本。最终以竞赛的形式进行广告代理现场竞标，并由任课教师及专业其他教师，院教学主管及客户代表，共同组成方案评议组，对各小组的代理方案进行现场评议。

武汉大学广告学专业在专业主干课程教学系统建设过程中，凭借优秀的师资力量及资源条件，以广告代理模拟竞标形式开展了拟态实践教学活动，并经过长期实践活动积累了大量经验，形成了良好的教学效果。

（二）广告代理模拟竞标的教学过程

广告代理模拟竞标的教学过程贯穿在专业主干课程的教学系统中，主要包括四个环节。

第一个环节是广告代理招标与邀标。这个部分主要由教师完成，其内容包括两方面：一是招标单位——广告主及其广告代理项目的确定。主要有三种类型，第一，广告主正在进行招标的广告代理项目；第二，广告主已经完成的广告代理项目；第三，由于条件限制，教师虚拟一个广告主招标的广告代理项目。这具中，第一、第二类更具真实性，可提供一个真实的学习情境。同时，招标单位应提供招标书，详细介绍招标广告代理项目，还要包括代理时间、经费预算，以及评标时间、地点。二是竞标单位的确定。教师将学习本课程的学生按照一定的规模进行分组，然后每组学生再开始竞标单位的组织建构，即成立自己的“广告公司”。每个“广告公司”都包括总经理、市场调研经理、创意总监、文案、媒介部经理等职务，按照学生的能力和兴趣进行分配。

第二个环节是投标书制作。“广告公司”接到广告主邀标后，开始制作投标书。投标书包括两部分内容：一是“广告公司”的推介，包括其公司名称、经营理念、广告语等；二是广告代理项目的策划方案。具体而言，“广告公司”首先仔细研究广告主招标书的要求，并进一步展开广告市场调研，包括广告的宏观与微观的政治、经济、文化环境，广告主、产品、市场、媒介资源调研等。然后进行广告策划，确定广告主题、创意表现策略，并设计、创作用于各种媒介类型的

广告作品，确定广告传播的媒介策略。最后，制定广告传播计划以及经费预算。

第三个环节是开标与竞标、评标。在预期规定的时间、地点，广告主就广告代理项目开标，召开开标会，组织、聘请数名专家为评标人，各“广告公司”逐一提交投标书，现场陈述、展示广告代理提案。同时对评标人的提问做出答辩，最后由评标人对“广告公司”提交的投标书以及现场答辩情况进行评价，并选出中标者。

第四个环节是总结。上述三个环节属于教学环节，而总结则属于教学评价环节，其主体是教师，客体是学生参与课程的实践情况。教师的评价与总结应该是全面的，不仅要包括第一、第二个环节，而且要包括第三个环节；不仅要包括学生在实践学习过程中的优点，而且要包括其缺点与不足；不仅要包括学生的理论知识，而且要包括其实践技能；不仅要包括学生的学习态度，而且要包括学生的学习能力；不仅要包括学习过程，而且要包括学习结果。简言之，教师必须进行全面的评价与总结，让学生发现自己的不足，吸取、学习其他同学之长。

（三）广告代理模拟竞标的整合作用

目前，大多数高校常采用的课程实践教学的方法有思维训练法、案例分析讨论法、广告类专业竞赛和业界实战等几种形式。这些实践教学形式对于学生广告专业能力的培养，各有优势及特点，也均存在相应的不足。广告代理模拟竞标作为一种拟态实践教学方法，综合了各种实践活动的优势，遵循广告运动的发展程序，其运作范围几乎涵盖了广告专业主干课程的所有教学内容。其实践过程不仅包括围绕着完成具体广告项目的微观层面的广告市场调查、主题、创意与表现、设计与制作、媒介计划与投放等，而且包括中观层面的广告经营与管理、广告投标与竞标，既包括广告理论知识，也包括广告实践应用操作的教学内容等。因此，这样的拟态实践教学活动可以将学生所学的专业理论知识运用到实践之中，全面检验和训练学生的广告专业素质和技能，是广告学专业主干课程教学系统中不可缺少的整合性教学环节。

通过广告代理模拟竞标，学生能很好地将课程知识点进行转化，学生的学习也会变得更加主动，对知识的掌握和理解也会更加到位，动手能力也能得到提高。此外，与单纯的课堂内项目模拟广告创意实践相比，拟态实践教学模式的目的性、实效性明显更强。最关键的是，通过参与到真实而具体的广告项目创意中，学生可以获得对真实的广告项目创意环节的直接体验，从而更直观地从广告项目中了解广告专业的内涵及作业流程，弥补课内模拟训练项目与业界脱节的弊端。尤其在广告提案环节，邀请校外广告专业人士、企业界人士、设计师等专业人士一同参加，将有助于提高教学质量。通过校外专家对方案客观的点评，可以让学生了解真实的市场评判标准，克服纯理论教学的滞后性，使广告教学走入真正与市场接轨的良性轨道。

广告学是一门紧贴市场的学科，假若单靠教师进行理论教授和在小范围内进行实践，仅仅能回答学生“广告是什么”的疑问，而对于广告究竟和产业如何互动，广告传播规律、市场需求等实战问题无法回答。要解决这种理论脱离实践的问题，只有加大与校外专业人士合作办学的力度才能标本兼治。武汉大学广告学专业利用广告代理模拟竞标有效实现了理论与实践的整合。

结　　语

当下，要培养适应日新月异的广告业界需求的创新性人才，学生实践能力和创新能力的提升越发重要。在专业主干课程体系构建的基础上，不断创新发展整合平台，开发出创新的拟态实验教学环节是一种切实可行的教学手段。例如，武汉大学广告学专业在总结前人的教学方法的基础上，创新性地将拟态实践教学环节融合到主干课程教学系统中，发展了广告代理模拟竞标教学活动，成功地将整合的观念体现在教学之中，并贯穿了专业主干课程的知识内容，既加深了学生对广告基础理论的理解，使其熟悉和掌握广告运动的工作环节与实务流程，又全面整合了学生的专业知识，提升了学生的专业技能，实现了理论教学与实践教学的互动，成为一个成功的教学模式。

鉴于此，各大高校在进行课程体系建设的过程中，可以充分借鉴成功的教学模式，结合各校具体的教学条件与资源进行整合平台的构建，以实现广告学专业理论与实践的有机统一。

“互联网+”环境下新闻传播学科拟态实践教学模式的构建与实践*

武汉大学新闻与传播学院　洪杰文　胡　鑫

互联网技术的快速发展，给各行各业都带来了“互联网＋”的春风，对于新闻传播业而言，则是机遇与挑战并存。一方面，借助视频、互动图表、虚拟现实等新型传播技术和微博、微信等社交媒体平台，新闻传播的形式日益多样，受众也越来越广；另一方面，对从业者的能力要求也越来越高，一笔走天下的时代已经一去不复返，会摄像、会写代码、会设计是一名有竞争力的新闻传媒从业者的必备技能。传统的课堂讲、课下写的新闻传播教学模式，不再符合新形势下对新闻传播人的要求。同时，互联网时代，各大产业都在随着信息爆炸急速变革，以经典课本为主的传统教学理念无法完全跟上时代步伐，无法使学生具备毕业即能投身于媒体一线工作的能力。如何在构建理论堡垒基础的同时，能够让学生具备较强的动手实践能力和操作经验，是“互联网＋”时代新闻传播学科面临的一大重点和难点。

武汉大学新闻与传播学院作为全国成立最早的一批新闻传播教育基地之一，积累了丰富的教学经验。学院充分认识到新闻传播学实践性强的特点，一直将理论与实践相结合作为教学工作的重中之重，学院将专业实习作为必修的学分课程，在大三下学期将学生输送到国内各大媒体、网站和广告公司的实习岗位上，进行长达四个月的全职锻炼。目前已和中央电视台、《人民日报》、《中国青年报》等国内主流媒体以及腾讯、网易等门户网站建立了稳定的合作关系，不少学生通过出色的实习表现获得单位留任机会，也为武汉大学新闻学院学生建立了良好的口碑。

学生能够在大三下学期进入单位实习时迅速转变身份，从象牙塔里的学生到职场的实习生并迅速获得用人单位的认可，与他们前期在校内进行的拟态训练不

* 本文为湖北省高等学校省级教学研究项目“新闻传播学拟态实践实习平台的构建与实践研究”(项目编号：2013008)的阶段性研究成果。

无关系。几乎从一进校起，新闻传播学院的学生就有了模拟真实传媒机构工作的机会。在学院的大力支持下，这种拟态实践平台以学长学姐言传身教的导师制为方式，以专业老师的监督和指导为支撑，以校园为基础，同时放眼社会，为本院学生提供了从事模拟专业操作的机会。这种拟态实践教学模式，与偏理论的课堂授课相互补充，让学生能够将在课堂上学习的新闻和传播知识很快地投入实践，又从实践中获得反思，激励他们进一步钻研。经过数年的教学实践，武汉大学新闻与传播学院拟态实践教学模式的构建正朝着全方位、多学科和积极适应现实需求的方向发展，建立起了报纸《新视点》、微信公众账号“狐说”和行业群体“广告人协会”等多个实践平台，这些拟态实践平台使学生的动手能力得到了极大地提升。

一、新闻传播学科拟态实践教学平台——《新视点》与“狐说”的规划和运行

武汉大学新闻与传播学院在拟态实践教学中主要设置了以传统纸质媒体为主体的《新视点》和以新媒体为平台的微信公众号“狐说”。《新视点》是新闻学院院报，曾经以报道学校的相关通讯和消息为主，后因学院老师对新闻实践的重视和学生们对校内新闻实践的需求，逐渐改革成新闻学院学生校内校外报道的平台，成为初具规模的、面向全校师生的新闻报刊。

2006 年第 1 期的《新视点》中就出现了调查性报道“每月五度的用电额度是否合理”。到 2007 年，经过学院的大力支持和 2006 级、2007 级《新视点》记者们的不断努力，《新视点》最终成为拥有主编、副主编、秘书长、编辑（包括版面责编和一般编辑）和记者的完整平台。其从组织架构、人员设置、运作流程到版面设计和报道标准都以《南方周末》等以深度报道见长的纸质媒体为标准。以 2015 年为例，新视点团队共有工作人员约 40 人，其中有 10 名编辑和 30 名记者，主要由新闻学院大一和大二的学生组成，内容以深度和调查性报道为主，出版周期是一个半月，印刷规模是 1500 份。近年来更是拓宽选题范围，关注社会议题，例如，《锅顶山拉锯战——医疗废物处理的武汉困局》一文，作者们花费数月时间数次奔赴武汉郊区，深入调查了垃圾焚烧的现实问题，引起了一定的社会关注，也充分展示了校园媒体在公共事务发声中的积极作用。

从具体操作流程来看，新视点实行主编统筹、编辑带题的模式，给予学生充分的自主权，以选题会、例会和评报会为纽带，借鉴了正式媒体的发展模式。选题会中，大家从社会时事和校园热点两方面出发，进行头脑风暴，一方面努力挖掘身边事件的深层价值，另一方面寻求社会关注点和校园读者的结合点。在针对有价值的选题进行充分讨论后，通常会确定 5～6 个题目，每个题目由 5 个学生共

同来完成，通常是 2 个大二的编辑和 3 个大一的记者。会议结束后，编辑需要针对报道主题、方向和记者进行进一步沟通，同时也要负责解答记者在采访报道中遇到的种种疑惑。随后在每周例会上，各组需要汇报报道进度和可能遇到的困难，在与大家的讨论中寻求解决方法。各个版的责任编辑需要向题目编辑报告报道进度。两周之后，报道初具雏形，初稿首先由带题编辑进行审阅修改，此时需要修改的部分可能较多，有时需要打回，让记者重新采访或重新组织文章。带题编辑修改完成后交付责任编辑修改校对，确认无误后责任编辑参与版面排版，然后打印出当期小样。经学院辅导员审核后，付印约 1500 份，然后发放给新闻学院学生和学校主要领导及老师。

“互联网＋”环境下，读者的阅读习惯显著改变，纸质媒体的低传播速度和效率也曾一度困扰《新视点》的发展。2013 年以来，《新视点》在原有的人人网平台上，相继运营了微博和微信公众账号，模仿西方大报的做法，将重心向网络版倾斜，即在纸质版出版之前在网络上发表传播。同时，《新视点》没有改变以坚持深度报道为主的宗旨，选题视野也日益广阔，报道了从校内到校外的诸多议题，也吸引了一批校外的关注者。

“狐说”网络文化工作室则充分适应了新媒体时代对新闻教育的要求。是由武汉大学新闻与传播学院传播学专业师生共同创建的学习共同体，其不仅是网络新媒体专业学习互动的平台，也是激发 90 后大学生积极参与社会讨论，承担社会责任的实践社交平台。“狐说”取意为小狐狸们的啾啾之声，以发表师生原创作品为基本方式，试图打造兼具深度和趣味的网络文化知识社区。其建设重点为系列互联网产品，定位为网络新媒体知识学习互动平台，内容为师生原创作品，用户主要是在校大学生、学者和业界人士等，产品的编委会和日常运营由师生共同完成。工作室系列产品的生产过程按照互联网产品的扁平化模式进行管理，组建以学生为绝对主体的编委会，编委会人员由本科生轮值担任，充分调动专业学生的学习热情，提供学生作品的发布渠道，为专业学生、学界、业界和社会公众的沟通创设新技术平台。“狐说”网络文化工作室“两微两端一网”的全媒体渠道主要包括以下几个。

（1）微信公众号。2015 年 3 月 11 日，“狐说”微信公众号正式成为专业学习互动平台。初期定位于肖珺副教授执教的《海外新媒体》双语课程互动平台，内容多为独家编译和案例分析作品。后期拓展为 2013 级传播学专业学生运营的专业性公众号，并在学院本科生办公室的支持下逐步转型为大学生网络文化工作室。目前编委会成员包括 14 级～15 级的专业学生。微信公众号现设 7 个专栏，每日更新。

（2）荆楚网专栏。2015 年 6 月，全国重点新闻网站荆楚网开辟专栏，在其品牌栏目“东湖评论”中每日发表“狐说”作品。

（3）今日头条号。2015 年 8 月 20 日，“狐说”今日头条号上线，开放用户订阅。

（4）网易新闻客户端专栏。2015 年 8 月 28 日，网易新闻客户端“狐说”专栏上线，其文章数次被推荐到客户端首页。

（5）微博专号。开设微博专号“狐说”新媒体，与微信产品同步更新。

目前，涉及微信、微博、客户端、网站的渠道建设让“狐说”系列产品的订阅用户达到近 37，000 人，各渠道的总阅读量达到了 1，624，269 次，总评论量达到了 1023 次（基于朋友圈的私密性，许多转发时的评论无法统计在内，故评论总量偏少）（表 1），为工作室工作的开展奠定了良好的用户基础和市场认可度。

表 1　各渠道的总阅读量及总评论量

全媒体渠道	总阅读量	总评论量
微信公众号	339,009	350
荆楚网专栏	794,248	30
微博专号	389,954	420
今日头条号	100,161	205
网易新闻客户端专栏	897	18
总计	1,624,269	1023

二、新闻传播学科拟态实践教学平台中学生实习质量的保障和监督体系

从实际运行来看，拟态实践教学平台的建立主要面临以下困难：第一，学生只能利用课余时间参加，投入的时间和精力有限；第二，学生操作水平参差不齐，专业水平存疑；第三，现实影响力有限，容易沦为自娱自乐，拟态环境的传播价值不足。为了在最大程度上减少这些困难，在校园内模拟真实的媒体实践平台，武汉大学新闻学院主要从以下几个方面采取保障和监督措施，形成了院方、教师、学长学姐等和运营学生之间良性互动的机制。

（一）资金和平台支持

学院为《新视点》专门拨款，承担每期印刷和排版的成本费用。另外学院会在举办的各类媒体论坛活动中介绍和推广《新视点》，也鼓励《新视点》参加国内外新闻比赛。2013 年《新视点》作为武汉大学校媒的代表，入驻网易新闻客户端。

对“狐说”而言，学院扩展了其内容的广度和受众群体，推动了更多专业化

内容的出现。例如，针对在这之前召开的第八届跨文化传播国际学术会议“狐说”编委会专门成立了特别跟踪编译小组，第一时间发表与会代表观点的中文版本，让国内读者及时获取会议的最近信息并了解学者们提出的观点，此外，该编译小组在会议中与学者们进行深入交流和访谈，在实际中取得了较好的传播效果。

（二）教师专业指导

拟态实践教学作为课堂教学的重要补充，虽然强调以学生自主实践为主，但是教师的专业指导同样必不可少。由于《新视点》创办时间较长，学生自主能力高，每期报纸从选题策划到排版发行，全部由学生独立完成，主编、副主编都由学生担任，大多数稿件由学生自己进行审查和把关，印成小样后会由院里的指导老师进行最后审核，把握办报方向，并提供专业指导。

《新视点》的稿件常常成为新闻写作老师课堂点评的对象，而学生的课程作业的报道也可以成为《新视点》刊登的内容。同时，《新视点》还邀请学院老师定期参与评报会，为学生记者的作品提供社会媒体资源和专业点评。学院老师会参与优秀稿件的奖学金评选并给出意见。

而“狐说”从诞生到一步步发展都离不开学院老师的支持。根据指导老师建议，在组建之初学生就将各自研究的互联网新媒体前沿现象的论文和相关作品，通过微信平台展现给更多对新媒体感兴趣的人士以及新闻业内人士。同时，编委会对于“狐说”的定位和其文章类型进行了详细的商讨和划分，使其成为武汉大学新闻与传播学院的师生专业学习互动平台。在这过程中荆楚网主编对“狐说”上所发表的高质量文章表示了极大地认可，故决定在荆楚网的东湖社区为“狐说”开辟一个专栏通道。至此，“狐说”正式突破校园进入社会人士的视野，并得到广泛的好评，这反过来也促进了该平台上的作品越来越专业化。

（三）学长学姐的示范与回馈

同其他校内组织类似的是，以学生自主运营的传播教学实践平台存在着一个新老学生之间交接的问题，2013 级“狐说”负责人对此回应道：“我做 CEO 和内容组成员的那两个月，我们从 2014 级选了两批比较优秀的同学和我们一起生产运营并学习经验，然后在 11 月底把公号完全交给了 2014 级。第一批 2014 级人数较少，第二批多一些，然后完全交接，有了这样一个传帮带的过渡过程，交接还挺顺利的。”

每个学期初，《新视点》都会请媒体记者来学校对新人进行培训，例如，常驻武汉的《南方周末》的高级记者就是新闻院的常客。同时还会请有媒体实习经验的学长学姐带题，进行从选题到采访，再到写作的指导。作为一个校园组织，学长学姐的帮带制度在《新视点》的发展过程中起到了重要作用。

事实上，不少新视点人在离开校园后仍会心系他们新闻事业起步的地方。2008级学生创办了新视点奖学金，作为对《新视点》优秀稿件的奖励。经过新视点人的努力，架起了新视点基金会的框架，并由基金会负责奖学金的运作。《新视点》毕业生和学院里的几位老师成为新视点基金会的出资人，他们每人每年平均出200元。基金的1/2用作奖学金，其余的1/4用作储备资金，备不时之需；剩下1/4的用途由当届编委会决定，但要给出资人说明每笔钱的使用情况。奖项评选延续了《新视点》的专业导向，这些新视点人请到一些重量级评委，还包括媒体界的知名记者编辑。每年由媒体记者、新闻学院老师和已经工作的新视点人共同评出新视点奖学金的一、二、三等奖，为每一篇参选稿件打分并写一段评语。2011年的第一届新视点奖学金一共发出了2000元，到了2012年的第二届，又增加了400元的评论奖。这是国内目前唯一由学生自发建立的新闻类奖项，既鼓励了学生记者，也促进了《新视点》的长远发展。

三、拟态实践教学平台的实际效果评价

在对学院大四学生的调查中发现，有80%的学生表示他们曾参与过校内的拟态实践教学，其中"是否对你日后在传媒机构的全职实习有帮助"一题，100%的受访者都做出了肯定的回答。在这样的实践平台上，学生们各方面能力的成长十分迅速，通过半年到一年的实践就可以熟练参与从新闻报道到新媒体活动策划等各个环节的工作。

问卷显示，拟态实践教学平台对学生的帮助主要体现在两个方面：一是业务能力上，《新视点》主要锻炼了学生的新闻敏感度和采、写、编能力，一位在《中国青年报》实习的学生表示："在《新视点》的经历让我在之后的实习中上手很快，老师一看稿子就知道我是有经验的。"《新视点》平台逐渐成长为国内主要媒体，为《新京报》、《财新周刊》和南方报业集团等媒体源源不断地输送人才。2008～2013年，《新视点》连续6年获得《南方都市报》新闻奖学金，是唯一获此殊荣的中国高校校园媒体。

而"狐说"则更全方位地拓展了学生的多媒体运营能力、阅读视野和对受众心理的把握。一位在凤凰网实习的学生说："做海外新媒体观察作业时期接触到了传媒前沿；做运营时体会到了受众思维，根据后台数据分析传播效果，例如，粉丝增长的几个渠道（名片转发、二维码扫描、搜索公众号名称、朋友圈点击文章内容等）谁多谁少；我觉得收获最大的还是做了两篇自己比较满意的文章发现自己还挺喜欢理论的，观察媒体不能仅仅就媒体论媒体，更重要的是要在历史、政治、社会背景下观察媒体形态、报道取向的成因和媒体的社会影响等，

做“狐说”期间开始关注外国媒体，关注到了外国媒体最新的报道形式，如可视化、数据新闻等，同时看了许多案例，现在就是在凤凰新闻可视化报道组做实习策划编辑。”

二是拟态实践教学平台还为学生们模拟了真实的职场，让他们在团队的协作、自治和管理中锻炼了综合能力。一位曾在《新视点》任负责人的同学说，“人际交往能力确实在这里得到了锻炼。实习后需要和上级、指导老师打交道，而在《新视点》曾经工作的经验，让我学会换位思考，这是一般人不会体会到的。如果只是做基础工作，不会有这么大的收获，如果经历过领导者制定决策的过程，就会更明白如何在职场处理多元的人际关系。”一位曾在“狐说”做 CEO 的同学也说：“算是稍稍地感受了怎么做‘领导’吧，怎么让同学们做事、改进提高。”

四、拟态实践教学平台的不足分析

拟态实践教学作为一个为不断变化的现实服务的平台，其自身也在不断地更新、适应和调整。从过去的运行情况来看，武汉大学新闻传播学科拟态教学实验平台主要有以下不足：

（一）学生群体流动性大，人员变更频繁

由于学院对学生大三下学期的全职实习安排，大部分在校参与实践平台的都是大一和大二的学生。基本以一年为周期，平台就会出现大换血，刚习得技能的学生马上要离开平台奔向社会岗位，新人在摸索中前进，较难保持始终如一的水准和风格，容易出现断层现象。学生的经验相对有限，而有社会媒体实习经验的高年级学生再回到学校后很难会对这样的平台保持之前那么高的投入度，任职者普遍经验不足的情况时有发生。

（二）欠缺有效的激励机制，自觉和兴趣为主导

由于是自愿性和自觉性的平台，学生自愿参与、来去自由，效率和质量也主要靠内部监督。以《新视点》为例，这种同人办报的模式可能会推动报纸向新的高度发展，例如，2009 年刘星、肖文彬、黄莹赴京采访参与国庆群众游行的学生，发回《方阵背后的学生们》一文，被评价为“学生媒体深度报道社会新闻的成功尝试”。但也有可能出现积极性普遍不足，拖稿严重的现象。比如，2012 年下半年便出现了两个月出一期报纸的现象，针对这一问题，可以借鉴清华大学的新闻

传播实践平台清新工作坊的做法[①]，即参与工作坊，如《清新时报》等的工作，均可获得学分，极大地调动了学生的积极性。一位受访的清华学生表示“参与这类实践活动就像是课堂教育的补充，有了学分也觉得更有动力。”

（三）选题面临挑战

学生校内实习平台常常在选题上面临困难。一方面，《新视点》和“狐说”志在将自身定位为做深度内容的媒体，但另一方面，其学生媒体而非社会媒体的身份，导致采访以及资源都会受到很多限制，选题常常不具备可操作性。

结　语

新闻传播学拟态教学平台的构建充分调动了学生参与新闻传媒实践的积极性，也与日新月异的媒介环境相适应，有望成为“互联网＋”时代教学链条中不可或缺的环节。而武汉大学新闻与传播学院的拟态实践教学模式，将在自身不断的反思和改进中，为同类高校提供借鉴经验，从而促进中国新闻传播教育的发展。

---

① 张小琴，陈昌凤. 后喻时代的新闻教育——清华大学新闻与传播学院的“清新传媒”实践教学模式. 国际新闻界，2014(4)：150-157.

在知识建构中协同育人创新视听新媒体实训体系

重庆师范大学新闻与传媒学院　金　鑫

一、新媒体视听教育现状及存在的问题

当前，视听新媒体发展瞬息万变，层出不穷的新技术带来视频内容生产制作流程的重构和经营模式的基因链重组，预示着大视频时代的来临。在此时代背景下，国内近800所高等院校视听新媒体人才却呈倒金字塔分布，学术型人才过剩，技能型与应用型人才紧缺，与业界脱节现象严重。鉴于此，课程体系设计、人才培养模式改革风起云涌，但还存在诸多亟待解决的问题。

（1）教育理念存在偏差：学习和教学的三个层次的理念，包括作为反应强化的学习、作为知识获得的学习、作为知识建构的学习。目前，新媒体视听教育仍处于第一、第二个层次的交叉阶段，即围绕知识获得设计课程理论并自主实践，把新媒体视听教育等同于知识的传授和成绩的考核，将知识分割化，使学习孤立化、简单化，与传媒巨变的时代对新媒体教育实践及创新的需求背道而驰。

（2）研究型模式成主导：目前的影视教育过分强调高学历的师资构成比重，导致研究型教育模式成为主导[①]，用培养理论研究型人才的方式来培养实践创新型人才，实为方枘圆凿。

（3）人才培养定位模糊：近十年来，我国“爆炸”出众多的新媒体艺术类院系，但普遍存在定位、划界不清的问题：进行综合还是专科教育；采用以“教中做”为主的研究型教育还是以“做中教”为主的应用型教育；普及教育还是精英教育等。目前不同性质、不同办学条件、不同办学层次院校的教育都趋于同质化，无法满足人才的多样化需求。

（4）地区差异化严重：我国新媒体视听教育发展地域分布极不平衡，多集中在东部经济比较发达的地区，西部地区发展滞后。表现为：离市场与行业较远；缺少优秀产业的支撑；缺少影视实践、理论创新型人才的注入。

针对上述问题，并基于西部欠发达地区及师范类院校办非师范专业的背景，

---

① 欧阳宏生，闫伟. 影视教育：现状、问题与出路——中国高校影视学会副会长、四川大学欧阳宏生教授访谈. 当代传播，2010(6)：104-105.

我们自 2015 年 7 月至今逐步摸索与实施了“知识建构中协同育人的创新视听新媒体实训体系”，在已有的校企合作和市级广播电视编导特色专业建设基础上，建立协同育人保障机制，通过真实应用项目和仿真实训环境设计，在合作办学的广播电视编导、数字媒体艺术专业中推行视听新媒体系统化进阶式实训教学模块，打造多维合作的知识建构学习共同体。

二、在知识建构下，解决新媒体视听教育问题的方法与路径

知识建构教育理念是解决问题的教学设计，它不仅融合了作为反应强化的学习，作为知识获得的学习两种教育理念，而且是依赖人际互动关系的学习环境建构的学习与教学方式。该教育理念的核心在于将知识分割化，将孤立化、简单化的被动式学习与教学方式转变为以主动、协同为前提的帮助式学习与教学方式，主张师生共同从事一个仿真或真实任务，将师生关系重构为协调合作关系，教师对学生的干预仅限于帮助其选择材料、组织材料及整合材料。在此理念下，我们根据现存问题，分四个方面构建并实行了协同育人创新视听新媒体实训体系。

（一）设计系统化养成式进阶课程模块

传统的传媒类专业课程设置遵循精英式教育模式，专业课程贪大求全，学生盲目学习，对专业认知缺乏系统性，课程内容重叠交叉，加重了学生课业负担。

针对这一问题，我们调研行业岗位需求，根据行业新变化修订“2015 级广播电视编导、数字媒体艺术专业培养方案”，围绕核心专业能力重构四维度学习环境，设计了由视频类学科基础课+视频类行业实训课+创业教育与视频创作双线并行的独立实践环节组成的系统化养成式进阶课程模块（表 1）。

基础模块从策划、写作到制作逐级提升基础技能；核心模块由公司主导的行业实训课程模块和学校主导的类型片实训课程模块组成，重点训练策划、制作、营销等核心技能，进一步提升基础技能；独立实践环节设置认知实习—创业案例—创业大赛及“十分”系列进阶独立实践环节。

表 1　新媒体试听教育创新模型：养成式进阶课程模块

	新媒体试听技能知识教育		新媒体试听基本技术、技能知识及学习方法能力的理论教育维度由高职称专任教师在校内实习实训基地完成。
	领域知识	认知课程	
内容	一般技术运用	基础选修课程	
	基本流程及操作	基础核心课程	
	学习能力的培养	素质教育课程	

续表

方法	专业成长的方法		该维度由行业导师、有一定实践基础的熟手，分层在校外实习、实训基地统一、交叉完成。
	示范	教学卡片及优秀成果	
	辅导	项目岗位对应制作人	
	脚手架	四级制作人交叉辅导	
	表达	每周进行宣发及总结	
	反思	小组成员讨论、总结	
	探索	进入下一轮的制作	
顺序	项目实施的顺序		该维度由专业核心课程和岗位实训体系组成，由高校+行业教师共同完成。
	增加复杂性	难度、长短控制	
	增加多样性	2+1 共 3 轮岗位实训	
	全局到局部技能	3+1 共 4 轮的项目创作	
社会学	学习环境的社会特征		该维度通过建立 3 个产业对接平台，保障学习可持续，在社会实践中完成。
	情景化学习	针对行业需求确定项目任务	
	实践共同体	学生团队内部交流、团队之间交流	
	内部动机	建立周目标并寻求解决方案	
	合作	学生以团队为基础完成项目	

（二）建构真实项目驱动的仿真实训体系

传统的传媒类专业实践教学大多在实训教学示范中心或学校自建的实验室完成，实践教学的选题也大多由任课教师根据教学内容自主设计，与行业真实项目相去甚远。加上学生人数众多，教学过程中的实践效果评价也多由专业教师独立完成，这导致学生毕业时所积累的实践教学成果在求职时缺乏说服力，而学生对行业标准及真实项目的认知也较为匮乏。针对这一问题，我们构建了横向双流程认知体系（图 1），通过学校与合作企业联合打造的 7STAR.LIVE 视听新媒体联合创作空间，将视听行业实训课的教学场地拓展至校外实训基地，在实践教学中引入真实行业项目，同时为真实项目教学实践提供了仿真实训环境，满足每学年近 600 名学生的专业实训要求。具体流程及方法如下：

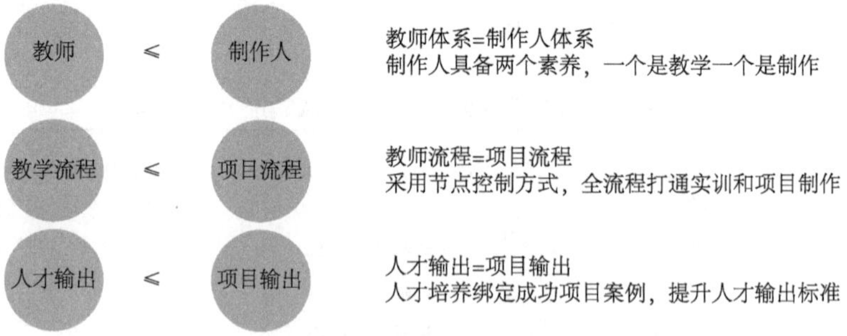

图 1　横向双流程认知体系

（1）根据项目要求嵌入教学要点。结合专业特性将真实的市场项目运作流程改造为若干核心课程节点模块，并将其置入真实项目流程，对接产业平台，完成项目能力、岗位能力、行业素养的培养，实现立体化、交互式的专业技能训练（表2）。

表2　知识构建的成长设计

项目能力	岗位能力	行业素养
作品成长路径	岗位实习路径	产业实践平台
第4学期：十分创意课程	第3学期：A轮岗位实习	人才对接平台
第5学期：十分电影课程	第6学期：B轮岗位实习	作品对接平台
第7学期：毕业大戏	第7学期：毕业实习	产学对接平台
毕业2年内：创投季		

（2）改革教学模式，提升实训效果。依据知识建构、协同育人教学理念组织行业专家、高校教师、行业从业者及往届熟练毕业学生，形成4层级帮辅体系（图2）①，以项目为核心，将教学关系转换成协同合作关系，学生在完成项目的过程中可以自由选择适合自己的层级寻得指导。同时，学生实行5人制实训小组，每个小组由1名助理制作人、2名编导、2名后期构成，小组在制片计划的驱动下，实现逐级通告管理，并以循环负责制完成实习的全流程训练。

（3）改革管理模式，个性化评估实训效果。建立学生个人实训档案，根据岗位能力模型对学生进行针对性测评，同时将个人档案即时反馈给行业导师，以便更好地实现个性化学习方案推送。

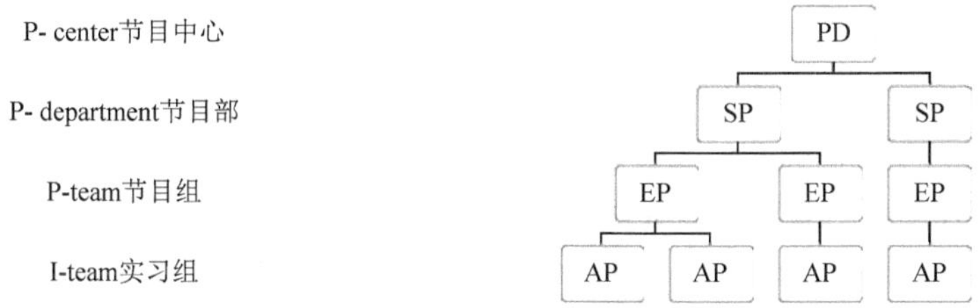

图2　四层级项目帮辅体系

（4）真实岗位设置与高频次引导式训练结合。参照当下新媒体企业的真实状

① 图2中所示PD(production director)指制作总监；SP(senior producer)指资深制作人；EP(executive producer)指执行制作人；AP(assistant producer)指助理制作人。

况设置岗位，按照真实岗位制定适合学生的实习岗位职责，围绕核心专业能力进行高频次引导式训练，提升学生直接解决实际工作问题的能力。

（5）拓展教学场所，改革教学时段，营造真实项目实战环境。集中 8 周安排真实项目实训课程，行业导师全程指导，由校内专业教师教学督导与管理，在仿真空间中完成真实项目的流程。

（三）打造多维合作的学习协同体

传统的校企合作办学达成顶层合作协议后，在实施过程中，理论教学与实践教学分别由校内专业教师和企业培训导师承担的状况较为普遍，且培养方案多由校方制定，这难以解决高校教育优势资源与行业发展前沿动态及行业标准等业界优势资源各自为政，不能有效整合等问题。针对这一问题，我们充分利用校内资源在传统教学管理下进行突破，在视听新媒体实训体系中推行多维合作的教与学新方式，塑造学习共同体。

（1）改进教学方法，广泛开展对话式教学。利用微播平台传授优势课程，采用 PBL 教学法（以问题为导向的教学），将翻转课堂理念融入实践教学，充分利用 QQ 群、微信公众号等新媒体平台，广泛开展对话式教学。建设 13 期的《视频制作基础》（专业核心课）视频课程资源，实现线下和线上、课内和课外的教学互动。建成并运营编导派、淘学猫等微信公众号，服务实践教学。

（2）改造教学场所，营造交互式学习氛围。改造后的 3.0 教室采用触屏式电子黑板，辅以连通互联网并能实现师生互动的显示屏，同时，变传统的固定分区联排式座位设计为小圆桌、可移动式设计，便于师生在课堂上体验线上线下链接、师生“对话式”教学以及灵活多变的小组讨论式教学。

（3）建立保障机制，构建协同教学模式。通过主讲教师责任制、教学团队负责人制、双导师制、跨媒体联合创作计划、多元化工作室运行机制，建立教师协同教学、师生联合创作的学习共同体，提升师生的知识建构创造能力，进而激发学生的创造性思维及拓展个性化的兴趣。

（4）突破传统体制，增强协同育人机制保障。传统的校企合作在顶层合作协议基础上，主要以学院为主导，将主要实训模块委托给合作方，院方负责验收或协同管理，或者以重点项目的合作为实质内容，达成场地或师资的合作，难以系统、深入地实现全方位、系统性合作。

针对这一问题，我们在已有的校企合作的良好基础上，从资金、场地、组织保障、管理制度等方面全方位地对视听新媒体实训给予协同育人机制保障。

第一，在资金上，综合利用校企合作、部校共建等学院经费，公司在已有合作经费基础上增加投入，建设校外实训基地；在场地上，校方给予数字影视制作实验教学中心 2000 多平方米的场地支持，公司选在沙坪坝区大学城核心区域，建成 7STAR.LIVE 视听新媒体联创空间（以下简称空间），一期占地面积 1500 平方米，集实训、创作、创业孵化为一体，拥有实训区、直播间、设备区、项目展示及发布区、运营中心以及 7COFFEE 等多间实践场所，可同时容纳 800 余人学习和创作。空间与校内实训基地联动，形成双基地模式。

第二，在组织保障上，打破专业壁垒，成立媒介技术等 6 个教学团队，建立学习与教学指导委员会指导下的教学团队制，对公司主导的实训教学予以同步督导和支持，保障教学质量。

第三，在管理制度上，成立校企联合管理的理事会制，在合作企业中成立教学管理办公室，由专人负责教学协调与实施，同时与院方教学管理部门实行联动机制，对实训过程、成果验收、项目实施等进行协同管理。

三、实施现状与成效

协调育人创新视听新媒体实训体系，自 2015 年底伴随 2015 届本科生培养方案修订执行至今仅实行了一年半时间，目前覆盖了 2015 级近 600 名本科生和全院近 70 名高校教师及行业专家，初见成效。

（一）学生作品数量与质量有明显增幅

经过一轮的实训，共产出 273 部优秀学生作品，接近于之前 4 年学生作品的总和。学生作品参展层次及获奖数量明显提升和增加。至 2016 年，已获得各类高层次奖项 9 项，其中金鸡百花奖微电影大赛入围奖 1 项，大学生广告艺术节学院奖国家级佳作奖 4 项。第八届“科讯杯”国际大学生影视作品大赛一等奖 2 项，第五届“科讯杯”全国大学生 DV 作品大赛一等奖 2 项，第十届四川电视节“金熊猫”奖首次国际大学生影视作品评选入围奖 2 项。

此外，作品选题及种类更加多元。参与赛事包括中央电视台《南方周末》品牌形象宣传片 CF 文案、“环保之星”第七届亚洲艺术盛典重庆站比赛、西安·国际民间影像节、第三届重庆市大学生戏剧节、重庆首届大学生纪录片新锐导演计划等。

（二）教师教学建设和研究有较大提升

专业核心课程标准（教学大纲）全部审定出台，自编实训教材已陆续出版 2 部，分别为《影视照明实训教程》（向卫东、吴荣彬著，重庆大学出版社 2016 年），《网络视频拍摄与制作》（李明海、王力、王泽钰等著，西南师范大学出版社 2016 年）。

教改项目申报数量逐年增加，立项数与立项级别有所增加和提升。立足互联网技术、视听新媒体产业生态，针对校企合作教学实际问题的研究越来越多，比如，《协同式教学模式在教学运行机制中的研究与实践》《基于新型校企合作的广播电视编导专业毕业设计改革与实践——以国外一流大学为借鉴》等。

（三）师生共建创新、创业新局面

扶持15个学生工作室、学生团队，孵化2个传媒公司，其中“十分LIFE”大学村生活微信平台获得国家级大学生创新创业立项，意合映画、达达影视调色获市级大学生创新创业立项；草莓工作室制作的网络系列节目《嘿，你造吗》《江湖秀》在爱奇艺播出；重庆一度灰影视文化传媒有限公司独立制作的宣传片《美均一号》等，微电影《忘川》等，专题片《重庆环保局宣传片》等；重庆市创城文化工作室获得重庆首届微企微电影大赛第二、三名，以及合计6.8万元的创业基金支持和3万元奖励。

（四）吸引大量新媒体企业进校招聘

2016届毕业生双选会，重庆卫视、猪八戒网等38家单位进行现场招聘，迅雷看看等50余家用人单位随后来院选拔人才，共计提供工作岗位500多个，涵盖编导、文案写作、摄影摄像、后期编辑、管理等多个岗位，吸引了700余名本院校的毕业生参加。

数字传播时代广告学专业人才培养与实践教学创新

国家开放大学传媒学院　张　玲

现代广告依托于工业社会规模化生产和大众传播媒介的出现而产生，100 多年来，广告业从简单的广告发布、媒介代理起步，逐渐发展为具有广告调研、策划、创意、媒介发布、效果评估等核心价值的完整产业链，形成相对成熟的产业格局，并在此过程中不断孵化出新的岗位需求，吸收专业人才。近年来以互联网技术为代表的数字技术革命既改变了生产环境也改变了传播环境，传统广告赖以生存的土壤被数字传播所取代。因此，广告业面临历史变革的转折点，此次变革不同于以往任何一次，不再是在既有发展逻辑和路径上的前进和深化，而是对旧有秩序的全面解构和对新秩序的重建。

行业的变化必然对广告从业人员的素质提出新的要求，也对广告专业人才培养提出新的挑战。广告学专业作为一个具有较强应用性与实践性的学科，市场需求决定了人才培养的方向和目标。如何正确认识行业变革带来的人才培养目标的变化，互联网环境下的广告专业人才应具备哪些基本素质，传统的实践教学模式存在哪些问题，应如何更新观念、与时俱进地进行实践教学创新，这是本文将要探讨的几个问题。

一、行业变革对人才培养的影响

在数字传播环境中，人们的传播方式、生活方式、消费方式发生了质的变化，广告主的需求也随之改变。在此背景下，广告业进入了空前活跃期和巨大变革期。一方面，无论是广告经营额，抑或是广告公司数量、广告从业人员数量等都呈现膨胀式增长态势；另一方面，在新的传播环境中，广告业传统运作模式趋于失效，既有产业链被逐渐解构，新的产业链角色及新型运作模式层出不穷，当前的行业变革给广告专业人才培养带来新的机遇和挑战。具体来说，广告行业变革表现为如下几方面。

（一）行业发展重心向数字媒体领域转移

据国家工商行政管理总局公布的数据，2016 年我国广告经营额达 6489 亿元，广告经营单位数量达到了87.5万户，广告从业人员390万人，平均每天新增企业500多家，每天新增就业人员超过2000人，广告业已成为改革开放以来中国国民经济中增长最快的行业之一。然而，在整个广告市场中，网络广告经营额达2902.7亿元，移动广告经营额达1750.2亿元，两项共同占总体广告经营额的70%以上[①]，且近年来持续保持两位数的增长速度。与之相对应的是传统媒体经营额的整体下滑，尤其是报纸、杂志广告连续几年出现断崖式下滑，甚至一度导致全国范围的停刊潮以及大规模裁减广告经营人员的现象。从以上数据可以看出，广告行业整体需求旺盛，但发展趋势已明显向数字媒体转移，人才需求与就业岗位相应地向数字传播领域流动是大势所趋，而传统广告教育仍然立足于为传统的广告公司、广告主和广告媒介培养人才，这就很可能导致学生就业后发生知识与实践环境不匹配的问题，因此，对现有人才培养方案进行修正和调整迫在眉睫。

（二）广告公司中介地位削弱化

北京大学陈刚教授认为，现代广告的诞生是解决工业社会中的信息不对称问题的，[②]传统广告模式就是以广告公司为中介，实现广告主、广告媒介、受众之间的顺利对接，以期达成信息对称的一种运作方式。而广告公司掌握的媒介资源，其大创意能力、策划能力以及分工明确的作业形态则是该模式得以顺畅运行的根本。然而在数字传播环境下，媒体资源无限化、信息扁平化、交流即时化、受众注意力碎片化使广告公司丧失了既有优势，导致“去中介化”声音迭起。越来越多的广告主成立了客户管理部门或专属工作室，利用自媒体及其他数字传播工具，实现与用户的直接对话，信息传播几乎成了广告主的日常工作。同时，程序化投放技术的兴起，使广告主与媒体也能便捷地实现资源对接，广告公司的中介地位被不断削弱，广告行业新形态悄然形成。这意味着高校广告专业人才的培养，应突破以广告公司为主导，以大创意和广告策略为核心的“窄广告”概念，使广告回归传播学本质，确立以“与用户沟通”为核心的“大广告”概念，以适应更广泛的就业空间。

（三）产业链角色多元化和微小化

多元化、碎片化是数字传播时代的典型特征，此特征同样适用于描述广告行业的产业链角色。数字传播时代的广告产业链角色除了传统的广告主、广告公司、

---

① 艾瑞咨询. 2017年度中国网络广告市场年度监测报告. http://www.sohu.com/a/140788491_721863[2017-05-15].

② 陈刚，潘洪亮. 重新定义广告——数字传播时代的广告定义研究. 新闻与写作，2016(4)：24-28.

媒介机构外，还包括各种形态的技术服务公司、制作公司、广告交易平台、效果优化平台、运营商、自媒体等。以上成员存在明显的微小化特征。从广告主来看，小微企业成了广告投放的主力军，微营销，微广告，微传播大行其道；从广告公司来看，在新媒体领域滋生了一大批针对特定领域的具有鲜明特色的小型公司，例如，H5 设计公司、互动营销公司、微视频广告制作公司等，部分 4A 公司则主动探索“细胞化”模式，在广告公司内部形成多个微型服务团队以实现随时响应客户需求的贴身服务①；从媒介来看，微博大 V，微信公众号等自媒体凭借巨大的粉丝数成为媒介领域的一支生力军。对于广告专业人才而言，未来面对的必然是多元化的就业渠道，为广告主做自媒体代运营、客户关系管理、广告技术服务、广告效果优化等，这些均属于广告专业人才的就业范围，因此，教师应结合学生优势和兴趣点，尽早帮助学生确定预期就业方向。

（四）行业边界模糊化

在工业社会中，为了提高生产效率，市场经济的最大特点是分工明确、各司其职。4A 协会的成立以及 20 世纪 60 年代欧洲广告业的集团化运动又将广告业推向了更为规范的运行轨道。广告、营销、公关分工明确，广告公司内部的客户部、创意部、策划部、制作部均各司其职。而互联网带来了跨界浪潮，各行业均出现了边界模糊，在广告行业中，边界模糊体现在多方面：在市场主体上，广告主、广告公司、媒介机构分工模糊；在传播路径上，传者与受者边界模糊；在传播内容上，广告与内容、广告与公关、广告与营销边界模糊。原来单一的广告手段，变得更加多元化，泛广告、泛媒体的概念越发明显②。由此也产生了诸多新业态，岗位职能上的交叉和融合，各行业间的协作与沟通，资源间的整合与互补是必然趋势，如何培养适应新业态的专业人才，也是高校广告教育中应面对的重要课题。

二、广告专业人才应具备的基本素养

广告行业翻天覆地的变化，反过来推动广告教育的变革，高校广告教育应该如何应对？是继续跟风追着行业跑，还是坚守象牙塔保持学术的独立性？笔者认为，高校应积极研究行业发展趋势，在趋势中找到未来广告专业人才可能赖以生存的核心能力和基本素养，在此基础上进行课程设置并开展教学实践。综合前一部分对行业变革的分析，笔者认为广告专业人才应具备的基本素养可概括为“一专四能”。

所谓“一专”，是指在了解广告市场基本特征，熟悉广告基础理论知识和基

---

① 陈刚，石晨旭. 数字化时代广告公司形态研究. 湖北大学学报，2016(3)：98-103.

② 黄升民. 关于广告学专业三个关键问题的思考. 广告人，2011(8)：46-47.

本运作流程的基础上，精通于某一细分领域的技能。鉴于广告行业的进一步细分以及产业链角色的多样化，高校对广告人才的培养也要向多样化方向发展，全才、通才培养模式已不适应行业需求，教师应引导学生提前选定适合自己的方向并进行精攻，可针对产业链的几个主要环节将精攻方向分为几个模块，如消费者洞察与数据分析模块、创意与策划模块、内容服务模块、技术支持模块、效果优化模块等，学生在入学的第二年即可根据自己的兴趣与专长选定特定模块，并在几年的学习中逐渐掌握该模块的主要工具和方法，为未来的就业做准备。

所谓“四能”，包括沟通协作能力、整合资源能力、洞察分析能力、创意思维能力。在数字传播时代，广告专业人才无论处于何种岗位，以上四种能力皆为其顺利开展工作之根本。

首先，沟通协作能力是完成岗位职责的最基本要求。数字传播时代的信息沟通渠道前所未有的畅通，在社交媒体上，包括广告主、广告公司、用户等几乎所有人均保持随时在线状态，广告从业人员需要随时响应广告主和用户的需求，沟通无处不在。此外，由于产业链角色的多元化和微小化，往往一个广告活动由多个上下游企业共同完成，多重代理成为常态。比如，负责客户需求管理的销售团队接收客户需求，将创意设计分发给设计公司、将数据业务分发给技术公司、将线下业务分发给公关公司等，各公司间越来越需要互相合作和借力，实现优势互补，这种运作模式相应地对从业人员的沟通协作能力提出了更高的要求。

其次，整合资源能力是实现传播价值最大化的重要保障。媒体资源碎片化、受众注意力碎片化、用户时间碎片化，决定了现在的广告运营仅仅靠广告策划和创意难以达到预期的广告效果，只有具备将碎片化的资源、注意力、时间进行有效整合的能力，才能发挥 1+1>2 的效果，实现传播价值的最大化。

再次，洞察分析能力是不可替代的广告从业人员的核心价值。计算机技术、程序化投放技术、程序化创意技术、大数据分析技术等不断侵蚀传统广告公司的业务范畴，机器取代了很多广告人员的职能。然而，当面对活生生的用户，要听取用户心声，与用户进行情感沟通和共鸣时，机器对人的取代作用则是有限的。过去几年中，蓝色光标传播集团之所以能异军突起，主要得益于其从公关公司起家，相较传统广告公司更多地偏重设计的专业性而言，蓝色光标在十多年服务多个不同行业客户的过程中累积了大量丰富的对于客户需求和所处细分行业消费者的理解力与洞察力，而这使得其在理解客户的传播诉求时，往往具有其他普通广告公司无法比拟的优势①。

① 中国新闻网. 广告业务布局成型，蓝色光标开启“整合传播”时代. http://www.bluefocusgroup.com/xwzx/1330.html[2015-05-19].

最后，创意思维能力自始至终是广告从业人员的生命线和广告行业发展的内动力。虽然集全部力量于一身将赌注押于“策略+大创意”上的广告运作模式已经被抛弃，但创造力和创意思维能力依然是广告行业赖以生存之根本。数字传播时代也是信息爆炸时代的升级版，只有具有原创性和创造力的信息或传播方式才有可能引爆传播。事实证明，每一次引起广泛关注的现象级传播事件无不是创新的结果，比如，以维多利亚的秘密为代表的 H5 互动广告、2017 年在微信平台引爆的百雀羚长图广告等。

三、与数字传播时代相适应的实践教学创新

高校广告专业教育一直被诟病与实践脱节、封闭办学、与行业缺乏联系等，尤其是在经济欠发达地区表现更甚。陈培爱教授认为广告专业重基础理论知识讲授，轻学生实践及解决问题能力的培养，令学生习惯了系统化的思考方式，有时候会缺乏创造性，导致其毕业上岗后严重不适应①。针对这一问题，很多高校开展了多样化的实践教学方法，如案例教学、模拟广告创意、模拟提案、岗位实习等，在一定程度上起到了让学生增加对广告行业的感性认识的作用。

然而近十年来，随着互联网，尤其是移动互联网的发展，大部分高校的广告专业无论是在课程设置上还是实践形式上都表现出了更加严重的滞后性。从实践教学的角度看，主要存在如下几方面问题：第一，案例教学中获得第一手完整案例的难度越来越大。基于新媒体平台的广告案例不再是传统媒体时期简单的一个平面作品或一个 TVC，优秀的广告作品往往具有较强的技术性和鲜明的互动特征，与之相关联的还有后台数据反馈和创意试错及调整过程，教师既难以获得完整的案例信息和后台数据，也难以直观展示案例，案例教学效果甚微。第二，广告实践活动与技术脱节。在数字传播环境中，广告专业的复合型特点更加明显，大数据洞察、程序化投放、广告效果调查等都与技术应用密切相关，但是我国高校教育的各学科泾渭分明，广告专业学生难以接触到掌握计算机技术的教师，广告实践活动几乎完全忽视技术的地位。第三，闭门造车现象严重。广告专业教师大多为硕士、博士，毕业后直接任教，缺乏行业实践经验，只能凭借想象和推测带领学生开展实践活动，无异于闭门造车。

广告专业究竟应该如何开展实践教学？实际上，在李克强同志提出“大众创业，万众创新”号召的时代，人人皆媒体，沟通无处不在的数字传播环境给广告专业实践教学提供了难得的机遇。结合广告人才培养的几个基本素养，笔者提出广告专业实践教学可参考的几种模式。

---

① 陈培爱. 数字化时代中国教育改革的思考. 广告大观理论版，2011(8)：31-36.

第一，自媒体开发与运营驱动式。在数字时代，开发产品已不再遥不可及，大学生创意者比比皆是。针对广告专业的特点和人才培养目标，最具有可操作性的是引导学生通过微信或微博平台开发和运营专属的自媒体。从第一学期开始将学生分为若干运营小组，分别选定主题或指定同一主题进行自媒体开发和内容创作，并分阶段进行总结汇报、开展运营效果评比等活动。在此过程中，不仅可以让学生感受到学习与行业实践的紧密衔接，还可以多方面锻炼学生能力，如掌握自媒体编辑与开发技术，提高内容撰写水平，锻炼自媒体运营能力；此外，在团队共同合作的过程中，每一次交流切磋都是增强团队沟通协作能力的最佳方式。

第二，项目体验驱动式。所谓项目体验，即让学生切实进入项目中，与行业一线的亲密接触。项目体验有多种形式：第一种是“走出去”，将学生学习与广告赛事相结合，组织学生以团队的形式参加国内外广告大赛，根据大赛组委会要求完成作品，在此过程中既可提高其广告技能，又可锻炼其创意思维能力、团队协作能力以及整合资源能力。第二种是“请进来”，邀请企业将实际的营销项目带进课堂。在这方面北京大学广告专业已经先行做出了尝试，2015 他们联合广告平台腾讯和广告主联想，在对学生进行分组并对其进行数字营销技术的专业培训后，为每组提供一定的广告费用，由学生应用大数据平台的营销工具，进行数据分析，形成策略，制作内容，然后通过程序化购买进行投放并评比，亲身感受数字媒体的广告运作流程，取得了很好的效果。

第三，用户洞察驱动式。前面提到，洞察分析能力是不可替代的广告从业人员的核心价值，互联网环境让人与人之间的距离突破了时间、空间、年龄、性别等一切因素的界限，每个人都可以通过网络发表见解，不同群体间既分化又聚合，这些特征都为广告人员和营销人员提供了洞察用户的机会。小米手机、无印良品等品牌产品的开发大部分来自于对论坛、社交媒体用户需求的洞察。在广告教学中可以利用网络媒体能随时随地接触到用户的功能，由教师拟定选题，开展用户洞察活动，锻炼学生的直觉和其对用户信息的敏感度。

第四，跨学科合作式。广告学属于多种学科交叉的应用性学科，其复合型特点在数字传播时代尤为明显，广告与艺术设计、技术、营销、传播学、心理学均有交叉，从实践层面看，在广告产业链中，广告、设计、计算机技术三者关系尤为紧密。因此，有必要因势利导，开发跨学科合作的实践模式，组建多元化团队，互相取长补短，共同完成项目实践。

结　语

广告行业的变化每天都在发生，高校广告教育几乎不可能完全与行业发展同步。但任何一个行业均有其精神内核和本质特征，这一点是变中的相对不变，广告学专业人才培养的关键在于抓住这一相对不变的精神内核，在适应时代需求的基础上培养和提升学生的基本素养，锻炼其适应新环境的能力，这样方能以不变应万变。

基于场景视角的广告设计实践教学的模式与路径

武汉大学新闻与传播学院　刘艺琴

如何最大程度的激发学生的学习兴趣、培养其创新思维能力，这是每一个广告设计教师都会思考的问题。在当今网络迅猛发展的时代，各种资讯瞬间可得。如果教师在课堂上依旧照着教材或PPT照本宣科、当传声筒，将原本应充满创意、实践性极强的广告设计课程上的枯燥无味，学生定然不会有兴趣听课，其学习的主动性、积极性也无从谈起。因此，广告设计实践教学的改革势在必行。在此，我们尝试着对基于场景视角的广告设计教学模式与路径进行一定的分析和探索。

一、场景与场景传播

网络技术的完善、智能手机的普及、定位系统等技术的成熟，预示着新的互联网发展阶段——场景时代的到来。

“场景”一词在《现代汉语词典》中的定义是：一指戏剧、电影中的场面；二泛指情景。有学者对其做了进一步的阐释：源于电影制作，指在特定时间、空间内发生的行动，或因人物关系构成的具体画面[①]。劳伦斯・佩尔温对场景的定义是：一个特定的地方，在大多数情况下包含特定的人，特定的时间和特定的活动[②]。首次将“场景”一词用于传播领域的是美国学者罗伯特・思考伯与谢尔・伊斯雷尔，他们在《即将到来的场景时代》一书中，指出与场景相关的五要素：大数据、移动设备、社交媒体、传感器、定位系统。他们认为以上五个要素是构成场景的“五原力”。劳伦斯・佩尔温提出的场景更多地指行为情境或心理氛围；罗伯特・思考伯与谢尔・伊斯雷尔提出的场景指媒介如何适配场景，更偏向于空间环境。

国内学者彭兰认为：广义的场景也可包含情境，场景一词可同时涵盖基于空间和基于行为与心理的环境氛围。“场景不仅仅是一种空间位置指向，也包

① 吴声. 场景革命——重构人与商业的链接. 北京：机械工业出版社，2015：28.

② 约书亚·梅罗维茨. 消失的地域：电子媒介对社会行为的影响. 北京：清华大学出版社，2002：31-32.

含着与特定空间或行为相关的环境特征，以及在此环境中的人的行为模式及互动模式”[①]。

由此可见，场景有多种内涵，场景的改变会带来完全不同的体验。对于广告设计教学来说，教室是一个固定场景，但是广告设计必须与市场环境、业界发展、企业需求相对接。广告设计更注重设计能力，更偏向实践应用。在本文看来，广告设计教学要主动构建场景、利用场景、发挥场景的优势，这是广告设计教学改革的新途径。

二、场景时代广告设计实践教学的模式

场景时代的来临给广告人才需求带来了变化，新理念、新技术成为广告人必须具备的专业素养，面对新媒介、新市场和新环境，高校广告设计专业必须创建新的教学模式来培养满足市场需求的专业广告设计人才。

第一，虚拟设计室场景，加强学生的设计体验感。目前广告设计实践教学在理念、方法、手段上还与业界需求存在一定距离。在实践教学环节中，大多数的广告设计教学都是案例教学，教师在课堂讲授，学生通过教材、案例分析来学习。但是各种新媒体的迅猛发展以及推广应用远远超出了教材的单一性，市场与产品的多样与变化远远超出了课堂教学这种固定模式。

场景的英文单词 context 本身就有情境、背景、环境之意。在设计课程教学中构建设计室场景，完全模拟设计室运作程序，将设计室“搬到”课堂，使学生感觉自己仿佛就处于设计公司的真实场景之中，增强学生的设计体验感。这里的“场景”更多指的是人与环境、场所以及与之相关的空间、氛围等诸多关系的总和。以往的广告设计教学，常常是教师课堂讲授，学生被动学习。把课堂场景置换为设计室，在这个特定时间、空间中，学生就是设计师，让学生从设计师的角度出发、站在设计师的角度去思考设计，让学生亲身体验、共同解决在设计以及制作中遇到的创意及技术上的诸多问题，既发挥了学生个体的独创性又兼顾了团队的合作性。在这里，“每个人的角色都是在特定时间、空间、情景、场合和需要中实现的，而围绕个体存在的这一切就是场景”[②]。教师相当于设计总监，参与讨论并解决在具体设计中出现的不同问题。在模拟设计室场景中，教师的角色发生转换，从知识的传授者转变成教学的组织者、协助者、引导者，让学生成为真正的学习主体，将被动学习转变为主动探索学习，使学生学习的自主性加强，提高其学习的积极性。更为重要的是，学生学会从设计师的角度去思考设计、考虑用户的需求，使学生真正有了设计意识、市场意识。

① 彭兰. 场景：移动时代媒体的新要素. 新闻记者，2015(3)：22.

② 胡正荣. 传统媒体与新兴媒体融合的关键与路径. 新闻与写作，2015(5)：22-26.

第二，融入广告设计赛事场景，激发学生的设计创新潜能。在课程教学中融入广告赛事设计命题场景的模式与方法，让学生的课堂学习与创作实践相互结合，通过真题真做提高其综合素质，激发其创意灵感，培养其实践能力和创新精神。“新媒体的发展培养了新一代的受众，他们主体意识更强、娱乐化心理严重、选择性需求旺盛。”①什么样的广告才能打动新一代的消费者？显然，那些缺乏创意、狂轰滥炸的广告越来越无法受到人们的青睐。在场景时代，广告要有卓越的创意才能满足人们的情感需求和对个性化内容的偏好。

目前国内有许多专门针对在校大学生的广告赛事，这些广告赛事大都对参赛类别进行了设定，有传统广告设计类别，如平面、影视、广播等；还有动画类、互动类、H5 页面等。广告赛事的命题无所不包，广告设计教学时可以根据这些大赛的类别要求，设置一些技术课程，如计算机图文处理、FLASH 动画、摄影摄像、音频剪辑、H5 场景应用等，教授学生掌握大赛的规定动作。同时，把广告竞赛中的命题拿到课堂上进行分析、探讨，如运用何种媒介、如何寻找创作切入点、如何创意表现。广告大赛中不同的媒介形式要求、不同的商业命题，促使学生更加主动地去学习掌握新的理论知识与技能，为用户提供更优质的广告设想和创意，不断满足新时代受众对广告独特创意的需求。可以说，广告大赛融入广告设计实践教学，既丰富了广告设计实践教学的内容，也能更有效地激发学生的创意设计潜能。

第三，运用场景培养场景化思维，推动设计范围向更深更广扩散。在场景时代，用户工作场景、消费场景向多元化发展，广告设计必须针对各种不同场景下用户的需求为其提供不同的体验。武汉大学曾经与上海通用汽车公司合作，围绕企业命题“基于 90 后生活状态和媒介接触习惯，创想未来汽车品牌的传播方式”来开展广告设计创作，就是一个很好的运用场景培养场景化思维，进行新媒体设计推广实战的案例。

上海通用汽车公司要求围绕 “TRAX 勇敢第一步，非凡每一步”这一主题对雪佛兰创库 SUV 进行创造性阐释，创想针对“未来为进阶人生新阶段、面对新挑战、肩负新担当的城市新青年”而打造汽车品牌传播方式。公司将雪佛兰创库 SUV 汽车开进校园，有驾照的学生可以试驾，学生可以更直观地感受产品的特性。在该案例的教学中，企业派讲师进校园直接与学生互动沟通，宣讲推广目标、任务，对产品主题进行解析，明确告知学生广告的目的与企业的需求；教师负责学生的设计指导工作。现在的广告设计只有和特定的具体的场景结合起来，运用场景化思维创作，才能达到精准化、个性化的信息传播效果。在该命题最终的作品提案中，学生们利用各种媒介优势，结合不同的场景，线上线下融合，为该产品命题

① 丁玲. 新媒体时代受众心理特征分析. 新闻传播，2012(11)：28.

创作了许多新媒体设计推广传播方案。这一新媒体广告设计传播活动取得了令人满意的结果，不论是对于企业还是对于学生来说，都是双赢。

三、场景时代广告设计实践教学的实践路径

第一，加快高校广告设计实验室的建设，提供富有特色的广告实践教学平台。搞好广告设计实验室建设是保证广告实践教学质量的前提。广告设计实践教学具有很强的应用性和实用性，必须充分利用最新的技术成果，特别是计算机、网络技术等来促进教学。广告实践教学的根本目的就是培养学生的实战能力，包括激发学生的创新能力和提高学生的动手能力。随着现代科技手段的飞跃发展，广告设计实验室已经成为高校广告设计教学中不可或缺的重要组成部分。

实验设施平台的建设与完善关系到学生实战能力的培养成效，在很大程度上体现了实验室建设是否科学、是否得到合理使用。学生使用实验设备频率，使用实验设备的便利性，实验教学课时量的多少等，都是影响实践教学的重要因素。纵观我国高校，教学实验室建设相对滞后的高校，其广告实践教学效果也相对滞后，在某种程度上实验室建设已经成为广告专业学生实践能力提高的瓶颈。

要想提高广告实践教学的质量，必须加大对广告设计实验室的设备与资金投入，如建广告设计实验室、广告摄影实验室、多功能画室、多媒体编辑室等，这些实验室的建设将会为广告专业的实践教学提供必要的技术支撑和物质基础，这也是完善实践教学的必备条件。因此需要高校领导高度重视广告实验室建设，全方位地为学生提供齐全便利的基础设备，促进学生广告创意能力、实践操作能力等综合素质的提升。

第二，加强校企合作，争取更多的企业资源和社会项目。企业资源和社会项目对于广告实践教学的重要性不言而喻。目前无论是教育主管部门还是高校各单位还都没有为广告设计实践教学设立一个合适的窗口。很多中小企业需要新颖有创意的广告设计为其企业做宣传。而高校是人才荟萃之地，年轻学子思维活跃、激情洋溢，企业资源和社会项目进入课堂，对学生来说更具挑战性和实践性，也更能激发他们的创作热情，使其得到更好的实践锻炼；对于企业来说，也可谓是一举多得，不需要太多花费，就可以得到所需要的多套风格迥异的设计方案。

当然，引进企业资源和社会项目，一方面需要高校教育管理部门的大力支持，利用管理部门的优势平台，牵线搭桥，将企业广告设计项目带入课堂；另一方面也需要教师自身社会资源的带动，加强与企业的合作，为学生创建更多的实践机会。

第三，加强广告设计教学的师资队伍建设。师资素质是提升广告设计实践教学质量的关键。事实上，国内高校的专业教师中有在广告公司任职经验的极少，更不用说具有国际 4A 广告公司经验的了，场景时代对广告设计教师提出了更高

要求，因此，应加强师资队伍建设。一方面，聘请业界、知名广告公司的设计师讲学、座谈，使其参与广告设计的实践教学；另一方面，高校及管理部门也需要制定一套完整的促进广告专业教师参与设计实践教学的激励措施，鼓励教师走出去，出国深造、到业界挂职、到广告公司、媒体或企业广告部门多多交流，不断更新教师的知识和信息结构，使其具备更多的实战经验，只有这样才能更好地指导学生的广告设计实践。

结　　语

场景时代，广告行业对广告设计人员的能力素质提出了更高的要求。这要求我国高校广告教学必须适应新的媒介形态、业界需求，开展适应场景时代的广告设计实践教学的探索，培养出适应时代发展的广告设计人才。

专业实习全记录：来自 2014 届本科实习的调研报告

武汉大学新闻与传播学院课程调研组[①]

新闻传播学科属于应用型学科的范畴，其下设的专业都有一个共同的特点，即起源于实践，并最终回归到实践。这样的学科特性，决定了在新闻传播人才培养的过程中，不仅需要普及学科常识，传授专业理论，促成互动讨论，启迪深度思考；同时还需要让学生走出课堂，扎根于现实土壤，将动脑与动手结合起来，寻求理论与实践的契合点，使其相互完善、相互补充，并最终引导学生走向社会，开始自己的职业生涯。

一、研究缘起

高等教育的一个重要目标就是推行素质教育，培养专业人才。其与基础性教育的不同点在于，它强调学以致用、用以促学、学用相长。而这样一个理念在新闻传播领域尤为显著。

基于这样一系列目标，武汉大学新闻与传播学院形成了培养“有思想的新闻人，负责任的传媒人”的办学理念，并在此基础上建立起以课堂实验教学为基础，以第二课堂社会实践为提高、以专业大实习为创新的梯形结构的新闻传播专业实践教学体系。多年以来，通过这样一个系统的人才培养模式，我们将一批又一批的优秀学子送上了专业实习和就业岗位，他们的足迹遍布各大主流媒体、网络公司、广告公司以及大中型企业，其出色的工作表现及过人的专业能力受到社会各方面的好评。

然而，实践教学体系的完善是一个长期的过程，它不仅要求我们总结现有的成果，对其进行提炼升华，更需要我们在实际运作中发现问题，总结经验，修正完善。基于这个目的，同时也为了了解本科生对学院专业实习安排的满意程度及实习收获，以调整学院实践教学计划，更好地提升教学质量，培养高素质人才，

---

① 武汉大学新闻与传播学院课程调研组由强月新、周茂君、洪杰文、冉华、叶晓华、陈世立、王伶俐、杨娜、李抟南、周逸青、郝珺曼等组成，对国内新闻传播学科相关专业主干课程进行了系统调研，写出了系列文章。本文由陈世立统计、分析、执笔。

学院以2014届全体本科生为调查对象，以纸质问卷形式展开调研。

二、研究方法与研究设计

（一）调查方法

本次调查针对武汉大学新闻与传播学院2014届全体本科生，从2013年2月16日到6月15日的专业实习情况，采取全员调查的方式，共发放问卷225份，回收问卷169份，其中，有效问卷168份。样本覆盖到新闻学、广播电视新闻学、播音与主持艺术、广告学、广告艺术设计和网络传播6个本科专业（含方向）。调查对象中男生51人，占30.4%，女生117人，占69.6%。

（二）研究类目与测量

1. 调查对象的基本信息

具体包括性别、专业、实习城市、实习单位、联系实习单位的方式五方面内容，用以统计调查对象的基本信息。

2. 对专业实习的认知程度

具体包括专业实习的必要性、影响选择实习单位的因素、专业知识使用度、独立完成实习工作的频率，用以分析调查对象对专业实习的总体认知程度。

3. 对专业实习的态度

具体包括对实习的总体态度和对实习单位、指导老师、实习待遇、自我提升的满意度测量，以及对实习期间的工作量、实习时间安排的测量，用以了解调查对象对专业实习的态度。这是本次调查的核心内容。

4. 专业实习的行为反馈

具体包括专业实习对个人能力的提升、向他人介绍实习作品或结果的意愿等因素的测量，用以反映调查对象在实习中的发展情况。

三、研究发现

通过调查，我们获得了学生关于专业实习的效果反馈，这些反馈既涉及具体的实习选择、实习效果，也暴露出实习过程中遇到的问题、实习安排需要改进的环节等。

（一）调查对象对实习单位的选择

1. 联系实习单位的方式

从联系实习单位方式来看，在 164 个有效数据中，139 人由院系统一安排，所占比例达到 84.8%，25 人选择自己联系实习单位，所占比例为 15.2%。这在某种程度上反映了，学院在实践教学中能够充分发挥组织作用，利用现有资源，充分安排学生进行实习。

2. 自主联系实习单位的原因

经统计，调查对象选择自己联系实习单位的原因，最主要的是对学院安排的实习城市不满意，其次是自己享有较好的实习机会，无须占用院内名额。这说明学院在安排实习单位时，应根据往届实习反馈，就实习城市的具体情况及单位类型，与本科生做好沟通工作。

3. 影响选择实习单位的因素

结果显示，调查对象按照重要性程度对选择实习单位的因素进行排序，依次是：专业对口、单位名气大、单位规模大、所在城市环境好、所在城市生活成本低、有工资和其他因素（表 1）。可见，专业对口对于本科生选择实习单位而言意义非常重大，因此学院在安排实习单位时需要注意使学生的专业知识与实习环境较好的融合，从而充分体现知行合一的教学目标。

在七大因素中，所在城市环境好、生活成本低及单位名气大和其他因素是调查对象选择实习城市时考虑较多的因素，这也与第五部分调查对象反映生活成本过高、实习城市不能覆盖二、三线城市相对应。

表 1　选择实习单位的因素

项目	专业对口	单位名气大	单位规模大	所在城市环境好	所在城市生活成本低	有工资（工资高）	其他
均值	5.79	5.50	4.31	3.93	2.44	2.69	0.86
N	166	167	166	167	167	167	167
标准差	1.737	1.862	1.919	1.765	1.417	1.685	1.405

（二）专业实习过程

1. 独立完成工作的机会

根据统计，87.88%的调查对象在实习过程中有单独完成某项工作的机会，通过实习得到了锻炼，只有 12.12%的调查对象没有机会单独作业。

进一步分析发现，没有机会单独完成工作的调查对象主要分布在电视台和广告公司，这与实习单位自身的属性和动作流程有关。排除这些因素，绝大部分学生都能够在实习过程中独立完成工作，这说明，在专业实习中，学生能够直接置身于现实的工作环境，由第二课堂的模拟操作，进入到实战演练当中（图 1）。

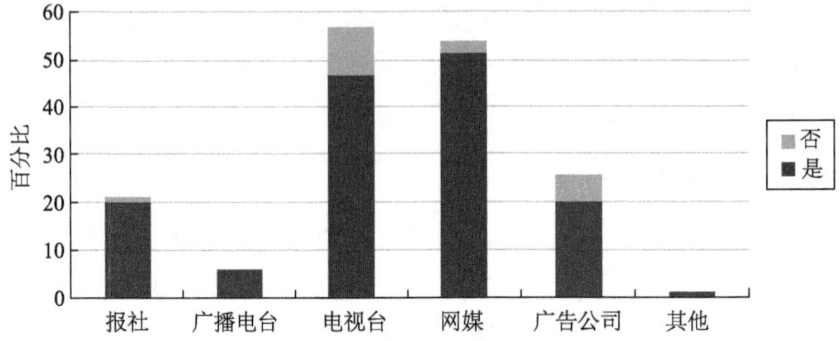

图 1　独立完成工作的机会在各实习单位的分布

2. 专业知识应用程度

对专业知识应用频率的调查结果显示，60.50%的调查对象在实习工作中偶尔用到专业知识，36.50%的调查对象经常用到专业知识，而有 3.00%的调查对象从没用到专业知识（图 2）。网传专业的调查对象使用专业知识的频率最高，而播音专业调查对象使用专业知识的频率最低。

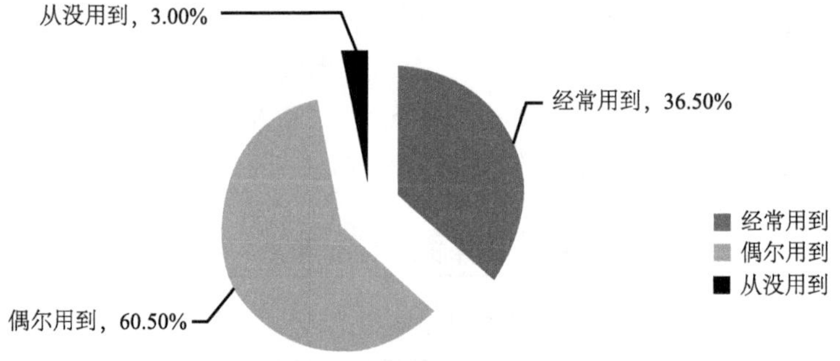

图 2　专业知识使用的频率

3. 专业实习对自身的提升

问卷将调查对象对于实习带来的改变的认同度划分为五个程度，分别为：非常认同（5 分）、比较认同（4 分）、一般（3 分）、不太认同（2 分）、非常不认同（1 分），分别对各个方面的平均得分及态度分布比率进行统计。

统计结果显示，调查对象认为自己得到提升的方面依次是：沟通能力（4.53 分），工作机会（4.35 分），成就感与满足感（4.24 分），专业水平（4.22 分），提升最少的是明确工作方向，仅为 3.93 分，远低于平均水平（4.24 分）（图 3）。

通过专业实习，本科生提高了工作能力与学习能力，能够从实习的过程中获得心理上的满足感，促进了个人的全面发展。然而，本科生并未从实习中获得预期的工作方向，仍然感到迷茫和犹豫，这是后期实践教学需要应对和解决的重难点问题。

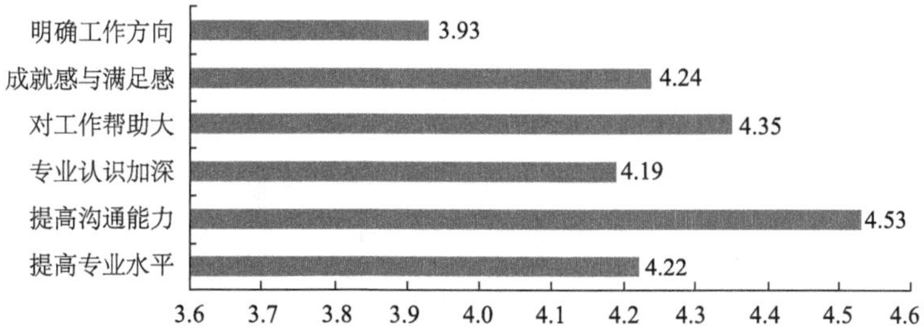

图3　专业实习对生活的影响

4. 专业实习增加对本专业的认同

实习期结束后，74.9%的调查对象加强了对相关知识的学习和兴趣，16.8%的调查对象没有任何改变，而8.3%的调查对象反而增强了对专业的反感（图4）。从结果来看，通过实习，绝大多数本科生都增强了对相关领域的了解和爱好，并且在实习过程中再次巩固、学习专业知识，这与开设实习的初衷相吻合，说明实习取得了较为良好的效果。

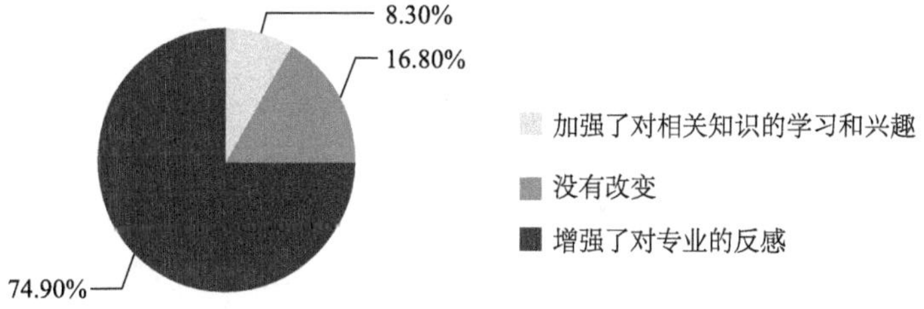

图4　实习期结束后的变化

（1）向他人介绍实习经验或作品

是否向他人介绍自己的实习经验或作品是体现本科生实习的自我成就感和满足感的一个重要指标。通过调查发现，九成的调查对象愿意向他人介绍自己的实习成果，只有不到一成的调查对象不愿意介绍实习成果（表2），反映了本科生对实习经历和实习成果的主流态度是认可的、自豪的。

表2　是否向他人介绍实习经验或作品

项目		频率	百分比/%	有效百分比/%	累积百分比/%
有效	否	16	9.5	9.6	9.6

续表

项目		频率	百分比/%	有效百分比/%	累积百分比/%
有效	是	151	89.3	90.4	100.0
	小计	167	98.8	100.0	
缺失		2	1.2		
合计		169	100.0		

（2）推荐实习单位及实习生的态度

推荐是认可的另一种表现形式，通过测量调查对象是否愿意为学院申请更多在实习单位实习的机会，将学弟学妹推荐至该单位实习，能体现出调查对象对实习单位综合的评价态度。结果显示，83.1%的调查对象愿意推荐实习，表现出本科生对实习单位持有较高的认同感（表 3）。

表 3 推荐实习单位及实习生的态度

项目		频率	百分比/%	有效百分比/%	累积百分比/%
有效	否	28	16.6	16.9	16.9
	是	138	81.7	83.1	100.0
	小计	166	98.2	100.0	
缺失		3	1.8		
合计		169	100.0		

（三）对专业实习的满意程度

1. 对专业实习必要性的认识

结果显示，调查对象普遍认为专业实习具有必要性。95.8%的调查对象认为有必要展开专业实习，有 3.0%的调查对象认为是否开展专业实习无所谓，仅有 1.2%的调查对象认为没有必要开展专业实习（表 4）。

表 4 实习城市与专业实习必要性的态度

项目		被访者实习城市						合计
		北京	武汉	长沙	广州	上海	其他	
你认为是否有必要开展专业实习	有必要	111	10	2	28	8	1	160
	无所谓	0	1	0	3	1	0	5
	没必要	0	1	1	0	0	0	2
合计		111	12	3	31	9	1	167

经检验，不同实习城市的调查对象对于专业实习的必要性的态度存在着显著差异（$p<0.05$）。武汉、长沙两地的调查对象认为专业实习没有必要的比例高于其他几个城市，北京的调查对象认为专业实习有必要的比例最高，达到了 100%（表 5）。

表 5　卡方检验

	值	df	渐进 Sig.（双侧）
Pearson 卡方	44.791[a]	10	0.000
似然比	23.091	10	0.010
线性和线性组合	5.543	1	0.019
有效案例中的 N	167		

a. 14 单元格（77.8%） 的期望计数少于 5。最小期望计数为 0.01。

2. 对专业实习时间安排是否合理的认识

经检验，不同实习城市的调查对象在专业实习安排时间的态度上存在着显著差异（$p<0.05$），在上海和其他城市实习的调查对象对于专业实习时间安排最为满意，到达了 100%，对专业实习时间安排最不满意的是长沙的调查对象，满意人数仅占 33.3%（表 6，表 7）。

表 6　实习城市与对专业实习安排时间的态度

项目		被访者实习城市						合计
		北京	武汉	长沙	广州	上海	其他	
你认为专业实习安排在大三下学期是否合理	否	8	3	2	5	0	0	18
	是	103	9	1	26	9	1	149
合计		111	12	3	31	9	1	167

表 7　卡方检验

	值	df	渐进 Sig.（双侧）
Pearson 卡方	15.871[a]	5	0.007
似然比	11.983	5	0.035
线性和线性组合	0.977	1	0.323
有效案例中的 N	167		

a. 7 单元格（58.3%） 的期望计数少于 5。最小期望计数为 0.11。

3. 对专业实习时长的认识

统计显示，87.3%的调查对象认为学院专业实习时间较为适中，6.7%的调查对象认为实习时间过短，而6.0%的调查对象认为实习时间过长。从总体上看，本科生对于专业实习的时间较为满意。

4. 对实习期间工作量大小的认识

统计显示，80.20%的调查对象认为实习期间的工作量是适中的，13.80%的调查对象认为工作量过于繁重，仅有6%的调查对象认为工作量过于轻松（图5）。

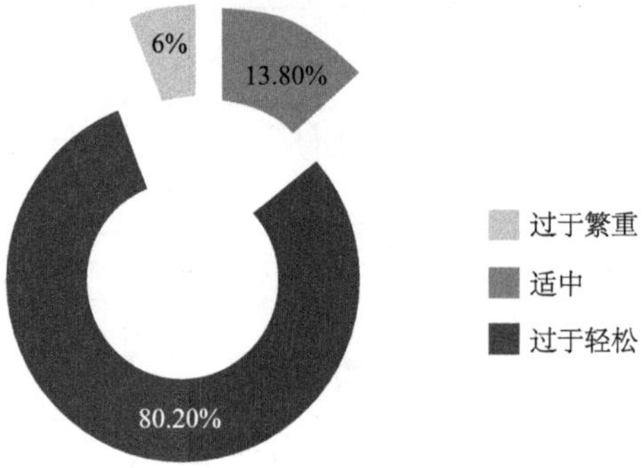

图5　对实习工作量的态度

5. 对专业实习满意度的认识

问卷将调查对象对于实习各方面的态度划分为5个程度，分别为：非常满意（5分）、比较满意（4分）、一般（3分）、不太满意（2分）、非常不满意（1分），分别对各个方面的平均得分以及态度分布比率进行统计。

统计结果显示，调查对象对实习的总体态度较好，平均得分4.44分，最满意的是指导老师（4.49分），其次为自我提升（4.37分）和实习单位（4.34分），最不满意的是实习补助，平均得分3.31分，远低于平均水平（4.19分）（表8，图6）。补助是学院需要解决和协商的问题。

表8　专业实习的满意程度

报告							
内容	同意程度（%）					平均得分	标准差
	非常满意	比较满意	一般	不太满意	非常不满意		
补助	21	26.3	25.7	16.8	10.2	3.31	1.261
自我提升	46.7	43.1	10.2	0	0	4.37	0.662
实习单位	49.1	37.7	10.8	2.4	0	4.34	0.765
总体态度	50.9	43.7	4.2	1.2	0	4.44	0.636
指导老师	61.1	29.3	7.2	2.4	0	4.49	0.735

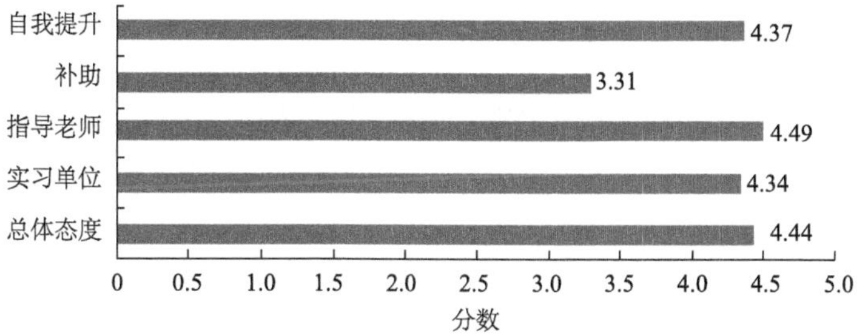

图 6　专业实习的满意程度

四、问题与对策

从学生的实习反馈来看，武汉大学新闻与传播学院的专业实习获得了同学们的普遍认可，实践教学的制度化建设较为合理。总体而言，实践教学在以下三个方面还存在提升的空间。

（一）学界知识滞后于业界实务，契合度尚待提高

在对专业知识使用的调查中，60.50%的调查对象表示，在实习工作中偶尔用到专业知识，而仅有 36.50%的调查对象经常用到专业知识，另外还有 3.00%的调查对象反映从没用到专业知识。这种课堂上专业知识的使用频率较低的现象既有一定的合理性，又显示了教学过程中固有的不足。

所谓的合理性表现为，本科的专业基础课程更多的是让学生对于专业有一个基本了解，并通过课程的优化配置，提高学生综合的能力与视野，它的作用机制是一个长期的过程，因此，其实用性并不会像实务操作那样显性。然而，它也反映了在现行的高等教育教学中，学界知识传授与业界实务运作之间存在一定的脱节。对于学生而言，在学校里学的是一套，在工作上用的是另一套，把出现这种现象的原因大都归结于教师的知识体系陈旧、与业界接触不充分，显然也是不公平的。

为解决教学与实践如何实现对接这一问题，在规范学生制度化实习的同时，武汉大学新闻与传播学院还实施了“双一计划”，推动师资队伍建设的制度化。2011 年，《武汉大学新闻与传播学院青年教师培训“双一计划”实施办法》出台，每年拨出专项经费，资助 1975 年以后出生的青年教师，到国外一流大学进修一年，到新闻传播业界挂职锻炼一年，并把参与这一计划作为教师晋升副高级以上职称的必备条件之一。这项战略性工程正式实施后，受到武汉大学、湖北省委宣传部和中央宣传部的一致好评。“双一计划”的实施，无疑弥补了现存的教学不足，国外的进修有利于拓宽国际化视野，业界的挂职锻炼则是回归到实践中去。这种对教师的培养方式会自上而下地影响到学生的课堂学习，调整教学内容与专业导向，并逐步弥合教学与实践之间的鸿沟。

（二）实践能力和创新能力有待提升

调查显示，本科生在理论知识修养方面能力较强，这是对理论教学内容和形式的肯定。本科生认为在实习中亟待提升的能力是专业操作技能和创新能力，这是传统的理论教学的不足。过多注重理论而轻操作技能的专业培训，使得本科生在实习中感到吃力与困惑，与实习单位对实习生的要求存在一定的差距。同时，创新能力也是在普通教学中较为缺乏的一点，如何激发学生的创造力是未来教学发展的一个重点（图7）。

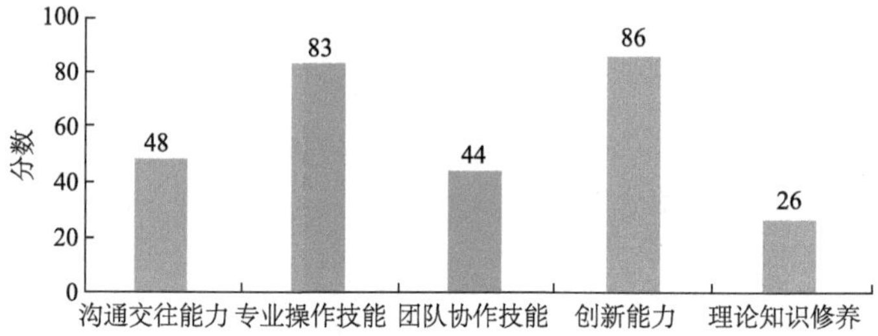

图7　能力提升空间

为解决学生实践动手能力不足的问题，新闻学院在文科专业中率先设置具有独立学分的专业实验课程，如摄影、摄像、调查、PS、网页设计与制作等操作课程，帮助各个方向的学生提高专业修养，为学生更好地掌握专业知识，提升动手能力提供良好平台。

此外，学院整合多门专业主干课程，开展了拟态实践教学活动，如新闻先生新闻小姐大赛、广告模拟竞标、数字媒介工程实践，帮助学生们解决专业知识的融合和综合应用问题。学院还举行实践教学与新闻传播人才培养高峰论坛，解决学校人才培养与业界人才需求脱节的问题，多角度、多层次地探讨和改革实践教学活动，为人才发展提供最合适的方案。

（三）巩固实习基地各环节建设，适当拓宽实习地区

为建立专业实习制度，解决专业实习基地不稳定与制度欠缺的问题，我院沿京广线建设稳固的专业实习基地，其中包括北京地区（18家单位），广州、深圳地区（11家单位），武汉地区（5家单位）三大主要实习基地，并兼顾上海市（4家单位）、杭州市（1家单位）、湖南省（1家单位）等传媒中心地带，满足本科生多元实习需求。

统计结果显示，仅有4.44%的调查对象认为学院六个实习基地的设置不合理。他们认为，应该在成都、西安等城市开设实习地点，今后实习地点的开设应该适当考虑西南、中西部城市。

专业实习全记录：来自 2015 届本科实习的调研报告

武汉大学新闻与传播学院课程调研小组①

新闻传播是一门具有理论和实践双重意义的学科，自武汉大学新闻传播学院创办以来，就非常注重对学生的理论培养和实践能力的塑造，让学生在实践的过程中检验理论，同时也提高学生在新闻业务方面的动手能力，使他们更加适应用人单位的需求，更好地走上工作岗位。

一、研究缘起

实践教学是高等教育的一个重要环节，是连接学生与用人单位、新闻理论与实践的桥梁。武汉大学新闻传播学院以培养“有思想的新闻人，负责任的传媒人”的办学理念，并在此基础上建立起以课堂实验教学为基础，以第二课堂社会实践为提高、以专业大实习为创新的梯形结构的新闻传播专业实践教学体系。在这样的培养模式下，一大批新闻传播学人才走出校园，成为媒体、互联网、事业单位的领头人。

为更好地了解学生对于实践环节的需求，新闻传播学院专门对学生进行了问卷调查，通过对问卷的分析来调整今后实习单位和实习城市的设置，以期为学生们的实习活动提供更良好的平台和更丰富的选择。2015 年是新闻传播学院进行实习情况调查的第二年，学院已经根据 2014 年的调研结果对实习培养计划做出了微调。在本次调查中，学院将继续以调查问卷的方式了解学生对实习安排的意见和态度，同时检验2014年在实习基地调整方面的成效，为以后实习工作的开展奠定良好的基础。

二、研究方法与研究设计

（一）调查方法

本次调查针对武汉大学新闻与传播学院 2011 级全体本科生，从 2014 年 2 月

---

① 武汉大学新闻与传播学院课程调研组由强月新、周茂君、洪杰文、冉华、叶晓华、陈世立、王伶俐、杨娜、李抟南、周逸青、郝珺曼等组成，对国内新闻传播学科相关专业主干课程进行了系统调研，写出了系列文章。本文由周逸青统计、分析、执笔。

16日到6月15日的专业实习情况，采取全员调查的方式，共发放问卷200份，回收问卷158份，其中，有效问卷158份。样本覆盖到新闻学、广播电视新闻学、播音与主持艺术、广告（设计）和网络传播 5 个本科专业。调查对象中男生 44 人，占27.8%，女生114人，占72.2%。

（二）研究类目与测量

1. 调查对象的基本信息

具体包括性别、专业、实习城市、实习单位、联系实习单位的方式五方面内容，用以统计调查对象的基本信息。

2. 对专业实习的认知程度

具体包括联系实习单位的方式、影响选择实习单位的因素、专业知识使用度、独立完成实习工作的机会，用以分析调查对象对专业实习的总体认知程度。

3. 专业实习对生活的影响

具体包括实习提升专业水平的程度，提升沟通能力和动手能力的程度，对专业的认识程度，实习单位同事对工作的帮助，实习中的成就感和满足感，实习帮助明确工作方向的程度。

4. 专业实习的行为反馈

具体包括实习结束后的变化，是否愿意在实习单位工作，以及是否愿意将学弟学妹推荐到实习单位等。

5. 实习基地意见反馈

以开放式题目考查学生对学院在基地建设上存在问题的意见，以及学院在实习基地建设方面的优化措施。

三、研究发现

通过数据统计和分析我们可以了解学生对实习各个层面的态度和意见，具体结果如下。

（一）调查对象基本信息

1. 专业分布

调查样本中，广告（设计）方向的调查对象最多，为85人，播音、新闻均为

23 人，广电 21 人，网传 6 人（图 1）。调查样本分布与院系各专业实际人数分布略有不同。

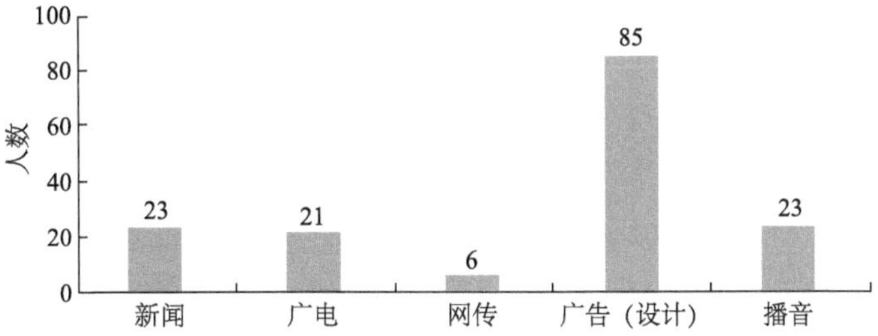

图 1　调查对象在专业上的分布

2. 实习单位分布

从实习单位分布的城市来看，学生最主要的实习城市为北京，其次为广州、武汉、上海，覆盖了国内一线城市（表 1）。

表 1　调查对象实习单位城市分布

城市	频率	百分比/%
北京	72	45.6
武汉	24	15.2
长沙	4	2.5
广州	33	20.9
上海	13	8.2
其他	12	7.6
合计	158	100

从实习单位分布来看，学生最主要的实习单位是网络媒体，占总体的 23.7%，其次是广告公司和电视台、报社这样的传统媒体（表 2）。实习单位整体分布较为均匀，覆盖了各个对口的专业领域，既有新媒体，也有传统媒体，满足了学生的个性化选择。对于播音专业的学生，学院也提供了广播电台作为实习单位，能较好地满足他们特殊的专业背景，解决了往年实习单位与专业不对口的问题，是实习基地建设的一大提升。

表 2　调查对象实习单位分布

实习单位	频率	百分比/%
报社	30	19.2
广播电台	15	9.6

续表

实习单位	频率	百分比/%
电视台	33	21.2
网媒	37	23.7
广告公司	35	22.4
其他	6	3.8
合计	156	100
缺失	2	1.3
合计	158	100

（二）调查对象实习单位选择

1. 联系实习单位的方式和原因

统计得出，121 人通过院系统一安排参加实习，占总比例的 76.6%，而有 37 人通过自己独立联系找到实习单位，占总比例的 23.4%。独立联系实习单位的主要原因是个人享有较好的实习机会，无须占用院系实习的名额。通过互联网联系招聘公司已经成为当下热门的实习生应聘方式，学院不少学生都通过这样的渠道应聘成为实习生，一方面锻炼了他们自主寻找实习单位的能力，另一方面也减少了学院安排实习单位的压力。值得重视的是，学院应该对自主寻找实习单位的同学做好教育和信息统计工作，防止他们遇到虚假信息而上当受骗，甚至威胁到自身安全。

2. 影响选择实习单位的因素

由表 3 可见，学生在选择实习单位时最在意的因素由高到低排名依次是：专业对口、单位名气大、所在城市环境好、单位规模大、所在城市生活成本低、有工资和其他因素，这与 2014 届实习调查结果一致。由此可见，专业对口性对于学生实习的意义仍然最为重要，学生更乐意在能发挥专业知识储备的环境中学习和锻炼。此外，单位名气大、所在城市环境好依然是学生选择实习地点的重要考虑因素。

表 3　影响选择实习单位的因素

项目	专业对口	单位名气大	所在城市环境好	单位规模大	所在城市生活成本低	有工资（工资高）	其他
均值	6.98	5.04	4.53	3.55	3.09	2.72	1.97

（三）专业实习对能力的提升

47.5%的学生比较认同在实习期其专业水平得到了提高，36.1%的学生非常认同这一点。总体而言，学生对于实习期的自我水平提升表示满意。

1. 专业实习对生活的影响

通过调查专业实习对生活的影响发现，学生们最为认同的是自己的沟通能力得到了提高（4.36 分）。其次，学生们最为认可的是实习加深了对专业的认识（4.22 分），以及获得了同事在工作上给予的帮助（4.22 分）。认可度相对较低的是实习帮助学生明确工作方向（3.86 分），说明学生们在经过实习的锻炼之后仍然无法把握工作的具体方向，学院可以针对这种状况开展就业讲座和研讨会，在沟通中帮助学生们指明方向（图 2）。

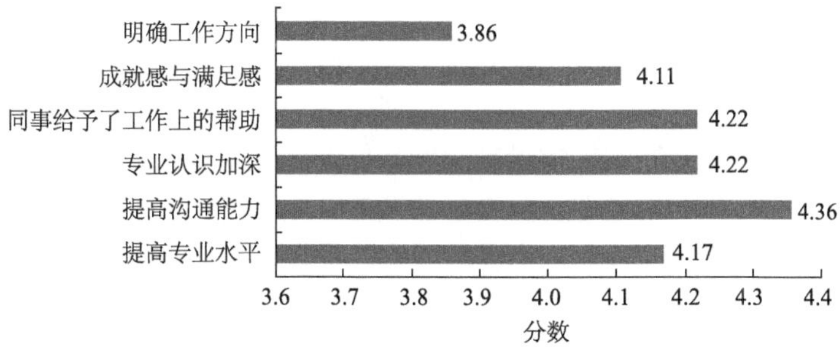

图 2　实习对生活的影响

进一步检验发现，在不同单位实习的学生对在专业实习对生活影响方面的态度具有显著性差异（$p<0.05$），这或许与实习单位的性质和工作氛围有关。

2. 专业实习的满意度

数据显示，学生们对实习的指导老师满意度最高，达到了 4.35 分，学生们对实习期间的自我提升，实习单位及实习的总体态度均分均超过 4 分。学生们较不满意的是实习期间的补助，得分仅为 3.26 分，与 2014 年调研结果（3.31 分）持平。这说明学生在实习期间得到了学校和工作环境中导师的较好指导，符合实习基地建设的基本预期（图 3）。

同时，学生对实习工作的整体评价较高，对个人在实习中获得的成长较为满意。学生对实习期间补助的不满意可能与工作单位的薪资机制有关，不同行业、岗位的待遇差异较大，学生薪资也存在着一定程度的波动，可能给部分学生带来一定的经济压力，这样的情况值得院系后期重点关注。

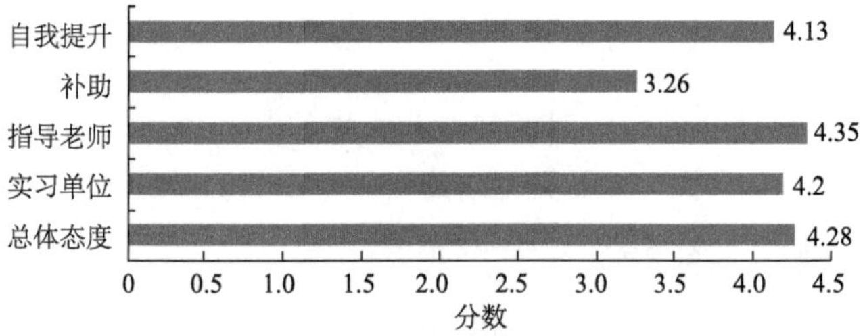

图 3　专业实习满意度分布

3. 其他指标满意程度

调查还分析了学生们对实习其他指标的满意程度，以 0～4 分来计数，其中，0 分表示最不满意，4 分表示最满意。

结果表明，各项指标得分均高于均分 2.5 分，代表学生对于实习的安排满意度较高。其中，学生对实习城市最为满意，这较往年有所提升，说明学院在实习基地建设上有所改进，覆盖了更多的实习城市，考虑了同学们的多元需求。相对而言，学生们对实习期间的工作量满意度最低，实习单位可能存在着工作分配不均的现象，导致部分学生没有得到良好的锻炼，部分学生在实习中承担了过重的工作，这些值得学院注意，在进一步的与实习单位沟通中逐渐解决（图 4）。

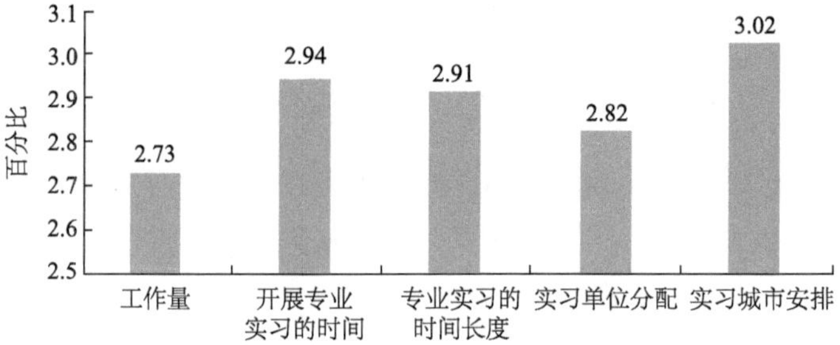

图 4　专业实习满意度分布

（四）实习期结束的变化

101 人表示通过实习，自己加强了对相关知识的学习，也提升了对相关领域的兴趣，占总人数的 63.9%。23.4%的同学表示实习并没有给自己带来改变。而 8.2%的同学在实习期结束之后增强了对专业的反感。总体而言，实习给学生带来了正面的、积极的改变。

1. 实习中欠缺的能力

数据统计显示，学生们认为在实习中最为欠缺的能力是专业操作技能，说明专业知识在运用于实际操作中时存在着断层的现象。专业操作技能的缺乏也是往年实习生在工作环境中遇到的最大困难，需要长久的社会实践和课程体系的调整来解决。其次欠缺的能力是创新能力，这值得院系重视，并结合教学方案的调整来解决。

欠缺能力排名较靠后的是团队协作技能、沟通交往能力和理论知识修养，说明学生在学校中已经锻炼出较好的合作能力和沟通技巧，并且打下了良好的知识基础，提前为实习工作做好了铺垫（图 5）。

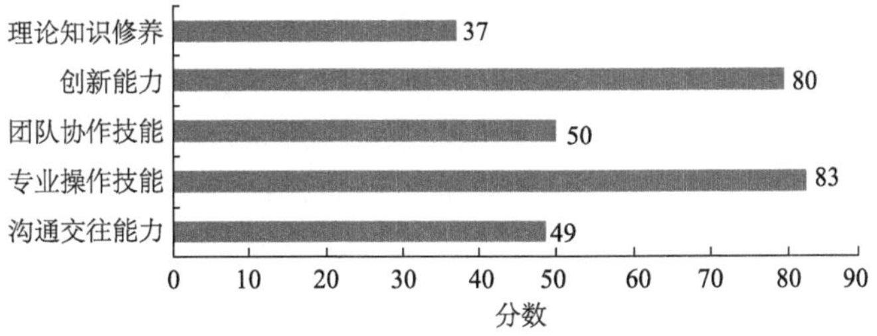

图 5　实习中欠缺的能力

2. 实习单位评价

88.6%的调查对象喜欢实习单位的工作环境，93%的调查对象认为自己的能力在实习中得到了提升，有 77.8%的调查对象愿意为学院向该实习单位申请更多的实习机会，并将学弟学妹们推荐到实习单位继续实习。以上数据表明，学生们对学院安排的实习基地评价较高，也愿意让身边的人继续到工作单位实习。在实习留用方面，仅有 45.6%的学生表示愿意在实习单位工作，说明实习单位的工作与学生的工作意愿存在着不同，学生通过实习提前了解了工作单位的环境，在进入职场时可以更有针对性地进行选择。

四、问题与对策

从数据分析结果来看，武汉大学新闻与传播学院的专业实习设置得到了同学们的广泛认同，实践教学基地设置和实践活动安排都较为合理，2014 年学院对于实践教学活动的调整已经显示出成效。然而，数据也暴露出实践教学计划存在的不足之处，主要表现在以下几个方面。

（一）专业操作技能亟待提升

调查数据显示，学生们在实习中最为欠缺的是专业操作技能，这与 2014 年的调查结果一致。专业技能的欠缺导致学生们在实践中面临难诸多操作层面的困难，难以满足用人单位的需求，这是目前新闻院校共同存在的问题。

在对专业知识使用的调查中，58.6%的调查对象表示，在实习工作中偶尔用到专业知识，而仅有 39.5%的调查对象经常用到专业知识，另外还有 1.9%的调查对象反映从没用到专业知识。由此可见，提升学生的专业操作技能尤为重要。

提高学生的专业操作技能主要来自于两方面的努力，一是完善课程体系建设，二是加强对教师实践能力的培养。2011 年，学院为丰富教育人才的实践经验，推出了武汉大学新闻与传播学院青年教师培训“双一计划”实施办法：每年拨出专项经费，资助 1975 年以后出生的青年教师，到国外一流大学进修一年，到新闻传播业界挂职锻炼一年，并把参与这一计划作为教师晋升副高级以上职称的必备条件之一。这项战略性工程正式实施后，受到武汉大学、湖北省委宣传部和中央宣传部的一致好评。“双一计划”的实施，无疑弥补了现存的教学不足。国外的进修有利于拓宽国际化视野，业界的挂职锻炼则是回归到实践中去。这种对教师的培养方式会自上而下地影响到学生的课堂教学，调整教学内容与专业导向，并逐步弥合教学与实践之间的鸿沟。

在课程体系设置方面，新闻与传播学院在文科专业中率先设置具有独立学分的专业实验课程，例如，摄影、摄像、调查、PS、网页设计与制作等技能课程，帮助学生提高新闻实践能力，更好地适应实习单位的环境。课程体系设置的改革是一项长期的改革，需要时间来检验它的效果。

在课程教育之外，学院还整合多门专业主干课程、开展了丰富的实践教学比赛，如新闻先生新闻小姐大赛、广告模拟竞标、数字媒介工程实践帮助学生们解决专业知识的融合和综合应用问题。2015 年 3 月，学院还举行实践教学与新闻传播人才培养高峰论坛，以研讨会的方式邀请业界资深从业人员，探讨学校人才培养与业界人才需求脱节的问题，倾听业界对人才的需求，共同制定新时代人才培养实践方案。同时，也为学院的实习基地建设奠定良好的社会基础。

（二）建立稳固的实习基地，扩充西部实习区域

为建立专业实习制度，解决专业实习基地不稳定与制度欠缺的问题，我院沿“京广线”建设稳固的专业实习基地，其中包括北京地区（18 家单位），广州、深圳地区（11 家单位），武汉地区（5 家单位）三大主要实习基地，并兼顾上海市（4 家单位）、杭州市（1 家单位）、湖南省（1 家单位）等传媒中心地带，满足本科生多元实习需求。

统计结果显示，仅有 2.5%的调查对象认为学院安排的 6 个实习基地的设置不合理，较 2014 年有所下降，说明学生对实习基地的满意程度较高。少数学生希望实习基地能覆盖到西部地区，如四川，满足生源地为西部的学生的需求，这是未来学院实习基地建设值得参考的一点。

（三）完善实习管理制度

学生离校实习期较长，学院需要对学生实习情况进行动态的关注和跟踪管理，

主要可以从以下几个方面入手：第一，编制新闻传播学科本科专业实习指导手册；第二，征求实习志愿与联系实习单位；第三，购买学生实习保险，落实实习单位，确定实习负责人，建立实习年级 QQ 群；第四，对专业实习进行中期巡视与检查；第五，评定专业实习成绩；第六，个人总结和班级、学院的总结，举行表彰大会；第七，编辑、印刷《本科生优秀实习成果汇编》。通过以上七个环节的把控，确保学生实习的人身安全，监控学生实习效果。

（四）利用毕业生资源扩充实习平台

随着行业的发展变化，新闻学院实习单位不再局限于传统的媒体行业，转而扩散到众多新兴行业之中。新闻与传播学院人才已经走入了各大互联网公司、媒体，成为行业的带头人，这为内部推荐学生参与实习提供了便利。以腾讯、百度、阿里巴巴为代表的互联网企业注重在春季招募正式实习生，并对实习生提供专业的培训和有竞争力的工作，是学生实习的不错选择。学院可以鼓励学生通过这样的方式自主寻找大企业进行实习，并充分发挥已有资源，邀请已经就业的校友进行内部推荐，提高应聘实习岗位的通过率。这样的举措既能丰富学生的实习单位选择，满足学生多样化的实习需求，又能让学生在应聘的过程中提升就业竞争力，更好地走向职场。

第四部分

业界论人才需求

中央级纸媒人才需求三题

人民日报海外版　严　冰

新闻工作永远都是众多行业中最有趣的工作之一，中央电视台记者郑连凯之前跟随中欧班列前往波兰采访，行程10，000多公里，经过4个国家，沿途发回报道《中欧班列西行记》，每天在中央电视台新闻联播播出；人民日报海外版记者部的记者，有的前往印度采访，有的前往西藏采访，有的前往长沙、泉州采访……年轻记者入职后，往往短短几年的时间就跑遍了祖国的大好河山，可以说记者的角色就是职业的旅行家、不倦的行者、时代的追问者和记录者。

一、有用的事：如何从容应对面试

许多人都对记者这个职业有着追求和向往，但要成为一名真正的记者，需要通过新闻单位的笔试和面试。以下就以《人民日报》招聘面试为例谈一谈新闻媒体面试的事项，以及如何从容应对面试。

2017 年，《人民日报》2017 年度应届毕业生公开招聘的面试一共进行了 3 天。3 天中参加面试的考生来自北京大学、清华大学、北京师范大学、中国传媒大学等高校，分别学习新闻、中文、法律、经济等专业，共计 100 多位考生。最终面试结束时，共 70 多位成绩领先者脱颖而出，走上《人民日报》的各个工作岗位。

以下有几个数字：1000、800、300、140、70。它们分别代表:报名应聘《人民日报》的共 1000 人；800 人通过初审获得了应聘资格；300 人进入了笔试；140 人进入了面试；最后《人民日报》及《人民日报（海外版）》共招收 70 人。

从这几个数字可以看出，作为主流媒体，《人民日报》应聘竞争相当激烈，应聘者要参加简历初审、笔试和面试等多项环节，要想在面试中脱颖而出，拥有好的面试技巧就显得尤为关键。

首先是笔试，笔试考的是综合素质，其中包括申论和行政能力测试等考试，与公务员考试的内容较为相似，也会有奥数等内容的考题，主要目的是测试智商。

之后为面试环节。面试内容主要包括：应变反应、逻辑思维、业务潜质、言语表达、举止仪表等方面，这些也是考评面试者的考评要素和评分标准。

对于考生来说，要准备好自己的简历，面试时每位考官都要有一份考生简历，面试的时间是 10 分钟。通常情况下考官会提出几个导入性问题：

第一，请用一分钟时间介绍下自己。

第二，为什么选择报考人民日报社？

第三，简要谈谈对人民日报的认识。

以下为考生面试的 12 个注意事项：

第一，准备充足，做到心中有数。考前做足准备，面对考官才能从容镇定，从容、自信恰恰是考生面试最需要的心理状态和外在表现。

第二，考官各有特色。不同考官的提问，具有不同的特点。不同的考官也具有不同的知识背景，比如，他们会来自政文部、国际部、体育部、研究部、内参部、协调部、经济部、人事局等不同部门。

第三，丰富的经历是优势。新闻学是一门实践性很强的学科，新闻的感觉不是通过读许多书就能找到的，只有通过实际操作才能找到。实习经历越丰富的考生越有优势。首先，想进哪个新闻单位工作，就需要先去这个单位实习。因为考官都是结合自己的工作提问，有了实习经历就有了体会和感悟。其次，拥有一些社会工作经历，比如，学生干部、扶贫、支教，经历过一点风浪，这些都会让人有底气；除此之外，艺术工作经历，如播音、主持、演讲、辩论等，这些可以让人更有专业素养和技巧。总之，较丰富的实习经历，较为扎实的专业素养，这些在面试中体现出来，都会成为加分的点。

第四，面试无标准答案。考生要善于展示自身特点和特长，比如，擅长篮球等某项运动、在某些方面有自己的优势、平常对人对事有自己的体会和思考、情怀等。

第五，善于表达迫切感等情感，如从小订阅应聘媒体的报刊。有忠诚度和奉献精神等，如有能力、有担当。

第六，巧妙回答问题是关键。作为考生既要善于接好考官伸出的橄榄枝性质的提问，如座右铭、人生箴言，或结合自己家乡、专业的提问，以及你最喜欢读的一本书；同时又要善于和敢于抢答富于挑战性的问题，如向考官换位提问等。

第七，最高境界，善于调动考官情绪，善于营造温馨、幽默、亲切的氛围。

第八，善于做针对性的准备。以《人民日报》为例，应聘面试前要熟悉习近平总书记系列讲话等，这样在考场上才能猝然临之而不惊，无故加之而不怒。

第九，对于没有准备的问题。抓住核心要点：我对面试单位的认识和我的竞争优势。

第十，考官的善意和无意。每个考生，能走到这一步，都不容易，背后是家庭多少年金钱、时间、精力、情感的付出，轻易不敢减一分。遇到一位优秀的考生，考官也很兴奋，都希望有这样的新同事加入。

第十一，不要出错。面试回答问题时注意措辞和语言，避免言辞不当。

第十二，注重礼节仪表，没有多余动作。面试开始时考生向考官鞠躬，欢迎考官老师提问，谢谢考官老师；面试中回答问题时注意和每个考官都要有眼神的交流；面试结束再次鞠躬表示感谢。

总体来说，面试就是要展示自己之前丰富的经历，让考官了解到自己的沉淀；另外要针对自己应聘的媒体做有针对性的准备；最后就是要敢于表现自己，展示自己的优势。

二、有益的事：新闻单位需要怎样的工作者

新闻工作经历丰富，工作充实，但同时也具有很强的挑战性和较快的工作节奏。新闻单位到底喜欢什么样的毕业生？现在媒介环境发展变化日新月异，除了传统的广播、电视、报纸媒体，新闻的载体越来越丰富，因此新闻单位需要的是有创意、有担当的人才。

以《人民日报（海外版）》记者部为例，记者陈振凯刊登过多篇很有影响力的稿件，如《学习关键词》《你好，一带一路》等，同时在头版“望海楼”栏目也常发表一些角度新颖，看法深刻的评论文章。本科毕业于武汉大学的记者刘少华，现在已经是一名在全国有影响力的记者，他负责公众号“侠客岛”的运营，其中的“司徒格子”就是他，他曾用《史记·项羽本纪》的笔法描写特朗普。记者潘旭涛工作效率高，无论是写稿还是拼版都能做到又快又好。杨俊峰是团队较年轻的记者，他曾对领导说：“不论多晚，您找我。”朴实的话语听来不亚于电影《英雄儿女》里王成的“向我开炮”。同时他在海外版的“中国故事”栏目经常撰写长篇的通讯文章，现在负责“中国故事工作室”的视频拍摄制作的工作。一方面为了能拍出高质量的视频，另一方面因为个人浓厚的兴趣，杨俊峰自费20多万元购置了专业拍摄设备，同事们也常常能看到他遥控着无人机拍摄装置，所以大家还叫他“飞行员”。

前面总结的面试经验中提到一点，面试的考生最好有新闻单位相关的实习经验，所以实习对于大学生来说尤为重要，尤其对于在校大学生来说，实习是他们进入职场、了解职场的一个契机。对于初入职场的实习生来说，实习工作的要领就是：会做人，会做事。只有“懂事”才能得到机会。

（一）认真向实习单位指导老师学习

在实习过程中，最重要的也是首要的，就是随时随地向各位老师学习。刚到实习岗位要快速适应，争取尽快进入工作状态，为了了解自己的工作内容和环境可以大量阅读部门各位记者之前写过的稿子，也可以看看其他实习生写的稿子，

这样可以使自己尽快树立起新闻写作的语感，也能明白自己部门稿件的整体风格，为自己接下来上手工作开个好头。

（二）学会向周围“同事”学习

单位中有一些和自己一样的实习生，他们便是自己的同事，同事之间也可以相互学习。部门里的实习生们来自五湖四海，都有着不同的学历背景、工作经历，也各有自己的过人之处。因此在向同辈取经时，也需要主动虚心一些，有不懂的地方，可以多向其他实习生请教，讨教经验。学习到的东西，及时记下来，在实践中多去运用，把取的“经”真正转化为自己的本领。

（三）实习过程中要多问、多看

作为实习生可以多和部门的老师交流，多多讨教他们在业务方面的经验。留心观察各位老师在操作选题时的做法，找到其独特之处，并在自己的实践中多多尝试运用。多看各位老师的文章，可以把自己的文章和他们的文章进行对比阅读，以便找出自己的不足。另外，对于有实习生参与的作品，如果该稿件的作者还在实习，可以向他（她）请教写稿的过程和细节，比如，选题选择、采访设计、材料搜集等方面。

三、职场态度：一日三餐，以新闻为粮

在职场，在新闻媒体，如果想充分地发挥自身价值，实现自己在新闻事业上的追求，就要求新闻人有“四 fen”和“三商”。

（一）“四 fen”和三商

首先，“四 fen”是指：天分、缘分、勤奋和本分。对于任何一个工作，有天分的人无异于领先在起跑线，善于和陌生人沟通，有很强烈的新闻敏感度，善于敏锐地捕捉到细节等，这些资质是一个新闻人必须要具备的。缘分其实也是机遇，机遇每个人都有，但就看你能不能把握住它。天分是很重要，但人们也总说勤能补拙，做新闻就需要有勤奋、卖力、能吃苦的精神，记者往往要第一时间出现在新闻现场。以《人民日报（海外版）》记者部为例，“一带一路”国际合作高峰论坛期间，记者部的记者经常 4 点起床 6 点之前就赶到现场，白天采访结束晚上回家又要抓紧时间赶出报道，熬夜到凌晨，因此常常一天只睡两三个小时。类似的情况对于新闻工作来说是常态，因此考验着每个记者的耐力和专业精神。现在人们总是说干事业要保持住自己的初心，其实初心也就是本分，记者要遇到形形色色的人和事，要应对各种环境和事态，因此能够坚持初心、保持本分是难能可贵的。

其次，“三商”则是：智商、情商、逆商。这三点主要体现在职场的为人处世和工作能力方面。智商反映出一个人对自身工作的领悟和操作能力，对记者说来就是要会写稿。比如，在海外版记者部，类似的主流媒体稿件大部分是新闻综述，写新闻综述的要点就是要掌握“点、面、评”的技巧。所谓“点”就是，一个例子、一个场景切入，也可以是一个人的小故事。但点的选取就反映出一个记者的能力，点的选取要具有重要性、典型性、生动性，只有这样才能引起读者的阅读兴趣，同时增强整篇文章的可读性。情商是一个人在职场待人接物的态度，其主要体现在：会说话（懂礼貌，礼多人不怪，善于表达感谢感恩）、会办事（先学会当秘书、当助理，不计较事大事小，努力做好领导安排给自己的每一份工作）、会做人（待人真诚友善、谦和大气，合理地处理好个人利益与集体利益、近期利益与长远利益的关系）。最后一个是逆商，不仅是新闻工作，其他任何工作都需要工作者有直面挫折、摆脱困境和超越困难的能力。

（二）德才兼备不断提高自身修养

作为一个新闻人，应该做到文品与人品兼备。多读书，不断充实提高自己，紧跟社会发展的脚步；多写作，让自己始终保持写作的状态和热情；多旅行，开拓自己的视野，领略不同的风土人情、文化历史，培养自己的包容心态；常积德行善，保持自己的初心、善良和真诚。最近我个人即将兼任河北省滦平县一所学校的名誉校长，那所学校条件不好，我就想为这所学校多募集一些捐助，改善孩子们的学习生活环境，这也是我力所能及的履行一个新闻人的责任。做一盏电灯，照亮一间屋；做一把扫帚，扫净一条街。

以上是关于招聘、实习以及职场工作态度等相关问题的总结，作为新闻专业的在校学生来说，为了以后能够顺利地走上实习或工作岗位，除了注重有用、有益的事以外，还需要夯实自身的新闻素养：深刻思想认识；提高写作水平和文采；锻炼新闻采、写、编、评技能，这些方面一个都不能少。最后，更重要的是，无论学习还是工作，新闻人要一日三餐以新闻为粮，让自己一直遨游在新闻的海洋中。

从国家媒体视角探讨新闻人才的素质需求

中央人民广播电台　张全庆

中共中央在2016年初印发的《关于深化人才发展体制机制改革的意见》中开宗明义：人才是经济社会发展的第一资源。人才的评判是通过工作岗位这个载体来实现的，认同组织的核心价值观，具有职业素养和较高工作技能，能胜任岗位要求，持续为组织创造价值的人，就是人才。比如，一名新闻记者或主持人，通过他的采访、主持，能够不断提高栏目的知名度和影响力，提升媒体的引导力和效益，就是人才。

近年来，我国传媒行业飞速发展，其行业格局也发生着剧烈的变化，主流媒体与市场化媒体，国家媒体与地方媒体逐渐分化出各自不同的特征。这也给传媒专业的毕业生提出了挑战，面临不同媒体对从业人员素质的要求有何不同，尤其是国家媒体对新闻人才的素质究竟有怎样的要求的问题。国家媒体内部从业人员也面临自身素质如何与日益提升的职业要求相匹配的问题。

我们说的好记者、好编辑、好主持，通常是政策理论水平高，能够理论联系实际；业务精，善于把握时、度、效，能帮助受众澄清认识；有较强的道德修养，能自重、自爱、自强。这些都是作为一名优秀新闻人应该具备的素质。那作为国家媒体的新闻工作者，哪些素质是特别被强调的呢？本文拟从国家媒体的新闻观（理念角度）、国家媒体的全局观（岗位角度）和新闻人个人素养（个人角度）这几个角度，对国家媒体新闻人才的素质需求进行探讨。

一、国家媒体需要有扎实的马克思主义新闻观的新闻人才

新闻观是关于新闻现象、新闻活动的总体看法和根本观点。国家媒体秉持什么样的新闻观，是由国家媒体的性质和定位决定的。近代中国，数十个不平等条约造成割地赔款，国家财富被掠夺，人民没有安全感，主权丧失，在国际上毫无尊严，最终是历史选择了坚持马克思主义理论的中国共产党，选择了社会主义道路。正是基于此，中国共产党主张用马克思主义新闻观指导中国媒体的新闻实践工作，而作为国家媒体的新闻工作者，自然要秉持马克思主义新闻观。

西方的大部分新闻媒体标榜的是“独立媒体”，是“超政府、超党派”的社会公器。究其实质，是建立在私人所有制（资本）基础上的，是资本经营的产业实体，是资本用来为自己或自己代表的集团服务的工具。经济基础决定上层建筑，这就决定了西方媒体的定位和新闻观，它存在的价值就是要为其资本利益集团服务，例如，美国有线电视公司（CNN）属于时代华纳、《华尔街日报》属于默多克的新闻集团等。看近期美国总统特朗普与 CNN 的怒怼就可以看出它背后的逻辑。正是因为政治制度、经济制度与西方不同，中国的新闻体制自然有别于西方。中国的新闻媒体把马克思主义新闻观作为根本观点，我们也不需要隐讳自己的党性原则，我们的新闻媒体是党和人民的喉舌，中国国家媒体的性质和定位要求新闻单位和新闻从业人员坚持为人民服务、为社会主义服务的方针，坚持新闻工作的党性原则和真实性原则。习近平同志在全国宣传思想工作会议上强调，“所有宣传思想部门和单位，所有宣传思想战线上的党员、干部都要旗帜鲜明坚持党性原则。”国家媒体是党和政府的重要部门，党性是中国国家媒体的根本属性。

所以，国家媒体对新闻人才的首要要求是坚守马克思主义新闻观，讲政治，讲党性，有高度的政治觉悟。当然，从操作层面看，新闻报道有其共同的原则和规律，但价值观决定新闻的导向。从这个角度来说，国家媒体的新闻人才，既要不断提升自身的新闻业务能力，更要注重进行马克思主义新闻观的学习，提升政治觉悟和政治素质，学好并运用马克思主义新闻观，知道“我是谁、依靠谁、为了谁”，这是根本。

二、国家媒体需要具有全局思维和国家立场的新闻人才

我们生活的时代，每天都有海量的信息。记者每走进一个新闻现场，都会听到不同的声音，也会看到不同层面的事实，采访到不同的当事人。在这个信息爆炸、观点多元的时代，作为国家媒体的新闻工作者，要有自己清晰的看待事物的价值观和坐标系。这样，才能保持相对独立的判断力。遇到一件事情，你首先想想这些问题：

第一，这个事情你是否了解来龙去脉？有没有证据和理由支撑？

第二，他/她的表述代表哪一方的利益？相关利益方是否都了解全面？

第三，整个事件是否存在隐藏或模糊不清的证据和事实？这个证据或事实是否能够推出合理结论？

由于国家媒体定位的特殊性，受众对其权威性有更高的要求。国家媒体从业人员的报道和态度，代表的不是个人，而是他（她）背后的国家媒体，甚至就是代表国家。从这个意义上说，国家媒体从业人员必须要有全局思维，不能被碎片信息和局部利益蒙蔽甚至左右。在不清楚事件背景，不能准确判定利益诉求，不

能确定影响力和破坏力时，就不要轻易下结论，不要轻易评判某人某事，不要轻易被别人的观点和情绪所影响。有大局意识、全局意识，按照国家媒体的价值观、坐标系去报道新闻：陈述事件、讲述事实、阐述观点，这是国家媒体新闻人才必备的职业素养。比如，2016 年火爆网络的“中关村二小霸凌事件”、当前“国乒集体退赛”事件等，都是对国家媒体从业人员素质的考验。

我们常说一个人素质高、能力强，主要是看这个人在做人、做事、看待事物和执行任务上表现出的价值取向、看问题的视角、个人的心态、分析问题的思维和逻辑方面，是否充分考虑了新闻报道的动机与效果、轰动效应与社会效益、局部与全局等关系。国家媒体的新闻工作者，在关键时候，是否有全局思维并站在国家立场去判断、去考量，其职业素质、格局高下、能力强弱就一目了然。

在互联网时代，国际、国内形势处在更复杂的大环境中，身边看似小小的新闻事件，有时就会被别有用心的人或机构利用，引发民族问题、人权问题、体制问题等。所以，国家媒体的新闻人在敏感新闻事件上更应该有素质和能力，处理好点、线、面的关系。考量各方利益，协调处理好“为了谁，怎么报道，效果会如何？”的问题。在信息海洋中，要保持国家媒体的新闻价值观和判断力，看问题要多视角不偏激；对新闻事件特别是突发事件，要纵横对比，要有既关注点、又注重线和面的全局思维；能透过新闻现象去看事件本质，澄清谬误、明辨是非；要站在国家利益、民族利益的角度和高度，提出建设性意见和建议。

国家媒体的新闻人要以新闻立身，在新闻实践中尊重事实，服务人民。记者、主持人要到新闻现场去，到群众中去，融入对时代、对党的政策、对现实的思考，真实、客观、理性地报道新闻事件。用正面的心态、从引导事态向良性发展的角度去报道新闻，用解决问题的心态、从推动社会进步的角度去报道新闻。国家媒体更需要具有从国家民族利益出发、具有全局思维和判断力的新闻人才。这样，在复杂的环境下、海量的信息中、不当的利益面前才不会迷失方向。

三、国家媒体需要专业扎实、学习能力强、富有创新意识的新闻人才

媒体是接触多个领域的机构，处于新知识、新科技、新思潮、新理念的前沿，国家媒体又是媒体中的标杆。新闻理论知识、采编播的业务能力、熟练使用采访工具、熟悉播出系统等，都是基本功。还应了解相关的自然科学、文学艺术、历史哲学等，不断完善自己的知识结构。身为国家媒体的从业人员，要成为名记者、名主持人，还得根据自己采访主持的专业岗位是属于时政类、经济类、社会类、音乐类等，真正钻进去，熟悉和掌握相应的专业知识，才能准确地解释政策、与专家对话、分析问题、引导话题。媒体人面对的多专业性、多领域性的知识，要

求其有很强的学习能力。

而许多国家媒体作为曾经的传统媒体，在面临新技术推动下的媒体融合发展时，如何在互联网环境下做好舆论宣传工作，这是党对国家媒体的要求。新媒体依托日新月异的信息技术，在互联网技术特别是移动技术发展的基础上，因其良好的参与性和互动性吸引了大批受众，发展周期短、效益快、影响大。国家媒体如何拥抱新技术，在内容、技术、渠道、营销，以及管理等方面深度融合，均是新的挑战。几乎所有的传统媒体在融合发展的进程中都遇到了人才结构过于单一的问题。媒体融合发展的成败关键在人才，传统的国家媒体要发展，就要求媒体人不断地学习新技术、新理念、新知识和新技能。当前，国家媒体需要培养和引进大量有互联网知识、互联网思维、能适应快速发展的形势，在媒体融合技术、采编、管理方面的人才。

国家媒体的转型、融合和持续发展，需要具有扎实的专业能力、较强的学习能力和富有创新意识的新闻人才，这是个人和组织持续成长和发展的基础。

四、国家媒体需要有家国情怀和大众情怀的新闻人才

记者笔下有财产万千，记者笔下是人命关天，记者笔下有是非曲直，记者笔下是毁誉忠奸。这是记者的力量，也是记者的责任。新闻工作者，是社会前行的瞭望哨，是时代的观察者、记录者，也是参与者、改造者，国家媒体的新闻工作者更是如此。客观地讲，国家媒体的平台给新闻人提供了更广阔的天地，既可接触到国家领导人，采访到许多成功的企业家、大明星，又能参与到国家的政治生活、重大活动和重大事件中，也会遇到许许多多的普通群众，甚至衣食不足、受难受灾者。新闻人同时拥有家国情怀和平民视角的大众情怀，在国家媒体中显得尤为重要。

读史知兴衰，中华文化一直绵延不息，中国历史毫无疑问是人类历史中辉煌的一笔，然而对比中国古代的辉煌历史和近代的百年凌辱史，既让人对中华民族和中华文化充满自信，又让人觉得无比的屈辱与遗憾。正是在国家最困难、最无望的时候，一批批具有家国情怀的仁人志士、革命先烈燃烧自己点亮希望之火，才让中华民族一直走到今天，走向辉煌。中华文化受厚德而载物、受家国天下传统思想的影响，有家、国、天下的承担文化。人生在世，就是要承担自己能承担的，承担自己该承担的。国家媒体的新闻工作者更应对国家、对民族抱有一份最朴素、最原始的热爱，那就是家国情怀。“天下兴亡，匹夫有责”不仅是自己能成就什么，而且是国家能成就什么，自己能为此做些什么。爱国爱家不是不能批评国家，而是要有建设性的批评，国家在发展中难免有这样那样的问题，但你有责任让她更美！没有国家的安定与发展，哪有家庭的平安与个人的幸福！坚持这

样一种情怀、这样一种信念，新闻就会有温度，人就不容易走偏、走歪。

中国改革开放近40年，在经济上取得了举世瞩目的成就，让国人特别是城市人普遍过上了安定富足的生活。但当今的中国，仍有数量广大的农村、农民和基层百姓，特别是中西部地区，因发展不平衡，而面临环境的破坏、生活的窘迫、医疗和教育条件的限制，以及留守孩子的问题等。作为国家媒体的新闻工作者，还要把视野放在这广阔天地中，保持从群众中来、到群众中去的优良传统和作风，保持一份平民视角的大众情怀。

国家媒体的新闻记者要勤于到基层去，到人民群众中去，“坐在同一条板凳上，才能缩短心与心的距离；坐在农家的炕头上，收获的才不只是建议”。要常怀为民之心，坚持全心全意为人民服务的宗旨，坚持群众路线，真诚倾听群众呼声，才能真实地报道和反映群众的愿望；亲身体验群众的冷暖，真情关心群众疾苦，才能找准化解矛盾的关键，才能真正为群众办实事、办好事；把人民群众放心上、当亲人，与人民群众同呼吸、共命运，才能赢得群众的理解和支持。新闻工作离开了人民群众，就成了无源之水、无本之木。也只有真正走到群众中去，才能找到无穷的力量！

在国家媒体从事新闻工作，具有扎实的马克思主义新闻观是对新闻人才的根本要求，对新闻事件具有全局思维和国家立场是对新闻人才职业素质的关键要求，专业扎实、学习能力强、富有创新意识应该是迎接挑战对新闻人才个人素质的基础要求，而家国情怀和平民视觉的大众情怀，则是对新闻人才个人素养的本质要求。国家媒体与市场化媒体的根本区别在于它的职责和使命的不同，国家媒体不是以追求经济效益最大化为目的的，它的职责和使命，习近平同志在2016年2月的新闻舆论工作座谈会上明确提出，就是“高举旗帜、引领导向，围绕中心、服务大局，团结人民、鼓舞士气，成风化人、凝心聚力，澄清谬误、明辨是非，连接中外、沟通世界”，这为新闻媒体特别是国家媒体的工作指明了方向，提出了根本要求。同样，也为国家媒体的新闻人指明了努力的方向，应该时刻恪守新闻职业道德，坚持马克思主义新闻观，不断修身、格物，要从做人、作文两方面树立新闻人的良好形象，有“铁肩担道义”的社会责任感，有“妙手著文章”的专业素养，为了国家、民族和人民，努力成为一名受尊敬的新闻人、成为一名国家媒体的优秀新闻工作者。

、

媒体创新时代国家级杂志媒体广告人才战略的思考

环球人物杂志社　赵洪俊

中国的国家级媒体发展到今天已逐渐失去其先天性的优势，面临着体制与运行机制走向市场的深刻转变，以及以新技术为驱动的新媒体的双重挑战，但国家级媒体仍应继续肩负起自身应有的历史使命，与国家同呼吸共命运，坚信这样的使命感不是一种负担而是一种激励，笑迎风起云涌的各方新旧媒体的挑战而不败，从而走出一条适合自身特点的媒体经营道路。媒体行业本是轻资产、重人智的行业，在媒体经营方面，更是如此。要实现以上发展愿景则需要培养、引进大量高素质人才，并善于用才，所以国家级媒体实施经营人才战略时不我待。

一、国家级媒体的广告人才应当承担其服务的媒体承担的历史使命

当前，距离以习近平同志为核心的党中央所提出的伟大复兴中国梦的奋斗目标的关键结点——建党 100 周年只有不到 4 年时间，国家级媒体的重要功能就是在这样的国家愿景下，成为中国社会发展的沟通者与促进者，为整个行业的内容制作与传播制定文化标准及创新范式；从业界自身发展而言，媒体正处在“微化”“碎片化”的裂变过程之中，与不断变化的社会要素、市场要素相互作用，正迎来再次重组聚合的快速变革与创新的时代。

身处在这历史上从未有过的媒体风起云涌的大时代，要成为国家级媒体的优秀人才，必须善于运用最先进的思维方式，借助新媒体技术更加迅速地接近与报道内容之“真”；并能在众多复杂之“真”中凭借理想与责任找到更多向善因子，进而在媒体呈现时通过美学的力量让真善直抵人心，从而成为真正影响与引领社会风尚的幕后英雄。宏观来看，只有不断吸引这样高素质的复合型人才的加盟，国家级媒体才能在市场竞争与历史使命两份答卷上取得优秀成绩。

二、国家级媒体的人才特质——大局观、复合能力、互联网思维、抓本质的能力

传统媒体在以往的经营工作中，存在着比较严重的问题。第一，对经营人员队伍的要求存在着重业绩考核、轻思想教育的弊端。导致很多广告从业人员，只顾眼前利益，单纯就为挣钱，忽略了媒体在广告传播中应当承担的社会责任，导致虚假广告层出不穷，利益输送屡禁不止。第二，在新媒体的冲击之下，传统媒体人才流失严重，特别是有思想肯担当的经营人才更是短缺。

习近平同志在“二·一九”讲话中，明确提出媒体的广告宣传也要讲导向。因此，国家级媒体所需要的人才首先要具有大局观及政治觉悟，无论是新闻采编人才还是媒体运营、广告经营人才，首先要抵御社会不良风气，严格履行职业操守，以严谨的作风守住底线，更要善于运用这样的大局观与政治觉悟，以伟大复兴中国梦这样的时代主题为国家级媒体发展谋篇布局。媒体的内容生产者要以真求善呈美，广告经营人才则要善于运用媒体的高质量内容布置“正能量场”，旨在吸引、培育、塑造一批具有进取、向上精神，能够在当今及未来代表中国参与全球商业竞争的有文化影响力的国家级品牌，这正是国家级媒体诠释中国梦的一种有力注脚。这就对国家级媒体运营人才、广告经营人才提出了超过以往的更高要求，要求其既要具有洞悉品牌价值的超常眼光，又要有跨界整合的复合能力。从传统的出卖广告版面、时段转变为谙熟媒体丰富内容的内在价值，对客户品牌内涵要有深刻理解。具体来说就是要对媒体新闻采编、内容制作的方向及策划非常敏感和在行，从而有的放矢地找到与内容价值相匹配的品牌（客户），并借助美学的力量在媒体上呈现，受众将因此获得一种全新的精神体验。“正是媒介的结构决定了信息的本质”。当今中国是世界上传统媒体与新媒体数量最多、最活跃，全方位竞争最为激烈的国家，媒体只有不断追求精细化运营并强调用户极致体验才能真正赢得市场。广告经营、媒体运营不再只是依附于内容制作获得收入的营销部门，更是为媒体受众营造“层次丰富的媒体大餐以及良好用餐环境”的创造者！

在市场竞争中的国家级媒体越来越重视广告经营人员的业务素质，只有胸有丘壑才有敢于与企业家、品牌缔造人直接对话并取得其认同的强大气场，因为你代表的不是个人，环绕在你周围的是国家级媒体的能量场。

国家级纸质媒体在面对以互联网技术所构成的新媒体的“微化”“碎片化”的强大冲击时，急需掌握新媒体技术与新媒体理念，并需要具有互联网思维的人才加盟以弥补其新闻呈现方面的短板，但也要避免一种误区。出一个很简单的题目，能很有效地看应聘者是否真正具有互联网思维：互联网思维中所谓“羊毛出在猪身上”的模式是否只在互联网诞生后才出现？如果回答“是”，可以说这位

应聘者不合格。因为在互联网出现之前，传统媒体的广告经营就是最典型的“羊毛出在猪身上”。新闻媒体可以不计成本地扩大发行，就是因为有强大的广告收入做后盾。

在传统媒体转型过程中，员工具有新媒体工作经验到底是必要项，还是加分项？各家媒体都有不同的理解。笔者工作的《环球人物》杂志，也在尝试推出杂志、微博、微信公众号之外的新产品，包括付费视频、音频、书籍与课程等。在快速发展期，我们更希望有掌握新媒体技术、有相关工作经验的人才加入，尽量降低摸索期的投入。但是否具备新媒体工作经验并非考量的最重要因素，我们更看重的是人才的工作激情、团队合作精神、深度采访能力与自我管理能力等。这是因为许多新媒体从业人员经历的是以快取胜，其追求的创新更多是搏眼球，往往缺乏系统的思维体系，价值体系也很混乱。因此，加入传统媒体有些培训是必要的，比如，规范的流程、严谨的业务流水线。选题会、编前会、审校程序、广告商谈交付等都有固定的机制和节奏，真正的高手只有经历如此淬火才能成为融媒体时代的“小钢炮”。另外，传统媒体不只是需要懂得用新媒体技术做“加法”的人才，更需要超越技术层面真正懂得互联网思维的高手，从做“加法”提升到会做“减法”与“乘法”才能让传统媒体脱胎换骨式地焕发生机。

受到新媒体的影响，高校新闻专业的教学内容和方法也在变，但应该万变不离其宗，新闻与传播的本质规律是不变的，能真正找出这些不变之道的优秀学生才是国家级媒体所需要的真正人才。曾有一个朋友，他是传媒界的资深人士，多次应邀给传媒学院的学生开讲座，当时许多传统媒体业界的人都对微博、微信的具体营销功能分不太清楚，传媒学院的学生也提出这样的疑问，他就用有趣的比喻来讲，他比喻微博的作用是“抗战时期，中共地下党和民主人士在国民党控制区用口号、标语、演讲的方式宣传抗日爱国运动，从而吸引青年学生去延安”。而微信的作用又是什么呢？他比喻成“青年学生去延安后，通过抗日军政大学、鲁迅艺术学院组织青年学生进行相对封闭的学习”。通过生动的比喻，道出了微博与微信等新技术的博弈背后的基本逻辑及原型是广场宣传和课堂教育与交流。而从更宏观、更广阔的历史视角来看，其实互联网技术是通过复兴并加速了古老的人际间的口碑传播，中国人在互联网免费的基础上新晋推出的打赏模式引得国际巨头苹果（App Store）都看的眼馋，遂想分一杯羹，其“原型”不就是古代街头打把势卖艺的“有钱捧个钱场，没钱捧个人场”吗？

所以，传统媒体工作者想要真正理解媒介就要具有从林林总总的各种媒介技术、手段中看到其真实的目的，透过媒体现象看到媒体本质的能力，才不会丢掉传统媒体的核心优势，在此基础上的媒体创新才是有源之水，有本之木，才会有强大的生命力。

三、运营内容纵横驰骋的高手安在?

传统媒体在经历头几年互联网媒体冲击后逐步稳住阵脚、认清局面，纷纷采取“内容为王”的核心战略与互联网媒体进行新一轮的竞争与合作。在信息爆炸、信息过剩的时代背景下，优质内容仍然是稀缺资源，但此内容不仅包括传统意义上的独家、深刻的媒体信息和报道内容，更包含许多与各层次受众需求对位的复合性的内容，所以要求增强媒体广告经营人才对于内容的解释力与复合运用能力。比如，娱乐业大腕迪斯尼公司对内容进行“广度经济”式的运营。“广度经济”是指企业同时经营若干不同但相关的产品或服务时，能够达到成本上的节约，产生更好的经济效益。迪斯尼公司在 1995 年 7 月以 190 亿美元兼并 ABC 后，曾被业内一些人质疑，但一年以后，迪斯尼公司财务报告上的营业收入达到 187 亿美元，纯利 15 亿美元，从 1995 年的世界电视 100 强的第 28 名，一跃成为 1997 年的第 2 名。从此以后，拥有 ABC 的迪斯尼公司就没有退出过世界影视娱乐业的前 5 名。这种现象即是产品或服务的合成效应。

中国的媒体从单一的宣传机构向市场和企业过渡不久，国家级媒体面对市场的压力越来越大，其神秘感和垄断地位也越来越弱，所以要尽快改善媒介经营管理人才奇缺的状况。近年来，中国媒体企业不断从别的行业引进各种经营管理人才，但如果对媒体运营的认识更多地停留在传统的发行、广告经营层面，很快会被市场无情地淘汰，所以广告运营及媒体运营者应始终抓住自身的核心竞争力，通过将传统的、最先进的技术与运营模式的有机组合来获得受众与合作伙伴的认可，从而获得更高的市场回报。特别是国家级媒体，更要真正懂得“国家级”的内涵与符号价值的外延价值，才能在广度经济开发中发挥出更大作用。所以国家级杂志媒体不但需要能与互联网等新媒体竞合的复合型人才，还需要对传统杂志纸质媒体的价值有重新认识，以广度经济理论为出发点，挖掘其衍生产品价值的经营人才。

有形杂志媒体在社会人际交往中具有电子媒体无法取代的特殊的传递及收藏价值，因此，广告经营人员要看到这一优势。比如，《环球人物》杂志 2008 年因率先在封面人物报道“台湾地区新领导人马英九本不姓‘马’，而是赵括的后代”，其在 2008 年博鳌亚洲论坛会场的 8000 本杂志被一抢而空，与会人员争相阅读，给人的印象极为深刻。从此《环球人物》杂志开足马力，不断制造高端影响力，不但连续多年成为博鳌论坛会场阅读杂志，而且其许多期杂志封面因具有特殊象征与纪念意义而成为收藏品。杂志利用这一优势，每年针对社会、文化大事件进行媒体全环境布局营销，一次又一次取得优异成绩。这个经验后来被复制到全国两会、夏季达沃斯论坛等会议，都屡试不爽。在 2015 年，《环球人物》杂志借世界反法西斯胜利 70 周年中国举办盛大阅兵式所推出的大型纪念图册《中国大阅兵》

在预售阶段就受到热捧，各企事业单位和广大读者争相购买，仅预订数量就超过40万册，其经济效益与社会文化影响力非常巨大。这种跨行业、高价值运营内容模式完美诠释了广度经济理论。因此那些具有文化底蕴、懂得策划、熟悉市场、善于挖掘具有历史价值及收藏价值的杂志内容，通过做“加法”和“乘法”，用创新呈现方式征战市场的经营人才必然是下一步国家级纸质媒体争取的对象。

随着国家级媒体面对市场进行的体制、机制的改革与创新逐步走向深入，媒体与民营资本整合，与其他行业跨界整合的大戏将不断上演，从而必将对所需人才提出更高要求。特别是致力于成为媒体运营高级人才的人，要有不断学习、全方位学习的能力，并随时准备跨界经营才能立于潮流而不倒；此外，应做好充分准备迎接向世界更加开放的媒体环境的到来，才能从容不迫地与国际媒体巨头展开更多竞争且不断壮大。因为只有中国制造的国家品牌是不够的，还需要有在国际上具有影响力的国家级媒体品牌、文化品牌才能支撑起中国的大国形象，只有如此，民族复兴中国梦的宏大国愿才能真正实现，这一切愿望都期待着更多运营内容、纵横驰骋的高手出现。

我们需要什么样的新闻人才

湖北日报传媒集团　李迎涛

美好的时刻，美丽的校园，实践教学与新闻传播人才培养高峰论坛在这里举行，我谨代表湖北日报传媒集团对论坛的顺利举行表示祝贺。

刚才，各位专家学者从理论与实践的层面谈了很好的见解。我作为传媒集团、用人单位的代表，从实际需要出发，谈谈我们需要什么样的新闻人才。

我们到底需要什么样的新闻人才？用当下最时髦的一个说法，就是“新闻专业知识+”。

一、有讲政治纪律，政治规矩的素养

当前，全国各地正在学习贯彻习近平同志系列重要讲话，促使全体党员干部把思想和行动进一步统一到以习近平同志为总书记的党中央部署上来，真正让纪律严起来，把规矩立起来。

为什么要讲政治纪律、政治规矩？政治纪律与政治规矩，是政党生存与发展的生命线。世界各国政党的兴衰史表明，一个政党必须注重维护政治纪律和政治规矩，强化团结统一，只有这样，才能保持强大的凝聚力和旺盛的生命力。政治纪律和政治规矩废弛之日，就是政党衰亡之时，我们党历来高度重视政治纪律和政治规矩，并始终严肃对待和严厉惩处违反政治纪律和政治规矩的行为。

新闻媒体特别是党的机关报，是我们党治国理政的重要资源和重要手段之一。作为党报的新闻工作者，就必须做到讲政治、守纪律。坚持政治家办报，坚定党性立场，坚决拥护中央决定，牢牢把握正确舆论导向，与以习近平为总书记的党中央保持高度一致。要严守党的宣传纪律，严守宣传报道口径，不抢报、不乱报，执行宣传任务不讲困难，不打折扣。

要求每一位新闻从业人员都是政治家，这不太现实。但是每一位新闻从业人员，脑中时刻要有讲政治守规矩这根弦，有强烈的政治意识、大局意识、责任意识，不要以身去碰高压线，这一点绝不能含糊。在办报实践中，处处体现讲政治。

二、具有一专多能的素质

（一）复合型人才

社会的发展向传媒教育提出了一系列新课题，这就是重视跨媒体、跨学科、跨专业的复合性人才培养。

由于新闻院系的最终目标是培养具有综合素质的全面人才，因此，应该通过多学科的综合教育，包括人文科学、社会科学、自然科学等的教育，逐步建立起适应社会进步的、既有专业性又有综合素养的新闻传播教育体系。

一是具备复合型知识结构。新闻专业的学生除了学好新闻专业知识外，最好能学习一些专业技能以外的基础知识，如政治学、统计学、经济学、哲学、自然科学等。并且要在四年内拿到非新闻专业的第二学位。法律也好，经济也好，甚至生物学也好，这无疑会大大增强他们的竞争力。

二是具备复合型采编技能。包括采写、编辑、评论、摄影、网络传播等多种能力。一方面，进入媒体后，可以有更灵活的发展方向；另一方面，这也是推进媒体融合发展的需要。媒体融合的核心，在于人的融合，要具备全媒体记者、全流程记者的素质。比如，一名经济新闻记者，除了具备新闻专业人员所具有的素质外，还要对经济理论、经济知识有所了解，因此，财经专业知识在此就很重要。因为财经新闻报道往往有个深入浅出的过程，要达到经济新闻的社会化、通俗化的境界，并非只是单纯的记录就能做到的，而要将长篇的经济新闻转化为较短篇幅的网络新闻，这又要有一个加工的过程。

（二）专业人才

专业人才指在某一方面有突出能力的人。新闻工作者，虽然要求是一个杂家，应该海纳百川、广泛猎取、厚积薄发，即所谓的“厚基础，宽口径”，但是人的精力毕竟是有限的，成为全才，样样精通固然好，但在某一方面有所长，如擅长写新闻，或是擅长写评论，或是擅长拍新闻图片等。像这样的学生在媒体中也很受欢迎。

（三）经营管理人才

经营是一个媒体的血液，也是生命线。以传统媒体为例，过去广告、发行、印刷是传统媒体的营收支点，但是，随着移动互联时代的到来，这种传统的“二次售卖”模式，正在走下坡路。传统媒体包括传统媒体创办的新媒体，都缺少懂经营、会经营的人才。如果在这方面有所长，也一定会受到欢迎。

总之，我们非常欢迎既有比较扎实的新闻专业理论和实际操作能力，又有比较宽泛的知识面；既有人文科学的素养，又有自然科学知识的积累；既有一般新闻采编能力，又有一专多能的本领；既有专业知识和专业技能，又有持续学习精神并持续提高能力的学生。最后一点尤为重要。

三、迈好新闻从业第一步：实习

新闻采编，是一项实践性很强的工作，就像游泳，规定动作学会了，还要下水去练习。

湖北日报传媒集团是武汉大学新闻与传播学院的实习基地，欢迎学生们去实习。

实习前，学生要做一些准备，如希望到哪张报纸和部门去实习，这张报纸最近一段时间在报道什么，版面设置是怎么样的，有哪些部门，对其基本情况要有大致的了解。有时候报社虽然不一定能满足实习生的要求，但一般也会尽量考虑他们的实习愿望。

在实习过程中，要尊敬指导老师和同事，善于沟通，广交朋友。遵守所在单位纪律，有事请假，不能来去自由。在实习期间，重点锻炼自己的社会活动能力、调查研究能力、新闻敏感度和文字表达能力。和指导老师外出采访，要主动向被采访对象提问，采访完成后可以自己先动手写稿，要求老师改写，或者与老师分别写稿，然后和老师的稿件对照比较，这也是一个好的做法。只要用了心，使了力就一定有收获。2012 年到湖北日报社会新闻中心实习的王成龙、高婷、邹亚琴都在实习中表现优异，实习未结束就找到了工作单位。

我们非常欢迎武汉大学的学生到集团工作，我们诚挚地等待着你们。

媒体融合背景下传统广电媒体转型的人才需求

湖北广播电视台　刘　迎

习近平同志指出，“推动传统媒体和新兴媒体融合发展，要遵循新闻传播规律和新兴媒体发展规律，强化互联网思维，坚持传统媒体和新兴媒体优势互补、一体发展，坚持先进技术为支撑、内容建设为根本，推动传统媒体和新兴媒体在内容、渠道、平台、经营、管理等方面的深度融合，着力打造一批形态多样、手段先进、具有竞争力的新型主流媒体，建成几家拥有强大实力和传播力、公信力、影响力的新型媒体集团，形成立体多样、融合发展的现代传播体系”。实践证明，要打造新型媒体集团，做好党的新闻舆论工作，必须构筑人才高地，打造人才核心竞争力。随着传播技术演变革新带来的新闻信息生产传播方式、传播格局的深刻调整，在推进新媒体建设和媒体融合发展过程中，人才的结构性短缺已成为传统广电媒体未来发展的短板。新媒体人才缺乏，特别是能将内容、技术和运营三方面整合的复合型人才极为稀缺，从根本上制约和影响着广电传媒融合的推进速度和发展前景。在数字化、全媒体化的今天，媒体界不断探索着人才的转型升级，媒体融合时代究竟需要和培养怎样的人才成为普遍关心的问题。通过对湖北广播电视台（湖北长江广电传媒集团）近两年招聘岗位和人员需求情况的分析，以及在打造湖北广电长江云移动政务新媒体平台过程中的切身体会，笔者感到，要实现发展，需要大量了解多种媒体运营功能、洞悉信息技术对媒体的技术支持、掌握传媒产业市场动向的全媒体复合型人才，主要有以下类型。

一、兼备职业素养和互联网基因的人才

由于网络新媒体的崛起，信息传播又一次模糊了职业与非职业的界限。但是在人人都能发声、人人都是传播者的时代，社会更加需要权威的声音，这种权威性、公信力与广电从业者的职业素养和专业能力是分不开的。一个好的媒体工作者，要做到心中有党、心中有民、心中有爱、心中有责、心中有度。有了源于媒体人心中对国家、对社会、对生活以及对社会每一个个体的爱，有着追逐真相所需要的担难、担责、担险的拼搏精神，再加上能够站在立足基本国情、增强服务大局的高度去把握新闻报道的尺度，才能在略显浮躁的社会中挖掘能深入人心的

好新闻、好作品。

媒体融合不是单纯地把原来传统媒体上的内容换一个平台发布，不是把微信、微博等新媒体媒介当作自身传统媒体价值的延伸。新媒体生而具有互联网基因和数字基因，当前新闻信息生产、制作、设计、发布、传播等各流程均实现了数字化。因此，在传统媒体与新媒体融合的过程中，我们需要具有互联网基因的人将内容资源生产流程进行解构与再造，用亲近互联网和市场的手段，打造真正聚合各类资源的融合化产品，在传统媒体资源与新媒体资源的对接中，实现价值的叠加。随着移动互联网时代的到来，既具有优秀的职业素养，又具备移动互联网思维方式、懂数字开发、懂产品设计、懂用户体验、懂互动交互的人才倍受媒体欢迎。

二、全媒体报道人才

在媒体融合时代，激烈的市场竞争必然导致传统媒体信息加工处理方式的变革，这对传统媒体的记者来说，无疑是一次巨大的考验。如今，移动终端已经替代报纸成为新闻的第一落点。要让新闻在第一时间抵达读者，传统媒体记者必须学会使用多种工具和展示手段，做到一次生产、多种生成、多元发布，形成较为理想的报道链条：第一时间利用官方微博展示新闻现场，并随时更新事件动态；再发回最新图文消息稿，在网站和微信公众号上推送；最后将新闻现场、新闻评论等整合成深度专题报道，在广播和电视上权威发布。如果没有这种转型意识，其结果或许就会在重大新闻事件的即时传播中缺位，失去对热点的引领和掌控能力。只有媒体记者真正具备了新闻聚合的头脑，深刻理解各类媒体的特点，熟悉不同载体的信息发布规律，善于运用网络、手机等新媒体在第一时间传播出最吸引公众的“新闻眼”，才能切实完成不同媒体间的信息内容的传输组合，产生媒体融合的效应。

全媒体记者不仅要在文字写作上下工夫，还要有整合来自现实、网站、社交媒体等多方面的碎片化信息的能力，更要全面掌握照片拍摄和视频拍摄的技巧，以便后期为不同媒体形式供应具有针对性的内容。截至 2016 年 4 月，美国有线电视新闻网（CNN）已有新媒体员工近 700 人，近 500 人是既为电视又为新媒体提供内容的全媒体记者。CNN 各层级都在强调两个方向的转变：电视记者转为全媒体记者；电视新闻机构转为全媒体新闻机构。

目前 CNN 所有的新媒体内容生产部门都和电视部门在一个大新闻间办公，内容制作深度融合，实现了信息互通、资源共享，沟通更为便利，协调配合也更为顺畅。在新闻现场，前方记者的职能已经彻底转变，不单单要为电视供稿，策划、拍摄、发稿、连线，均是全媒体记者的工作流程，并纳入其考核标准。

此外，CNN还逐渐探索了其记者在全媒体平台的工作流程，比如，在第一时间发布新媒体短消息，之后在时间区间内发回带图片的新闻稿、短视频、新闻连线、新媒体综合稿、新闻成片等。

三、跨屏内容开发人才

随着以平板电脑、智能手机为代表的移动终端的日益普及，视听传媒迅速进入多屏时代——电视荧屏、PC显示屏、iPad、智能手机等大小屏幕共同构成了一个视频阵列。多屏共存、跨屏传播将是内容新的生存方式，在这种背景下，媒体对跨屏内容开发人才的需求不言而喻。

根据不同屏幕的特性来设计内容。过去，电视行业的发展思路一直是全民覆盖，而随着互联网时代的迅速到来，分众传媒也已经成为默认的传播规律。因此，跨屏内容开发人才要为不同的屏幕生产独特的内容，并不是将电视荧屏上的内容简单地照搬到其他屏幕上，而应该根据不同终端和屏幕的特性，来推送各有所长、形成互补的内容，从而发挥跨屏传播的聚合效应。例如，湖北广电“长江云”移动政务新媒体平台，是湖北广电长江云新媒体集团与国内知名互联网公司联合研发的新一代基于云计算、大数据的全球领先的新媒体融合云平台，构建打造采编融合、内容汇聚、多渠道传播、多终端一体化的区域新媒体运营平台。在此平台上，开发和设计了符合手机传播的图文、视频信息，来迎合受众的碎片化观看习惯；也利用云直播，借助直播手段，将内容更及时、更真实地呈现给受众。

设计更有交互性的内容。随着多屏时代的到来，观众在内容的选择、搜寻、分享和参与上显得更加积极和主动，观众和节目内容的交互，尤其是让观众参与到内容生产中来成为必然趋势。因此，需要有互联网思维的跨屏内容开发人才，设计开发更多具有网络互动性的内容，让观众可以通过手机等移动终端，切切实实地参与到节目内容制作中。例如，湖北卫视原创的中国首档创意拍客旅行秀《爱游我拍》与直播APP斗鱼合作，打造了TV+网络直播的全新模式，以网络直播的形式来呈现电视真人秀的拍摄过程，网友看节目玩弹幕，与主播互动，还可以实时决定嘉宾的行程及玩法。节目在直播互动中人气爆棚，吸引了500万以上的网友实时观看。

四、精致化内容生产人才

习近平同志强调，“内容永远是根本，融合发展必须坚持内容为王，以内容优势赢得发展优势”。近年来，优酷、腾讯等视频网站上经常会出现网站自制推广的视频节目，这部分视频节目有的也获得了不错的点击率，但在节目影响力和关注度方面远不及广电媒体。可见，无论是在电视媒体还是移动媒体上，广电媒体的内容资源依然是当前的核心竞争力。坚持内容为王，以内容优势赢得发展优势是广电媒体今后遵循的根本和努力的方向。面对多屏提供的海量内容和产品，观众（消费者）的选择成为左右媒体竞争成败的关键因素。如今，35%的电视节目、栏目和影视剧贡献了互联网 70%的点击率（数据来自米兰德公司）。因此，节目内容产品依旧是电视最核心的竞争力，电视台需要精致化内容的生产人才，让优质内容成为制胜法宝。

一是要有较高的专业水准。多变的时代，仍有不变的内核，靠谱是比能力更重要的品质，你可能无法做到采、写、摄、录、播样样精通，但是你必须有一技之长。在如今的广电行业，扎实的专业基础和能力依然是我们参与市场竞争的核心竞争力，深入实际、调查研究，更是所有媒体秉承的优良传统和看家本领，是所有新闻工作者做好新闻的基本功。在当今这个信息泛滥、信息爆炸的时代，权威、优质的内容资源愈发显得稀缺，内容仍然是媒体的立足之本和其核心竞争力所在。媒体永远需要那些能够沉下心、俯下身，深入实际深入生活，认真调研，生产出“厚重”新闻作品的专业人才。比如，一个新闻事件的报道，前方的记者往往要忙于突破消息，采访不同的知情人，很难再腾出工夫来写完整的稿件。那么，记者专注于在前方获取信息，后方编辑根据不同记者的不同素材，综合分析、深入思考，得出真正具有深度的新闻作品，即所谓小记者+大编辑的工作模式。这是很多西方媒体出优质内容报道的核心竞争力所在。

二是要有精良的制作水平。《中国好声音》《我是歌手》《最强大脑》等现象级节目，无一不是在制作上精益求精。精准的画面语言、精致的舞美设计、精巧的叙事策略、精细的后期制作、精美的节目包装，使观看节目成为一种享受。这种精良的制作水平，也是广电行业人在不断借鉴和探索的过程中，通过体验摸索出来的。

三是要有强烈的创新意识。精良的制作水平有时候也会来源于创意。新媒体创意属于复合创意，需要具有多元创意能力，包括内容创意、产品创意、视觉创意、技术创意在内的创意型人才。从浙江卫视的《中国好声音》和《奔跑吧兄弟》到湖南卫视的《我是歌手》，以及湖北卫视的《如果爱》和《非正式会谈》，都是在引进海外节目的基础上进行的加工和再创造。通过“照着讲”，我们国内的节目团队得到了全方位的历练，学到了很多一流的节目制播经验，极大地提升了本土节目团队的制作水平。然而，从今后节目发展态势来看，需要有开创性的人才带领我们，从“照着讲”向“接着讲”转型，能够更加注重在联合研发、联合制作的过程中加快原创节目的制播步伐，逐步实现从无到有地创造出全新的节目模式和节目形态。

当然，这种转型并不意味着将原创节目与引进节目对立起来，因为从小作坊式的制作到工业化流程的制作，我们的节目还有很长的路要走。我们希望的“接着讲”，是能够在引进节目的本土化方面做出更大的创新和突破，能在节目以外整合更多的商业和社会资源，放大节目价值。例如，湖北广播电视台恋爱真人秀节目《如果爱（第二季）》节目播出的同时，上线了官方手机游戏以及主题漫画海报，不断放大节目推广和宣传效果。

四是要有高雅的文化品位。电视文化是一种多元的文化，是一种具有极大的包容性的文化形态，这主要表现在它在本质上属于大众文化，但同时又兼具精英文化、通俗文化、主流文化和边缘文化的属性。例如，《舌尖上的中国》系列纪录片能够走红荧屏，与美食折射出的中国的文化传统及社会变迁密切相关，在美食的外衣下，文化的书写才是其内核，是其受到观众喜爱与追捧的关键之所在。但高雅的文化品位并不是与生俱来的，更不是一蹴而就的，而是通过深厚文化底蕴和生活阅历的不断积累、沉淀在思考中提升的。

五、新媒体战略研究及数据分析类人才

新媒体战略研究及数据分析类人才即根据客户需求，部署新媒体战略规划。他们专注于专业数据分析，利用数据，帮助决策，这也是传统媒体内部出现的新工作岗位。得数据者，得天下；知数据者，知天下；用数据者，赢天下。科学运用云计算、大数据技术，建设移动政务新媒体平台，面向各地方、各部门、各单位、各媒体集中提供互联网环境下的移动政务新媒体产品的快速生成、新闻宣传、舆情管理、信息共享和公共服务等综合应用，已经成为广电媒体转型发展的重要模式。在传统媒体业界最具代表性的一个实例是人民日报的“中央厨房”。在“中央厨房”中，超过70%的工作人员是数据工程师，在选题策划阶段这个庞大的数据编辑团队的数据支持人员能够同时监测多个数据指标和舆情变化情况，在更大范围内找到异常和最新异动。数据支持人员本身也能成为“采访者”和“写稿人”，只不过其采访的对象是数据，写出的稿子是带有新闻点、契合新闻选题、基于最新数据的数据分析结论。而湖北广播电视台（集团）的长江云中央厨房，利用云计算、大数据技术，对传统媒体的采、编、播、存、用进行流程集约化、数字化、智能化改造，将新闻生产全流程统一“上云”管理，建立“云+网”的协同制播模式，为传统媒体和新媒体的深度融合、一体化发展提供全流程的基础技术支撑平台。

六、新技术类人才

《今日头条》创始人张一鸣曾经说过这么一句话：今日头条不是一家媒体公司，而是一家技术公司。快速更新迭代的数字技术，在推动主流媒体融合程度不断加深的同时，也让原本在传统媒体单位默默无闻的技术人员，越来越成为支撑媒体

转型的主角。因为，搭建新型平台、实践大数据新闻、媒体多功能化转变等，所有思路的实现都需要技术的支撑，由此，技术人才的重要性已不言而喻。而随着AI（人工智能）、VR（虚拟现实）、AR（增强现实）等技术在媒体中的运用，掌握互联网及移动互联网技术，既有把握产品开发的技术能力，又熟悉广电节目内容生产的专业技术人才将越发紧缺。

七、新媒体产品的运营管理类人才

互联网时代不缺信息，缺的是有思想深度、有独特视角和精准化传播的有效信息。在市场化推动下，制片人向产品经理人转型，既面对传统媒体，也面对新媒体；既要具备媒体人眼光和视频新闻的采编、运作能力，又要善于将广电媒体的优质资源变为吸引网民眼球的内容产品，带来较好的网络传播效果，致力于全媒体产业链的搭建与拓展。利用微信、微博、贴吧、视频直播等新媒体平台工具进行节目的宣传、推广、营销，通过这一系列运营手段，策划与节目品牌相关的优质的、具有高度传播性的线上、线下活动，向观众广泛或者精准地推送消息，提高参与度和知名度，充分利用粉丝经济、网红经济，达到提高节目综合效益的目的。

习近平同志强调，“媒体竞争关键是人才竞争，媒体优势核心是人才优势。”做好党的新闻舆论工作，关键在人。一个党和人民需要的新闻舆论工作者要掌握专业知识和技能，也要掌握经济、政治、文化、科技、历史、法律、社会、生态、国际、党建等各方面知识，完善自身的知识结构，拓宽知识领域，善用现代传播手段，会使“十八般兵器”，努力成为全媒型、专家型新闻舆论工作者。目前，传统媒体的困境不完全是平台或资金的缺乏，更多是机制的不完善和人才的匮乏。媒体融合发展是一场全方位、深层次的变革，在媒体融合发展实践中，传统媒体人更需要运用新思路、掌握新本领、驾驭新载体，在工作实践中加速转型升级。广电媒体要深入学习贯彻习近平同志系列重要讲话精神，特别是关于党的新闻舆论工作、媒体深度融合、网络安全与信息化等方面的重要指示和论断，坚持党媒姓党，牢牢坚持党性原则，牢记党的新闻舆论工作的职责和使命，不断适应新形势新任务的要求，加快培养造就一支政治坚定、业务精湛、作风优良、党和人民放心的新闻舆论工作队伍。

融媒体时代广播广告的制胜之道

——兼论广播电台广告人才的养成

湖北广播电视台　钱　芳　张　斌

马克思曾阐述过这样的观点："从商品到货币是惊险的跳跃。"而销售和广告正是这个"惊险的跳跃"的重要环节。

"Be the president or else a advertising guy"（不当总统就当广告人），这是曾经的美国总统罗斯福的一句名言。且不说总统先生的这句话对当时的经济起到了多么大的作用，单就广告行业来说，他激励了千千万万青年才俊投身广告业，推动了广告业的发展。广告人一度被认为是有成就感的群体。

新中国的媒体上首次出现商业广告是20世纪70年代末，"广告的出现犹如一声长笛，标志着中国经济的巨轮开始启航。"（《大公报》某记者评论），经过30多年的发展，到2013年我国广告营业额首次突破5000亿大关，2015年更是达到5973.41亿元，广告业已经成为第三产业中急速崛起的支柱行业。随之而来的是广告从业队伍的日渐庞大，据不完全统计，目前我国广告从业人员已经达到390多万。

从传统的以广播、电视、报刊、户外为主流的广告传播媒介到路牌、影院、车载、车身，特别是今天的网络传播、移动终端传播等，广告发布的平台或者载体越来越多，广告传播的形式越来越方便快捷，技术更新迭代急遽，流行迅速产生又迅速消退，新媒体环境冲击了受众原有的媒介接触行为及习惯，传统广播广告固有的传播形态被颠覆，广播广告面临重新构建新的业态。那么在这个大背景下，广播电台广告人才该如何培养，他们应该具备怎样的素质才能适应新的经营生态。这是本文重点要阐述和解决的问题。

一、广播广告所面对的时代

广播作为三大传统主流媒体之一，最早经历了面向市场、自主经营的转型，宣传和经营成为广播发展的鸟之两翼、车之两轮，摆在了越来越重要的位置。传统意义上的广告是一种单纯的广而告之，媒体只负责将产品的性能推荐出去，将客户的诉求传输出去，是一种简单的从A（电台）到B（听众）的线性传播，媒体从业人员被俗称为“拉广告的”，只用负责把客户的广告费拉进来，广告播出去就算完成了一个广告的生产传播流程，至于广告是否直达消费者，是否有效，不在媒体考虑的范围内。广告从业人员只需要拥有人脉资源和基本的社交公关能力就能胜任。

时代流转，技术更迭，移动互联网等新技术的广泛运用，将我们带入共享经济时代、大数据时代，新媒体不断涌现，传统媒体在新媒体的裹挟之下，积极变革，寻找突破。广播广告面对的时代：客户的诉求在变、消费者的需求在变，媒体的传输功能在变。互联网重构了媒体新生态：媒体分众化、内容碎片化、用户圈层化、消费个性化、商业社交化。广告市场越来越被细分，传统媒体面对的竞争越来越白热化。

作为一名广播广告人，首先得知晓自身所处的时代，知晓行业动态。

一是广告主（客户）的诉求在变。

广告传播效果层次，即：知晓—了解—喜欢—偏好—信服—购买，其终极目的是产生消费，从宣传介绍到消费，广告（特别是传统意义上的广告）充当的是消费链的助推器，重点在宣传介绍，而是否真正形成消费则不在或者说不完全在广告传播方考虑的范围内。

纵观当下，客户投放广告不再只是单一地追求广而告知和打产品知名度这种最初始的需求，而是要直达销售终端，关注广告投放后产品是否能销售出去。大数据时代，客户的投放诉求点也转移到了广告的消费人群，即这条广告到底能让多少人产生消费。传播效果，已然成为广播这个传统媒体不能回避的问题。从广告到销售形成一个完整的闭环，这个闭环，在大数据时代被当作事件营销，多次发酵，多次传播，甚至形成所谓的病毒式传播，传播的效应会被无限次地放大。所以，广告人在创意广告的时候，更多地会将自己的思想、创意置于这个闭环中，设身处地为客户着想，使广告成为一个直达终端的行为，而不单单是一种思想或者创意。

二是消费者的需求在变。

互联、共享时代，我们被海量信息包围着，无时无刻不在消费或被消费，接受信息的渠道日益增多，新媒体不断涌现，使传播形态变成了“所有人对所有人的传播”（美国《连线》杂志对新媒体的定义）。每个人都成为自媒体，既是受传者，又是传播者；既是消费者，又是被消费者，消费者的行为变得日趋理性、多元、主动。

当下，新媒体已经为大众普遍接受利用，广告主亦趋向自我传播，更多地利用自身的微博、微信、公众号、APP等做圈层营销，取得精准投放的效果。当你看到一则充满温情和人文关怀又诗情画意的美文推送时（广告与美文已经融为一体，乃至无法分辨），和你此前接受的正统的有距离的某则广告相比，你的选择必定是前者。当你接收到圈子里亲近人的体验式的推送时，销售就在发生。所以，如何让受众成为用户，让传统广告更有效地直达消费者，是广播广告人必须面对的问题。

三是媒体的传播手段在变。

最主要的是以数字技术为代表的新媒体，在 Web2.0 带来巨大革新的年代，营销思维也随之发生巨大改变。新媒体主要借由网络平台和手机平台传播消息。网络平台：如搜索引擎营销、微博博客营销、视频营销、论坛营销、社交网络营销、数字电视机等；手机平台：如微信营销、微博营销、APP 营销等。注重体验性（experience）、沟通性（communicate）、差异性（variation）、创造性（creativity）、关联性（relation），已经成为新媒体传播的共识。

究其实质而言，新媒体是一个相对的概念，它代表传播技术的革命。它是利用数字技术、网络技术，通过互联网、宽带局域网、无线通信网、卫星等渠道，以及电脑、手机、数字电视机等终端，向用户提供信息和娱乐服务的传播形态。其表现方式多样化、传输渠道多样化、即时性传播、碎片化传播、伴随性更强，参与性、互动性更强，真正形成“人人为我，我为人人”的传播语境。

在新媒体语境下，传播思维和传播手段借助不断升级换代的传播技术正在发生着迅猛的变革，广播、电视、报刊等传统媒体，只有充分利用互联网思维，主动融入新媒体，主动运用新媒体，不断壮大、充实、提升原有的传播平台和实力，才能与时俱进，得到长足发展。

二、广播广告人的作为

广播在求新求变。广播是最具温度的传统媒体，及时传送、现场直播、伴随收听、互动性强，赋予广播新媒体的特质，数字传输、手机、车载等移动终端、互联网等又为广播提供了新的收听渠道。应该说，广播在新媒体语境下并没有陷入窘境，广播人主动而为，以“+互联网”和“互联网+”思维，主动与新媒体融合，大量运用新媒体技术和传播手段，形成“广播+”，让广播由可听变为可听、可看（户外直播）、可视频围观、可线上线下即时互动，让优质节目更容易被分享，使广播的表现领域更广泛，影响力更深远。

在广播坚守主流媒体阵地，坚持内容为王，创新表现形态，变身融媒体的大背景下，广播广告作为广播内容产品的二次乃至多次销售，必须不断求新求变，依托广播公信力、影响力和整合力的三大优势，顺势而为。在广告主更多地青睐新媒体，大幅削减在传统媒体的投放的前提下，广播广告的关键点在于蓄客（积累客户）和留客（留住客户），只有变“在播”向“在播—在场—在线—在商”

的模式转型升级，才能拓展经营空间，吸纳更多的客户，提高他们对广播的忠诚度和黏度，从而提升广播的经营实力。

（一）传统广播要用互联网筛出大众的最大公约数

传统广播服务于大众的最大公约数的需求，新媒体广播精准到服务单个的用户的喜好，两者之间的逻辑、规则和使命都不一样。既然传统广播广告是服务于大众最大公约数的需求，那么互联网就是传统广播手中的一个筛子，通过这个筛子我们可以筛出大众的需求、喜好、当下最关心的问题、时下最想听的节目，并且筛出自己的忠实粉丝。互联网不仅给了新媒体广播了解受众喜好的手段和技术可能，同样也给了传统广播了解大众需求的物质条件和技术可能。从这个意义上讲，传统广播和新媒体广播的区别就在于它是精确地了解并满足一群人还是单个人。

传统媒体的现象级节目，诸如《爸爸去哪儿》《中国好声音》等，不能不说是精确地了解了大众的需求并满足了大众的需求。

2013 年 7 月，河南交通广播在节目中开启微信摇一摇活动，每天有近 20 万的听众参与互动。这就是用互联网筛出自己的忠实粉丝。

2015 年 8 月 10 日北京广播“摇一摇”上线测试第一天，在《早安音乐秀》和《吃喝玩乐大搜索》两档节目中，创造了 5 分钟内摇量过万的记录，更让广告客户高兴的是，5 分钟内其广告在听众手机客户端展现次数为 27,976 次。

（二）传统广播的广告产品创新

传统广播的广告销售还停留在卖刊例阶段，也就是所有的广告产品都是刊例上注明的标准件。这样的广告产品就是大路货，对广告客户的吸引力不强。如果我们能够根据客户的需求量身定制广告产品，那对广告客户而言效果就大不一样。广播广告的产品创新很重要的一块就是广播的植入式广告。传统广播靠什么吸引大众的关注？无疑是大事件、大热点、大新闻。那么在这些大内容的背后是不是应该有社会大注意力？在这些大注意力背后是不是应该有大广告？大广告的背后应该是大创意。当我们关注美国伊拉克战争的报道时，我们看到了统一润滑油的广告，“多一点润滑，少一点摩擦”；当我们因刘翔退赛而惋惜的时候，我们看到了耐克的广告“爱比赛、爱拼上所有的尊严、爱把它再赢回来、爱付出一切、爱荣耀、爱挫折、爱运动，即使它伤了你的心”，这种广告的创新在于其迅速抓住热点而不输于新闻的反应时间。

当电梯安全事件频发引起社会普遍关注的时候，作为传统媒体的广播能不能联合政府相关质检部门，对在建在售的楼盘做一个普查体验，向社会公布其安全星级，一方面为想买房的老百姓解忧，一方面让真正讲究质量的开发商挺直腰杆。

那么这样的节目和报道，会不会引起卖房者和买房者的关注？这样，广告的价值就显现出来了。同理，当化工原料爆炸以后，我们是不是可以对在建在售楼盘周边的化工厂化工仓库做一个盘点呢？这种广告的创新在于，先有社会热点，再有与之相关联的行业，再去倒推出节目形式和话题。这就是传统广播在为大众定制节目的同时也定制了广告。

一家汽车 4S 店，在湖南电台做了这样一种广告投放。即每天上下班时间由主持人开着 4S 店的车接送一位听众上下班，同时在电台连线直播，连续七天，除此之外不投放其他的硬广告。从广告效果上看，这次投放抓住了消费者体验和场景这两个要素，同时利用了大众媒体的放大器功能，将一次与车的体验消费和与主持人的零距离接触，进行了放大传播，这种方式一点也不输于互联网。而问题在于，你从广告刊例上根本就找不到这样的广告和报价，因为这是定制型的广告，每个客户千差万别，各种情况也层出不穷，我们无法用一份刊例来穷尽所有并进行创新。

（三）传统广播的品牌输出

传统广播相较新媒体广播而言，其品牌是比较大的优势。品牌的背后是公信力、影响力、千千万万听众的忠诚度和美誉度，这种品牌的输出是可以带来经济回报的。有一个摩托车厂家找到中央人民广播电台提出只要在其摩托车的包装盒上打上“中央人民广播电台推荐品牌”，不需要在广播里打广告，厂家就愿意付费，这也是中央台零播出广告的特例。楚天交通广播（FM92.7）和东风风神汽车公司联合推出的“927 定制版”东风风神 AX7，通过短短一个多星期的电台宣传，销量就达到两千万。这个销量的背后，不仅仅是定制版的外观和内饰有 927 的标识和特点，还有楚天交通广播的汽车维修店的 VIP 服务。2017 年 9 月，湖南电台将在湘江玖号商业综合体奠基全媒体直播室，这个直播室由湘江玖号投入几百万建设，同时湘江玖号再付给湖南电台几百万，而湘江玖号并不需要在湖南电台做广告，在广播里的呈现仅仅是主持人提到“在湘江玖号直播室为您直播”。那湘江玖号看重的是什么呢？看重的是希望用作为全国娱乐典范的湖南电台的品牌影响力致力于为其打造的“下班娱乐首选地”品牌形象做背书。

（四）传统广播要强化广告营销解决方案思维

以往的广播广告经营是销售广告的时间资源，这个阶段以拼价格为主要手段；而后发展到销售受众的注意力，这个阶段以拼节目的收听率为主要手段；广告的终极目标是为广告客户提供广告营销的解决方案，这个阶段以拼创意为主。作为广告客户而言，广告的终极目的是解决营销问题，只要能达到既定目标就行，至于广告投到哪个媒体，他并不关心无所谓新媒体、旧媒体，谁有效果就投谁；谁能拿出营销解决方案，谁就站在了广告客户营销决策的前端；谁能拿出营销解决方案，谁就能对广告客户的广告预算产生决定性的影响。这也就是提供广告策划全案的广告公司与一般媒体的区别。一般情况是由广告公司拿到广告客户的整体预算，然后再在各个媒体间进行分配和切割，这种情况下媒体的影响力和话语权就变得很弱。如果传统广播善于提出广告营销解决方案，就可以在充分挖掘广播的媒体价值上，拥有更多的话语权和便利。

2004 年，湖南电台向可口可乐公共关系部门提出创意，在国庆节期间发动长沙市民用29,016个废弃的易拉罐在长沙的贺龙东广场拼出一面巨幅国旗来庆祝国庆节。这个案例里面根本就不涉及广告投放，就是一个活动，这个活动其他媒体也可以做，关键在于谁能拿得出创意，谁才能拿到预算。

现在的广告客户往往要求投放广告后看到实实在在的效果，看到实实在在的客流。我们来看湖南的金鹰 955 电台如何为当地的王府井百货导入客流。金鹰 955 电台在王府井店庆日设立了一个直播间，店庆两天推出“一天十小时，听见什么拿什么”，即每逢 10 的整点，直播间播放王府井百货信息，听众如果在现场打进电话并答对通关密语，即可获得手机或笔记本电脑等奖品。而这个活动的关键在于只有在现场的听众才能拿到奖品，于是客流成功被导入王府井百货。我们可以看到广告的本质在于广告营销的解决方案，广告的核心竞争力在于创意，这个与新旧媒体无关。

（五）传统广播要成为广告客户的战略合作伙伴

与重要的广告客户成为战略合作伙伴，这样双方的关系就不只是媒体和广告客户的关系，这里面的商机也就不仅仅是广告的投放了。近日，东风汽车公司与湖北广播电视台签署战略合作协议，开启了国有企业与地方核心媒体联盟发展的新局面。

正是因为有了广播人的顺势而为，在传统媒体广告普遍下降的情况下，广播媒体广告却能逆势增长。据 CTR 媒体智讯的最新研究，2017 年 5 月广告市场（不含互联网）同比下降 1.0%，其中传统媒体同比下降 2.9%，但广播电台广告资源量和广告花费同比上涨 2.5%和 13.8%，创 2017 年以来单月上涨最高值。总之，新形态的广播广告由提出创意（思想）到提出创意（思想）+提供解决之道，打通销售的最后一公里。广播广告业态的改变，对广告人才提出了更高要求。

三、广播广告需要什么样的人才

广告业知识密集、技术密集、人才密集的行业定位首先就决定了广告人必须是高素质人才。广告的本质是传播，灵魂是创意，小到一条广告文案的创制，大到一整套行之有效的执行方案，其创意和设计都离不开广告从业者。所以无论从广告人的角色定位，还是从融媒体时代广播广告业经营模式的升级变阵，都对广播广告人提出了新的要求，从事广播广告业的人都必须具备较高和较全面的素质。

第一，广播广告人必须具备良好的政治素养，把好广告导向关。无论是从广播的属性来看，还是从广告监管部门对广告的要求来看，广播广告的导向性是不容忽视的。广播作为党的喉舌和服务大众的社会公器，承载着传播党和政府声音、传播社会正能量的使命，广播广告必须坚持正确导向，不能出现有违社会公序良俗，损害媒体公信力的不良广告。比如，在广告主的投放意向里，可能会出现拜金主义、炫富、追求奢华等误导性的元素，甚至会出现一些负能量的东西，这时，良好的政治素养就能帮助广告人站稳立场，分辨是非，抵制低俗、庸俗之风，弘扬社会主义核心价值观，让广告真正服务社会、服务大众。

第二，广播广告人必须具备较高的感知力，能预判市场动向。广告创意行为需要广告人有在纷繁复杂的信息中抓住最有价值的信息，透过种种社会、经济现象看到事物发展趋势和潜在本质的洞察力和感知力。一次成功的广告策划与广告人对社会政治、经济、文化的敏锐观察，对市场需求、行业竞争状况的前瞻性把握，对消费者消费心理、行为的深入分析，对品牌的全方位认知是不可分的。广播广告人必须站在经济前沿，最起码应该对政治、经济、文化动态有所知晓，能捕捉行业动态和流行趋势，只有具备了这种洞察力和感知力，才能保证广告决策的精准到位，在为客户创制广告时才能把握好调性，不迷失方向。广播广告人应最先感知客户需求和营销风向，应责无旁贷地为节目生产把握市场方向。

第三，广播广告人必须是一个杂家，有博采众长的能力。且不说广告业是知识密集的行业，它涉及社会政治、文学艺术、新闻传播、经济、法律、社会学、行为学、市场营销学、信息科学、外语等多学科多门类的知识，单就广告所面对的行业形形色色，面对的客户千人千面，客户的要求千奇百怪来说，广播广告人必须是一个杂家。他除了有完备的专业知识结构外，还应该博览群书，广泛涉猎各行各业知识；他应该懂交际善沟通，有较好的语言表达能力和说服能力；同时他又要有杂糅融汇的能力，能博采众长，为我所用。在与广告主交流沟通时才能游刃有余，成竹在胸。

第四，广播广告人必须是一个专家，能有效连通内容产品和市场。首先，广播广告人要对自身媒体和广告产品有深度的了解和准确的定位。广播广告售卖的是广播节目和与节目及平台相关的资源，其中内容产品有哪些优势、劣势、机遇、威胁，广告产品目标人群是谁、能够依托平台和内容产品为客户做什么、怎么做等，广播广告人心中必须比谁都清楚，只有这样才能在客户面前如数家珍，将自身优势发挥到极致。其次，作为广播广告人，更要从市场的角度促进节目的优化。

市场反响是衡量节目品质的重要标准之一，而市场需求又催生节目的创新和优化。广告与节目产品不再是皮与毛的关系，而应该是你中有我、我中有你的血与肉的关系。纵观近几年发展领先的广电媒体和影响力深远的节目，无不是将广告与节目进行深度植入、将品牌与内容进行充分嫁接，甚至绞尽脑汁为客户定制节目内容。再次，广播广告人应该是市场专家或是某个行业（领域）的专家，或者说对某个行业要有足够的专注度和专业精神。他必须了解市场，了解行业动态，知晓市场化运作规律，知晓某一行业的消费特点和人群质量，做到知己知彼，有的放矢。只有做到了内容产品和市场的高度对接，才能为客户提供定制化服务，才能将满足客户需求、实现媒体价值、生产优质内容的目标一并实现，也只有这样，传统媒体才能走出困境，谋求发展之路。

第五，广播广告人必须具备各项技能，擅长运用新媒体。如今的广播广告人应该是一个顾问式营销专家，要站在专业角度和客户利益角度为其提供专业意见和解决方案及增值服务，让客户能心悦诚服地选择广播媒体。广播广告人需要不断推陈出新，提出具有创造性的广告思路；需要在碎片化传播流中，聚焦核心。当前，不少企业的赢利能力受到挑战，削减广告预算成为必然。如何聚集客户诉求，聚拢消费者注意力，凸显创意？广播广告人必须具备信息采集、提炼和处理能力，只有砍掉无效信息、聚焦核心点，才能提升广告传播的效率，让客户利益实现最大化。广播广告人要有融媒体思维，善于利用各种媒体优质资源并有效整合，为我所用。广播广告人要能执行创意，提升转化率。创意只在卖出去之后才算创意，搁在我们抽屉里的那些东西丝毫不能说明什么。广播广告人不是只把创意想出来就了事的，还要把创意贯彻到每个广告阶段：设计、制作、提案、发布，直到创意具体呈现出来，达到客户预期的转化率。所以，广播广告人必须具备较强的执行力。

结　　语

在 2014 年中国传媒趋势论坛上，中国传媒大学丁俊杰教授提出，时下广告面临的最核心的问题是传播接触点的问题。我们讲媒体融合，讲新广告，讲传统广告，所有的广告归纳起来以后，就是一个接触点的问题，接触点越多，意味着广告越有效。如何在整合营销传播的基本思路下合理地对接触点进行布局，并引导受众沿着企业营销需求的方向接触、认识和理解这些接触点？首要的任务是洞察受众、研究受众，从受众的现代生活轨迹中发现最有价值的接触点，然后研究衡量这些接触点的传播价值，进而建立媒介组合策略。怎么去锁定关键的广告接触点，怎么去管理这些广告接触点，怎么去整合这些广告接触点，根据目标消费群的生活轨迹，将这些接触点设置在受众必经的信息路口，然后规划出一条由众多关键广告接触点整合而成的传播路线图。这是一个优秀的广播广告人（或者说所有的广告人）必须面对和终其一身去解决的课题。

在新的广告生态环境下，要透过现象发现本质，改变的是一种介质，不变的是媒体价值；改变的是营销的方式，不变的是营销的目标；改变的是广告技术手段，不变的是广告理论逻辑。传统媒体应坚守自己的品牌和公信力，继续保持自身的特定优势，做足广告客户与受众的互动，做强线下实体和线上互联网的连接，立足于创新和发展的角度来看待传统媒体的广告经营，前面有风、有雨、更有好风景。

新媒体环境下电视台对经营性人才的要求

凤凰卫视　薛　梅[①]　郭识阔[②]

人们常用“超级竞争”一词来描述当前各产业竞争格局的现实。在超级竞争条件下市场稳定的假设已经被不稳定和变化的观念所取代。[③]超级竞争是由全球各地那些勇于创新的竞争者们所采取的战略行动引起的。这是一场愈演愈烈的“战役”，一场基于价格—质量定位、创造新的专有技术并建立先行者优势、保护或侵入现有产品或地域市场的竞争[④]。在当前媒体市场上，新媒体公司爆发式增长，新的传播技术、内容、商业模式层出不穷，传统电视台在内容、技术、商业模式甚至是人才流动方面受到极大冲击。电视台的市场正在被互联网公司和电信运营商入侵，体会着超级竞争带来的压力。

在新媒体环境下，电视台的价值链发生了彻底改变，对经营人员的综合素质、团队合作提出了新的要求。苏格拉底在描述其正义国家时就曾经指出过，一个正义的社会必须认清三件事情：第一件事情是，不同的人在从事工作的资质方面是存在个体差异的，这就意味着不同的个人具有不同的能力；第二件事情是，不同的工作需要具备不同独特资质的人来完成；第三件事情是，一个社会要想取得高质量的绩效，就必须努力把每一个人都安排到最适合他们资质发挥的工作上去。尽管

---

① 武汉大学广告学硕士，企业管理博士(在读)，前中央电视台广告中心新媒体互动项目负责人，拥有视频广告项目策划及销售全流程 10 年经验，在中央电视台先后担任收视率数据及行业发展策略分析、电视广告产品策划、数字电视增值业务开发、新媒体广告产品策划及销售岗位，世界杯、奥运会、春晚等央视核心项目新媒体营销负责人，央视新媒体广告招标及常规预售新媒体方案策划负责人。

② 中国传媒大学广告学硕士，中国数字电视行业最早的从业人员之一。曾任中央电视台记者、编辑，中央数字电视传媒有限公司销售中心主任，负责央视及全国 40 个数字电视频道的全国落地和运营、央视视频点播业务运营等。荣获中国广播电视协会“中国数字电视行业优秀带头人”称号。

③ Selsky J. W. 2007. Constrasting perspectives of strategy making: Apllications in Hyper-enviroments. *Organization Studies*, 28(1): 71-94.

④ D’Aveni R. A. 1995. Coping with hypercompetition: Utilizing the new 7S’s framework. *Academy of Management, Executive*, 9(3): 46.

苏格拉底关注的是整个社会，但对一个希望达到高质量绩效的电视台来说，理解苏格拉底提到的三件事情并努力去实现职位要求与人之间的匹配显得尤为重要。

现阶段，经历了失去广告霸主地位之痛的电视台正在重新审视自己的竞争力，走在前面的电视台正积极引入新媒体的技术平台与运营经验，利用自身IP资源优势，与网络媒体展开了你中有我、我中有你的融合战，媒体竞争的格局正在发生彻底改变。我们分析新媒体环境下电视台对经营性人才的要求，首先要从电视台面临的竞争环境说起。

一、新媒体环境下电视台的竞争

（一）广告主争夺战：市场出现拐点

根据ZenithOptimedia最新数据显示，2015年全球网络广告支出增幅19%，预计2015～2018年平均增速13%。2015年网络广告占全球广告市场的29.4%（图1），和2014年相比，份额增长3.7%。从全球市场来看，互联网仍然是增长最快的媒介，其在2017年超过电视广告成为全球最大的广告媒介，预计到2018年网络广告将占全球广告市场的37.7%（图2）。

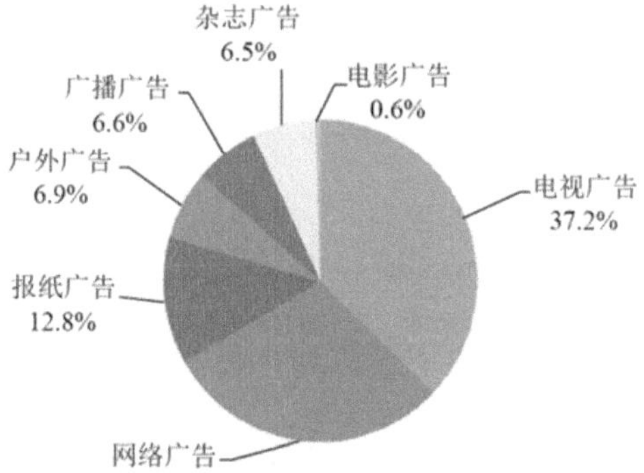

图1　2015年全球各媒介广告份额占比情况

数据来源：艾瑞网

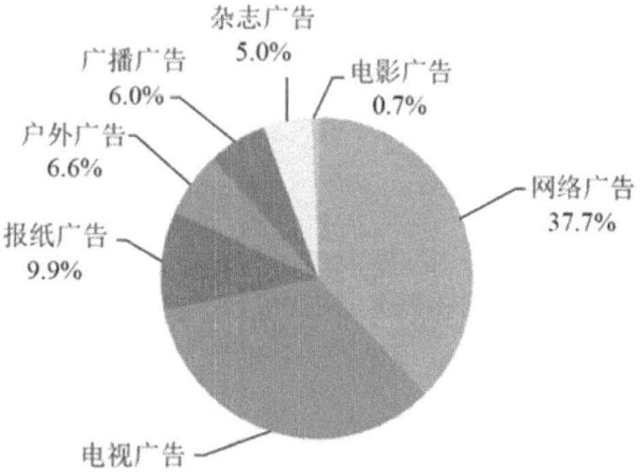

图2　2018年全球各媒介广告份额占比情况

数据来源：艾瑞网

（二）中国电视广告连续负增长，网络广告全面超越其余四大媒体

根据艾瑞网最新数据显示，2015年，中国网络营销收入突破2000亿元，同期电视广告收入1060亿元，2015年网络营销收入接近电视广告的2倍。受网民人数增长、数字媒体使用时长增长、网络视听业务快速增长等因素推动，未来几年，报纸、杂志、电视广告收入将继续下滑，而网络营销收入增长空间仍然较大（图3）。

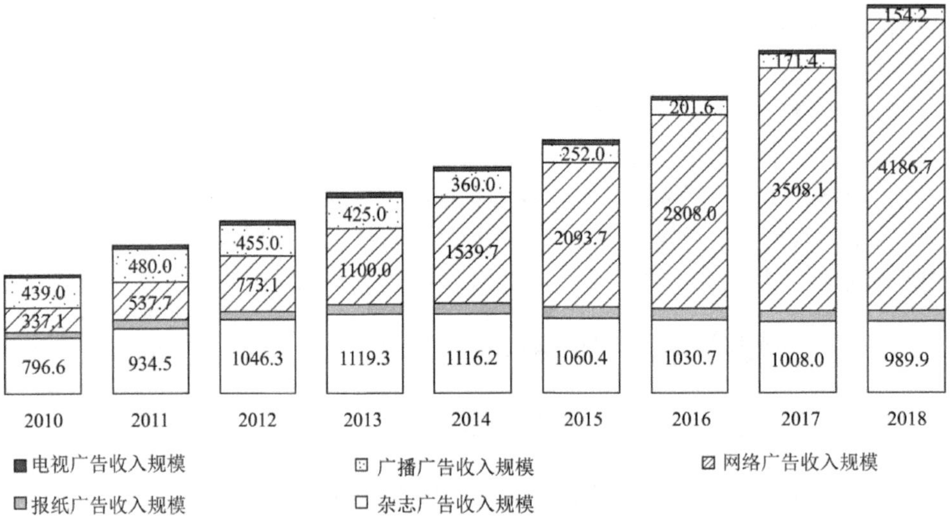

图 3 2010～2018 年中国五大媒体广告收入规模及预测（单位：亿元）

数据来源：五大媒体广告收入规模综合企业财报及专家访谈，根据艾瑞统计模型核算

（三）新媒体自制内容爆发

统计数字显示，三大视频网站的网络剧、网络电影、网络综艺三大类型的自制节目量持续增长，至 2016 年底占节目总量的 65%。互联网节目在播出数量、内容尺度、电影、电视剧的播出时间窗、收看成本等方面给用户带来比传统电视台更好的体验。

（四）传统媒体与新媒体相互渗透，全媒体融合程度加深

十年间新媒体平台通过购买版权、联合传媒机构等方式，将原来电视台的优质内容转移到网络上进行播出，同时采用互联网的双向传播技术，在传播范围、互动能力、时效性、移动能力方面建立了先行者优势，带走了部分年轻受众，打破了电视台几十年构筑的市场壁垒。近几年，电视台学习利用互联网技术和商业模式搭建自己的新媒体平台，技术的鸿沟越来越小，一部分受众又回流到传统媒体的平台上。

在 2017 年的地方两会报道中，传统媒体利用新媒体技术手段进行传播表现得十分突出。各地媒体优化自身组织结构，运用新媒体的表达方式、新媒体技术、新媒体装备，着力创新报道。总体上看，除在传统媒体、PC 端、“两微一端”等平台制作两会专题，及时传递权威信息，打出“组合拳”外，各大媒体在会场直播、全景影像、短视频、H5 专题制作、数据图解等形态上发力更为集中；直播、VR、无人机、人工智能机器人等新技术的运用更加娴熟，融合报道方面亮点颇多。

传统媒体充分关注到在移动互联时代，新媒体已经成为人们常用的传播工具，于是其开始积极运用新媒体手段，特别是成熟的移动应用，架设代表委员与网民之间的沟通桥梁，吸纳 UGC 内容，探索“互联网+”时代互动传播的有效方式。例如，顺应两会代表委员利用“两微一端”履职建言的方式变化，推出了一批相关报道。在 2017 两会期间推出大量现象级 H5 页面，如“两会喊你加入群聊”等 。这款 H5 不到 24 小时点击量就突破 600 万，截至 3 月 9 日，仅客户端上的评论量就已超过 16 万①。

（五）围绕 IP 资源开展整合营销成为新的商业模式

2015～2017 年，内容领域 IP 风潮火爆，IP 作为天然的粉丝追逐对象能够赢取更多用户的注意力，其凭借良好的用户效应，获得广告主的青睐，成为整个广告营销业的争抢目标。未来围绕 IP 延伸出的更多内容形态将继续成为追捧对象。

以 IP 资源为中心的整合营销形式更加完善。互联网和传统媒介、内容及营销的边界逐步模糊。电视台与互联网、社交媒体相互结合，多点触达用户。微博的台网联动、微信与电视节目的互动等作为营销的新生组合形式，被大量广告主所采用。除了传统广告主多渠道布局投放广告外，大批互联网公司也纷纷开始投放电视广告，广告预算真正跟着用户走，全媒体融合进度也不断加深。

（六）人才流动指向新媒体，传统媒体面临核心竞争力的流失

近期一些国家级电视台、省级电视台著名综艺类、纪录片类、广告经营类的管理人才纷纷跳槽到互联网行业，带起了一拨新的电视台人才流动浪潮。内容生产依靠人才，而人才是流动的，传统媒体的机制相对于新媒体并没有竞争优势。工资待遇、编制、成长空间、管理体制、目标等与从业人员的心理预期差距大。新媒体与传统媒体最终的竞争将集中体现在谁拥有优秀的内容生产团队，谁就拥有核心竞争力。

二、新媒体环境下电视台经营管理职位分析

（一）新媒体环境下电视台的产出分析

近年来，随着视频网站用户数的爆发式增长，互联网对于传统电视台来说已经不仅仅是另一个版权销售渠道，它给电视节目制作者带来的更多的是思维观念和运营模式的转变。加强媒体生态圈打造，将互联网思维注入节目的创意、叙事、

① 何慧媛. 2017 地方两会新媒体报道创新观察. 中国记者，2017(3)：48-50.

营销等各个层面，整合节目内外资源，打造衍生产品，各个环节的变化促使电视台的生产、传播、营销发生了根本性转变。

2015 年由浙江卫视推出的明星户外真人秀节目《奔跑吧兄弟》在全国范围内持续引发收视和讨论热潮①。尤其是第二季《奔跑吧兄弟》回归荧屏，收视率始终维持在 4.3 以上，第二季全片网络点播总量为 45 亿。而根据人民网舆情监测室统计，“奔跑吧兄弟”相关的网络新闻达 258 万篇，百度指数“奔跑吧兄弟”单日搜索量最高值达到 2,749,387，是第一季的两倍，微博主话题“奔跑吧兄弟”阅读量突破 185 亿，讨论突破 832 万次。《奔跑吧兄弟》利用互联网探索内容制作和传播的全新模式，获得了巨大的成功。我们对《奔跑吧兄弟》这个成功的整合营销传播模式进行分析，可以得出新媒体环境下电视节目经营的思维导图（图 4）。

在新媒体环境下，电视节目生产和营销的信息流、产品流都发生了很大的变化。在新的信息流程里，节目由原来的电视台播出转变为多媒体播出，很多成功的节目在策划阶段就已经非常重视互联网信息的重要性，在播出后还要根据互联网信息反馈对持续播出的产品进行中场修正。

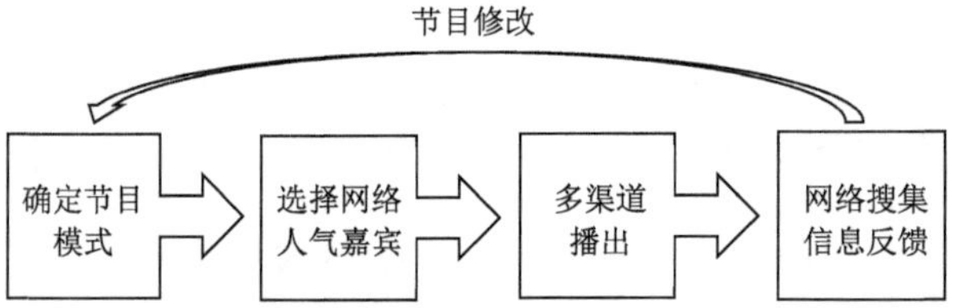

图 4　新媒体环境下的节目信息流

在《奔跑吧兄弟》中，节目组牢牢抓住了以年轻观众为主的网络用户，节目组邀请的嘉宾邓超、李晨、Angelababy 等在网络中均拥有超高人气，微博、论坛中的粉丝效应为节目的宣传推广和形象塑造提供了良好的舆论平台。

除了在电视端和 PC 端播出之外，移动终端（手机）也逐渐成为《奔跑吧兄弟》收看的主力渠道，节目播出由固定屏向移动屏转变。在每期节目播出后，《奔跑吧兄弟》节目组都会通过评论、微博、弹幕等收集网民、专业人士等各方面的意见，为调整节目提供建设性的参照。而且节目组还积极采纳网友们自己编排的剧本，比如，“背叛者”剧本和其中不少游戏都是网友们的自编剧本。节目组重视收集民意，努力打造符合民意的、观众爱看的节目，可谓走在了电视节目模式创意大众化、平民参与化的前沿。

电视台的产品流同样也和传统的产出大不相同。原来电视台的产品以硬广告

① 毛亚美.《奔跑吧兄弟》开启“现象级”电视节目新模式. http://nb.people.com.cn/ n/2015/0626/c365614-25373961.html [2015-06-25].

为主，辅以简单的版权销售。而目前，电视台在植入广告、多媒体版权合作和衍生产品开发方面的产出受到了极大重视（图 5）。

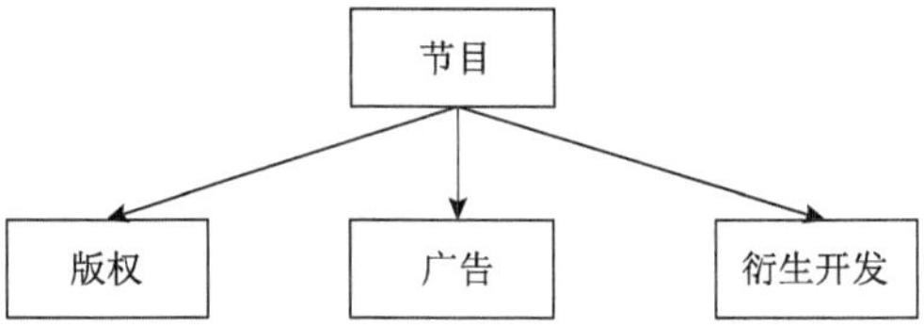

图 5　电视产品销售的多种模式

根据艾瑞在线视频市场监测工具 iVideo Tracker 的数据显示，2016 年 5 月主流视频网站综艺节目月度视频播放时长 Top10 中，所有栏目的版权均属于电视台。电视台将强大的 IP 资源输出到互联网，IP 资源仍旧是电视台自身的优势所在。

2014 年 5 月，湖南卫视宣布独播以来，不断更新自身的营销手段，将自制内容与广告主品牌需求深度融合，针对不同广告主创新广告形式，得到了良好的传播效果及营销收益。

在《奔跑吧兄弟》中，围绕节目版权开发了同名手游，并与苏宁易购合作在网上推出了节目游戏同款装备售卖服务。节目组还通过大量商业品牌的植入提高节目的广告收益。

（二）电视经营产品序列

我们把电视经营进行简单地汇总和分类，就可以更加清楚地了解电视台的产出。电视产品的种类可谓层出不穷，制片人能有多大想象力，就能有多少种产品，很难用描述的方法将其概括。但是总的来说，电视产品的开发有以下几大类别（图 6）。

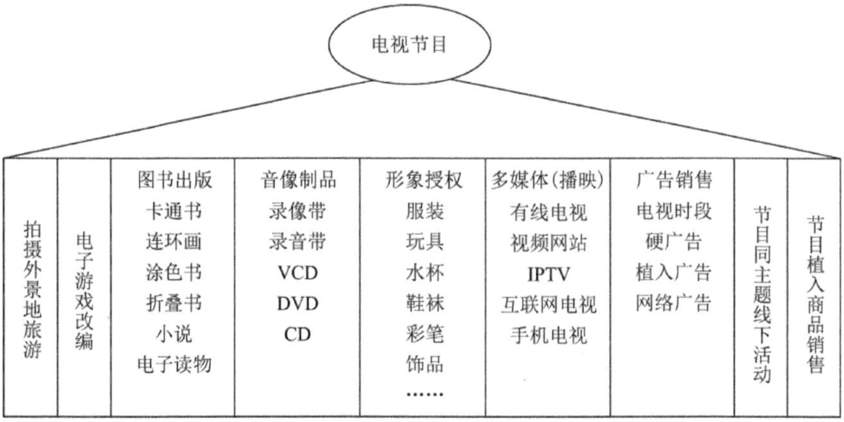

图 6　电视节目的类别

在数字媒体时代，音像制品已经逐渐被在线播出所取代。而随着IP开发热潮而来的是电视剧同名小说改编、综艺节目游戏改编、外景地旅游、主题线下活动、节目中关联的商品销售、品牌授权等一系列衍生开发，一些卫视热播电视剧的网络版权销售更是不断刷新版权的价格纪录。

（三）新媒体环境下电视经营工作的流程

在新媒体环境下，电视节目的生产和销售流程发生了一系列的变化。参考上述信息流和产品流，首先，在节目策划阶段就要引入网络信息，供邀请嘉宾进行决策参考，并把网络推广作为重要的营销手段，充分利用评论、微博、微信、弹幕等社交媒体进行宣传推广。其次，还要考虑到各轮发行中不同播出渠道的商业模式，并以此确定不同播出渠道的播出时间窗口。同时，节目中的硬广告和植入广告也要考虑到在首轮互联网发行中运营商的要求。再次，节目策划阶段还要设计好未来将要开发的衍生产品并为此寻找授权合作伙伴。最后，经营人员还要积极配合节目组收集来自互联网平台的节目反馈信息，这些信息将在节目播出中和播出后成为评估节目成功与否的重要标准（图7）。

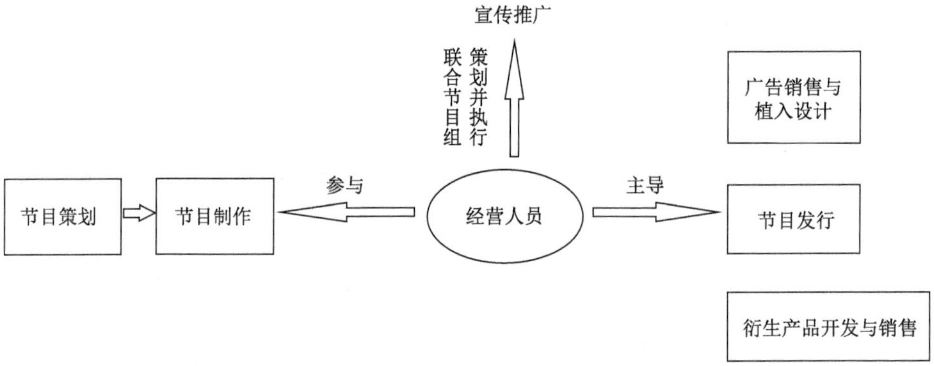

图7　电视台经营工作流程图

（四）新媒体环境下电视经营工作要素

在新媒体环境下，对于电视台的经营人员来说，其产品包含着硬广告、软广告、衍生品、版权等多种不同的种类。相应地，经营人员需要对每个种类的产品进行开发和销售，需要对每个环节的要素都有相应的了解。节目组要根据经营人员的反馈，相应地对节目进行调整，例如，广告情节植入设计，衍生品形象设计，网络元素的设计等（图8）。

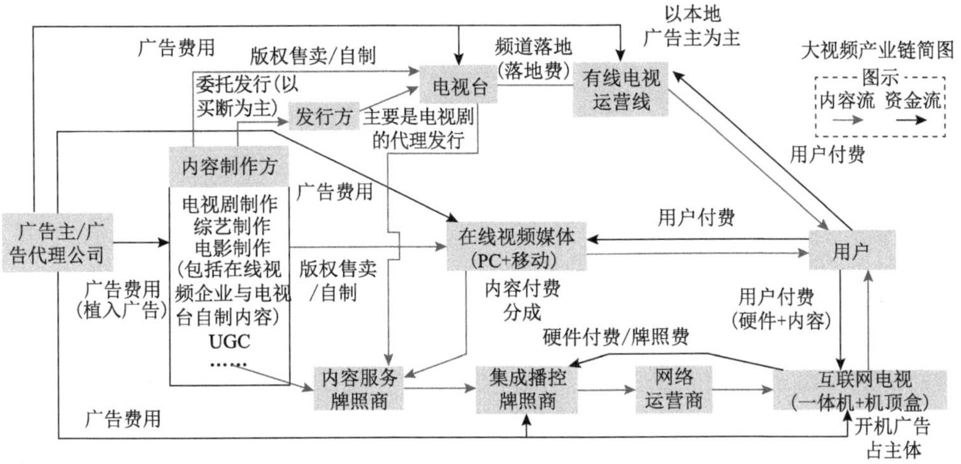

图 8　2016 年中国电视台“互联网+”产业链

1. 广告

有望取得高收视率的节目最受广告商的青睐。广告除了可以随着节目在电视台播出外，还可以随着网络、书籍及其他各种后电影产品向消费者传播。节目及其后产品传播得越广、口碑越好，广告商的利益就越大。随片广告商巨额广告费的注入往往能使那些为巨额制片费用发愁的制片人喜笑颜开。

近几年，植入式广告作为品牌传播的一种独特方式，已经被很多知名企业运用到企业经营实践之中。植入式营销可以分为四种运作模式：形象植入、场景植入、对白植入和情节植入。植入的媒介也多种多样，最常见的是电视剧、综艺节目、纪录片的植入。纵观整个广告市场，植入式广告大多以大众文化为依托，摒弃了传统的广告直白诉求模式，以更加隐蔽、积极、动人的形态吸引观众的注意并引起共鸣。2015 年国内植入式广告市场的规模已经超过了 65 亿，其中电影广告市场规模持续上升达到 45 亿元，同比增长 30%。近几年植入式广告市场规模都保持着高速发展，2018 年中国植入式广告有望达到 112 亿元的可喜规模。

广告主投放植入广告的最终目的是为了提升品牌知名度，通过娱乐内容营销增强品牌资产①。目前，国内的综艺娱乐节目中植入广告的形式多样，常见形式包括企业品牌与节目的联合 LOGO、产品摆放、产品使用、道具、角标、挂角、压屏条、口播、滚动字幕等。由于每种广告位在视觉、听觉、情节关联度等方面的差异很大，其对观众产生的作用力也存在较大差异。

此外，产品与节目的情节是否能够紧密结合，也是植入广告是否能够有效建

① CCTV4. CCTV4-CTRNEWS-CTR 洞察中国高峰论坛. http://video.tudou.com/v/XMjM4MTcwOTYxMg==.html [2015-04-28].

立与观众之间关联的重要指标。目前欧美、日韩等大牌综艺娱乐节目，广告主在植入营销方面更注重品牌与内容是否紧密相关，品牌与节目之间往往形成深度合作关系，在产品植入方面，也向更纵深的方向发展。国内最具代表性的案例是在《我是歌手》节目中，百岁山出现在洪涛旁边的极简主义营销，洪涛宣布结果前，合情又合理的喝水举动，瞬间让观众将目光聚焦在百岁山的品牌之上。品牌植入与内容情节的高度关联，有效地助力品牌理念和品牌文化传播的营销预期。

2. 电视营销渠道及商业模式

根据斯特恩和艾尔·安塞利的定义，营销渠道是促使产品或者服务顺利地被使用或消费的一整套相互依存的组织。在当今社会中，大多数生产者并不能够完全依靠直接向消费者销售产品这种方式来维持企业的生存和发展，在生产者和消费者之间存在着各种各样的中间商，它们在商品的流通过程中起着至关重要的作用，在生产者和消费者之间架起了桥梁。

营销渠道在企业或公司的经营活动中拥有至关重要的地位。在商品流通过程中，有两个最基本的业务流程：实物流与信息流。生产者生产出商品，通过直销或者营销渠道将商品传递给消费者，这就是商品实物的流程，在商品产生的同时或者之前，有关商品的信息也随之产生并被传播。生产商希望商品信息的传播能将更多的产品带给消费者，为自己带来更大的利益。商品信息通过营销渠道或者大众媒体传递给消费者，而来自消费者的信息也通过营销渠道或者大众媒体反馈给生产者，从而指导生产者的生产与销售。在实物与信息这两个流程中，都体现着营销渠道的重要作用（图 9）。

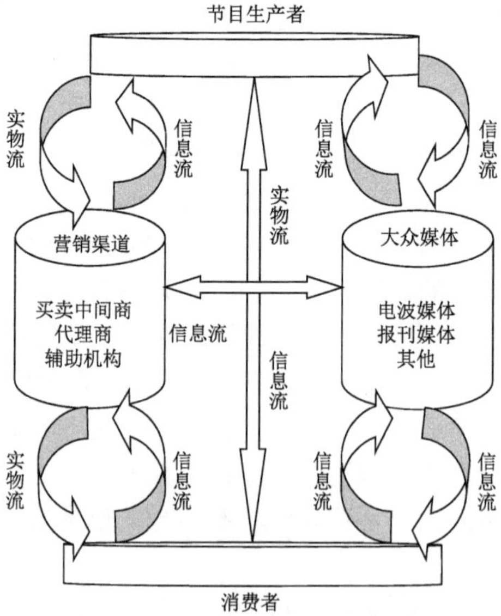

图 9　电视营销渠道及商业模式

我们可以将电视节目的营销渠道定义为：促使节目及相关产品顺利地被使用或消费的一整套相互依存的组织。在这个定义中有几个关键性因素：第一，节目是商品。只有承认节目的商品属性，才能够正确认识节目的生产、流通、销售等各个环节，才能将电视节目的观众作为消费者来看待；第二，电视节目不仅包括电视片，还有许多相关商品。第三，节目及其相关商品要到达消费者，需要一定的营销渠道，这些渠道之间有着系统的、相互依存的关系。

在新媒体环境下，电视营销渠道由原来的开路电视频道衍生出覆盖众多终端的全媒体渠道，每个渠道的商业模式也不尽相同，但总的来说包含广告、付费、衍生品经营三种类型。由于商业模式不同，相应地对电视节目的评判标准也由原来的收视率发展成页面浏览量（PV）、独立访客（UV）、覆盖率、订购率等多种指标（图 10）。

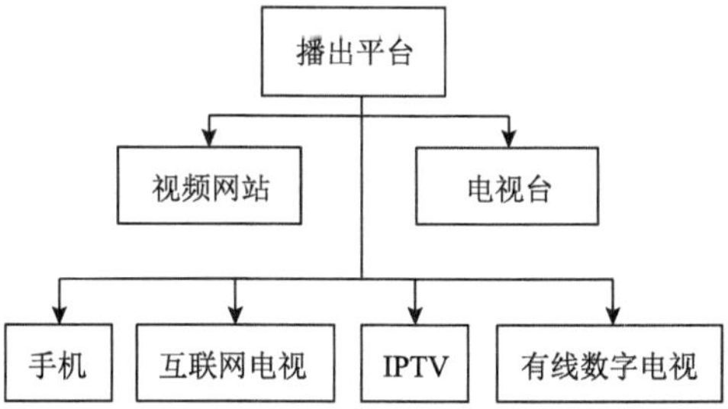

图 10　新媒体环境下播出渠道的拓展

3. 衍生产品

电视节目衍生产品可以定义为除媒体播出外，一切能产生价值的活动形式及依据节目中的元素开发的相关商品。包括音像制品，外景地的旅游开发、服装道具的拍卖，将形象用于促销宣传和销售产品，依据形象开发的游戏，依据节目衍生的各种营销活动，依据节目中植入的商品开展销售等。衍生产品的开发和销售既宣传了节目，又为节目带来了可观的利润，减轻了投资者资金回收的压力。

电视衍生产品的种类可谓层出不穷，其开发的深度和广度取决于经营人员的想象力。总的来说，电视衍生产品的开发有以下几大类别。

（1）形象产品

形象产品是各个产业的生产者们利用观众对电视节目中各种元素的热情进行营销的最好示例。依据某部电视节目中主角或配角的形象、道具、服装、用品等开发的产品，如玩具、明信片、装饰品、服装、文具等能极大地刺激那些喜欢这个节目的观众的购买欲望。而电视台往往在节目策划阶段就与那些开发商签订合同并设计好了节目与产品的结合点。

以玩具为例。电视节目中的人物、道具、场景、情节等在玩具设计师眼中都具有吸引消费者的神奇力量。各种玩具将随着电视节目的热播而风靡，在儿童和成人之间互相传递，在为电视节目带来高额利润的同时，也促进了其相关商品的销售。

生产和销售节目纪念品或者印制人物肖像和象征性的商品也给节目带来不小的收益。那些印有节目嘉宾名字或肖像、节目名称的运动背心及足球衫，随着节目风行。需要注意的是，依据版权行业规定和相关法律规定，必须从节目的嘉宾那里取得从事此项活动的权利，必须签订合同，合同上明确指出双方分别承担这项副业的开支并确定分配收入的比例。

（2）旅游开发

电视旅游主要以外景地的形式呈现，它们是电视业与旅游业互相促进的典范。在实体外景地中设置与电视节目中相似的场景、人物、情节供游客游览，在节目中对外景地进行特殊镜头的关照，在外景地进行电视台和电视节目的宣传及其他电视衍生产品的宣传、促销。

（3）剧本改编

如果电视节目（电视剧）获得喜人的收视率成绩，接下来根据剧本改编的小说也会表现不凡。节目中的语言、情节、人物等对看过节目的或是没看过节目的人都将有持续的吸引力，而这些书籍也会继续刺激消费者对其他衍生产品的购买。例如，BBC 专门设立图书出版公司，改编自家拍摄的影片如《兔八哥》《魔剑奇兵》。深受欢迎的儿童节目则改编成了各类儿童读物，包括卡通书、连环画、涂色书、折叠书、影片小说、电子读物和交互式游戏软件。

（4）电子游戏

随着个人计算机的普及，电子游戏市场在不断地扩大，而根据电视节目内容改编的游戏可以毫不费力地引起青少年观众的兴趣。节目中的人物、情节、道具、场景等都可以移植到游戏中。很明显，只有那些适合青少年观看的、具有特定情节、动作、人物特征及道具、场景的节目才能引起消费者的兴趣。

（5）相关商品销售

最典型的是《舌尖上的中国》系列纪录片中涉及的食品类产品，这些产品在节目热播过程中及以后相当长一段时间在各大电商平台、实体饭店、产品包装上得到广泛传播和销售。

三、新媒体环境下电视台经营人才模型

我们知道，产品实现其价值的过程中有三个主要因素——生产、营销和市场，每一个电视台的经营人员都要十分熟悉这三个方面。结合上述电视台的产出分析和经营要素分析，参考美国广泛应用的职位分析工具 O*NET 模型，我们得出新媒体环境下电视台的经营人员必须要具备的知识、技能、能力以及其他特征等（图 11）。

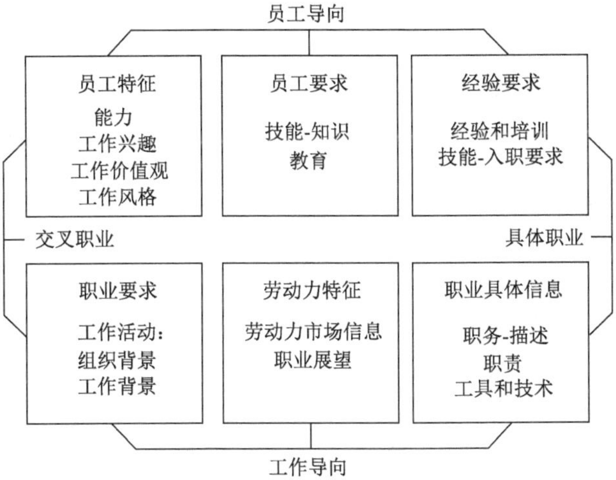

图 11　电视台经营人才模型

现阶段，经历了失去广告霸主地位之痛的电视台正在重新审视自己的竞争力，走在前面的电视台正积极引入新媒体的技术平台与运营经验，利用自身 IP 资源优势，与网络媒体展开了你中有我、我中有你的融合战，媒体竞争的格局正在发生彻底改变。我们分析新媒体环境下电视台对经营性人才的要求，首先要从电视台面临的竞争环境说起。

在新媒体环境下，由于产品生产和销售流程发生了很大转变，电视台对经营人员的要求也在不断提高。除了基本的要求之外，在以下几方面也对员工提出了更多的要求。

（一）知识背景

电视台的经营人员不仅需要掌握节目生产的专业知识，还需要了解市场营销基本知识和技能，能够利用管理学的战略分析工具对竞争对手进行分析，能够掌握基本的财务管理、人力资源管理、互联网基本知识、电商基本知识等。

（二）专业需求

了解互联网的运营模式和需求；熟悉电视广告、互联网广告的运营模式、评价指标等；了解社交网络的基本运行规律、能够制造话题并利用社交网络进行节目推广；了解不同的发行渠道和运营模式，能够对节目进行广泛分销；了解衍生产品开发的基本规律并能够根据不同的节目设计不同的衍生产品并联合其他组织进行研发、生产和销售。

（三）素质要求

看重团队协作，具有一定的抗压能力和创新能力，具有很强的学习能力，能够不断地获取互联网上爆炸性的新应用、新信息，并结合自身工作进行分析。

结　　语

在我国，电视台的经营部门往往被叫作“台属公司”，台里高层领导往往出自台本部，即传统的节目制作部门。这样的组织结构源于电视台的双重属性：首先是宣传单位其次要兼具经营职能。在这种组织结构下，经营工作往往成为电视台的附属职能，在资源调配、经营决策、资金投入、人力资源发展等方面往往处于相对劣势。随着电视广告收入连年下降，很多国内的地、市级电视台和省级电视台陷入了“广告荒”，更有严重的电视台向省委、市委提出破产、关停的需求。

一个组织的核心竞争力在于人才。具有丰富经验的节目制作和经营人才是电视台的核心竞争力，怎样将现有人才培养成既有专业基础知识又具有经营能力的人才，是解决目前电视台遇到的困境的关键。

希望这篇文章能够提供一些参考。

新时期我们对广告专业人才的期许

广东省广告集团　丁邦清

人才的定义在不同时期、不同行业会有差别；人才衡量标准的侧重点与关注点也会有一定的行业性与时间性的差异。在新时期，就广告营销传播行业而言，我们尤其关注以下几个方面。

一、有专业兴趣的人

这是一个快时代，一切都很快，如果一个人没有对创意产业的兴趣与热爱，就很容易被瞬息万变的热点所挟裹。我们希望新闻传播学院的学生中，真正有对广告有兴趣、对传播有兴趣、对营销传播有兴趣、对数字营销有兴趣、对策略创意有兴趣、对沟通有兴趣的学生。也就是对文化创意行业有兴趣。

只有当一个人对行业或者专业有兴趣，他才会努力，才会主动努力，才会把遇到的困难当作挑战，把遇到的问题当作机会，才会在琐碎的日子里坚持。知之者，不如好之者，好之者，不如悦之者。悦之者，强。有爱好就能够经得起岁月的消磨，有兴趣就能经得起挫折与摔打，就能够经得起困难的挑战。就能在压力非常大的过程中，乐此不疲、主动进取、努力向前。而事实上，努力、主动努力、坚持与挑战，就必然成就一个杰出的学生！成就一个优秀的人才！如果一个人对创意产业没有兴趣，就很难成为这个行业的优秀分子，将来也就难有所作为。因为缺乏兴趣与热爱，就会缺少投入——时间的投入、精力的投入。缺乏兴趣就很难坚持而浅尝辄止、半途而废。时代不同，我们无法要求90后、00后像60后、70后那样去吃苦。除非他们有兴趣、有爱好、有追求。知乎上曾经有一个问题："人既然知道努力，尤其是持续的努力，可以进步，为什么还是不会努力？"赞成最多的答案是："我来到人生的十字路口，我总是知道哪条路是正确的，我知道，但我从不走那条，你知道为什么吗？因为太难了！"所以说兴趣与特长最重要，它们在这里发挥作用，以便让人坚持！有兴趣，所以乐此不疲；有特长，就不断有小小的成就感激励着自己，使自己的小宇宙更有力量，使自己觉得不断雕琢自己、不断完美自己、坚持累积自己、持续强大自己是一件充满快乐与慰藉的事！发愤忘食、乐而忘忧、进而忘倦，浑然不觉苦。因为热爱与兴趣，所以持之以恒，然后蓦然回首，发现有意料不到的收获与成长。

笔者希望大学特别是武汉大学新闻与传播学院，能够不断培养与激发学生们对专业与行业的兴趣。大学四年或者硕士三年把兴趣培养起来了，这就是最大的收获。大家都说："兴趣是最好的老师"，所以能够培养学生们兴趣的老师，那就是最好的老师；能够培养与激发学生们兴趣的学校就是最好的学校。

我们广东省广告集团股份有限公司（下简称省广）有几千员工，一年又一年的校招生是我们的骨干力量。最近几年我们每年校招生都是招收200人左右。实践证明：凡是对广告、传播、创意等有兴趣的同学，都成长得快，成功得快，坚持得久。越是兴趣明显的人，越是对岗位与职业规划认识最清晰的人，越是有定位的人，成长就越快。而对专业与行业缺乏兴趣的人，基本都没有自己的职业生涯规划，也没有自己基本的目标与方向，特别容易跟风转向、见风使舵、频繁跳槽，几年下来，一无所获。

二、有创造性思维的人

广告业是对创新要求特别高的行业，其对创造性思维的要求比很多行业更急迫、更重要。笔者建议在课程设置上，加大创造性思维训练的课程。视觉创意、文案创意、空间创意、媒介创意、活动创意、体验营销、场景营销、内容营销、IP营销等，无一不需要创造性思维。欧盟把创意产业列为21世纪核心战略产业，在英国的13个创意产业，美国的9个创意产业中，广告业排列第一，而创意产业首先需要创意人才。创新在一定程度上是对惯性思维的颠覆与否定，是思维的跳跃性、想象力，是标新立异，是不落窠臼。创造性思维的培养是专业特色。

我们发现有一些广告系的实习生或者毕业生的创意性较差，创造性思维很少，甚至一星半点都没有，那就完全无法适应这个行业的要求。信息时代，我们不缺乏资讯，但缺乏观点；不缺乏知识，但缺乏创新；不缺乏制造，但缺乏创造。特别是AI（人工智能）时代的到来，人工智能的机器越来越具有学习能力，越来越可以做原来是人类做的熟练性与经验性的工作，机器的取代性越来越强。因此创造性、想象力、创意力愈发宝贵，特别是作为文化创意产业的一员，更是弥足珍贵。作为业界，我们特别渴望有创造性思维的人，有丰富想象力的人，有观点的人，有创意素质与能力的人！

三、有学习的能力的人

很多学生在学校学习很好，但离开学校就不愿学习、不会学习；被动学习很好，主动学习很差。这是一个快时代，知识的更新迭代越来越快。你知道了什么、懂得了什么并不特别重要，这毕竟是有限的，重要的是将来还可以装下什么！这是无限的。如果一个人丧失了学习的愿望，丧失了自我学习的能力，很快就被淘汰。

首先，学习的愿望很重要。一些同学缺乏自我求职与探索、进步与进取的愿望。文盲不是没有知识的人，而是丧失主动求知欲望的人。一个人只有有自我学习的愿望，才会处处留心，才会主动寻找学习的机会，才会见缝插针，才会谦虚好学，从而向书本学习、向日常的工作、实践学习、向身边的同事学习、向每天接触的客户学习、向同行学习等。缺乏学习愿望的人，是很难有成长能力与发展潜力的。其次，是学习的能力，特别是自我学习的能力，主动学习的能力，会学习、会思考、会探索、会总结，能触类旁通、举一反三、闻一知十。所以笔者希望多培育学生们的学习能力、自主学习的学风，以及再学习的习惯、再学习的欲望、再学习的兴趣。尤其广告业是一个更新换代频率很高的行业，同时也是一个终日与忙碌为伍的行业。前者要求广告人要不断更新自己的知识结构、思维方式、能力架构；后者表明广告人始终处在紧紧张张、夜以继日的状态。也正因为如此，如何见缝插针、坚持不懈地学习，不断训练自己的心智就显得尤为重要。

一个有主动学习能力的人，才符合这个时代的要求，才能跟得上这个时代的节奏与步伐。自我学习是自我成长的前提。

四、有协作能力的人

互联网时代，是去中心化的时代，组织架构从金字塔向网格状转变，更加要求每个人都要具备合作能力。因为工作的节点更多、涉及范围更广，跨界、跨行业的几率越来越多。新形态下的大学生比以前更需要懂得合作、协作、沟通、嫁接。越来越需要开放的胸怀，既有主见又能够听意见。越来越需要有包容性、协作性的人。自我封闭、各自为战、单打独斗越来越被时代所摒弃。在学校的学习主要取决于个人的努力，但如果没有协作能力与团队精神，可能是学校的骄子，社会的弃儿。

我们招收的大学生中，有些同学缺乏吸收力、包容心，很难听取不同意见，很难接受他人的批评，很难接纳新鲜的东西，很难尊重别人的意见。实质上，固执己见、固步自封、就是精神的钙化与固化。缺乏团队意识、合作精神，过于追求个人中心主义，唯我独尊、自我封闭、刚愎自用。有容乃大，在今天尤其需要开放的心态及团队精神。一个不能突破自己的人，一个抱残守缺的人，一个不善于沟通的人、一个不懂得合作的人是很难进步的。所以大学教育，要培养学生们的开放性与包容性、协作性与合作性，这在以前很重要，在当今这个不断变化的时代尤为重要！这也是我们特别期许的！

五、有网感的人

移动互联+人工智能时代的到来，使我们特别需要有互联网意识与热情，有学习移动互联网的兴趣并储备一些移动互联网的知识，或者有对数据、技术的研究与洞察能力的这种有时代感的大学生。

对新的知识与经验的热忱与储备，如 DSP（互联网广告需求方平台）、APP（智能手机软件）、AR（增强现实技术）、VR（虚拟现实技术）、MR（介导现实技术）、AI（人工智能技术）、IP（知识产权）、UGC（用户原创内容）、SEO（搜索引擎优化）、EPR（网络公关）、公众号、网络直播、电子商务、双微营销、病毒营销、社会化传播、多屏整合传播、网络深度植入、视频内容制作、网站建设等知识的学习与积累，最好是有打通传统媒体与新媒体之间的链接，打通传播与销售的链接的知识。如果多多少少有这方面的经验与实习经历，那就更好。目前，我们省广对大数据、数字营销等方面的人才，求才若渴。

具有网感的人，还必须是具有娱乐精神的人，互联网时代是屌丝狂欢的时代，全民传播的时代，娱乐至死的时代。一切端着架子、高高在上、高冷的东西都会被抛弃，消费者对其都会无感。新形态下的大学生应该比以往都要具有娱乐精神，把传播变得更加生动有趣、喜闻乐见，这样才能接地气、有人气！

现在无论是营销还是传播，主战场都是移动互联网。新一代的营销传播人员，必须对移动互联网有感觉、有热爱、有认识、有钻研。

六、有价值观的人

这是一个普遍的要求。没有不劳而获，没有一蹴而就。我们可以在某个时间点上看到一个人因为歪门邪道、投机取巧而得势一时，但放在一个较长的时间轴里来看，只有那些诚实而努力的人，才能获得真正的成长与成功。一个对自己有要求的人、一个诚实守信的人、一个不断努力提升自己能力的人、一个主动而有担当的人、一个自律自强的人、一个严谨认真的人、一个勤奋刻苦的人，一定是命运的强者。一个一门心思想着如何坑蒙拐骗、偷奸耍滑、推诿怕事、拈轻怕重、好高骛远、好逸恶劳、得过且过、不思进取的人，其结果必然是被时代与命运所抛弃，这是不证自明的结果。人们说，命运是失败者的借口，是成功者的谦辞。一个人获得的最大的回报，常常是价值观的回报。

新媒体时代广告公司的人才需求

互通国际传播集团　邓超明

一、传统广告公司的基础人才需求

一般说来，一个正规的广告公司要实现正常的运营发展，有四大类人才是不可或缺的。这四大类人才分别叫作文字策略型人才、艺术创意型人才、交际沟通型人才及媒介传播型人才，它们分别对应着广告公司的策划类部门、创意类部门、客服类部门及媒介类部门。

（1）文字策略型人才，要会写，而且能写。要对语言文字有独特的洞察，对品牌产品有深刻的见解，对整体战略有明晰的逻辑，然后通过层层布局，步步引导将客户最想要表达的内容，同时也是消费者最期待听到的讯息，以人们喜闻乐见的文字形式传播开来，从而努力实现一句口号直击人心、映入脑海的传播效果。此外，还要懂策略，心中有格局，知道平面广告、TVC①是整个广告表现形式的一部分，而广告宣传是宣传推广策略的一部分，宣传推广策略又是整合营销大战略的一部分。心中有全局，手下才有分寸，才能更好地把握需要呈现的内容及其形式。

（2）艺术创意型人才，不但要懂艺术还需要懂技术。首先，技术要过硬，对各种绘图、设计软件都要熟练，最好是能够得心应手、手到擒来地实现应用。其次，对色彩要敏感，对构图要敏锐，这样才能更好地把技术发挥到极致。再次，是会讲故事，能把品牌和产品毫无痕迹地融入生活情节之中，并艺术化地以 TVC 的方式讲述出来，突出展现产品或品牌对于人们生活的影响或转变，以便让消费者对产品和品牌产生好感和期待，促成销售，转化其成为品牌的忠实用户。最后，也是最终重要的，是需要有想法，能够知道表达什么样的内容、怎样表达这些内容，进而是通过什么样的技术手段来表达，使之达到称得上艺术的境界。

（3）交际沟通型人才，敢于表达和善于表达是基础。由于他们承担的往往是广告公司内的 AE（客户执行）、AM（客户经理），甚至于是 AD（客户服务总

---

① TVC 是以电视摄像机为工具拍摄的电视广告影片。

监）的职务，他们是公司创意部门与客户之间的桥梁与纽带，所以必须要具备干净整洁的仪表，懂得职场交际的礼貌，这些是最基本的素质。而根据笔者多年的公司经营与管理经验，一个出色的人际交往型人才更理想的状态应该是敢于沟通和善于沟通。把沟通技巧与话术逐渐内化为自己的一种习惯，把工作的执着发展成一种普遍的热情，这样才能真正成为客户的朋友，成为公司扩展业务，持续发展的推动者。

（4）媒介传播型人才对于广告公司而言，是极为重要的，他们一般对于数据、数字较常人更敏感，善于协调统筹与安排处理比较复杂的事务，因而可以根据客户的需求，对各种媒体资源进行整合；根据市场的需求，制定公司现有媒体的各种整合与购买方案，完成广告效果评估及竞品分析报告，同时还能与媒体建立广泛的联系。一个称职的媒介从业者，需要具备良好的表达能力，善于与媒体沟通，维系媒体关系，而且责任心要强、要对工作认真负责，要有较强的沟通能力和团队合作精神。更需要强大的分析能力，能通过对客户需求、公司需要及媒介资质三方的综合评估，为客户、公司选择最合适的媒介资源，以便在达到良好的传播效果的同时，让公司实现盈利。

二、新媒体环境对广告公司的新挑战

伴随着时代的进一步发展及网络技术的不断成熟，以网络媒体为主流，以车载电视、分众媒体为补充的新媒体环境已然深刻地改变了人们的生活，并极大地影响到了广告行业。

在这之中，有两大现象不容广告人忽视。

第一，广告主营销目标的改变。广告主的需求已经不再局限于简单的传播层面，已经突破了传统 4A 广告公司的工作范畴。他们更需要的是营销上的伙伴，或者说是商场上战略级别方案的提供者。他们需要的服务也变得可以被明确量化与评估，这些服务甚至要与企业效益、市场销量等硬性指标挂钩。而其品牌也开始不断尝试突破传统的思维，颠覆以“有创意的活动”为主导的内容营销模式，更多地改为通过“有价值的服务”来推动更多的内容转化。

这意味着，如今的品牌传播不再是单纯地通过渠道去带动认知，而是通过内容去带动认知。先通过内容形成社会话题及热点，再通过新媒体的推广推动传统媒体被动报道形成对内容的反哺。这就要求广告公司要将消费者最看重的内容、口碑、体验作为品牌传播的新突破口，特别重视其中首当其冲又起到内核作用的内容。

因此，广告公司就需要新锐的、能紧跟潮流热点，最好是能主动创造热点的内容生产者。

这群人需要极其灵敏的眼力及快速反应的行动力，可以迅速找到热点，跟进热点，做出相应反应（这方面做得比较出色的，如微博上的杜蕾斯账号运营团队），让受众随时能够在他们关注的大事件中看到品牌的身影，听到品牌关于此事的声音及态度。

此外，内容生产者不能只是内容的搬运工，他们要具备原创的能力，能够自主创作出新颖有趣又不乏内涵的各类作品，满足消费者求新、求奇、求精、求简的新习惯。还要具备“搞事情”的意识，了解网络媒体及社交媒体的特质，知道如何发酵事件，以小博大，创造话题。

网络媒体的发达所带来的媒体大环境的变化，还给广告人提出了新的技能要求。

众所周知，广告行业是一个紧紧依附于媒体的行业。新媒体由于其具有投放成本较传统媒体更为低廉，且在功能上可以满足用户的更多需求等优点，已然成为广告主进行广告投放的新阵地。所以，相应地，广告公司关注的焦点也随之发生了转移。

因而，除了应具备传统广告技能与技巧外，广告公司还急需身怀数字媒体本领的广告人才。他们必须掌握基本的计算机技术、软件及网络应用技术，并注意完善各项广告技能在新媒体广告中的适用性，能够通过数据分析技术了解到目标用户的消费需求、消费心理、消费行为。因此，这种人才我们可以把他们看作数据分析师与媒介经理的集大成者——媒介精投者。

也就是说，随着新媒介形式的不断丰富化及多样化，受众的阅读与接收讯息习惯的不断改变，广告公司对人才的需要已经包括但不限于上面所提到的四种类型的人才。

第二，广告公司生存压力的增加。新媒体环境下，广告业不但迎来了外部的众多竞争者，而且还面临着广告主“去乙方化”的挑战，这些给广告公司的经营与管理带来了前所未有的巨大挑战。

在经济下行、预算缩减和数字化转型的大环境下，广告主本身更加重视对自身的建设，比如，主动建设自身的渠道，实现渠道的内部化。

在企业的渠道规划中，企业对报纸、广播、电视等传统媒体的兴趣下降，其关注点正向新媒体网络组合转移，越来越多的企业开始尝试自我发声，通过新浪微博、微信公众号进行品牌的自主运营及宣传。

又如，在内容生产层面上，企业的内部化工作也在有条不紊地开展当中。新媒体信息流动速度之快让许多传统代理协作的内容生产方式无法及时响应，越来越多的公司与广告代理商采用 In-house[①]的工作方式，甚至完全将广告创意、推广

① 为获取更多利润和降低风险，一个产业链的上、中、下企业有组织、有目的地进行重新整合，统筹、规划、设计、改善和实施的一个系统性的商业价值创造过程。

内容内部化，而直接收编广告公司的创意团队，在大公司品牌运作中也开始变得并不新鲜。

再如，媒介购买的日益内部化。众所周知，传统广告公司、公关公司的利润有很大一部分来源于媒介购买这一环节，但如今，有越来越多的企业意图绕过广告公司这一中介而直接对接资源平台。

在这样的形式下，广告公司的生存发展毫无疑问受到了极大的挑战。这不仅是广告公司的利润空间被大大压缩、优秀团队、人才流失的问题，更是广告公司被边缘化的大问题。但就是处于这样的情景下，广告公司才更需要人才，才更需要招徕并吸纳人才。只有不拘一格地用人才、尊重人才、培养人才，才能留住人才、人尽其才，最终让广告公司本身实现破局，打开出路，实现生存、谋得发展。笔者认为，这一过程，也就是人们经常说到的涅槃。

三、经营与管理角度下的互通要求

麦克卢汉在《理解媒介：人的延伸》中认为，作为社会发展的基本动力，媒介所演变出的每一种新形式都将开辟出人类交往和社会活动的新领域。而笔者认为，作为公司发展的基本动力，人才所引发出的每一种新变革都将影响到广告创意和传播活动的新升级。

因此，以笔者的互通国际传播集团为例，笔者将所有的团队成员都默认为人才，从不懈怠于对他们的观察与培养，与此同时，站在广告公司经营与管理的高度，我还要求团队所有成员都务必做到三个“人人都是”。

（一）互通的所有员工务必人人都是AE（客户执行）

从多年的广告从业经验中得知，许多最好的创意其实早就形成在了客户的脑海深处，而无数事实也的确证明了这一点：超过一半的创意是在和客户沟通的过程中产生的。如果负责客户的人不负责创意，做创意的人又不下现场，只是闭门造车，那么出来的创意效果可想而知。

要知道，我们广告公司面对的客户大都是从业数年甚至于数十年的“老人”，他们对于这一行业的了解之透彻与深入，与在对众多行业领域浅尝辄止的广告公司创意人员不可同日而语，我们这些客户日日夜夜、心心念念考虑的、琢磨的全是自己的品牌、自己的产品，因而，笔者告诉自己的员工，特别是负责创意的同事，必须不要只把自己视作一个创意工作者，而是要自带AE属性。

互通的创意团队，必须完成从客户服务、调研、策略、创意、文案、设计到制作的全部工作，所有的事都是创意工作人员的，但又不只是创意工作人员的，在每一个环节公司都有相应的专业资源为其提供强有力的支持。

这一要求的根据是所有这些事，本来就是一件事，割裂开了必败无疑。

因为，所有的事都是一件事，所以，所有人一起做所有事。

如果机械地、人为地把这些事分割成不同的事，交托给不同的部门，不同的团队，在不同的阶段完成，那就是脱离本质，就不能达到最理想的效果。所以，互通的每个人都必须是“AE”，成为“AE”。

（二）互通的所有员工务必人人都是 CD（创意总监）

即便是最资深的创意大师，其灵感也难免有枯竭的时候。而很多时候，绝佳的创意正是在彼此间的碰撞下激发出来的智慧火花。因此，笔者要求每个人都要把自己看作是一个创意指导，如果有时间，最好参加创意团队的头脑风暴，这样一来，不同领域从业者别具一格的另类视角，不仅能产生引领创意团队走出思维定式区的作用，而且可以融洽公司内部的同事关系，可谓一举两得。

即便非创业团队的同事并不能提供什么新颖的视角或观点，但说不定他们不经意间的一句话便能激发创业团队的某个灵感，促成好创意的诞生。

所以，头脑风暴也应该是大家的头脑风暴，而非某个特定部门的头脑风暴，只有所有的人都真正参与进来，一个广告公司才会真正地充满活力，这个广告公司的新创意、好创意才可能层出不穷，才有可能让人拍案叫绝。

（三）互通的所有员工务必人人都是 MD（媒介总监）

以前做广告的人，一般都不是具备某一项专门技术的人员。即使有，也只是负责某一类的创意和制作，例如，有摄影特长的，负责平面广告片的拍摄，懂得图像处理技术的，负责后期美化制作。但如前所述，现在的广告公司的一个很大的任务是发展内容，进行原创。而所谓发展内容是和传统广告相对应的，由于新媒体环境下的消费者现在对于直接兜售产品或宣传品牌的硬广告的接受程度逐渐降低，甚至有普遍反感的情绪，因而在内容中出现品牌和产品的信息逐渐成为一种主流化的趋势，比如，在电视剧、电影、综艺节目中植入自己的产品、品牌，或是以品牌冠名的方式直接专门定制一些电视剧（网剧）和综艺节目。又如，在网络上，在搜索引擎、网页及手机游戏中植入品牌元素，或者在手机运用程序中进行品牌推广的开发等，以上提到的这种种，都需要专业人员来进行大量媒体渠道的接触与选择，而这就难免要有更多的人及更多的心血被用来甄选合适且优质的媒体资源。

人人都是 MD，就是要求大家关注自己平时接触的各种媒介，能够对这些媒介具备一个感性化的认识和分析，在必要的时候帮助公司，针对所聚焦的消费群体选出最合适的宣传渠道，拓展公司的媒介资源储备。

四、对新广告人的一点建议

在新媒体环境下，具有一定新媒体理论素养、善于进行新媒体广告实务运作又懂得新媒体广告经营管理的人才将成为未来广告界的新宠，而精熟于广告经营管理的广告职业经理人也必将成为传媒行业各细分领域竞相争夺的人才。所以笔者认为，广告人在未来可以预见的很长一段时间内还是一个值得年轻人去投身于其中的职业。当年美国总统罗斯福所说过的那句“不当总统就当广告人”，在今天看来似乎也并不过时。

那么，我们最后具体来讲一下，在新媒体环境下，广告公司所需要的新广告人应该具备什么样的素质？而有志从事这一行业的青年人又该如何培养出自己的相应素质。

首先，是在专业知识背景下，拥有自主学习、实践的意识和能力。

具备广告学经典理论及新媒体理论背景知识，是成为新广告人的基础。没有对这一行业的了解，没有一定的相关理论素养，不知道新媒体的属性、信息传播的模式、互动反馈的模式等基本内容，在真正工作时必然会无从下手，进而显得手忙脚乱。所以，广告人必须对受众心理、消费者购买行为，甚至于对国家最新出台的相关法律法规有全局性的认识、全新的研究，这样在广告实战中才会更有针对性和适用性，显得游刃有余。

而中国的广告学，在本质上是一门真正的杂学，所以新广告人还需要大量涉猎书籍，获取各种各样的知识，有较宽的知识面，为日后的创意积累素材；有关注新事物的眼睛，注意业内最新动态，社会最新热点、广告最新视角及表现形式，为未来的广告实践积累经验。

这就要求学生们要优先把握实际内容，把有限的时间合理地用于无限的学习之中，有针对性、有目的性地吸取知识。

有句古语说得好，叫“知行合一”，简单说来就是要把理论知识和亲身实践看作是密不可分的一回事，使“知中有行，行中有知”。

由于中国的广告课程大多属于学院派，可能强于理论而弱于实践环节。因此在了解并懂得广告学理论的基础上，实践就显得更加重要。

所以，对于在校学生而言，一定要多加实践，多了解新媒体，多从广告角度研究每个 APP、每支 TVC。多参加“全国大学生广告艺术大赛”等赛事，自己亲自动手去设计平面、做策划案，甚至尝试拍摄病毒视频，投放到网络中让网友们观看评价。

这些东西书本里一定不会教，但必须要学，而且还必须通过用心的实践来获得。

虽然这种自主学习、实践的习惯的养成在初期会显得有些辛苦，但一旦成为一种习惯，无论是做广告人，还是未来从事其他职业，都会受益匪浅。

其次，是有一技之长，一门精深。

即在学习、实践的基础上培养出一种或多种专业技能。新媒体是科技发展的产物，技术是支持新媒体不断向前发展的支撑体系，所以新媒体环境下的广告人要具备一定的技术操作能力，对计算机应用、软件操作、大数据挖掘分析等基本技术有一定的了解与掌握。

由于广告业的职位具体细分方向可谓繁杂，所以在校学生务必把准发展方向，尽快确定自己的兴趣所在和职业发展规划。特别喜欢写的，要锻炼文案写作能力；性格外向，爱结交朋友的，则应多思考沟通方式，多训练谈吐。总之，提前准备，做好选择，未来才有可能快人一步。

再次，是要具备创新的思维与能力。

创新一直都是广告行业的一个显著的标签，特别是在新媒体的大环境下，更是如此。因为新媒体算是新时代的一个新生事物，人们对它的了解还不够深入，其中的许多现象还都处于有待归纳总结规律的状态，在这一新领域上，所有人都缺少前车之鉴，所以这就要求新媒体环境下的广告人要有创新能力，要去开发、去创造。鉴于新媒体给广告提供的资源数量较多，可开发利用的价值很大，对其创新方面的应用就可以不仅局限于传统广告的内容创新、设计创新等方面，诸如技术创新也可以并应该是一种很重要的方式。

而要具备创新能力，首先便要具备创新思维。对此，笔者的意见是，新广告人要多看、多听、多玩。多去接触这五彩缤纷的世界，用心灵去感受身边的一切，如此这般才能拥有独立思维、才能有打破常规的勇气、才能有可能成为拥有复合型创新能力的人才。

总之，我们时代的环境虽然一直在改变，但广告主的本质要求都是一样的，就是让广告公司以一个转译者的身份，把广告主想要表达的理念通过合适的媒介渠道，以目标消费群体喜闻乐见的形式，用性价比高的方式，实现精准曝光，最终达成该品牌或产品的战略性目标。因而只要抓住了这个点，在这个点上找出自己可以胜任并适合的位置，大家就有可能成为屹立在时代浪潮之上的新广告人！

内修整合心法，外练跨界招数

——“大数据·新营销”趋势下广告业人才观

广东省广告集团　袁　志

这是一个最好的时代，也是一个最坏的时代，这是一个危机四伏的时代，也是广告的黄金时代。历经30多年的创新发展，在中国，广告行业已经成为国民经济不可或缺的组成部分。随着移动互联网等新技术、新媒介的发展，毫无疑问，中国广告业迎来一个历史性的风口，甚至对广东省广告集团股份有限公司（下简称省广）这样的广告业“原住民”形成了一定的冲击。然而，这种影响和改变是积极的，符合行业发展方向的。近年来省广围绕大数据与全营销的双轮驱动战略，打造领先的大数据系统，构建以营销为基础和核心，向垂直行业延伸布局的“营销+”产业生态，打破发展天花板，打开更大的空间。

广告业属于知识密集、技术密集、人才密集的高新产业，是一个靠智力打天下的产业，没有一批有敏锐洞察力和市场驾驶能力的创新人才，就不可能有广告产业的大发展。所以人才是利润最高的商品。能够经营好人才的企业最终就会是大赢家。而我国广告业的高速发展也激发了对广告人才的旺盛需求。早在2015年，省广全面启动平台战略，通过构建“开放、整合、激励、共赢”的平台生态系统聚合更多优质的产业资源和优秀人才。近年来在行业对人才需求旺盛和不断革新的趋势下，省广关于广告业的人才需求也在与时俱进。

其命维新，与时俱进。刀光剑影、腥风血雨的营销江湖下，广告人的传统素质在失灵，功夫越来越多，挑战越来越大，除了传统的素质技能，新形势更要求新的技能和素质的修炼。外练手眼身法步，内修精神气力功，内外兼修才能在行业人才发展的趋势中笑傲江湖。

一、趋势来临，广告产业面临的三大升级点

（一）由千人一面到千人千面——新技术红利注入传播新动能

广告传播一直在试图用最大的声量把品牌诉求传递给尽可能多的人群，而随

着用户受众场景化、碎片化时代的到来，过去单向的“扩声器”模式已经越来越难抓住消费者的心。在以前渠道相对固定的时代，大家只需要拼脑洞，比拼策划和内容，而到了移动营销时代，不仅仅要拼脑洞，还需要拼技术。因为技术代表着跨维度的竞争，就像冷兵器、热兵器、信息时代的战争，在不同的时代，自然分别需要完全不同方式的玩法。随着 AR（增强现实技术）/VR（虚拟现实技术），人工智能直播，程序化购买等营销热词逐渐深入人心，我们看到信息化、数字化、智能化已经成为营销行业的共识。

2016 年 12 月 29 日，省广在北京举行主题为“大数据时代的营销变革”的战略发布会，首次公布了“G-NOVA 大数据计划”，正式与微软中国达成战略合作，携手 54 家优秀的企业，共同打造业内领先的大数据系统，打造多方共赢的大数据联盟，将大数据变成省广的有形“重资产”，从而加速构建省广独具优势的数据生态体系。

（二）由入眼到走心的价值回归——内容即是最好的媒介

今天，《南方周末》一个头版半版的广告刊例价是 40 万，而微信大号“咪蒙”的头条广告报价已涨至 50 万。在这个信息超载的时代，我们学会理性地躲避媒介的劫持，却又感性地寻求着内心的共鸣。硬广告的效力下滑，内容的风生水起，已成为这个时代的主流营销趋势。不仅有电视端遍地开花的栏目内容植入，随着视频网站崛起和新媒体影视遍地开花，中插原创贴、互动创可贴、影视后期植入等创新广告形式也层出不穷。

内容营销作为一种润物细无声、春风化雨的营销手段，其本质是吸引特定受众的主动关注，更重要的是特定人群的主动关注。今天的内容营销从“初窥门庭”到“登堂入室”，渐趋主流。

持续高温不退的 IP 热，则进一步加速了内容营销的发展。近年来省广围绕泛娱乐营销产业链深入布局矩阵式商业模式，先后与影视明星及制作人赵薇、黄晓明、杨澜成立合宝娱乐、广东省广影业股份有限公司及省广阳光，已建立集影视制作、娱乐营销、体育营销、IP 营销、体验营销多个领域为一体的矩阵式泛娱乐商业模式，在内容营销的实战领域也成功操作了诸如东风日产与综艺节目《我是歌手》、广汽传祺与电影《变形金刚》等案例。

（三）由多媒体整合向全渠道链接升级——营销势能全链触发

今天的营销更加强调整合，更具深度与广度。将通过内容与技术的全面融合，实现跨场景、跨媒体、跨行业的全面整合。在这个过程中体系力才是真正的营销力，体系让营销更有效地转化。只有 ATL（线上）、BTL（线下）、PR（公关）、社会化、销售等营销链条全打通，才能更好地实现营销的合力。

近年来省广也在不断加速整合营销布局，以媒介营销、数字媒体、品牌营销、内容营销、场景营销、自有媒体六大业务模块为主打造开放共赢的生态体系。2016 年第二届 GIMC 创业节庆典，世界的 IMC 之父唐•舒尔茨教授应邀到省广发表演讲，他提到“整合营销取代广告宣传，成为未来趋势。营销者必须以客户为中心，拥有超出营销媒体和活动的格局，必须有远见，寻求更多功能，活动和机会”。

二、内修整合心法——广告人需是融会贯通的杂家

（1）知识结构的开放性：在整合营销的时代，与以往相比广告人的专业服务不再局限于广告设计、表现和传播等狭义的广告层面，而是要同时为企业提供市场调查、产品、公关等方面问题的解决方案。广告公司的职能部分意义上替代了一些品牌顾问公司、行销公司、咨询公司的职能。如此全面的服务，只有复合型的“通”“专”结合的广告人才才能胜任。而涉及更多相关专业领域的知识，诸如社会学、文化学、民族学、心理学、文学、语言学、符号学、信息科学、国际关系学、国际政治、经济、法律、宗教、跨文化传播、国际市场营销、外语等，广告专业知识与它的相关学科知识共同构成了广告人的知识结构。这种知识结构呈现出跨学科、跨专业的开放性，以及多层次、多系列、由博到专的特点，它反映的是广告人应该具有的深厚的人文背景、宽广的知识面和较高的学识修养。

（2）文化视野上的国际化：省广股份正由国内最大的广告公司向国际 4A 级广告公司迈进，定位于打造千亿市值国际化营销集团。随着众多中国品牌走向国际与国际品牌抢滩，中国广告也将进入国际化运作阶段，对全球化人才的需求越来越强。国际广告是一种跨国界、跨文化的传播形式，它面临的不单是语言的转换问题，更是文化系统的转换，因此，国际市场向广告人提出的挑战首先是文化挑战。面向国际市场的广告人必须在文化视野上做到国际化，保持与世界文化同步，按国际化的广告理念为自己重新定位。文化视野上的国际化首先指的是一种开放的文化心理。对所处的多元化环境要有清醒的认识，尊重文化的多样性，相信每一种文化都有同样的价值，愿意接受和欣赏与自身文化不同的观念和见解，从而在文化心理上达到从自身文化到跨文化的演变。

（3）思维能力的创新力：广告行业是极具创造力的行业，从广告的业务量来说，中国的市场规模位居世界第二。但在戛纳创意节上，获奖案例中来自中国的却往往只有 2%，这反映了我国广告创意创新人才的急缺。所谓创新能力就是人们对某种刺激产生许多独特认识联结的能力。它至少包括以下三点：一是流畅性，即对刺激能够很通畅地做出反应；二是灵活性，即随机应变的能力；三是独创性，即对刺激做出不同寻常的反应。创新一直都是广告行业的一个标签，特别是在新

媒体语境下，广告公司对人才创新能力的要求更是多方面的。因为新媒体属于新时代的一个新生产物，我们对它的了解在许多方面还都处于未知状态，在此领域缺少前车之鉴，所以就要求新媒体环境下的广告人利用创新能力去开发、去创造。此外，新媒体给广告提供的资源很多，可开发利用的价值很大，其创新方面不应仅局限于传统广告的内容创新、设计创新等方面，技术创新也是一种很重要的方式，例如，一些户外的互动创意广告大大突破了传统的广告活动模式，这正是新媒体广告的发展方向，而创新也要紧跟这种趋势而动。因此，拥有复合型创新能力的人才是目前绝大多数广告公司所青睐的对象。

三、外练跨界招数——追得了内容，也要玩得转技术

今天，相信很多身处广告行业的人都会有这样的体会：广告界越来越不像广告界了。大家都在说着文娱创投界最时髦的词语：“粉丝经济”“网红经济”“直播”“娱乐营销”“消费升级”。当广告不再是广告，是要从娱乐、技术等多元的领域里找寻彼此去碰撞出大创意的时候，广告人不仅需要复合的知识结构、文化视野、思维能力，还要具备复合的操作技能。

招式一：内容操盘手

如今，内容营销在人人都是自媒体的时代显得愈发重要。熟悉泛娱乐营销发展趋势，关注电视综艺、电影娱乐等产品资源，了解线下活动、新闻公关、网红直播、双微运营等多种传播手段的运用，并对其有一定的理解；或是对内容营销整合传播有深刻见解，能够直面客户，可以很好地洞察客户的内容传播需求；或参与内容营销执行的管控，认真耐心地对待每一个细节，这些都是一个良好的内容操盘手应该具备的技能。对于广告公司而言，新兴内容营销板块也是目前很大的一个人才缺口。

招式二：新技术玩家

新媒体是科技发展的产物，技术是支持新媒体不断向前发展的支撑体系，所以新媒体环境下的广告人要具备一定的技术操作能力。当然对广告专业的学生不能像对计算机专业学生的那样要求其达到很高的计算机应用技术水平，但对基本的计算机操作、软件操作、新型网络应用技术，如数据挖掘分析等要有一定程度上的了解与熟悉。未来的广告人才要把新媒体技术很好地融入广告活动中，使得广告与新媒体之间实现完美结合，顺应广告行业的发展方向。倘若人才掌握的技能仍旧停留在传统媒体广告运作的理论知识层面，而缺乏对新媒体技术的实际操作能力，显然这样的人才已与时下广告行业所需的人才不符，逐渐就会被时代所淘汰。因此具备新媒体技术操作能力才是未来广告行业人才的必备条件。

拥抱大数据，激励新营销。舞台有多大，心就有多大。学习能力有多大，创造力就有多大。平台，即世界。人才，即未来。

新媒体浪潮下广告公司人才发展新观念

广东赛铂互动传媒广告有限公司　陈　鄂

新媒体浪潮的来临，带来了诸多的变化，这些变化不仅仅是在营销层面，传播层面。更为重要的是在参与其中的企业层面，不管是对其内部构架，还是人才体系方面，都产生了颠覆式的影响。

从广告公司的经营与管理角度而言，广告公司是新媒体环境下的经营环节中重要的一员，受新媒体环境的影响尤为强烈。广告公司的经营性质决定了广告公司的经营需要满足四个变化：广告结构扁平化，反馈机制快速化，服务内容专业化，人才需求多元化。

只有满足这四个变化，才能更加迫切地贴近营销的需求，满足时代的变化。理想是丰满的，但现实却是残酷的，在愈演愈烈的新媒体浪潮下，广告公司的人才发展，面临着极大的挑战。

一、新媒体浪潮下广告公司面临的挑战

（一）新生代的崛起导致运营管理和沟通的鸿沟

第一个层面，新生代消费者的崛起，在不断倒推和要求广告公司从业者思维年轻化。需要广告公司人员懂年轻人，特别是逐步成为消费主体的90后。但现状是广告核心运营层、中坚总监层，却是以70后、80后为主体。在理解新兴消费者群体的洞察、消费者行为、媒介行为上，存在着巨大的代沟。

第二个层面，新生代也逐步加入到广告公司中，成为广告公司的一员。但90后的新员工，因为其成长和学习的时代，正是整个中国消费升级和新媒体变化最明显的时代，有一个词语叫“新媒体原住民”，正是对他们的形容之一。90后员工的发展，管理，培训，提升，都面临着一系列的显著问题。

（二）新媒体的爆发导致团队的构架不断调整和成本的上升

新媒体的爆发，正是21世纪知识大爆发的典型现象之一。近10年，媒体环境和传播环境的变化，是之前10年变化的无数倍。各类APP层出不穷，各类新

的传播形式迭代更新，各类新技术此起彼伏。

简单来说，10 年前，广告公司仅有简单的三个部门，客户部，媒介部，创意部。为了不断提升服务质量和满足客户的营销需求。这样的组织构架和人才体系，肯定面临着极大的挑战。各个公司分别开始组建技术部门、新媒体部门、社会化营销部门、电商部门等。这些部门的成立，导致公司结构、人才架构需要不断去适应时代发展而快速变化。更重要的是，从经营层面而言，人员成本的提升和竞争白热化后毛利润下的下降，导致常规传统公司的净利润压力越来越大。

（三）去中介化的经营压力和知识体系的空缺导致人才培养体系的缺失

传统媒体时代，整个媒体的经营模式是简单的代理制度。随着新媒体的发展，自媒体时代的到来，以及内容营销、IP 营销的爆发，传统广告人的知识体系，现有的知识储备，在不断地被优化和淘汰，现有的研究方法和工具也在不断地更新。

经营压力的增加，导致诸多广告公司舍弃了传统的人才培养模式。知识体系的空缺，导致惯用的人才培养体系和方法也逐渐不适用。一个比较典型的事实是，国内依然在持续进行校园招聘和校招生培养的广告公司，除了广东省广东集团股份有限公司等几家大型广告集团外，参与到校园招聘中的广告公司越来越少。

在此三大挑战之下，广告公司的人才发展其实已经出现危机。广告公司的从业者和经营者，都在思考这个重要的问题。毕竟，从某个角度而言，人才是广告公司的第一竞争力。

那么，我们回过头来，仔细思考一下，新媒体时代，广告公司到底需要什么样的人才呢？

二、广告公司对年轻思维、“老”干部的青睐

新生代的崛起，既然是既定事实，那么我们就需要具备年轻思维的“老”干部，来扛起广告公司的运营大旗。

所谓的年轻思维，就是评判人才，不能唯经验论，不能唯过去论，不能唯自己论。需要有空杯心态，不断去接受新的挑战，不断去面对新的变化，不断去否定自己，才能有年轻思维。

所谓的“老”，不是只强调经验，不是只强调阅历，更不是强调年龄，而是强调具备学习和分析问题的老练的方法，以及具备理解和再加工老练的能力。单纯的追新，没有意义，举一反三，才能不断形成新的知识体系和营销能力，才能真正地解决营销的问题并提升客户的满意度。

这样才能有解决新生代的崛起导致的运营管理和沟通的鸿沟的前提条件。

（一）一专多能的综合人才

社会化大分工和广告专业的垂直化发展，逐步产生了更多的精细化生产者。在以前，对垂直领域和精细领域研究越深，从某种意义而言，可能对公司的帮助越大。

但在新媒体时代，一方面，各种新的形式和方法更新和淘汰的速度特别快，另一方面，各个领域之间的交互性和相互影响越来越大。不会做创意的段子手不是好策划，就是现阶段的一个典型说法。

在这样的发展情形下，并非强调不要钻研、不用深挖，而是强调广告人才需要在专一特长的基础上补充多能，成为综合型人才。只有进行跨领域研究，形成综合助力，才能在专业和业务层面上帮助广告公司有更大的发展。这样，才能去应对新媒体的爆发导致的团队构架不断调整和成本上升的问题。

（二）一带一个领域的领头人

新媒体时代，一切研究重新开始，在人才培训和训练上最大的问题是，各种体系的缺失。重建这些体系，不仅用其来解决工作问题，更重要的是用来重构知识构架及人员体系。

发现问题、分析问题和解决问题的能力，是广告公司对需求的人才的核心能力。在经营和实践的过程中，我们需要的不仅仅是完成工作，完成客户的需求，更重要的是解决客户的问题，面对市场的挑战和解决营销的难题，从而形成更加系统的方法，并建立营销的工具。

因此，从培训体系的建立，客户需求的完成，到建立系统与方法，广告公司都迫切需要一带一个领域的、更加具备系统思维和逻辑思考能力的领头人。

三、制度创新与激励机制为人才成长保驾护航

广告公司的规模和特性，决定了广告公司的管理过程中往往以人治为主。但我们需要用体系化的方法来建设和发展人才梯队，用制度创新的方法和激励机制为人才成长保驾护航，才能不断解决广告公司的人才问题。

（一）初级人员（校招生）培养体系的建立和坚持

广告行业的入门门槛相对较低，因此对于初级人员起步的专业度要求不高，但其重视对初级人员的培养。这样不仅能发现更具潜力和天赋的广告新人，更重要的是，能使新媒体时代的新的知识体系更容易地被掌握并体现出效果。

初级人员培养体系的建立，不仅会缩小与 90 后沟通的鸿沟，而且在专业建设上，也能不断积累经验。

（二）扁平化的架构和特种小团队的建立

传统的公司架构，往往以客户部、媒介部、创意部为基本构架。这种框架在目前的新媒体经营时代，明显已经不符合经营和服务的要求，必须构建更加扁平的架构，并以特种小团队为核心——在服务一个项目的过程中，有客服、创意、文案、技术、设计等多种职能。同时，对每一种职能都要有复合型要求，最终达成每一个会写文案的创意是好策划的目标。

这种机制的调整，不仅能提升团队效果并符合新媒体时代的营销要求，更重要的是能构建一专多能的团队机制和文化氛围，为每一个员工成为复合型人才提供基础条件。

（三）创新的人才晋升和激励机制

新媒介时代+资本时代，创造的不仅仅是新的项目和公司，更颠覆了员工关系，运用互联网精神，把开放、平等、协作、分享的理念，运用到人才管理和建设上，更是新时代的要求。

在此背景之下，创新性的人才晋升机制，就显得尤为重要。共同分享企业的成长价值、人人成为合伙人，就是在此背景之下的诸多创业型公司的创新性的人才机制的体现。

广告公司从一开始，就是轻资产公司，其对人员的管理和培养，本身就具备先天性优势。在新媒体时代，更应该借助互联网思潮，快速的调整人才晋升和激励机制，才能满足自身组织构架和人才培养的需求。

新媒体浪潮，是挑战，也是机遇。我们希望，每一个广告业的从业人员，都不断地学习、成长，从一个广告从业人员变成一个广告从业人才。我们也希望每一家广告公司，都从制度上不断改进、优化和发展，以适应新时代人才发展的要求，实现广告行业的可持续循环发展！

浅谈新媒体环境下广告公司的人才需求

湖北联投传媒广告有限公司　黄丽娟

2015 年两会把“互联网+”行动计划写进《政府工作报告》，伴随着互联网的高歌凯进，广告业也进入了全新的数字化时代：楼宇视频、手机 APP 等新媒体形式层出不穷；3D 全息投影、AR 扩增实境等新兴技术大力驱动。新媒体广告的异军突起对作为广告业主体的广告人才的培养提出了新的要求。

一、现代广告行业的现状及发展趋势

（一）现代广告行业的现状

随着移动互联网的发展，网民规模的扩大，网络成为广告主营销的主要阵地。互联网广告具有受众面广、传播速度快、千人成本低等特点，在互联网经济下，互联网不断介入广告行业，使广告呈现出以下特征。

第一，搜索类广告以其精准的广告投放效果依然占据最大份额，特别是大数据的兴起与运用，使受众分析更全面，广告投放更精准；

第二，展示类广告中程序化购买发展迅猛，各厂商开始重视技术的力量，通过技术改进展示广告的投放策略；

第三，视频类广告增长较快，视频用户活跃度、使用时长、启动次数均有大幅度增长，用户使用习惯日渐成熟，H5、微信朋友圈广告的兴起，就是最好的印证。

（二）现代广告行业的新趋势

2014 年上半年 Facebook 斥资 23 亿美元收购了 Oculus。虚拟现实技术，沉寂了将近 10 年再次回归时代舞台。虚拟现实教学将会在广告、教育、健康、社会学方面产生积极而重大的影响。有人将 2016 年命名为“虚拟现实元年”，全息投影、VR（虚拟现实）、AR（增强现实）技术让未来变得触手可及。

对广告业来讲，传统的广告行业的思维受到了颠覆。“Big data+big idea”的数字营销趋势，使大规模广告投放时代，转变为精准投放时代。面对媒体权利下移，分众化越来越明显的现实，广告也从自我独白转向与消费者的情感对话，越来越强调与生活的互动。

从广告公司层面来讲，代理制经过一段时间的沉寂后，现已被广告公司广泛使用。在“互联网＋”时代，“互联网＋广告媒介”的广告形式不断创新，传统的广告公司都将升级转型成为互联网广告企业。整合媒体资源，打造媒体全产业链显得尤为迫切。

二、现代广告公司的人才构成

中国的广告行业一路攀爬，节节高升，与所有新兴的软性服务行业一样，最重要和稀缺的资产就是人才。当前，广告公司的人才可粗略分为以下几类。

（一）创意策划类

优秀创意人才历来受到广告公司的青睐，其薪资情况看好。创意类人才要求敢于标新立异，风格要有，创意要强，广告要懂，地产要知。

（二）媒介管理类

当前，媒介人员的工作职能由以往固定的新闻宣传与舆情公关等传统职能逐渐向媒介资源挖掘与整合、客户资源的开拓等职能方向发展。媒介管理人员通过各种媒介运作模式，挖掘公司资源，将广告等需要告知的信息传递给特定的受众群体。

（三）设计制作类

广告公司对设计制作人员的学历要求并不严格，主要要求其图像处理软件的使用能力及熟悉程度。此外，工作要细致，要有良好的动手能力和学习能力。

（四）客户业务类

客户业务员需要具备良好的道德素养和职业素养，坚持底线原则，拥有较强的沟通能力和市场营销能力，用心为客户服务。

从广告行业四类人才的要求来看，其招聘侧重点各不相同。对创意人员的招聘并没有特别强调广告专业毕业。行业背景是基础，关键是有创意、有想法；媒体营销中心的招聘对专业要求较高，一般要求毕业于广告、新闻相关专业及有相关经验；广告制作人员的要求比较偏重经验，尤其大型活动操作经验，并要吃苦耐劳；对客户业务人才的要求是要能及时捕捉市场动态，并具有一定的销售技巧和能力。

可以看出，新媒体作为当前广告媒介的新贵，其人才需求量在不断上升，薪资也处于上升趋势。不断与国际接轨的国际信息服务行业，为广告精英们的成长和突破提供了成熟的环境。

三、新媒体环境下广告人才需求的新变化

在新媒体广泛应用于广告业的环境下，广告业对广告人才提出了新的要求，主要集中体现在以下几个方面。

（一）树立正确的价值观

广告除了宣传具体的商品之外，还宣传了特定的社会价值观和文化价值观。因此，广告人需要树立社会主流价值观。检验三观正不正的有效标准，就是看是否符合社会主义核心价值观。一个合格的广告人，在价值观上，正能量应该成为生活的正常态。

此外，广告的世界是一个竞争性强、瞬息万变的世界，这就要求广告从业人员对社会要有准确的领悟力。既要对时尚潮流了如指掌，又要对民族的、经典的、传统的东西领会透彻；既要关心商家想做到什么，又要关心老百姓在想些什么；同时，还要反应敏捷，思维活跃，有饱满的热情和充沛的精力。这一切没有正确的价值观，是很难办到的。

（二）具备新媒体理论素养

具有一定的新媒体理论素养是新媒体环境下市场对广告人才提出的新要求。在理论知识上，不仅要深谙广告理论和广告法，还要熟悉市场营销、销售管理方面的相关专业知识；同时，对广告促销、创意策划方面的相关知识也要建立起知识储备；此外，还要了解合同法、经济法等方面的相关知识。

（三）培养较强的技术能力

媒体大环境的变化，给广告人提出了新的技能要求。除了应具备传统广告的技能与技巧之外，新广告人还必须掌握基本的计算机技术、软件及网络应用技术，并注意完善各项广告技能在新媒体广告中的适用性。

比如，设计人员就需要掌握 Photoshop、Illustrator 、PageMaker、Freehand、CorelDraw 等图像处理软件；媒介人员需懂得摄影、摄像，以及 Adobe Audition 、Edius、Premiere 等音视频处理软件。培养全知全能的人才是不现实的，应以一种技能为主，这种技能是新媒介环境中所需的技能，而不是以往媒介环境中的单一技能。

结合目前高校对广告专业学生的培养，在新媒体环境下，广告人才培养需要打破界限，将学生培养目标与就业岗位明确对位，有针对性地制定人才培养方案，才能拓宽学生的视野，夯实基础，为其多渠道就业创造条件，使其成为多面手。学生在进行理论基础学习的同时，要参与到广告公司以及企业的实践中去，才能学有所长，学以致用。

从雇主需求看新闻传播人才培养及实习实训

北京全食爱信息技术有限公司　吴　朋

随着直播、短视频、视频等新媒体形式的爆发，新闻传播人才的需求不断扩大，能编会写，敢于表达、善于表现的新媒体编辑运营人才在招聘市场上持续紧俏。针对招聘市场的变化，学生校外实习实训在新闻传播人才培养体系中的作用更为重要。本文从雇主的需求、学生自身情况等方面探讨实习实训的效用和实施方式，并提出了相关建议。

一、雇主市场对新闻传播人才的需求现状

随着新媒体形式的不断发展，以及 90 后群体信息消费方式的改变，雇主对新闻传播人才的需求呈现了几个变化。

首先，需求单位越来越多地从机构化媒体迁移到新媒体、自媒体公司，越来越多的新闻传播人才跳槽离开体制内。机构化媒体包括传统的报社、杂志社的人才要求均在收缩，人才需求稳中有降。相比较而言，澎湃、界面、今日头条等数字新媒体公司以及众多微信、微博等自媒体大号的人才需求在不断扩大。

其次，从招聘门槛的变化来看，985、211 类学校的学生仍然拥有硬件条件上的优势，但越来越多的雇主更看重学生的实操技能，希望学生有实习经验，能够直接上手。普通高校新闻传播类学生，如果有比较多的实习经历、实战经验的积累，也容易在求职中脱颖而出。

再次，从人员素质的要求来看，雇主不仅希望看到积极的学习态度、优秀的学业成绩，更希望看到在校外实习实践中展露的独特才能，比如，新媒体编辑稿件、视频制作、音频 FM 作品制作等。这要求学生在专业实践中更接地气、更懂常识，对新媒体运营有更深的理解。

校内广播台、校报、视频拍摄作业等校内实践显得远远不够。从传媒业雇主的一致反馈来看，没有丰富的校外实习经验的学生，往往太过于学生气，不能迅速理解雇主意图，不能快速上手工作。

总之，从 2017 年新闻传播人才市场的需求来分析，新媒体编辑和运营类岗位是前景光明的行业增量市场所在。传媒业雇主对新闻传播人才的要求是：学业表

现不错，具备积极努力的态度；更重要的是，要有丰富的相关领域的校外实习经历，积累了一定的行业背景知识，对工作流程和内容较为了解。

二、新闻传播人才的职业观引导需要加强

笔者目前运营着传媒圈最大的社交媒体招聘平台，在过去的五年多时间内与新闻传播学生接触很多。从职场需求来看，传媒类毕业生需要加强的方面如下。

（1）职业规划不清晰是新闻传播毕业生最大的痛点。例如，有的学生快毕业了还没尝试过新闻工作，对记者、编辑等岗位及自身的成长路径不甚了解，往往随意找了实习单位，被动性比较强，给未来频频跳槽埋下伏笔。

（2）还有一类毕业生，本专业学的广告，却一厢情愿地认为自己喜欢影视编剧，但并没有相关的学习和积累，结果沦为空想。

这些现象表明，传媒学子普遍存在职业规划不清晰，所学专业与兴趣热爱并不完全匹配，对自己的职业未来感到迷茫的现象。

那么，如何解决这个问题呢？建议新闻传播院校加强对学生的实习实训培养，引入优质的企事业单位，共同打造实习成长计划，向传媒学生提供优质的、多行业的实习机会。

另外，还需要加强对学生个性化的实习指导。例如，实习岗位是否符合学生自身情况，是否与其专业和兴趣趋向匹配，都需要雇主反馈。院校与雇主达成比较长期的合作关系，有助于建立良好的沟通机制，从而针对学生的优势和弱点，对其进行一对一的指导。

三、对院校完善实习实训机制的几点建议

一个好的实习实训机制的建立，需要院校自身的资源条件的支持，需要传媒各细分行业的雇主储备库，需要建立一个良性的互动机制，不断地调动学生的积极性。同时，通过对学生职业观的引导及对实习过程的监督反馈，快速帮助新闻传播专业的毕业生找到归属。

（一）学科教育和技能培训相结合，引入外部资源进行合作

新闻传播学科教育体系经过几十年的发展，已经较为成熟了，专业学习中包含了社会学、统计学、经济学等学科的交叉学习，系统性强，知识面较宽，有助于学生积淀一定的理论功底。

部分专业课程虽然有一定的对动手能力的考核，要求学生提交文字、视频作品，但其实操性、与市场需求的连接性还需要加强。这些就离不开实习实训，离不开实操技能的专业培训引导。

新媒体形式日新月异，智能时代的到来又会带动传媒行业技术和市场洗牌的加快。在这样的背景下，学生面临就业压力，就需要提早接触社会，接触实务，接受技能实训。

传媒人才市场急缺大量的新媒体人才，他们是思维活跃，善于使用知乎、微信公众号、微博等社交媒体平台表达自己的年轻人。新媒体编辑及新媒体运营类岗位近三年已经上升为企业重点设置的岗位，甚至演化出社区内容运营、新媒体内容官等新兴职位。无论是从事何种传媒工作，学习何种传媒专业，社交媒体沟通技能已受到全行业的重视，已经成为新闻传播人才的技能标配。

从院校新闻传播人才培养的角度来思考，就需要具有前瞻思维，引入技能培训以加强学生的就业适用性。院校可以引入外部资源进行合作，可以评估有教学能力和实操经验的课程提供方，给学生推荐相应的技能培训学院和课程；或引入更多面向就业的线下课程，帮助学生储备实操技能。

这对学生来说，在校期间既能学习到理论知识，又能通过实操技能的训练满足传媒市场的就业需求变化，可以更好地适应传媒行业变化的大时代。

（二）实习与职业匹配度测试、职业指导相结合

在实习实训的诸多项目对接中，我们发现学生往往不知道如何选择实习单位，也不知道自己在何种就业方向做积累。这都是职业规划的缺失造成的。

新闻传播院校应帮助学生梳理职业规划，帮助其了解不同传媒岗位的工作内容，明白不同的传媒岗位所面临的职场通道及其未来的就业趋势。

例如，播音主持专业是个近年热门的专业，其学生不仅可以去电台、电视台，更可以在发展迅猛的网剧、网综、视频平台，在异军突起的音频 FM、自媒体公众号找到职业立足点。

院校可以组织有丰富经验的传媒毕业生，通过线下讲座、在线微课等方式，介绍工作经验，分享职业动向，帮助学弟、学妹更好地理解本专业及其就业要求，从而及早地开始职业积累。

另外，院校也可以组织一些性格测试、职业倾向测试，协助学生更多地了解自己，对其进行专业的职业引导，使其更好地明确主攻方向。这能帮助学生在实习实训中增强目的性，在职业要求与自身性格匹配中找到结合点，有助于增强实习实训的效果。

（三）需求前移，组织传媒企业进行宣讲

为了让学生面向就业进行职业学习和实习实训，新闻传播院校可以组织传播企业到课堂上进行宣讲，介绍行业情况与自身人才需求，传授企业招聘的人才观。

这会给学生更多的直接了解传媒岗位的机会，有助于培养学生正确的择业观、就业观，从而更加理性从容地选择自己所需要、所适合的岗位。

每年秋招、春招，邀请一些有分量的传媒企业来进行宣传讲授，让处于实习期的学生更早地接触雇主需求，这样在实习单位的选择、实习实训中更容易摆正自己的位置，学到真东西、管用的东西。

（四）探索校企合作，借助企业或中介组织来延伸服务

系统地为学生安排实习机会，武汉大学新闻与传播学院坚持了 30 多年，是做得最好的新闻院校之一。安排老师成立实习实践协调小组，负责对接各地实习单位，优化传媒实习基地的质量，倾听学生反馈，为学生做了很多的实习、就业安排。

未来建议扩大实习基地，选取更多平台不错、发展不错的传媒企业单位，尤其是新媒体单位作为实习基地。让更多的学生接触到新兴的媒体机构、互联网媒介平台、优质自媒体，从而获得广阔的发展空间。

当然，院校因为资源和精力的限制，很难给学生提供更细致的实习服务。建议有条件的话，可以扩大合作范围，与实习生招聘平台、兼职招聘平台等专项服务机构合作，扩大职位机会的覆盖面，提供更多的内推机会给新闻传播学子，为其定制传媒实习通道，帮助其了解更多互联网和新媒体行业的职位要求。

尝试探索校企合作，提供更稳定、更细致的实习实训平台给学生，有助于新闻传播人才迅速了解市场需求，更快地积累职业成长所需的经验和技能。

（五）新闻传播专业是社会性学科、实用性专业，其人才培养的过程，离不开实习实训的锻造

只有在校外实践实习中更早、更全面地接触了传媒岗位，才能更好地完成专业课的学习，才能更好地适应新媒体快速发展的社会现实。

这一切都离不开新闻传播院校对学生成长的悉心培养。要把学生实习实践放在为课程教学服务的高度上，放在学生综合素质培养非常重要的一环中。甚至可以试行将未来的实习实践纳入学分制培养之中，只有在传媒单位实习实践满三个月以上，且获得用人方正面评价的学生，才可获得实习实践学分奖励。

面对新媒体形式变化，针对雇主端市场需求，打造实习实训体系，尝试探索多种形式的校企合作以推进实习成效，这是新闻传播人才培养中必不可少的一环，也是提升新闻院校自身竞争力的关键一步。

第五部分

他 山 之 石

从教学过程要质量

——基于国外大学课程评分体系的分析*

武汉大学新闻与传播学院　洪杰文　彭雨田

2016 年 2 月，教育部印发《教育部 2016 年工作要点》，要求各高校加快世界一流大学和一流学科建设，而在这一过程中，要把建设一流本科作为核心指标，把教育教学改革作为重要内容①。高等学校教学质量问题已经引起全社会和中央领导关切②，从高校自身来看，提高教学质量也是一所大学提高自身综合实力和社会影响力的必经之路。教学质量是高等学校的命脉，是评价和衡量高等学校工作的重要依据，更是保证我国高等教育可持续发展的根本所在，新闻传播学科同样如此。在国内对于复合型全媒体人才需求日益增长的大环境下，唯有不断提高教学质量，才能全面提升办学效果，为社会输送专业基础扎实、实践本领过硬的合格人才。

而提高高校教学质量，绝不是一个一蹴而就的过程，需要各级管理部门、学校、教师、学生的共同努力，需要培养方案实施者全方位、长时间的投入。新闻传播学科实践性较强，提高教学质量可从以下几个方面入手：第一，加强师资队伍建设，不断提高教师教学水平；第二，完善硬件设施配备，为学生提供更多的在校实操机会；第三，加快实践基地建设，激发学生的实践积极性；第四，改革课程评价体系，促进教学效果的提升。其中前三点在已有研究中已有不少学者给予过充分的论证说明③④⑤，但少有学者关注到课程评价体系对教学质量的影响。而课程评价体系与学生的课堂表现和成绩直接挂钩，其科学与否

---

* 本文最早发表于《中国大学教学》2017 年第 10 期。

① 原春琳. 明年将实施本科人才培养质量国家标准. 中国青年报，2016(1).

② 王义遒. 对当前高等学校本科教学质量的一些看法. 中国大学教学，2008(3)：4-14.

③ 宋刚练. 加强教学过程管理 提高本科教学质量. 教育教学论坛，2014(21)：7-8.

④ 姜春媛. 关于提高本科教学质量的思考. 赤峰学院学报(自然科学版)，2016(10)：251-253.

⑤ 高欢欢. 全媒体时代新闻传播实验教学改革与创新研究. 西部广播电视，2015(21)：1-2.

很大程度上影响着教学效果和教学质量。根据笔者的观察，国内新闻传播专业的课程评价体系存在评价方式僵化、无法适应新媒体时代和社会需求、无法满足学生期待等种种问题。笔者在美国天普大学（Temple University 又译为 坦普尔大学）媒体与传播学院（Klein College of Media and Communication，https://klein.temple.edu/）进行学习访问期间，对于其独特的课程评价体系印象深刻。天普大学媒体与传播学院的课程评分体系格外注重在教学过程中层层把关、培养学生的实践动手能力，从而优化教学质量。下面将分别选取天普大学媒体与传播学院所开设的《科技与文化（Technology and Culture）》、《传播学研究方法（Communication Research Methods）》以及《多媒体叙事（Multimedia Storytelling）》等三门课程的评分标准进行分析考察，以期为国内新闻传播专业课程评分体系的改革与完善带来一些启发。

一、《科技与文化》课程评分体系

《科技与文化》这门课程追溯技术的发展史，从科技与文化之间的关系入手，着重探讨信息技术和媒体技术的本质，旨在启发学生理解技术与社会、文化之间的相互影响，同时加深对当今互联网世界的认识，由此为学生提供理解信息技术这一作为社会发展动力而存在的新技术的特质、角色及重要性，并探索信息技术发展过程中与哲学、政治、经济等学科的关联。课程内容包括大量的文献阅读、写作以及小组展示任务，课程给分也很大程度上取决于平时作业的完成度。具体分数占比及分布如表 1 所示。

表 1　美国天普大学媒体与传播学院《科技与文化》课程评分标准

给分项	提交方式	截止日期	分数占比/%
课堂贡献率	当堂提交	每堂课	10
问题讨论	推特	每次上课当天中午	5
小组展示	当堂展示	另有附表/小组分配情况	5
自我简介、开设账号	WordPress[1]、推特	该学期第 1 教学周周日 23 点	2
协作时间表	TimelineJS[2]	该学期第 12 教学周周日 23 点	5
电子版论文 1	WordPress	另有附表/小组分配情况	10
电子版论文 2	WordPress	另有附表/小组分配情况	15
互评论文	WordPress	另有附表/小组分配情况	2
结课任务			
意见与建议	WordPress	该学期第 7 教学周周日 23 点	5

续表

给分项	提交方式	截止日期	分数占比/%
互评建议	WordPress	该学期第 8 教学周周三 23 点	1
与图书管理员会面	注册 Google doc[3]	该学期第 13 教学周	5
媒体文本	WordPress	该学期第 16 教学周 23 点	15
研究报告	邮件	该学期第 16 教学周 23 点	20
合计			100

注：1 WordPress 是一种使用 PHP 语言开发的博客平台，用户可以在支持 PHP 和 MySQL 数据库的服务器上架设属于自己的网站。

2 TimelineJS 是一个免费的开源时间轴插件，可为用户创建精美、可交互的时间轴。时间线上可插入图片、视频、推特与维基百科词条、谷歌地图等，由著名的 Knight News Innovation Lab 开发，因此很受新闻机构的欢迎。

3 Google doc 是一套在线办公软件，包括在线文档、表格和演示文稿。团队中的其他人可以实时在线对文档进行协作式编辑和更新。

其中，课堂贡献率要求学生不仅是每堂课到堂，而且需要做好笔记、准备好课堂的阅读材料、积极参与课堂的讨论。推特中的问题讨论也同样要求学生与同学和老师在课后就课堂中的问题进行积极的讨论，并规定此项若要达到满分，必须参与一定数量问题的讨论，若当堂课缺席，则当天的问题讨论不计入成绩。电子版论文要求 800 个单词以上，学生还可以在论文中插入图片、视频等内容，评价标准则是文章的质量、与课堂给出材料的关联性等。课程评分标准对于引用文献、图片、视频等内容出处的标注也有严格的要求。在学生完成博客中的电子论文之后，必须参与至少一位同学的论文评论。

小组展示作业中，老师同样对小组成员所需完成的工作进行了精确的说明。每个小组必须在 15 分钟之内完成展示，展示主题可以是一项媒介传播技术，或是一项媒介技术的新应用，但必须和展示当周的课堂主题紧密结合。在展示前，学生需要提前确定小组分工并向老师说明。最终的给分则由小组的凝聚力以及个人表现共同确定。

结课任务对学生的要求更为严格，学生必须运用课堂中所提到的某一理论来分析传播技术或者技术的应用，写成论文。字数要求是 2000~3000 词，学生需要在文中解释自己的论文主题，研究方法，就自己的研究问题写作文献综述。对于引用文献的数量也有明确要求，在写作论文前，学生还需要与图书管理员会面，就自己的引用文献与其进行讨论。除了最终提交给老师的研究报告，学生同时需要创建一份插入了多媒体的文章并发布在课程博客上。

二、《传播学研究方法》课程评分体系

《传播学研究方法》是一门教授研究方法的课程，课堂中会为学生介绍各类研

究范式、收集研究所需信息的不同方法、如何在已有理论的指导下开展自己的研究以及传播学常用的研究方法。旨在引导学生掌握组织研究问题、设计质性研究与量化研究、写作文献综述、数据分析等社会科学研究必备的技能。课堂中会就包括文献研究法、实验法、调查法、访谈法、焦点小组法、田野调查法、内容分析法等在内的多种传播学研究方法进行讨论，并且会格外关注科研伦理和不同研究类型带来的理论影响。具体分数占比及分布如表 2 所示。

表 2 美国天普大学媒体与传播学院《传播学研究方法》课程评分标准

给分项	提交方式	截止日期	分数占比/%
课堂参与	当堂提交	每堂课	10
课后参与	WordPress	见附表	5
自我简介、开设账号	WordPress	该学期第 1 教学周周日 23 点	2
课后作业 1	当堂提交	该学期第 2 教学周周四	3
提交 IRB[1]认证	当堂提交	该学期第 4 教学周周四	5
课后作业 2	当堂提交	该学期第 5 教学周周六	5
课后作业 3	WordPress、当堂提交	该学期第 8 教学周上课前	5
文献综述	WordPress	另见附表	20
结课任务			
研究问题	WordPress	该学期第 7 教学周周日 23 点	5
与图书管理员会面	图书馆	该学期第 8~9 教学周	5
IRB 报告	邮件	该学期第 10 教学周周日	5
论文初稿	当堂提交	该学期第 12 教学周周日	10
论文终稿	邮件	该学期第 16 教学周周四 23 点	20
合计			100

注：IRB（Institutional Review Board），伦理审查委员会，指涉及人类本身的研究需要做的科研伦理审查，美国所有要进行这类研究的师生都必须通过该认证。

在这其中，除了课堂上的全身心投入，这门课还要求学生在课后积极参与对其他同学博客的评价，每次评价计 1 分（5 分为满分）。三次课后作业的给分占到了课程总分的 13%，要求学生在作业中学习社会科学研究过程的建构。除此之外，学生在平时的学习中还需要完成一次研究伦理认证以及四次文献综述。研究伦理认证要求学生在接受训练之后对科学研究中的伦理道德有充分的认识，文献综述则要求学生用自己的语言描述文献，标明引用出处。

作为结课作业提交的最终论文要求学生在课堂学习的同时就开始一步步着手进行准备：首先，学生要与老师讨论，确定自己的研究主题与研究问题；接着还要将最终确定的研究主题连同自己的研究方法、研究构想发布在课程博客上；在与图书管理员就论文中引用的文献进行讨论后，学生开始着手写作论文初稿，并结合老师的修改意见进行修改后提交终稿。

三、《多媒体叙事》课程评分体系

《多媒体叙事》这门课旨在为学生提供多媒体叙事的实践机会。在课程中，学生能够接触到图片、文字、声音、视频、网页等多种媒体叙事方式。课程重点培养学生准确找到新闻线索、合理融合使用不同内容呈现方式的能力，并将学生培养成为适应媒体发展需要的全媒体人才。通过课程的学习，学生将熟练掌握当今新闻行业所运用的互联网新闻发布形式，认识到在运用技术工具中新闻行业所面临的法律和伦理问题，学习到网页设计与制作、多媒体处理等多种技能。具体分数占比及分布如表 3 所示。

表 3　美国天普大学媒体与传播学院《多媒体叙事》课程评分标准

给分项	提交方式	截止日期	分数占比/%
课堂参与	当堂提交	每堂课	14.3
音频幻灯片	博客	该学期第 4 教学周周二	14.3
网络视频	小组作业、博客	该学期第 7 教学周周二	14.3
网页制作实践	博客	该学期第 9 教学周周四	7.2
网页设计实践	博客	该学期第 10 教学周周四	7.2
交互式图片故事	博客	该学期第 12 教学周周二	14.3
多媒体网站制作	博客	该学期第 16 教学周周四	28.4
额外加分			
多媒体新闻设计	博客		视情况而定
合计			100

在这其中，音频幻灯片作业给出了一个明确的主题，并要求作业中包含完整的视频、故事板、故事简介、资源出处说明等。网络视频的制作则要求两人一组，互相帮助，给分也一定程度上由是否为同伴提供了足够的帮助来决定。网页制作与设计实践作业要求学生熟悉 Adobe Dreamweaver（一种集网页制作和网站管理于一体的所见即所得网页编辑软件）的操作，并使用这一工具来重新设计一个网页。接下来，随着学习的进一步深入，学生将被要求制作一个可交互的网页，来呈现一个新闻故事，网页中必须包含可供用户点击的按钮。最终的结课作业则需要提交综合使用了多种媒体呈现形式的网站，这个网站中的网页需要包含网页图

标、标题、导航条等内容，并需要使用至少 3 个网页页面、800 词的文字、以多媒体的方式来讲述一个故事。

此外，这门课程还给学生提供了一个额外加分项，即学生若能在任何新闻机构发表自己的多媒体新闻作品，便能获得一定的加分。

四、课程评分体系总结

通过对上述三门课程的评分标准分析可以看出，天普大学媒体与传播学院的课程评分体系在教学过程中对于提高教学质量的促进主要包括如下几点：

1. 看重平时成绩

不同于国内高校大部分课程将考试成绩作为主要评分标准[①]，天普大学媒体与传播学院的课程评分体系更多的是将分数分配到学生的平时成绩中，尤其重视学生上课之后自己的独立思考与反馈，平时成绩的占比均达到 50%以上，给分项细化到学生完成的每一项任务中。三门课程的平时作业都与课程联系得相当紧密，如《科技与文化》课程鼓励学生反思科技发展带来的影响，因此每堂课后都需要提交自己的评论；《传播学研究方法》课程引导学生课后阅读大量专业相关文献，写作文献综述；《多媒体叙事》课程则要求学生掌握多种数字媒体技术的操作，因此课堂作业包括音频制作、视频制作、网页设计与制作等。通过课后练习的不断积累，学生能够更好地理解和运用课堂中所学习到的知识。课程最终的给分也与学生的平时表现完全挂钩，这样就能激励学生脚踏实地完成课堂任务，从而实现较好的教学效果，保证教学质量。

2. 课堂任务高标准、严要求

在每门课的课程说明中，都附上了每次课堂任务的详细要求，而是否达到这些要求，也和学生能否取得较好的成绩联系紧密。如三门课程都严格规定了提交时间、提交方式、作业形式，并且均特别强调了引用内容标注的规范性。

另外，在《科技与文化》这类注重培养批判性思维的课程中，评分标准中特别要求学生注册社交媒体账号，使用社交媒体发布自己的观点，并与老师、同学进行讨论，讨论的活跃与否影响着最终得分。在这样互动性较强的学习过程中，学生的学习积极性被充分调动起来。在师生间观点的相互碰撞中，学生也能够加深对所学内容的理解。

在学期的结课任务中，《科技与文化》、《传播学研究方法》两门课程特别

---

① 宗芳，李志瑶，贾洪飞，王潇. 基于调查的本科课程考核模式优化. 中国大学教学，2014(9)：76-78.

安排了图书管理员和学生进行面谈，对学生在最终研究报告中使用的学术理论、参考文献做出指导。《传播学研究方法》课程还格外强调了学术伦理与道德，从中可以看出天普大学媒体与传播学院非常重视引导学生形成良好的学术素养。

3. 实践操作代替课程考试

三门课的最终结课方式都并非考试或是测验，而是要求学生做出完整的研究报告或是多媒体设计。这样能使学生充分运用所学到的知识，强化作为一个大学生必备的学术研究和实践操作能力，为以后学生走上社会或是进一步深造打下坚实的基础。

而反观国内高校的新闻传播专业教育，在这方面做得远远不够。不少学校对于学生成绩的评定仍采取“一考定终身”的做法，这样看似客观公正，但难以促进学生投入到日常课堂的学习中，以至于最终的课程考试学生往往只是临时抱佛脚，应付了事，无法真正在学业上有所精进。特别是像新闻传播这样重思考和实践的专业，学生若只靠死记硬背必然无法成为一位合格的媒体人。

陈奕在 2015 年选取华北、华中、华南等若干所高校的新闻传播专业学生进行了问卷调查。从对课程评分体系的期许来说，受访的大学生们最倾向于“开卷考试，考察评析性、论述性、案例分析式的问题”，其次是“提交具体的新闻作品（如专题文章、视频成片等）”，这也符合新闻传播类课程的教学目的和要求①。这一研究发现与天普大学媒体与传播学院的课程考核方案不谋而合，非常值得国内新闻传播专业课程的任课教师学习和参考。

五、结　　语

课程评分体系对于教学质量的影响经常被忽视，而评分体系的精细化，能使教师能够更好地了解每个学生的学习情况，因材施教，不断调整自己的教学计划，学生也有更明确的目标来提升自己。在教师与学生的良性互动中，学生的学习积极性被充分激发出来，教学效果也能获得明显的改善。因此，改革和优化课程评分体系对于国内新闻传播专业来说，刻不容缓。具体操作方式则可以参考以天普大学为代表的国外传媒类专业，减少乃至于取消闭卷考试在学生成绩中所占的比重，将评分细化到学生的平时表现和每一次平时作业中，以实操性的新闻作品、小组作业等作为评判学生能力的标准，增强教师与学生之间的双向互动，全面优化教学过程、提高教学质量，从而培养出真正具备学术思维和实践能力的新闻传播专业人才。

---

① 陈奕. 当前国内应用型本科高校理论教学的现状分析——基于新闻传播专业的实地调查. 新闻知识，2016(2)：66-68.

浅析美国伊利诺伊州立大学香槟分校的广告学人才培养体系

武汉大学新闻与传播学院　徐同谦

美国伊利诺伊州立大学香槟分校（University of Illinois at Urbana-Champaign，后文简称 UIUC）的广告学教育誉满全球，不仅因为它是美国广告学教育的先行者，更因为它是该领域的持续领先者，长期以来稳居全美广告教育的前四名。

笔者于 2014～2015 年作为访问学者在其广告系研修一年，期间对部分本科和研究生课程进行了学习和参与式观察，并通过系会和广告系活动（social event）等形式，与广告系大部教师进行沟通与研讨，同时保持与中国留学生的沟通（特别是于本校本科毕业后在 UIUC 攻读广告学硕士、博士研究生的留学生），在此基础上，比较 2010～2017 年来广告系开设的课程，以期获得尽可能多的信息，对 UIUC 的广告学人才培养进行研判。

本文将从历史传承与培养理念、人才培养方案与课程设置、师资和其他组成部分等三个方面对 UIUC 的广告学教育进行解析。

一、UIUC 广告学教育的历史传承和培养理念

之所以将 UIUC 的广告教育历史传承置于本文首要板块，原因有三：一是因为 UIUC 的广告理念深受其历史传承的影响；二是因为其广告学教育与研究的影响力与其历史传承深度相关，三是因为 UIUC 广告教育的早期史，本身就代表了美国广告教育早期的历史。国内对于 UIUC 广告教育历史的认知多停留于相互转传，不够精准。在此致力于提供尽量精准的信息，以飨读者。

（一）UIUC：美国广告学教育的先行者和领先者

1. UIUC 的广告早期课程被分割到两个学院

UIUC 的广告教育，始于 1916 年[①]。当时作为课程（course）形式存在，且并

---

① Jason Chambers. Starting something: Advertising education at the University of Iuinois. https://media.illinois.edu/degrees/advertising-bs-ms/history.

非开设于新闻学院，而是开设于英语系，课程由新闻学的老师来建设和主讲。广告教育仅仅以一门课程的方式存在，直到20世纪30年代中期，才有几门广告学课程（course）陆续开设。当时和广告相关的课程，存在于两个单独的学院：新闻学院（当时叫 School of Journalism，后改名 College of Media）和商学院（当时叫 College of Commerce ，后改名 College of Business）。广告教育被分割在两个学院，相互互动很少。在新闻学院教授广告课程的员工，还一度发起请愿，要求被并入商学院，加入商学院拟组建的广告系。这种人才与课程被分割的状况，严重影响了广告作为一门单独课程（curriculum）的发展，一直持续到查尔斯·桑得奇的到来①。

2. 查尔斯·桑得奇创建 UIUC 广告系

查尔斯·桑得奇（Charles Sandage）是广告学教育的奠基人物，被称为“广告教育之父”。他在1946年被当时的 UIUC 新闻学院院长（Fred Siebert）从迈阿密大学挖脚，进入 UIUC 工作。

查尔斯·桑得奇进入 UIUC 后，很快认识到广告教育分裂于两个学院对广告教育发展的阻碍。他经过研究发现，商学院的广告教师主要侧重于广告创作和广告管理，而新闻学院的课程则集中在媒体研究和媒体安排。桑德奇试图寻找这两种倾向的统一特征。他认为广告是富足经济的产物（institution of abundance），商业的主要目的是为消费者创造货物和服务，而广告的主要功能是让消费者意识、认知到他们（aware of them）。通过这种认知，消费者可以做出购买决策，从而保持产业增长和就业。基于此认知，他认为广告教育应该认识到广告是富足经济的产物，提供给学生的不应该是简单的博览会式的吆喝售卖，而应该是全方位的心智能力，广告教育应该尽量减少所谓的技能课程，而应该思考为什么广告在商业和社会环境中存在……从1946年到 UIUC 新闻学院后的几年间，桑得奇一直负责广告专业建设，他本人逐渐成为全国广告教育领域的领导者。期间，广告教育经历了从课程—系列课程—专业—系这样一个过程。直到1959年，UIUC 官方才正式成立广告系。

3. 广告教育的领先者

1946～1966年，查尔斯·桑得奇一直担任 UIUC 广告教育的负责人，之后广告系经历了 S. Watson Dunn，Arnold Barban，Kim Rotzoll，James Haefner，Linda Scott and Jan Slater，Michelle Nelson，Kevin Wise，Jacqueline Hitchon 等专业负责

① Lamoni. 1993. *Roads to be Taken: The Intellectual Odyssey of Charles H. Sandage*. Iowa: Center for the Study of Free Enterprise and Entrepreneurship.

人，每一个负责人都是广告领域的专家。在专业排名中稳居全美前四名，并曾多次占据第一的位置。

（二）培养理念：培养未来领袖和批判性思维

从广告专业教育建立之初，查尔斯·桑得奇就提出，“大学教育应该关注于培养未来领导者（A university should be concerned with training future leaders.）。”他非常重视广告教育与广告业界和专业组织之间的联系，强调课程设置应该注意广告职业的相关性，但不要被局限于某一职业聚焦的领域。鼓励并践行在广告行业杂志发表学术文章，走访广告公司，并在广告组织中进行演讲。

UIUC 广告教育提倡批判性思维，这在课程设置及课程教学中都得以贯穿。桑得奇认为广告教育应该尽量减少所谓的技能课程，而应该思考为什么广告在商业和社会环境中存在（His vision of educating the future of the industry was grounded in theoretical and foundational courses emphasizing the “why of advertising”-not just the “how”①）。在课堂上非常注重批判性思维，并使其成为课程的有机组成部分（Our classroom really stress critical things as a component. Brittany Duff②）。图 1 展示了批判性思维在课程“广告创新”（ADV460③ innovation in advertising）中的作用和地位。

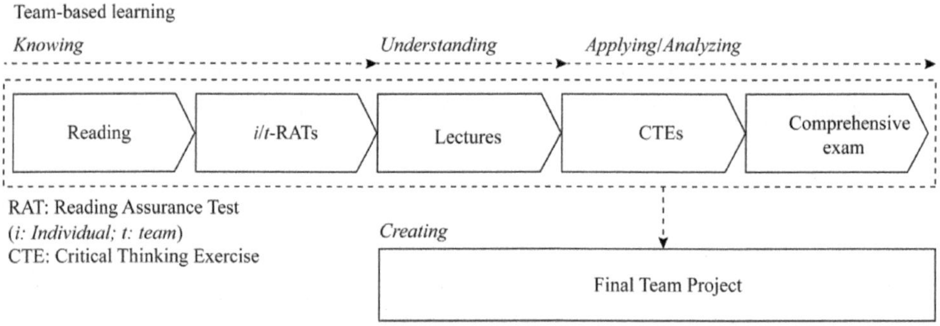

图 1 “广告创新”的课程学习结构

二、人才培养方案与课程设置

整个 UIUC 的课程，采用代码分层描述的方法，不同数字开头的课程，适用

---

① https://courses.illinois.edu/schedule/2017/fall/ADV/498.

② https://mediaspace.illinois.edu/media/Advertising+in+the+College+of+Media/1_ohwl3ot3/28379191.

③ 专业代码。

于不同教育层次和不同年级：编号000～099的课程，是面向预科开设的，不计入学位所需学分，但计入学费；编号100～199的课程，主要是针对大一新生的入门级课程，二、三、四年级也可以修；编号200～299的课程，主要面向相应要求的低年级学生，两年制本州转入学生的学分相当于本层次课程；编号300～399的课程，主要面向相应要求的三、四年级学生，社区大学转入的学生的学分，不对应本层次课程；编号400～499的课程，主要面向高年级本科生或研究生；编号500～599的课程，主要面向研究生或专业学院学生；编号600～699的课程，限于特定专业学院的学生，主要适用于法律和兽医专业。

UIUC培养本科、硕士和博士三个层次的广告学人才，其中本科、硕士阶段的培养主要在广告系，PHD（博士学位）则是在传播研究中心（The Institute of Communications Research），广告系很多教师在传播研究中心挂职。本科、硕士阶段因其学位层次的差异，而呈现出不同的要求，但从课程体系来看，则能够体现出广告学科体系的一贯性。本文将主要介绍本科、硕士阶段的培养方案和课程设置。

（一）UIUC传媒学院（College of Media）本科学位一般性要求

UIUC广告系属于传媒学院，其本科学士学位培养要求首先要满足传媒学院本科学生的毕业要求。学生需要修满124个学分。其中，

体育课程（KIN 100-KIN 111、KIN 122）、职业技能课程、军事科学基础课程（AFAS、MILS和NS低于3字头的）本科公开研讨课程（199）、独立研究课程和院外实验课程（LAS 110）总计不能超过12个学分；

院外课程总计不少于72学分；

学分中不得出现不同系开设的、实质内容相近的非同名课程；

200或以上开头的院外课程不少于20个学分，其中3字头开头的课程不得少于9个学分；

修完学院开设的三个特定课程之一；

累积平均绩点2.0以上（A=4.00）。

（二）广告学本科学位要求和课程体系

除却满足UIUC学校要求和学院一般性要求外，攻读广告学本科学位的学生需要满足以下学分和课程要求（表1）。

表 1 UIUC 广告学本科学位学分要求及必修、指定选项课程

代码（Code）	名称（Title）	学分（Hours）
专业必修课（Required Major Courses）8 门，24 学分		24
ADV 150	广告学概论（Introduction to Advertising）	3
ADV 281	广告研究方法（Advertising Research Methods）	3
ADV 283	广告和品牌战略（Advertising and Brand Strategy）	3
ADV 284	消费者洞察（Consumer Insight）	3
ADV 390	内容创意（Content Creation）	3
ADV 460	广告创新（Innovation in Advertising）	3
ADV 483	受众分析（Audience Analysis）	3
ADV 498	桑得奇项目设计（The Sandage Project）	3
学院选修课程（College of Media Electives [1]）		20～28
院外课程 Hours outside the College of Media （72 hours minimum）		72
其他必修（支撑）课程 Other Required Supporting Coursework		
BADM 320	营销学原理（Principles of Marketing [2]）	3
ECON 102 & ECON 103	微观经济学、宏观经济学（Microeconomic Principles and Macroeconomic Principles）	6
STAT 100	统计学（Statistics[3]）	3
下列课程三选二（Select two of the following）		7～8
ANTH 103	变革世界中的人类学（Anthropology in a Changing World）	3
PSYC 100	心理学概论（Introduction to Psychology）	4
SOC 100	社会学概论（Introduction to Sociology）	4
高级学分要求，同学院要求。		
毕业要求学分总计：		124

注：1 2016 年秋季入学的学生，学院选修课程中至少修满 300 字头或以上的 6 个学分的广告学相关课程。2016 级秋季以前入学的学生，也提倡按此要求修习。

2 可以计入学院培养要求中规定的院外高等级课程学分。

3 其他统计类课程也可满足该学分要求，如 ECON 202、EPSY 280、PSYC 235、SOC 280、SOCW225， 这些课程的学分，可以计入通用培养要求中规定的院外通识教育课程学分，以及高等级课程学分。

除了上表所列课程外，广告系还开设了其他课程供学生选修，这些课程见表 2。

表 2　广告学本科选修课程

课程代码	课程名称	学分	备注
ADV 199	本科研讨会（Undergraduate Seminar）	1～5	
ADV 290	广告学专题（Special Topics in Advertising）	1～3	可能会在各个单独的学期重复开设，主题多样，课程上限 12 小时。
ADV 305	数字广告内容、技术和概念（Digital Advertising Content, Technologies and Concepts）	3	前置课程 ADV 150，限大二、大三学生。
ADV 310	公共关系概论（Introduction to Public Relations）	3	
ADV 311	广告经典案例（Classic Campaigns ）	3	
ADV 312	广告史（Advertising History）	3	获得 ADV 412 学分后，将不能获得本课程学分。
ADV 315	新兴媒介（Emerging Media）	3	课程同 AGCM 315
ADV 350	公共关系写作（Writing for Public Relations）	3	前置课程：ADV 310
ADV 393	广告与社会（Advertising and Society）	3	获得 ADV 493 学分后，将不能获得本课程学分。
ADV 396	广告研究经验（Research Experience in Advertisements）	1～3	前置课程：ADV 150, ADV 281
ADV 399	广告海外研究（Advertising Study Abroad）	1～5	
ADV 400	专题（Special Problems）	0～3	需研究计划和广告系批准
ADV 409	媒体创业（Media Entrepreneurship）	3	大三、大四学生
ADV 410	公共关系策略（Public Relations Strategies）	3	前置课程：ADV 310
ADV 452	广告创意Ⅰ（Creative Concepts Ⅰ）	3	前置课程：ADV390 及教师要求
ADV 454	广告创意Ⅱ（Creative Concepts Ⅱ）	3	前置课程：ADV452
ADV 460	广告创新（Innovation in Advertising）	3	前置课程：ADV 283, ADV 284，如 ADV 490 相应内容已得学分，本课程不得学分。
ADV 461	计算广告学（Computational Advertising）（新课，尚无开课记录）	3	前置课程：ADV 460, ADV 483，大三、大四学生
ADV 475	跨文化广告（Multicultural Advertising）	3	
ADV 476	全球化广告（Global Advertising）	3	前置课程：ADV 150 或相应课程
ADV 478	广告心理学（Psychology of Advertising）	3	前置课程：ADV 281，如 ADV 490 相应内容已得学分，本课程不得学分。
ADV 481	广告研究方法（Advertising Research Methods）	3	前置课程：ADV 150 和相关统计课程
ADV 482	广告定性分析（Qualitative Analysis in Advertising）	3	前置课程：ADV 150，ADV 281
ADV 484	广告定量研究方法（Quantitative Research Methods in Advertising）	3	前置课程：ADV 281
ADV 490	广告高级专题（Advanced Special Topics in Advertising）	1～3	前提：和以往专题不同
ADV 491	广告管理策划（Advertising Management Plan）	3	前置课程：ADV 290, ADV 483

续表

课程代码	课程名称	学分	备注
ADV 492	科技与广告活动（Technolosy and Advertising Campaigns）	3	前置课程：CS 225，和 CS 468 内容相同。限广告系和计算机专业三、四年级学生。
ADV 494	消费者说服与响应（Persuasion Consumer Response）	3	前置课程：ADV 281
ADV 495	实习研讨（Internship Seminar）	0～1	同一学期可重复累积 2 分，最多 3 学分。
ADV 496	本科研究设计（UG Research Project）	1～3	同一学期可重复累积 3 分，最多 6 学分，大一学生不可参加。
ADV 497	广告专题研讨会（Colloquium in Advertising）	1	前置课程：ADV 281 或教师指定不同主题可重复参加，最多 2 分。

（三）广告学硕士学位要求和课程体系

UIUC 提供广告学硕士学位的培养项目，分为论文硕士和非论文硕士两种，培养目标的差异体现在学生毕业时是做毕业论文还是项目报告上，其课程要求相同。其培养要求和课程体系如下（表 3）。

表 3　UIUC 广告学硕士学位学分要求及必修/指定选项课程

代码（Code）	名称（Title）	学分（Hours）
ADV 550	广告学基础（Foundations of Advertising）	3
ADV 580	广告理论（Advertising Theory）	3
ADV 581	广告定性研究方法(Qualitative Research Methods in Advertising)	3
ADV 582	广告定量研究方法（Quantitative Research in Advert）	3
ADV 587	研究生研讨会 I （Graduate Seminar I）	3
ADV 588	研究生研讨会 II （Graduate Seminar II）	3
研究生层次选修课程（至少一门本院系课程以及一门院外课程） Graduate-level electives （at least 1 course from College/Department and 1 course from outside the College）		12
ADV 599 ADV 598	毕业论文（Thesis Research） 专业项目设计（Professional Project）	6
总计（Total Hours）		36

其他要求（Other Requirements），研究生院手册通用要求（表 4）。

表 4　其他要求

要求（Requirement）	描述（Description）
院校其他重叠要求（Other requirements may overlap）	
论文选题必须经系里教师批准（Thesis option must have faculty approval）	
最低学分（Minimum hours required within the unit）	24
500 开头课程的学分不少于（Minimum number of 500-lvel hours required overall in the program）	24
某些基础课程不计入学分，但需要修习。决定权在导师。（Additional background courses that do not count toward graduation may be required, as determined by the advisor.）	
最低绩点要求（ Minimum GPA）	2.75

除了上述必修课程外，研究生阶段选修课程如下（表 5）。

表 5　广告学硕士研究生选修课程

课程代码	课程名称	学分	备注
ADV 452	广告创意 I（Creative Concepts I）	4	前置课程：ADV390 及教师要求
ADV 454	广告创意 II（Creative Concepts II）	3	前置课程：ADV452
ADV 460	广告创新（Innovation in Advertising）	3	前置课程：ADV 283，ADV 284，如 ADV 490 相应内容已得学分，本课程不得学分。
ADV 475	跨文化广告（Multicultural Advertising）	3	
ADV 476	全球化广告（Global Advertising）	3	前置课程：ADV 150 或相应课程
ADV 490	广告高级专题（Advanced Special Topics in Advertising）	1～3	前提：和以往专题不同
ADV 495	实习研讨（Internship Seminar）	3	同一学期可重复累积 2 分，最多 3 学分。
ADV 509	媒体创业（Media Entrepreneurship）	3	限研究生，和 ADV409 不可同获学分。
ADV 590	广告专题（Special Topics in Advertising）	1～4	需经系同意
ADV 594	高级广告专题（Advanced Topics in Advertising）	4	不同选题可重复累积 12 学分，专硕无学分。选题需经博士生或教师批准。
ADV 597	广告学术研讨会（Proseminar in Advertising）	1	不同选题可重复累积 4 学分。

资料来源：根据 UIUC 课程资料整理。http://catalog.illinois.edu/courses-of-instruction/adv/。

（四）2010～2017 年课程开设情况

从 UIUC 已有的课程数据来看，开课可循的电子记录可追溯至 2004 年。为了了解 21 世纪 20 年代以来的课程体系及变化，我们收集了广告系 2010～2017 年的开课记录，整理如（表 6）。

表 6 2010～2017 年 UICU 广告系课程开设一览表

课程代码	学年学期 / 课程名称	2017		2016		2015		2014		2013		2012		2011		2010	
		F	S	F	S	F	S	F	S	F	S	F	S	F	S	F	S
ADV 150	Introduction to Advertising	√	√	√	√	√	√	√	√	√		---	---	---	---	---	---
ADV 199	Undergraduate Seminar	√	√	√	√	√	√	√	√	√	√	√	√	√	√	√	√
ADV 281	Advertising Research Methods	√	√	√	√	√	√	√	√	√		---	---	---	---	---	---
ADV 283	Advertising and Brand Strategy	√	√	√	√	√	√	√	√	---	---	---	---	---	---	---	---
ADV 284	Consumer Insight	√	√	√	√	√	√	√	√	---	---	---	---	---	---	---	---
ADV 290	Special Topics in Advertising	√		---	---	---	---	---	---	---	---	---	---	---	---	---	---
ADV 305	Digital Advertising Content, Technologies and Concepts	√		---	---	---	---	---	---	---	---	---	---	---	---	---	---
ADV 310	Introduction to Public Relations	√	√	√	√	夏	√	√	√	√	夏	√	夏	√			
ADV 311	Classic Campaigns		√	√		---	---	---	---	---	---	---	---	---	---	---	---
ADV 312	Advertising History	√	√	√	√	√	√	√	√	---	---	---	---	---	---	---	---
ADV 315	Emerging Media		√		√		√		√	---	---	---	---	---	---	---	---
ADV 350	Writing for Public Relations	√	√	√	√	√	√	√	√	√	√	√	√	√	√		
ADV 390	Content Creation	√	√	√	√	√	√	√	√	√		---	---	---	---	---	---
ADV 393	Advertising and Society	---	---		√	√	√	√	√	√		---	---	---	---	---	---
ADV 396	Research Experience in Advertisements	√		---	---	---	---	---	---	---	---	---	---	---	---	---	---
ADV 399	Advertising Study Abroad	---	---	√		√	√	√	√	√	√	√	√	√	√	√	
ADV 400	Special Problems	√	√	√	√	√	√	√	√	√	√	√	√	√	√	√	√
ADV 409	Media Entrepreneurship	√		√		√		---	---	---	---	---	---	---	---	---	---
ADV 410	Public Relations Strategies	√	√	√	√	√	√	√	√	√	√		√		√	√	√

续表

课程代码	学年学期 / 课程名称	2017		2016		2015		2014		2013		2012		2011		2010	
		F	S	F	S	F	S	F	S	F	S	F	S	F	S	F	S
ADV 452	Creative Concepts I	√		√		√		√		√		√		√		√	
ADV 454	Creative Concepts II		√		√		√		√		√		√		√		√
ADV 460	Innovation in Advertising	√	√	√	√	√	√	√	√	√	---	---	---	---	---	---	---
ADV 461	Computational Advertising	---	---	---	---	---	---	---	---	---	---	---	---	---	---	---	---
ADV 475	Multicultural Advertising	---	---	---	---	---	√		---	---	---	---	√		√	---	---
ADV 476	Global Advertising	---	---	---	---	---		√	---	---	---	---		√		√	
ADV 478	Psychology of Advertising	√		---	---	√		√		√		---	---	---	---	---	---
ADV 481	Advertising Research Methods	---	---	---	---	---	---	---	---	√		√		√		√	
ADV 482	Qualitative Analysis in Advertising	√		√		---	---	---	---	---	---	---	---	---	---	---	---
ADV 483	Audience Analysis	√	√	√	√	√	√	√	√	√	√	√	√	√	√	√	√
ADV 483	Quantitative Research Methods	---	---	---	---		√	---	---	---	---	---	---	---	---	---	---
ADV 490	Advanced Special Topics in Advertisements	√	√	√	√	√	√	√	√	√	√	√	√	---	---	---	---
ADV 491	Advertising Management Plan	---	---	---	---	---	---	√	√	√	√	√	√	√	√	√	√
ADV 492	Technology and Advertising Campaigns	√	√		√	---	---	---	---	---	---	---	---	---	---	---	---
ADV 494	Persuasion Consumer Response	---	---	---	---	---	---		√			√					
ADV 495	Internship Seminar	√	√	√	√	√	√	√	√	√	√	√	√	√	√	√	√
ADV 496	UG Research Project	√		√	√	√	---	---	---	---	---	---	---	---	---	---	---
ADV 497	Colloquium in Advertising	√		√		√	---	---	---	---	---	---	---	---	---	---	---
ADV 498	The Sandage Project	√	√	√	√	√	---	---	---	---	---	---	---	---	---	---	---

续表

课程代码	学年学期 / 课程名称	2017		2016		2015		2014		2013		2012		2011		2010	
		F	S	F	S	F	S	F	S	F	S	F	S	F	S	F	S
ADV 509	Media Entrepreneurship	√		√		√	---	---	---	---	---	---	---	---	---	---	
ADV 550	Foundations of Advertising	√		√		√		√		√		√		√		√	
ADV 580	Advertising Theory	√		√		√		√		√		√		√		---	---
ADV 581	Qualitative Research Methods in Advertising		√		√		√		√		√		√		√	---	---
ADV 582	Quantitative Research in Advertising	√		√		√		√		√		√		√		---	---
ADV 587	Graduate Seminar I	√		√		√		√		√		√		√	√	√	√
ADV 588	Graduate Seminar II		√		√		√		√		√		√	---	---	---	---
ADV 590	Special Topics in Advertising	√	√	√	√	√	√	√	√	√	√	√	√	√	√	√	√
ADV 594	Advanced Topics in Advertising	√			√	√	---	---	---	---	---	---	---	---	---	---	---
ADV 598	Professional Project	√	夏	√		√	夏	√	夏	√	夏	√	夏	---	---	---	---
ADV 599	Thesis Research	各学年春、夏、秋学期均有															

注：限于篇幅，课程名称未作翻译，课程中英文对照见前后文。

在剖析本硕层次的培养要求的基础上，纵观2010～2017年开设的课程，我们可以发现以下几点。

（1）在要求学生掌握核心专业课程的前提下，提倡学生拓宽其他相关专业领域的知识。不管是本科生，还是研究生，都强调院外选修学分，且占比较高。本科阶段，甚至指定选修微观经济学、宏观经济学、营销学、人类学、社会学和心理学相关课程。

从院内选修课来看，新开一些广告和其他领域交叉的课程。如2014年增设"广告与品牌战略"（ADV283，Advertising and Brand Strategy），"消费者洞察"（ADV284，Consumer Insight），"广告史"（ADV312，Advertising History），"广告与社会"（ADV393，Advertising and Society，2017年停开）。

（2）学生可以根据自己的兴趣选修课程，而且有相当大的自由度，这和国内院校很多选修是假选修不同。国内院校的培养方案，由于通识课程和专业平台课程的存在，实际上学生选修的空间很小。

UIUC 广告学培养方案中学生选修自由度之大，在研究生层次更为明显：仅有 4 门必修课程，其他课程可以由学生和导师商量决定。

（3）比较注重广告研究，强化研究方法的培养。2012 年以来，在本科教育层次，呈现出加强广告研究能力培养的倾向。例如，2013 年增设了“广告研究方法”（ADV281，Advertising Research Methods），为本科生介绍广告研究常用的定性和定量方法。虽然在 2013 年以前（2004～2013 年）一直有类似的课程存在，但将研究方法课程向低年级开放，可以提前给本科生打基础。2017 年这一倾向更为明显，新增了“广告研究经验”（ADV396，Research Experience in Advertisements）。这门课程 1～3 个学分，允许本科生在助教的指导下通过参与研究或者学术获得，而且不同的选题可以重复进行并获得学分，最多可以拿到 9 个学分。2015 年开始增设了“本科生研究项目”（ADV496，UG Research Project）和“广告研讨”（ADV496，Colloquium in Advertising）。

而在硕士研究生层次，仅有的 4 门必修课程中，研究方法占了 2 门。2015 年又新开了“广告学高级专题”（ADV594，Advanced Topics in Advertising）。

（4）理论联系实际，实践教学有所增强。主要体现在 2016 年新开设“广告经典案例”（ADV311，Classic Campaigns），2015 年新开设“桑得奇项目”（ADV 498，The Sandage Project）和“媒体创业”（ADV409 同 ADV509，Media Entrepreneurship）。在“桑得奇项目”上，学生整合运用自己所学的概念、经验和技能，进行自主学习，然后在研讨会上发言。“媒体创业”（ADV409 同 ADV509，Media Entrepreneurship）向学生讲授有关创业精神、创业能力和媒体的商业模式的基础知识，课程涵盖创业企业所需的技能和实践：创意评估、市场评估、创业操作等。

（5）2012 年是课程改革的分水岭，数字化相关课程改革的态势明显。2012 年以前课程体系保持相对稳定。2012 年后，课程体系出现了较大调整，共有 22 门课程是新增课程；2014 调整力度较大，新增 5 门课程；2015 年新增 4 门课程；2017 年又增加 3 门和数字广告相关的课程（其中计算广告学还没开）。这些新增课程见（表 7）。

同时，我们可以观察到，有关数字广告和数字营销的系列课程改革态势明显。2013 年以来，这一改革探索趋于加速。2013 年首开“广告创新”（ADV460，Innovation in Advertising），面向高年级本科生和研究生，讲授谷歌 AdWords，搜索引擎优化、社会化媒体等；同时开设“内容创意”（ADV390，Content Creation），在广告创意课程的基础上，引入内容创作；同年开设的“新兴媒介”（ADV315，Emerging Media），讲授新兴媒体；2016 年开设“科技与广告活动”（ADV492，Technology and Advertising Campaigns），面向广告系和计算机专业三、四年级学生；2017 年更是推出“数字广告内容、科技与观念”（ADV305，Digital Advertising

Content，Technologies and Concepts）和“计算广告学”（ADV461，Computational Advertising，列入日程，但 2017 年并未开设）。

这些课程的开设，都和当前数字化时代息息相关，课程建设虽未必成熟，但迈步向前的力度很大。

表 7　2012 年后新增加课程

名称（Title）	名称（Title）
广告学概论（Introduction to Advertising）	广告研究经验（Research Experience in Advertisements）
广告研究方法（Advertising Research Methods）	广告创新（Innovation in Advertising）
广告与品牌战略（Advertising and Brand Strategy）	计算广告学（Computational Advertising）
消费者洞察（Consumer Insight）	广告心理学（Psychology of Advertising）
广告学专题（Special Topics in Advertising）	广告定性分析（Qualitative Analysis in Advertising）
数字广告内容、科技与概念（Digital Advertising Content，Technologies and Concepts）	广告定量研究方法（Quantitative Research Methods）
广告经典案例（Classic Campaigns）	科技与广告运动（Technology and Advertising Campaigns）
广告史（Advertising History）	本科研究项目（UG Research Project）
新兴媒介（Emerging Media）	广告专题研讨会（Colloquium in Advertising）
高级广告专题（Advanced Topics in Advertising）	桑得奇项目（The Sandage Project）
内容创意（Content Creation）	媒体创业（Media Entrepreneurship）
广告与社会（Advertising and Society）	毕业研讨会 II（Graduate Seminar II）

三、师资与其他

（一）教师队伍

截至 2017 年 7 月 UIUC 广告系中有正式教职（仅指 faculty，不含 affiliated faculty 和 emerita/emeritus faculty）的教师有 17 人。其中教授 3 人，副教授 7 人，助理教授 4 人，高级讲师 2 人，讲师 1 人。每位教师的简历均可在 UIUC 的官网上找到，不再赘述。UIUC 的师资力量颇有特色，在此只谈一些个人的感性认识[由于笔者曾在 UIUC 访学一年，除了 2015 年后新来的教师，均有一面或数面之缘，其中有数位老师因参加其课程或 Lab Meeting（实验室会议），相对较熟悉一些]，在此漫谈几点未必准确，仅作分享与探讨。

1. 教授不多，实力和影响力却不小

2014 年之前，UIUC 广告系只有一位教授 Jan Slater①，但教师团队的影响力

① Jacqueline Hitchon 教授是 2014 年下半年从其他学校引进的，Patrick Vargas 教授由 UIUC 本校培养，2016 年新晋教授。

却不容小觑。Jan Slater 曾任 AEJMC(美国新闻与大众传播教育学会)主席，AEJMC 广告分会委员会主席等学术兼职；Michelle Nelson，曾任 AAA（美国广告学会）副主席，最近新当选为主席；Kevin Wise，是 ICA 信息系统分会的主任；Sela Sar，新当选 AEJMC 广告分会委员会主席；John Wirtz 是 AEJMC 广告分会执行委员；Brittany Duff，在业界和学界都非常活跃，多次访问中国、荷兰和澳大利亚作合作研究。广告系多名教师在顶级学术期刊编辑委员会任职 *The Journal of Advertising*、*The International Journal of Advertising* 等。

专职教学人员（Lecture）也很优秀，Peter Sheldon 的课程被誉为全院乃至全校园最受欢迎的课程之一，2014 年被 AEJMC 授予卓越教学奖。Steven Hall 于 2015 年被 AAF （American Advertising Federation）授予卓越教学奖。

UIUC 广告系影响力大，究其原因，可能有以下几点：一是因为前文所述的历史传统，UIUC 广告学教育是全美国最早的，其许多校友去了其他高校任教或去业界任职，有着深远的影响力。二是因为 UIUC 广告学有广告系建制，团队阵容比较齐整。三是这里的青年团队比较团结向上，系里面教师能够自发组建真正意义上的团队并互相协作。

2. 教师队伍保持多样性，文化保持多元化，重视人员优化和跨专业合作，去行政化明显

UICU 广告的教师队伍里有白色、黑色和黄色多种肤色面孔，亚洲裔教师有 3 人，分别来自韩国、柬埔寨和中国。研究领域也呈现出多元化。

在职师资（Faculty）中，教授（教授、副教授和助理教授）是科研的主力，同时承担研究生和部分本科生课程的教学。讲师是专职教学人员（Lecture），不承担科研工作。UIUC 的专职教学人员往往具有业界经验，例如，前文提及的 Peter Sheldon 曾在广告公司担任创意总监，因此其承担的广告创意课程，素材十分丰富，深受学生和官方好评。

其师资培养，一方面立足于自己的助理教授的自我成长，另一方面则是结合专业建设加强引进。2013 年从密苏里州立大学引进 Kevin Wise，主要是由于他在广告效果及其影响因素、新媒体及其传播机制方面的研究比较突出；2013 年从威斯康星大学麦迪逊分校引进 Jacqueline Hitchon，加强了教授阵容，并让其主持广告系的行政工作；2015 年从香港城市大学引进 Mike Zhengyu Yao，旨在加强对数字广告和数字传播方面的研究与课程教学。

UIUC 广告系的主力教师，注重跨学科的团队合作。多数都在传播研究中心（Institute of Communications Research，PHD 培养机构）任学术兼职； Michelle Nelson 和商学院有密切的合作；Brittany Duff 和 Kevin Wise 和计算机领域有广泛接触，他们同是贝克曼高级科学与技术研究中心的兼职副教授；Jason Chambers

身兼传播系副教授；Patrick Vargas 还是心理学系、运动与休闲系教授……此外，UIUC 较早地（2014 年前后）和计算机学院联合开展项目合作，聘请来自印度的计算机专家，探讨计算机科学和广告学的交叉研究。

教师队伍的去行政化色彩明显，貌似 UIUC 广告系的教授对行政工作并不太感兴趣。2013～2015 年，系主任（Department Head）换了三届。2013 年上半年是 Michelle Nelson，2013 年下半年成了 Kevin Wise，2015 年又换作了 Jacqueline Hitchon。负责研究生事务的副主任（Director of Graduate）也是频繁更换，更像一种轮流制。

3. 教师与学生的接触和施加影响的方式主要有课堂授课、办公室接待（每门课程有配套的 office hour，在这个时间段，学生可以去办公室找老师，时间无须再提前预约）和相应课程的指导

研究生和导师互动相对比较多，可以是例行会面、实验室会议、学术会议等。虽没有政策上的规定，但教师乐于对学生的研究提供相应的支持。

（二）培养体系中的其他组成部分

广告人才培养过程中，还有一些其他成分，不一定是学校或院系的政策性安排，却会对人才成长（特别是本科以上层次）起到推动作用。这些方式包括但并不局限于以下几种。

（1）各种形式的夏令营（bootcamp）。比如，传媒学院 2014 年组织了一次数字夏令营（Digital Bootcamp 2014），该夏令营由李奥贝纳、宏盟媒体集团、奥格威公司、TechInsurance 、Spark Communications、Undertone 等公司赞助，邀请了 15 位业界专家围绕数字广告、营销领域，采用主题演讲、小组讨论等形式和学生做了分享。夏令营最后一项是招聘会，高年级本科生或研究生，可以围绕就业和实习事宜，直接和到会企业进行沟通。

（2）例会或实验室会议（Lab Meeting）。导师和学生，或者是几位导师组成的一个团队和学生们的例行沟通。大家可以围绕最近的学习研究收获、研究方案、实验方案或实验进程进行沟通。

（3）各种学术会议。对研究生层次的更有意义，有志于从事研究的学生，可自行参加或跟随导师参加各种学术会议，如 ICA（国际汉语教师协会），AEJMC，AAA 等会议，开阔视野，了解研究进展等。

结　语

伊利诺伊州立大学香槟分校广告学人才培养，围绕着“培养未来领袖”、强调“批判性思维”的培养理念，在坚持广告学专业核心课程的基础上，鼓励学生跨专业、跨学科选修，拓宽视野。同时，根据学界发展和业界实践的变化，动态地调整其课程体系，并以多种途径建设与其相适应的师资队伍。除了课程教学外，通过夏令营、实验室会议和学术会议等多种形式，引导不同需求、方向的学生成长。理念+课程+师资+其他补充形式，共同构成了 UIUC 广告学人才培养体系。

我在美国带中国的留学生

——关于中美传媒教育的一些思考*

武汉大学新闻与传播学院　王朝阳

2013 年 12 月～2014 年 12 月，笔者受国家留学基金委的公派资助以访问学者的身份在美国德雷塞尔大学（Drexel University）进行访学。笔者的访学项目是 Digital Media（以下简称 DM）。该项目是该校 Antoinette Westphal 媒体艺术与设计学院很新的一个研究生项目。该学院在全美国以服装设计、平面设计等专业而著称。在这一年的时间里，笔者有幸帮助美国的合作导师指导了几位来自国内的 DM 项目的研究生，也参加了一些本科生课堂的听课，参与了他们的一些其他教学活动，对比国内的传媒教育，有一些思考。

一、德雷塞尔大学独特的 CO-OP 学生培养机制

德雷塞尔大学是美国东部宾夕法尼亚州的一所私立大学，成立于 1891 年，位于费城，是 USNEWS 美国综合性大学排名前 100 名的大学之一。该校是费城三大知名高校之一，俗称“拽大”。德雷塞尔大学以“五年合作课程”或“带薪实习项目”（CO-OP Program）这样一种独特的学生培养机制驰名全美国。

该校的 CO-OP 项目从 1919 年开始实施，其运行机制是学生除了第一和第五年要上 3 个为期 10 周的学期授课外，第二、三、四年都是半年上课，半年工作。通过这样的带薪实习，学生不仅可以每年赚取大约 17,000 美元的生活费，还可以在实习工作中积累经验，对未来的就业方向做出选择。该校与业界保持长期的联系，使得其课程设置与业界需求密切结合。学生的实习机会甚至不仅局限于美国国内，许多本科课程的组成部分还包括在英国或其他国家工作、实习一段时间。这种良好的运行机制，使得其学生有机会到美国各州或其他国家共超过 2400 个公

* 本文是武汉大学教学改革建设项目“传播学专业媒介技术类课程教学平台建设”的研究成果，项目号 2015JG06。

司及机构进行实习并择业。

媒体艺术与设计学院以设计、媒体、表演艺术和视觉表现等专业为主，共有16个本科专业方向和6个研究生项目，所有的课程教学都采用小班和动手学习的方式。学院秉承CO-OP培养理念，鼓励学生通过加入学院自办的企业，如唱片公司、时尚杂志及时装表演等来巩固课堂所学。学院大楼一楼大厅巨大的展板供学生展示自己的作品，楼上随处可见工业设计、服装设计、数字媒体及网页设计等专业学生作品的陈设，甚至还提供学生作品免费索取，如音乐CD、塑胶唱片等。

二、笔者成为中国留学生的第二导师

笔者的访学项目是DM，笔者的合作导师是Michael G Wagner教授。Michael教授是学院数字媒体系的系主任。DM项目注重培养学生探索、研究和构建先进的媒体设计和生成的能力。该项目体现了快节奏的，不断发展的艺术、技术和科学学科的交叉融合。在德雷塞尔大学，该项目课程以创新，跨学科和项目为导向。该项目63个学分的课程涵盖了大多数的数字设计领域，例如，3D建模、动画、交互设计、游戏和数字媒体史及媒体理论和方法等。学生可以参加由政府资助的研究，企业赞助的研究，或独立的学生自创和教师认可的项目。具体来看，这些项目包括人机交互视频游戏、身体跟踪的多媒体交互舞蹈表演、针对中学生的多点触控游戏、主题公园游乐及动画设计、网络互动非线性叙事漫画及先进的动画制作技术等。该专业毕业生就业于业界著名的公司，包括皮克斯动画工作室（Pixel Animation Studios）、微软XBOX、NCSoft（韩国的一家网络游戏公司）、梦工厂和迪士尼等。在这个研究项目中，有不少来自中国国内的学生，他们一般都具有传媒、设计或近似专业的学习背景，所开展的研究工作大多与东方文化相关。DM项目及数字媒体系创立时间不久，DM研究项目的实施还在不断地摸索中，加上具有东方文化背景的学生比例逐渐增大，Michael希望笔者能够尽早到美国，辅助他指导这些希望做东方文化研究的中国留学生的毕业设计和毕业论文。

整个的过程事实上持续了半年时间，包括了三项内容。

（一）开设独立研究课程

在笔者动身去美国之前，Michael就已经通过邮件邀请笔者参加他和学生一起的研究主题讨论会。笔者在圣诞节期间到达费城，从圣诞节结束后的第一周开始，笔者的整个教学科研活动就算正式开始了。

笔者首先参加了他们的Thesis Development（毕业论文选题和开发）课程。课程参加的人数不多，大概有10个左右的研究生，每人通过docs.google.com的在线演示系统介绍了他们已经开始的研究项目，其中就包括了4位来自中国的留学生。因为语言方面的原因，虽然笔者参加了演示之后的提问和讨论，但主要还是以听为主。课后和多位来自中国国内的留学生对研究选题进行了讨论。他们的选题极具东方文化特色，有的研究中国水墨的数字动画呈现，有的对日本动漫角色面部表情进行研究等，令人印象深刻。

在和 Michael 教授进一步讨论后，Michael 根据系里实际情况和笔者自身研究的特点和背景，为笔者制订了新的研究任务。他希望笔者能够协助他指导 DM 项目的研究生做毕业论文，从而达到既提高笔者的语言能力，又促进笔者自身研究的目的。在这一背景下，笔者开设了一门开放性的研究课程 Independent Study（独立研究）。2014 年 1 月～5 月下旬，笔者和其中的 4 位研究生组成研究小组，分别对他们的研究选题展开讨论及指导。笔者每周都会和研究生见一次面，他们汇报一周来的心得和研究进展。笔者的任务主要是指出他们研究中存在的问题并和他们讨论如何去解决。指导研究生的具体情况笔者都会定期及时地与笔者的导师沟通。

（二）指导毕业设计与设计展示

为了更好地展示自己，也便于用人单位更好地了解他们，DM 项目的学生毕业时都拥有一个独立域名的个人网站。考虑到笔者网络传播的专业背景及比较丰富的实践经验，Michael 还希望笔者能够帮助中国的留学生设计制作他们自己的个人网站。从 2014 年 1 月开始，至 2014 年 5 月他们毕业前，笔者和笔者指导的留学生每周均碰面讨论网站规划、设计、建设和发布情况。笔者建议他们按照模板统一，细节突出各自特色的原则进行构建。在笔者的指导下，他们非常努力，均很好地完成了自己的作品。5 月份，进入德雷塞尔大学的毕业季，这一研究课程则以研究生顺利完成毕业论文，制作完成毕业设计作品，通过论文答辩而结束。按照媒体艺术与设计学院的传统，所有毕业的学生都要进行毕业作品展示，即 Showcase。DM 项目的 Digital Media Showcase 包括两个部分：第一，各个小组以小组为单位进行作品展示；第二，在学院报告厅布置展台，展示自己的作品，回答参观者的提问，研究生的作品则布置在学院一楼大厅。第一部分的展示更像是毕业聚会，研究生邀请了家长参加，各组学生展示了他们的毕业作品。第二部分的毕业作品展示内容非常丰富，作品也各有特色，有 VR 游戏，有交互游戏，有 3D 打印作品，有动画作品。展示现场吸引了不少企业界人士参与，他们借助学生作品展示的机会，物色自己企业需要的人才。各个导师也会亲临现场，为自己的学生站台。

（三）参加毕业论文指导及答辩

由于数字媒介项目是研究生项目，每位 DM 项目的研究生在毕业时不仅要完成毕业设计，而且要撰写毕业论文。在与中国学生的讨论中发现，他们所选择的毕业选题均与东方文化相关，而这块是国外学者所不熟悉的地方。正是因为这个原因，Michael 教授认为笔者有这个能力来指导他们的论文。笔者主要从论文选题、文章结构和学术规范等方面和研究生们开展讨论，还担任了其中一位研究生的论文导师。他的研究选题是“Japanese Culture Gestures in Animation”，对日本动漫作品中的手势进行研究。2014 年 5 月 23 日，笔者作为答辩委员会成员之一参与该生毕业论文答辩，并在答辩材料上签名。

三、中美传媒教育的一些思考

德雷塞尔大学虽然不是全美国最好的大学，但其独特的教学培养方式却深深吸引了笔者，也引起笔者对不同文化背景下的大学教育进行了一些思考。

（一）关于执教者

首先，德雷塞尔大学的主讲教师均具有丰富的业界工作背景。可能是德雷塞尔大学 CO-OP 办学理念的影响，该学院的主讲教师均具有在某领域顶尖的造诣，例如，获得过艾美奖（Emmy Awards），作品被全世界著名的博物馆收藏，或在主要的文化机构或媒体公司担任要职等。他们不仅带来了业界的亲身经验，更为重要的是，他们带来了教学的热情。笔者多次和笔者办公室同事 John Andrew Berton 就动画中的设计展开讨论。John 曾是好莱坞炙手可热的视觉效果总监，很多脍炙人口的好莱坞电影，如《终结者 2》（*Terminator 2: Judgment Day*），《黑衣人 2》（*Men in Black 2*），《木乃伊》（*The Mummy*）系列等都是他参与制作的作品。他从电影制作的视角帮笔者分析他们是如何满足用户的需要的。教授本科生课程“移动交互设计”（Mobile Interactive Design I）、“网页编辑”（Web Authoring I）的 Jervo，在来学校任教之前，是某公司的技术工程师。他们成为教师后，主要从事教学工作，为学生带来业界最新的需求并给他们最为准确的指导。中国国内的很多高校很难做到这一点，既要教师参与繁重的教学，又希望教师能够出高质量的研究成果；更多地希望引进人才，而缺少引进师资的考虑，导致教师队伍科研做得多，成果多，但真正能够将科研成果作为课堂教学内容的少之又少。这种局面导致教学和科研走得是平行线，没有交叉，教师很辛苦，学生收获也小。

其次，执教者的态度非常值得我们去学习。有两件事情令笔者印象深刻。第一，在德雷赛尔大学，不管是本科生课堂还是研究生课堂，听课的总体感觉是不管是教师还是学生，在准备上课或听课前都做了充分的准备。虽然任课教师课上所讲的内容并不多，但课后却会花费大量时间批阅学生作业，准备案例，完备自己的教学网站，并为学生列举所需学习的参考书。第二，笔者在美国第一次参加的 Thesis Development 课程展示，后来据来自中国国内的研究生介绍，这个课程的内容之前就已经全部展示过，这回是因为 Michael 教授要向笔者全面介绍研究生的研究项目，直接就让所有的学生重新展示了一次。笔者听后大为震惊，后来想想，觉得 Michael 教授对笔者的安排早已了然在心，他处理这件事情的态度确实让笔者觉得异常严谨。高校教师的教学态度，在很多时候成为可以打的擦边球。高校在评价教师时都已经量化，而且多以科研成果为考核的主要参考，教学的质量和教师的态度直接就成为附属品。不管是哪个层级的教育，传道授业解惑都是必需秉承的教学理念，科研固然是评价一个学科、一个学校的重要指标，但基本的为人师表的师道还是应该有的。

（二）能说能做的学生培养机制

德雷塞尔大学媒体艺术与设计学院共有16个本科专业方向和6个研究生项目，所有的课程教学都采用小班和动手学习的方式，既注重课堂展示，培养学生的独立思考能力，也注重培养学生的动手能力。

媒体艺术与设计学院的课堂设置了大量的课堂展示环节。教师仅给出相对宽泛的选题，学生根据自身情况进行选题设计。课程展示能够很好地锻炼学生的独立思考能力，拓展研究的思路，是一种比较好的注重创造性思维的课程教学方式。关于这种形式，笔者曾经和来自中国的留学生聊到过。他们特别提到，其实中国的学生在课外花费了大量的时间对选题进行准备，甚至很多时候都是通宵夜战，但在课程展示环节却不能有个很好的展现。其主要原因在于语言能力的不足，不能很好地将观点表达出来，因此给教师留下的印象就不会太好。而来自美国本土的学生，平时下的功夫不多，但展示环节占尽语言优势，却取得不错的效果。基于这一点，中国国内也有越来越多的课堂纳入课程展示，这也是对学生自我学习能力的一种培养。武汉大学新闻与传播学院研究生管理部门曾经做过一份调查统计，结果显示一部分研究生对目前较多的课堂 PPT 内容展示表示异议，觉得教师在课堂上应该多讲，多传授，而适当减少学生的自我呈现。笔者个人倒是有不同观点。目前中国国内的研究生在本科阶段就已经形成了一种相对被动的学习方式，类似于 Web1.0 时代，以教师课堂授课这种“推”知识的方式为主，而对更为积极的主动获取、小组互动等学习方式却抵触、拒绝。这必然导致学生创造力的下降，对于学生的培养是不利的。

课程动手教学及专业大实习也正逐渐成为锻炼学生实践能力的途径。德雷塞尔大学媒体艺术与设计学院开设了很多动手实践环节的课程。例如，“移动交互设计”（Mobile Interactive Design）需要学生策划制作独立的IOS[①]平台的APP；“网页编辑”（Web Authoring）要求学生申请独立的域名，策划制作自己的专有网站；“数字摄影”（Digital Still Imaging）则要求学生购买数码相机，根据主题进行摄影创作。他们的课堂更注重对学生实际动手能力的培养，当然也注重学理层面的训练。首先，DM 项目的研究生既要做毕业论文也要做毕业作品。很多学生本科专业并不是数字媒介，并且已经习惯了写论文，但面对繁复的毕业作品设计却一点也不畏惧，积极学习，积极创造。笔者曾经和他们聊到学习，他们的体会是学习压力很大，这种压力并不是来自老师，而是来自周围的同学。而且这种竞争的氛围是积极的，互相帮助的，有时为了同学的一个动画的渲染可能要把自己一整天甚至几天的时间搭进去，但他们都觉得这样是值得的。其次，学生学习的主动性要比中国国内的学生好很多。每当遇到问题，他们都会自己想方设法去解决，去找资料去尝试，绝不会出现拖欠作业的情况，实际上教师也绝对不允许这种情况出现。而我们中国国内的很多学生过多地依赖教师的解答，对待教师布置的作业不作为，不认真完成，找各种理由不做或者拖延提交的时间，拖延症泛滥。当然，国内的新闻传播院校也越发注重将理论和实践结合起来，将业界的专业实习视为本科教学中最为重要的环节之一。例如，武汉大学新闻与传播学院就是国内一流的新闻传播院校，也一直将学生专业大实习作为学生培养的重点。该学院本科生将利用三年级下学期整个学期的时间在媒体单位实习锻炼。大部分学生的实习单位是由学院专门成立的实习领导小组去往全国各大媒体单位联系的，这一举措保证了学生在校期间拥有优质可靠的实习单位。专业大实习的设置不仅开拓了学生的视野，而且使学生对新闻传播业态更为了解，也有了更具针对性的学习。

良好的师资和科学的培养机制都为培养出适应社会的学生创造了条件。此外，在与留美学生进行讨论的过程中也发现，学校层面为学生提供的各种“福利”也为学生的培养添砖加瓦。这些“福利”包括设备配置、软件购买、实验室使用、科研经费提供等。以实验室使用为例。媒体艺术与设计学院为学生提供24小时开放的实验室，包括研究生实验室和公共实验室。研究生实验室专属于某一部分学生，而公共实验室则面向全院学生。学生刷学生卡即可进入公共实验室，用自己的学号就可以登录计算机、使用计算机。不同于中国国内的实验室管理的是，该学院的实验室实施无人管理，即不需要额外配备实验室管理人员负责工作时间之外的管理工作。这既为具有自主学习能力的学生创造了更为灵活的实验时间，也能够更好地提高他们的工作效率。针对这一点，其实国内很多学院的实验室在教

① IOS是由苹果公司开发的移动操作系统。

学时间之外都处于闲置状态，完全可以装置具有身份识别功能的门禁系统，为学生提供更大的方便。

综上所述，中国和美国在传媒教育的理念上存在一定的差异，但并不是说美国的这种方式就是科学合理的，其实适合当下传媒发展的整体态势，能够提升学生自主学习的能动性，也能使教师发挥各自专长的教学方式才是应该注重和发展的。

做有机知识分子：反思伯明翰当代文化研究中心的教育理念与模式*

武汉大学新闻与传播学院　侯晓艳

1964 年春，理查德 · 霍加特（Richard Hoggart）在伯明翰大学创立了当代文化研究中心（The Centre for Contemporary Cultural Studies）（后面简称 CCCS）。伯明翰当代文化研究中心的成立，标志着文化研究在高等院校建制（institutionalized）的开始。

CCCS 的第二任领导人斯图亚特 · 霍尔（Stuart Hall）曾强调 CCCS 建制文化研究的作用，他说："包括雷蒙德 · 威廉斯（Raymond Williams）等很多人的研究，现在都被视作'文化研究'，CCCS 成立之前，文化研究就在别处开展了，这个说法没错。不过，我们也可以辩驳，大多数艺术人文院系的研究中'文化'都是不言而喻的元素，它们研究文学、语言、艺术、不同社会的思想和历史，而在社会科学领域，特别是在社会和人类学院系尤其如此。然而，'文化'的概念并没有在这些领域大量出现，顶多只能算是某种不为人知的'半个生命'。"[①] 霍尔认为，当代文化研究中心给文化研究这样一个跨学科的研究领域命名，将"文化"概念置于前台，并且试图在一个冷漠的、充满怀疑和敌意的学术环境中将其建制化，就表明了 CCCS 所做的就是一个转折性变迁，尽管从任何意义上来说，它都没有构成一个完全的开端[①]。

的确，CCCS 在创建阶段就明确表示中心要做的是文化研究，霍加特的规划也好，还是成立之后的运作也好，都表明 CCCS 是刻意去建构文化研究领域，而不是等文化研究声名远播后才给自己冠名。今天，文化研究能在世界范围内以明确的研究领域走进大学体系，并逐渐成为许多大学的专业，这和当代文化研究中心的努力是分不开的。文化研究在中国主要集中在文学院系、外文院系、新闻传

---

* 本文最早发表于《新闻传播评论》2014 年卷。

① Hall, S. Preface. // A. Gray, J. Campbell, M. Erickson, et al. (eds). *CCCS Selected Working Papers*. Volume1, London & New York: Routledge: xi.2007.

播院系、社会学院系，一些院校还成立了专门的文化研究所。

如今，CCCS 作为机构已不复存在，它的著述成为文化研究的经典。当我们把目光投向研究机构本身的时候，我们发现，在它赢得声名的最初十几年，CCCS 一直是规模很小的教研机构，专职教师只有三四个人，辅助教研人员只有 1 人，经费捉襟见肘，在大学体系中处于边缘地位，虽然可以授予研究生学位，但被一些同事讥为廉价的学位，学生们大多来自工人阶级，有的有奖学金，有的半工半读，有的凭着一腔热血来旁听。如此规模的研究中心怎么能培养出那么多优秀的学者？为什么能让文化研究之星火燎原？它能在传统高校中脱颖而出，具有哪些不同于当时高校教育的独特性？本文将探索个中因由，试图从中找出些许可供当今高校（尤其是新闻传播专业）借鉴的经验。

一、做工人阶级有机知识分子：CCCS 的追求

霍尔盛赞 CCCS 的创立者霍加特是工人阶级的有机知识分子，是学术联系社会的典范，并明确地将做有机知识分子作为对自己和 CCCS 成员的要求。霍尔认为，有机知识分子应该一方面，站在智识理论研究前沿，要比传统知识分子懂得更多，是真正懂，并不是假装知道，不满足于一般知识，而是要了解得更深更广；另一方面，要担负起责任，向不那么专业的人传递这些思想和知识，并且这两个方面都要同时进行，不能偏废①。霍尔的这一思想根源于意大利无产阶级革命家安东尼·葛兰西（ Antonio Gramsci）对知识分子问题的论述。CCCS 的成员力图成为批判的有机知识分子，这一追求使得 CCCS 不同于传统高校的一般知识分子，这在某种程度上而言，也是 CCCS 能取得如此成就的根源。

葛兰西在《狱中札记》中从历史角度较为系统地探讨了知识分子问题，这也构成了他的霸权理论的组成部分。葛兰西的知识分子思想观的突出特征就是在社会总体关系中考察知识分子的作用。他将知识分子分为传统知识分子和有机知识分子，认为前者游离于社会体制之外，表面上看似与社会变化无关，在社会中多处于保守位置；而后者与社会的体制、阶层相联系，并且在为征服意识形态领域的市民社会而努力②。葛兰西既是卓越的思想家，又是革命的践行者和领导人，他在狱中反思革命失败的因由，发展出霸权思想，具有很强的现实性和思想性。他考察了英、美等发达资本主义国家，认为很难通过采取俄国那样的暴力革命方式获取社会主义革

---

① Hall, S. quoted in Morley and Chen. *Stuart Hall: Critical Dialogues in Cultural Studies*. London and New York: Routledge. 1996: 268. 转引自（英）诺埃尔·E. 博尔汀. 葛兰西知识分子思想的再审视. 潘西华译. 教学与研究，2009(5)：59.

② 转引自（英）诺埃尔·E. 博尔汀. 葛兰西知识分子思想的再审视. 潘西华译. 教学与研究，2009(5)：59.

命的胜利。因为这些国家经济发达，市民社会成熟，革命要取得胜利就得首先在市民社会中赢得文化和意识形态霸权。这样，就存在着霸权争夺，统治阶级要维持统治，就要让他们的意识形态成为整个社会的常识（common sense），这一任务的完成离不开资产阶级知识分子；同样，工人阶级要培养自己的有机知识分子并争取传统知识分子，批判和揭露资产阶级的虚伪性，并获得市民社会的普遍认同，才可能赢得文化与意识形态霸权。因此，工人阶级的有机知识分子“面临的挑战不仅需要澄清他（她）们自己‘独创性的发现’，而且要将它们与文化相融合，‘甚至促使它们成为重大行为活动的基础’。这就意味着这些人必须积极促使‘大众团体’在有关他们所属世界范围内的一些问题达成思想上的一致”[①]。

依循葛兰西的思想，我们可以认为文化研究的兴起和英国新兴的工人阶级有机知识分子是分不开的。陈光兴这样总结文化研究：“文化研究能浮现的历史条件，正是对第二次世界大战后英国社会全面性的反思，它不是作为独立学科兴起，而是一种文化政治层次的介入，即一开始文化研究就与英国社会紧密结合，参与的成员大多投入社会运动之中，知识上的关切与政治上的支持密不可分，这是它与英国既有体制中学院派最大的不同。”[②]也就是说，这些参与者不同于传统的知识分子，其中相当一部分人来自工人阶级家庭，也是新左派运动的积极分子。他们主张理论与实践相结合，学术必须服务于社会，从现实变迁考察社会主义革命的未来，拒绝生搬硬套马克思主义思想，反对马克思主义的经济化约论，反对将政治斗争窄化为阶级斗争，认为应该把文化分析和文化政治当作政治的核心问题，必须从文化和意识形态领域出发，才能探测出社会变迁的程度。霍加特和霍尔是这一群体的典型代表，也彰显了工人阶级有机知识分子的样貌。

霍加特出身工人阶级家庭，靠着奖学金完成了中学和大学的学业。第二次世界大战后，他从部队退役，受聘为湖尔大学（Hull University）校外成教部教师，开始了长达13年的成人教育工作。霍加特始终心系工人阶级在新时代中面临的挑战和可能的发展，这促使他写作了《识字的用途》，他在书中结合自己的经历和所见所闻，朴实生动地呈现了丰富多彩的工人阶级文化以及大众传播对工人阶级文化的影响，探究工人阶级文化在新时代发展的可能途径。1957年，该书出版后引起了社会的广泛共鸣，取得了巨大成功，短短四个月再版四次，各类报刊流行刊物一共刊登了80篇书评，销量一路飙升。1958年企鹅出版社（Penguin Books）获得该书平装本出版权，销量成倍增加，到1970年精装本销量达10,651册，平

① 转引自(英)诺埃尔·E. 博尔汀. 葛兰西知识分子思想的再审视. 潘西华译. 教学与研究，2009(5)：63.

② Guerevitch, M. 等. 文化，社会与媒体. 陈光兴等译. 中国台湾：远流出版公司，1992：8.

装本达 252,681 册，远远超过同类书籍的销量[①]。《识字的用途》的热销使霍加特声名鹊起，持续增长的名望不断扩展着霍加特施展个人抱负的空间，他积极参与英国社会各类公共议题的讨论和决策，由于他对大众传播和大众文化的持续关注，在 1960～1962 年，他成为当时英国 BBC 皮尔金顿广播委员会的成员。BBC 每十年会由皇家政策咨询调研委员会组织调研和听证会，提出下一个十年 BBC 的发展方向，皮尔金顿委员就是 1960～1962 年的调研委员会委员。皮尔金顿报告的内容明显透露出电视会对文化造成普遍影响的意识，霍加特的意见在当时起着关键的作用，推动了 BBC 的改革；霍加特一生积极介入政策咨询活动，他在去联合国之前，就已经为联合国英国文化咨询委员会服务。他在 1971～1975 年担任联合国教科文组织（UNESCO）助理总干事，结束联合国的工作后，1976 年他又被聘为伦敦大学金史密斯学院的院长。1976～1981 年，他担任英国艺术委员会委员。1981～1991 年任英国广播研究部委员。霍加特一生笔耕不辍，出版了 30 多本书，并致力于无数公共议题的讨论和决策工作，涉及文化、文学、教育、社会民主等多个方向，非常具有实践批判精神，他当之无愧称得上批判的有机知识分子。

和霍加特一样，CCCS 的第二代领导人霍尔也是学术联系社会的典范。相比霍加特，霍尔的背景相当不同，他属于年轻的一代，是牙买加黑人移民。不过，霍尔认为英国移民属于底层的工人阶级。霍尔是英国新左派运动的核心人物之一，学生时期就是《大学与左派评论》的主编之一。1960 年 1 月，《新明理者》和《大学与左派评论》合并为《新左派评论》，20 多岁的霍尔成为第一任主编。《新左派评论》既是杂志名，也是新左派运动的中心，他着手建立新左派俱乐部，霍尔作为组织人，常常组织俱乐部的各种活动，也参与了很多新左派活动，展现了非凡的组织能力和智识能力。新左派运动让霍尔以一种抵抗的方式接触马克思主义，在和共产主义者、左派、新左派的辩论过程中，博览群书的年轻霍尔已经展现出强悍的理论功底。

CCCS 的成立将两人联系在一起。霍加特一直希望成立专门的机构继续探究《识字的用途》所展现的工人阶级文化和大众文化的问题，他对大众文化的兴盛深深忧虑，认为工人阶级文化和大众文化的根源并不一样，前者是土生土长、自力更生的文化，而后者是商人阶层为工人阶级生产出来的[②]；不过，霍加特乐观地认为，即使是面对大众商业文化，工人阶级也可以改造它，创造出新的文化。霍尔认为，虽然《识字的用途》后半部分贬低大众媒体兴盛后的大众文化，但这仅仅只是表象而已，从这些表象可以看出霍加特对工人阶级未来的深沉思考。通过

---

① Collin, S. 'The Chatto List': Publishing Literary Criticism In Mid-Twentieth-Century Britain. *The Review of English Studies*, 2012(261): 657.

② 斯图亚特·霍尔，理查德·霍加特. 《识字的用途》及文化转向//张亮编. 英国新左派思想家. 南京：凤凰出版传媒集团、江苏人民出版社，2010：38.

前半部分工人阶级的有机文化和后半部分大众文化的对比，霍加特试图回答以下问题：大众报刊和它的工人阶级读者的观念有何联系？商业驱动的大众传播如何改变工人阶级的价值观和世界观？大众文化到底该如何投入使用才能有利于工人阶级[①]？这些问题意识是霍加特创立 CCCS 的根本原因。

《识字的用途》也让一些传统大学向霍加特伸出了橄榄枝，自此，他结束了13 年的成人教育工作，开始是在莱斯特大学（University of Leicester）（1959～1962年）任英语专业高级讲师，之后又成为伯明翰大学英语系英语专业教授（1963～1973 年）。当伯明翰大学向他伸出橄榄枝，聘请他为英文专业教授时，霍加特希望学校同时应允他成立一个以研究生教育为主的机构，他认为如果“不利用教授职位设法推进早在写作《识字的用途》时便已然显现的兴趣，则是为了一个头衔而抛弃从当下的职业角度来看似乎最为重要的东西”[①]。学校答应了霍加特的要求，但只提供必要的场地，不提供任何经费，总之在霍加特的努力下，于 1964 年春，CCCS 对外宣布成立。

CCCS 机构虽小，但它的两位领导人都有着非凡的领导能力和学术研究能力。霍加特有着广泛的社会影响力和人脉关系，为 CCCS 募集了运转资金，邀请了众多知名学者来 CCCS 演讲，吸引了不少对文化研究感兴趣的学生。在 CCCS 成立的筹备阶段，霍加特就将学识深厚和组织能力超群的霍尔招入麾下。CCCS 成立后，霍加特十分繁忙，既要进行英文教学，又在学校担任部分管理工作，霍尔的到来让 CCCS 马上运转起来，几年之内就迅速成长为英国学界著名的文化研究中心，霍加特曾赞扬霍尔是“为集体生活而工作的伟人”。CCCS 能取得后来的辉煌成就，离不开霍加特和霍尔这两位工人阶级有机知识分子的领导，离不开成员们“做有机知识分子”的精神追求。他们关注复杂现实，将文化研究的实践批判精神坚持到底。

二、新的师生：新的教育？

CCCS 能在传统大学成立并获得长足发展，也和英国教育结构的大转型相关。这一转型的重要特征就是进入高等教育体系学习、工作的工人阶级子弟越来越多，逐渐改变了高等院校的利益群体结构，将大众文化作为研究重点的文化研究才得以在高等院校开花结果。

长久以来，英国高等院校的学生大多来自上层社会或有钱的资产阶级家庭，信奉的是精英主义教育。第二次世界大战前，英国政府开始资助成绩优异的工人阶级子弟，一大批奖学金儿童得以完成从小学到大学的学业，文化研究的重要人

① Lee，R. E. *Richard Hoggart in Life and Times of Cultural Studies*. Durham and London: Duke University，2003: 75.

物雷蒙德·威廉斯、理查德·霍加特便是其中两人；同时，政府推行校外大众教育（extramural popular education），让教师深入不同社区教授成人教育课程，主要的教学对象就是工人阶级。奖学金儿童后来成为英国早期的工人阶级知识分子，他们都经历了文化断裂和身份断裂的阶段，这种文化和身份冲突在人文学院尤其明显，例如，当时英国高校的文学院仍然在文化-文明的传统脉络中对待文化，文化是高雅的，是精挑细选出来的文学作品，具有普世性的价值和优良的品质，是人类文明的产物，而工人阶级是无文化的，是需要用文化救赎的人。工人阶级知识分子切身地感受到工人阶级文化在高等院校被忽视、疏离。

工人阶级子弟大规模进入高等教育体系，是第二次世界大战之后的事情。英国大部分高校为国有，国家在教育方面的作用明显。第二次世界大战后，英国在政治上形成工党和保守党轮流执政的格局。工党首先赢得执政权，给英国政治、经济带来了深远的影响，那时社会主义风潮影响着全世界，号称代表工人阶级利益的工党上台后，即将英国的煤矿、电力、煤气、钢铁等工业及运输业收归国有，这些庞大的单位几乎容纳了英国总劳动力的 1/4，工人阶级群体更为集中；英国的经济改革奉行凯恩斯主义，强调国家在社会经济发展中的调控作用。国家经济的发展需要学校培养大量的技术型人才以提高生产力。在政治和经济力量的推动下，英国的公立大专（public college）逐渐转变为多科技术学院，成为新兴大学，注重应用性强的或和人们日常生活密切相关的学科，备受工人阶级子弟的青睐，也吸引了不少资产阶级子弟。随着多科技术学院的扩张，其在课程设置上也逐渐借鉴传统大学的做法，逐渐发展成为综合性大学。到了 20 世纪 60 年代中期，攻读多科技术学院的任何专业都可以相应获得本科、硕士乃至博士学位；而牛津大学、剑桥大学这样的古典大学，以及伯明翰大学这样的 19 世纪成立的红砖大学也逐渐引入一些应用型专业。社会新兴的大众传播、大众文化也得到它们的关注，不过它们大多以研究所的形式出现，除了伯明翰大学的当代文化研究中心，以及同时代的莱斯特大学的大众传播研究中心等，不少工人阶级子弟也进入传统大学就读。

到 20 世纪 60 年代，工人阶级生活水平大幅提高，到高等院校学习的工人阶级子弟越来越多，工人阶级出身的教师的比例也大幅增加，英国高等教育体系的利益群体发生结构性变化，出现了教育变革的呼声。一些人认为应该将牛津、剑桥大学的传统扩展到所有的大学，促进教育民主化；而另一些学者则反对扩展传统的精英主义教育理念，他们认为教育民主化不等于让工人阶级也接受传统的精英主义教育。霍加特认为新的学生和教师面临着共同的问题，即他们如何在一个和他们出身不同的大学环境中既扎下根，又能不斩断自己的根源；大学应该传递给学生什么东西，大学教师应该起到什么样的作用。这些都是霍加特这样的工人阶级知识分子一直要探索的问题。他认为大学应该扩展教学系统，填平不同成分的学生和教师之间的沟壑，好的教师应该和学生一起对抗新的文化环境，以便更好地理解自身所在的环境，大学要帮助学生继续在他们的根源成长，而不是将他们移植到不同的社会土壤①。

面对高等院校的结构性变化可能带来的教育变革，霍加特并不那么乐观，他是文学专业出身，就职于文学院，文学院的教育改革在他看来微乎其微。霍加特在长达 13 年的成人教育工作中，辗转于约克郡和林肯郡的大小城镇，给夜校的工人阶级学生讲授文学课程。他在此期间发表了不少关于教育的文章。他说，“给成人学生上文学课促使我质疑当时的大学学科界限。那些成人学生问我：我学的这些对我个人和生活有什么意义？我要怎样将书本上学的东西和书本之外的世界联系起来？”在霍加特看来，学生的这些提问并非幼稚浅薄，而是反映了他们所学的课程和他们生活的脱节。作为成人教育的老师，霍加特有机会接触到来自社会中下层的成人学生，并深切体会到在第二次世界大战后逐渐兴起的大众文化的冲击下，以工人阶级为代表的下层群体的文化形态发生了深远的改变，而他们所属的文化背景、意识形态与英国传统教育目标的距离越来越大。在成人教育过程中一个不容回避的事实就是一些学生对语言的作用和诗人的情感一窍不通，而布尔乔亚式的文化价值模式在面对工人阶级的现实生活时也显示出它的空洞无力。与之相反，流行出版物、流行小说、流行歌曲、广播电视节目以及所有被正统的大学英语系教授所嘲笑的东西却是他们最为熟悉的。霍加特批判当时成人教育中的文学课程仍然沿袭着大学的教学方法，关注经典作品，而学生们却生活在另一个完全不同的世界。他对工人阶级的教育条件特别担忧，他在一次访谈中说道：“如果你把人只培养到掌握这些基本知识所需的水平，那你只是生产了一个能够受愚弄的社会。不鼓励人们具有批判意识，不给予人们一种批判性的文化知识，而实际给予他们的文化仅仅够让他们填写足球赠券和彩票赌券，阅读《太阳报》等。”②霍加特认为，文化是人们在社会中所应具备的素质之一，这种文化不是与生俱来的，而是要经过多方的共同培养才能形成的。

CCCS 成立前夕，霍加特发表了他就职伯明翰大学英文系教授的演说《英文学院与当代社会》，详细地阐明了自己对文学教育的看法。他呼吁拓宽大学中的英文教学的边界，认为太多英语专业的研究都和当下社会没有什么直接的关系，学校变成知识储备库，只对过往作贡献，英文学院只专注于纯文学批评，研究视域较窄，忽视作品的创作动机、背景和社会意义，也不重视读者，这样的模式使得传统英语专业不足以解释社会的变迁。在后来的回忆录中，他进一步解释了自己的看法，他认为许多英语专业书籍被分为文学类、思想类、生活类，这些书都

① Hall, S. The new student in *Universities Quarterly*. 1961(2): 160-162.

② (英)马克·吉普森，约翰·哈特雷. 文化研究四十年——理查·霍加特访谈录. 胡谱中译. 现代传播，2002(5): 82.

各自为政，缺乏联系，似乎把它们放在那里，就可以自己相互作用；而社会科学的书籍可能有趣且有用，但是它们往往外在于文学本质和经验，无关乎作者或读者[①]。霍加特认为哪怕社会变动再剧烈、再复杂，都必须确认普通民众的主体性，并且为了更好地抵制社会变迁中不好的一面（尤其是大众媒体带来的），必须发展人们的批判才能。人们可以抵制，也可以同化、修正和适应。霍加特希望英文系教师甚至所有人文学科的教育者都能意识到这一点，“我们中有很多人花气力从事界定分明的学术领域——但很容易屈从于来自外部世界的召唤；我们没有足够的信心将我们同那个世界分离，也没有足够的批判力度参与进来。通过坚持这一既困难、又责任重大的语言生活和坚持人类纬度的重要性，我们能试图尽力反抗一个不真实的、冷酷的和泯灭个性的社会。”[②]

霍加特认为大学有三种职能：作为国际学术的集合体、促进经济发展使人们生活幸福的国家集合体、提供兼职成人服务的地方性集合体；另外，大学还有三种角色，分别是：通过学术和试验进行知识更新、训练新一代接班人以胜任工作、提供一个批评性的观察社会和文化的中心点。霍加特批判英国的大学没有满足地方兼职人员的学习需求，因此导致了训练下一代的范围受到了限制，同时大学也没有提供一个考察社会的批评性中心。霍加特认为教育在很大程度上也可以抵制大众文化的不良影响。他认为，从事文化和相关工作的人当务之急就是要通过教育提升人们的文化品位，从而使他们能够与庸俗文化隔离开来。他认为英国缺乏一种为校外学生服务的教育，而校外课程部的最大优势在于其自由式教育。在他看来，英国普遍缺乏一种通俗的自由教育方式，伟大的传统仍占据着主导地位，由它所主导的少数精英文化严重脱离社会实际，不能给人们尤其是下层工人和群众提供具体的指导。因此，霍加特呼吁大学走出自己狭窄的学术空间，积极地与社会现实建立联系。

三、摸索中前进：探索新的教育模式

（一）跨学科发展：多学科交汇和多元的学生构成

CCCS 非常清楚，他们要开拓的是一个跨学科领域，他们要建构一个和传统学科有交叉重合的不同的批判研究领域。霍尔说，CCCS 当时面临的问题是：如何建构智识话语，如何让不同学科背景的学生在一起工作，让他们将自己的研究

---

① Hoggart, R. *A Measured Life: The Times and Places of an Orphaned Intellectual (Transaction Publishers) the 3rd section. An Imagined Life*. Oxford: Oxford University Press. 1994: 92-93.

② Hoggart, R. *Speaking to Each Other: About Literature v. 2 Harmondsworth*. Middlesex: Penguin Books. 1973: 237.

在这个建构中的智识话语中联系起来？在这个概念还不清晰，目的似乎也不大明确的智识框架中，如何指导他们，如何创新？[①]霍尔回忆他们在开始进行研究时，无论是人文领域还是社会科学领域都没有文化研究的立足之处，对文化进行研究也不是个严肃的正经课题，对此他们的策略有二，一是开展立足实际的研究工作，二是针对其他学科领域攻城略地，建立自己的理论框架。文化研究从社会学、人文学科、人类学等学科中分别“盗用”所需的东西。这种做法并非是将来自不同学科背景的研究者和教师放在同一个研究机构中，让学生从老师们所提供的方法论中各取所需，而是要从文化研究的角度出发重新使用社会学，努力建构适合文化研究的社会学。霍尔说，他们必须尊重其他学科所建立的范式和知识传统，然后建构自己的文化理论。

CCCS 的跨学科研讨首先表现在其学生构成的多元性。CCCS 除了自己招收研究生外，其他专业如社会学系、艺术系等院系的研究生也可以到 CCCS 学习，并签订协议成为联合培养的研究生；历史学系、教育系以及德语、俄语等专业的学生可以申请参加 CCCS 的研讨会学习；CCCS 面向来自伯明翰大学之外的，在其他学校注册了的研究生开放，CCCS 对他们一视同仁。在研讨会上，来自不同专业的学生带来了不同的专业背景知识，并能够相互学习和借鉴；同时 CCCS 也接受海内外访问学者，例如，CCCS 也和大量的其他学术机构建立长期联系，如莱斯特大学的大众传播研究所（the Institute for Mass Communication Research）、伦敦政治经济学院的社会心理学系和调查研究所、华威大学的社会史研究所、埃塞克斯大学的比较文学院等；CCCS 还经常组织或参加国内外各种学术会议，扩展视野、互通有无。CCCS 的研讨会体现了跨学科精神，大型研讨会的讲演者大多来自不同的学科，霍加特，特别是霍尔主持的研讨会，也涉及文学、社会学、哲学、大众传播学等学科的知识，研讨会也是 CCCS 主要的教学方式，跨学科是其主要特性。

（二）活跃而开放的交流：以研讨会作为教学手段

霍加特希望 CCCS 的每一位成员都要以强烈的热情投入社会与文化变迁的研究中，帮助人们提高批判意识和社会文化鉴别能力。霍尔将做有机知识分子作为对自己和中心成员的要求，认为这些是从事文化研究的学者应有的自我要求。霍加特和霍尔的思想激励了中心的成员，他们观察社会，捕捉社会文化变迁，在两位导师的带领下，开辟了文化研究领地。

CCCS 没有像一般大学教学那样按部就班地授课，其所有的教研活动主要以

---

① Hall, S. Preface. //A. Gray, j. Campbell, M. Erickson, et al.（eds）. *CCCS Selected Working Papers*. Volume1, London & New York: Routledge. :xi. 2007.

研讨会和主题小组的形式运作。每周有三个研讨会，其中一个是较为大型的研究生研讨会，所有 CCCS 的学生必须参加，且同时对全校的师生开放，参加者一旦参加，一般每次都会来，并且加入讨论行列。演讲者一般来自 CCCS 之外，大多已有一定的学术建树和知名度，从 CCCS 历年的研究报告来看，一年的冬季、春季、夏季三个学期，每个学期中心都会邀请 5、6 位著名学者做主题演讲，例如，雷蒙德·威廉斯的《普通文化的问题》、希尔达（Hilde Hinmelweit）的《电视、态度与观点》、查尔斯·麦吉（Charles Madge）的《社会学研究与批判规则》、史丹利·米切尔（Stanley Mitchell）的《马克思主义与文化研究》、爱德华·汤普森（Edward Thompson）的《18 世纪社会的家长作风与差异》、詹姆斯·哈洛伦（James Halloran）的《大众传播效果》、丹尼斯·麦奎尔（Dannis McQuail）的《电视与政治形象》、杰·布鲁姆勒（Jay Blumler）的《政治传播与选举理性》等，目的是让学生了解文化研究领域核心的社会和文化议题。演讲者往往来自不同的学科领域，这样，即使演讲主题类似，也往往会体现出不同的研究和思考路径，有利于开拓学生的学术思维。另外两个研讨会分别由霍加特和霍尔担纲，霍加特的研讨会继续沿着《识字的用途》的路径引导学生对文学和大众文化进行细读（close reading）；霍尔的研讨会主要是探讨如何研究文化与社会的关系，是主要针对经典理论的研讨会，所涉及的思想家可以列出长长的名单，例如，利维斯、威廉斯、汤普森、马克思、韦伯、涂尔干、帕森斯、卢卡奇、戈德曼、巴特、列维·斯特劳斯、萨特、葛兰西、阿尔都塞、本雅明……，霍尔后来写的《科学的腹地》就是他在理论研讨会中积累的成果。

（三）集体研究：自由、平等、集思广益

随着学生越来越多，加上研究工作的长期性，新老学生都在一起共同研究，为了取得更好的研究效果，对学生进行分组势在必行，研讨会的形式也逐渐发展变化。早期霍尔主持的理论研讨会组建发展出理论小组，主要由早期的学生组成，由于他们在讨论过程中形成了自己的理论体系，并且人数越来越多，因此，后来的新生不能加入这个小组，不过理论小组常常给其他小组提供理论建议。理论研讨会是研究生的必修科目，实际上就是不同年级的学生互相帮带学习。因为 CCCS 的一些研究项目持续时间比较长，一些学生在 CCCS 待的时间比较长，所以他们也担负着一定的研究指导工作。

理论小组的划分激发了很多的分组，主要按照各人的论文选题进行划分，每个小组成员可以一起阅读相关的文献，一起组织讨论，其讨论涉及研究框架和写作。为了保证小组研究的质量，这些小组必须每年提供专业的研究报告，CCCS 每年都举行年度报告，详细总结过去一年 CCCS 的日常运作和研究情况，同时每

个小组都要汇报自己的研究并在比较中展开论争。温希普（Winship）在回忆各种主题的研讨会时提到，研讨会有时会因为枯燥的理论而让大家感到精疲力竭，有时会因为感兴趣的话题而让大家兴致勃发。和一般大学的课程研讨会不同，CCCS 的研讨会后来以小组为单位，全部由组员自己组织，常常持续很长时间，有时从白天争论到晚上。小组之间互相影响，CCCS 致力于文化研究的建制化，注重理论和实践的结合，每年小组的研究汇报和论证在某种程度上都保证了研究的整体性。集体研究模式客观上促进了当代文化研究中心所标榜的跨学科主张，不同小组的研究互相联系，比如，“媒体小组”就常常应用其他小组发展起来的理论资源，媒介研究中的葛兰西转向在很大程度上就是受到了 CCCS 的“国家小组”(state group）相关研究的影响。

除了集体研究外，CCCS 还体现出平等的精神。一般大学都会对脱产还是半脱产学生的身份进行区别对待，但 CCCS 对不同身份的学生一视同仁。CCCS 的师生关系也和传统的大学师生关系不同。保罗·吉尔罗伊（Paul Gilroy）在 CCCS 攻读博士学位时就提到，CCCS 颠覆了传统大学学生和教师之间高低位阶的传统和研究个人化的传统，CCCS 的成员追求的是探索和发现，而不是所谓的学术生涯[①]。这些学生拥有不同的学科背景，这有利于 CCCS 的跨学科研究。每个研究课题的成员构成都不拘一格，有的非正式研究者本来就在其他研究机构或学校教书，有的是其他学校的研究生，但是因为研究主题和文化研究的关联，申请到 CCCS，希望能更好地完成自己的研究，成员间年龄有的差距很大，但是这些都不妨碍他们开展共同的研究。在导师配置方面也和传统的配置不大相同，霍加特和霍尔是主要的指导教师，后来英文系的迈尔克·格林也成为半个 CCCS 的研究员，做霍尔的副手，历史专业的理查德·约翰逊也加入行列，他们按小组的主题来进行指导，比如，霍尔就是媒介小组、亚文化小组和国家小组的指导教师。有趣的是，每一年 CCCS 招收新生的时候，其做法和传统大学完全不同，CCCS 会根据申请人的研究兴趣，将他们分到不同的小组，由小组成员组成面试委员会对申请人进行面试，CCCS 将决定权交给小组成员，CCCS 认为小组成员已经在他们的研究主题下积累了不少知识和研究心得，他们能够清楚地认识到申请人适不适合、有没有能力投入到未来的研究之中。曾在中学任教的托尼·杰弗逊（Tony Jefferson）[②]生动地回忆他 1972 年参加面试的场景：“也许有老师在其中……可能是迈克尔·格林，但学生占绝大多数，主持人是个学生，我到了那，我在做老师时必须打领带穿套装，面试前，我还曾想，穿个高领衣服算了，本以为都够随

① Gray, A. Cultural studies at Birmingham: The impossibility of critical pedagogy// *Cultural Studies*, 2003(17).

② CCCS 成立 50 周年庆，策划人组织了一次大型访谈，访谈时间为 2013 年。

便的了，但当我推门而入，那个主持面试的学生站了起来，牛仔裤上还有破洞，我又穿得太正式了！”正是这种自由平等、相互帮带、相互讨论的氛围，让这群年轻学生迅速成长，激发出了空前的学术热情，他们认为自己有责任和义务全身心地致力于智识研究，他们肩负着强烈的使命，希望自己的研究能对社会有用，正是在这一使命下，他们更加关注地方和国家议题，关注社会政策、地方政府和社会管理等问题，积极响应着霍加特和霍尔力图开发和扩展文化研究领域的意图。

小组研究的成果不定期地被油印出来，供大家一起学习讨论。1971 年夏季，CCCS 创办了内部刊物《文化研究工作论文》（*Working Paper of Cultural Studies*），“工作”意指 CCCS 的研究都是探索性和尝试性的，杂志也征集订户。霍加特在创建 CCCS 之初，就谋划着将来有一天将研究成果出版。随着小组的研究成果越来越成熟，霍加特和霍尔同出版社谈判，将 CCCS 的研究成果结集出版。每个小组在同一研究议题下工作，写作也是集体完成，因此，能让研究成果出版是他们优先考虑的事情，至于个人的写作他们往往就认为不是那么重要，一些学生还是刚刚本科毕业的年轻人，想到自己的研究马上要被出版，倍感兴奋。1982 年前出版的书籍主要有：《报纸的声音》《仪式抵抗：战后英国青年亚文化》《学习劳动：工人阶级小子如何得到工人阶级工作》《意识形态论》《文化，语言，媒介》《亚文化：风格的意义》《监控危机：行凶抢劫、国家、法律和秩序》《日常生活中的电视：<举国上下>》《帝国反击》《工人阶级文化：历史和理论研究》《不流行的教育：1944 年以来英格兰的学校教育和社会民主》《制造历史：历史书写和政治研究》等，这些全部都是 CCCS 集体研究的成果。

集体研究的政治和社会吸引力及将智识工作理解为一种目标而不是资格证书让很多成员最终未能完成博士论文。在 20 世纪 70 年代 CCCS 的学生大多没把博士文凭当作最重要的智识产品，当然还有一个客观原因就是，集体研究占用了大量时间，他们雄心勃勃，认为自己的小组研究担负着社会义务和责任。CCCS 的研究总是在积极寻求与社会运动和其他激进政治的联系，工作论文和丛书的出版就是一种在形式和内容上的对公共领域研究和传输的尝试。

CCCS 出版了众多有影响的研究成果，对学术和公共意识作出了政策上的贡献，并且在书目文献上支配了文化领域，其现实关怀和参与精神、激进的批判取向和跨学科的研究方法都对西方传统的人文社会科学产生了重大影响，最终由起初的边缘性地位逐步上升为整个西方学术界的主潮。

（四）超越围墙：学术服务社会

CCCS 的研究致力于对自己周遭的世界进行扎根研究（ground studies）。除了将自己的研究成果出版发行以产生更为广泛的社会影响外，CCCS 还做了不少切实的教育实践活动。霍加特和霍尔都有校外大众教育的经历，CCCS 在英国的出名，不仅仅是因为这些集体研究成果，还因为它和教育改革紧密联系在了一起。CCCS 主持了不少教育培训活动，成人教育、教师培训、艺术学院以及中学等，都有他们努力的足迹[①]。CCCS 的教学活动不但锻炼了自己中心的师生，使他们将自己的研究和教学结合起来，不断提高研究和教学水平，同时，也成为除了研讨会外，CCCS 和学生保持联系的一种有效方式。

CCCS 的教育推广，既面向大学校内的学生，也面向校外的公众，它不授予本科学位，但也会面向本科生开设一些课程。1969 年，CCCS 面向英语系本科生开设了当代文化研究导论课程，分专题以研讨会的形式进行教学；之后又开设了大众媒介的教育意涵专题讲座，由 CCCS 师生共同完成教学，其分主题有教室中的大众媒介、娱乐的观念和流行音乐，主要的授课对象是伯明翰大学教育学专业的学生。每年的主题都围绕媒介与社会展开，但是其分主题会因为 CCCS 成员的研究方向而发生变化，比如，后来的子题还有“青少年与女性杂志”、“暴力与媒介”等；后来，伯明翰大学的全校跨学科教学也将 CCCS 吸纳进来，所有大一的学生，不分专业，都要选修一些通识课程，CCCS 当时开设的课程是“当代英国与媒介”，由 CCCS 的师生提供教学和组织研讨。CCCS 和新兴的专科学校及伯明翰多科技术学院合作，参加这些学校的通识教育课程，教授新闻分析、足球的意义、摇滚乐、广播结构变迁等相关议题；CCCS 也经常在周末教学，其教学涉及各个教育层面。1976 年，CCCS 还为英国中部地区培训办公室提供了为期两周的课程，授课对象是在职的缓刑监视官（probation officer）。课程主要由中心的查斯·克里契尔（Chas Critcher）、斯蒂芬·莱西（Steve Lacey）和约翰·克拉克（John Clarke）讲授，当时他们正在从事媒介与犯罪的研究，该课程内容就是以他们的研究为基础。第一周讨论虚构和非虚构作品以及不同的媒介（电影、电视剧、报刊、小说等）等对罪犯和犯罪的刻板成见，并探究其中的社会渊源和这样的形象的意涵，并且他们还试图探究这些刻板形象同缓刑监视官的“职业世界”之间有何关系。第二周讨论不同的犯罪主题，例如，电影和录像中的足球暴力、女性与犯罪等。

值得一提的是，20 世纪 60 年代和 70 年代也是英国新兴大学多科技术学院（polytechnics）中兴繁荣的时代，不少学校开始开设大众媒介与社会相关的课程，但到底开设什么课程，不少多科技术学院还处于摸索之中，有的借鉴了美国的主流大众传播研究，而 CCCS 的以媒介与社会关系为重要研究对象的文化研究也深深地吸引了这些学校。当时英国的学位认证机构，在关涉文化研究、媒介与传播

---

① Fornas, J. Introduction--Founding fieldwork//A. Gray, J. Campbell, M. Erickson, et al. (Eds). *CCCS Selected Working Papers Volume1*. London & New York: Routledge. 2007: 703.

研究的学位课程设置时，就经常向 CCCS 咨询。1971 年，英国开放大学（Open University）成立，这是世界上第一家广播电视大学，采用远距离教学和开放的办学模式，结合函授和广播电视进行教学，倡导继续教育，鼓励活到老，学到老，减免贫困和弱势群体的学费。其课程适应社会各行各业需要，是高等教学大众化和终身教育革命的划时代变革，学校既设有学位课程，又有业余进修课程、培训课程、社区教育等。CCCS 在 20 世纪 70 年代与开放大学保持紧密联系，在开放大学的课程设置和教学方面提供建议。到 20 世纪 70 年代末，霍尔已经在开放大学从事教学工作，1979 年，他干脆彻底离开了 CCCS，成为开放大学社会学系的教授，在那里继续开展他的文化研究事业。

CCCS 的师生们还参加各种学术会议，霍加特和霍尔也经常被一些机构和学校邀请讲学。CCCS 希望自己的研究和非学术运动、组织、社会环境（social setting）联系起来，也希望自己的研究能在仰赖大众传播的公共领域中产生作用。他们也借助多科技术学院的兴起，逐渐将文化研究推向各个大学的课程之中，进一步完成了文化研究的建制，也促进了文化研究的扩展。

结　语

文化研究与传播研究均是 20 世纪中期开始在大学建制，其研究对象多有重合，都极具跨学科性。不过，二者的建制旅程相当不同，传播学一开始就在施拉姆的引领下，主动拥抱高校的传统学科建制模式，力争在高校拥有和传统学科一样的地位。而 CCCS 开始在伯明翰大学进行文化研究时，却是以批判的态势对待当时英国的高校教育体系，提出了自己的教育主张，并尝试推行新型的教研模式。如今，传播学已赢得了学科身份，和其他学科一样拥有了独立的院系。而文化研究成为十字路口，连接着不同的学科，却似乎没有自己的归属，这样的结果，也许一开始就注定了。它一下子成了高等院校的抢手货，被不同的专业吸纳进去，传播学也将它整合为文化研究学派。如果说学校是文化争霸的重要场所，那么极具批判性的文化研究无疑就是传统高校出现的异数，如果说学校是国家意识形态的机器，那么反叛、特立独行的文化研究被收编整合或者奋起抗争、突围，注定就是它的命运。2002 年 6 月，伯明翰大学校方关闭了该校的文化研究与社会学系，CCCS 作为一个学术研究机构已经消失，也许它的实践批判精神已经流传下来。

新闻教育向新闻传播教育的嬗变

——美国新闻教育发展评析*

武汉大学新闻与传播学院　侯晓艳

新闻教育在大学建制并形成学院式的规模教学和独立的学科体系，离不开美国的影响。在现代报业的雏形时期（便士报时期），对从业人员的培训采取的是学徒制，例如，20 世纪初振兴《纽约时报》的阿道夫·奥克斯（Adolph Ochs），他从 14 岁就开始在家乡的小报做学徒，学会印刷、采访、写作和报业经营。这一传统后来逐渐成为师傅带徒弟的培训模式，重视技能培训和职业伦理道德，主要由媒体自身完成。英国新闻界一直到 20 世纪 60 年代还保持着这样的传统，新闻课程也只是在一些职业性专科学校零星教学，教师都是资深的媒体从业者或转行的媒体从业者，其新闻教育只注重技能培训，还达不到在大学进行学科建制的程度。而将新闻（Journalism）植入大学学科体制，并进而影响全世界大学的新闻教育的，是美国的新闻教育模式。美国新闻教育学家威拉德·布莱耶（Willard G. Bleyer）（1873－1935）1927 年在其《美国新闻史主流》中写道："尽管 20 世纪之前就有人进行新闻教育，但是直到 20 世纪，新闻教育才具有了切实的形态（tangible form）。"[①]美国的新闻教育启蒙于便士报兴盛时期，在 19 世纪中后期一些大学开始尝试开设一些新闻课程，到 20 世纪初一些大学在课程体系建设方面已有所积累，1908 年密苏里大学新闻学院成立，1912 年哥伦比亚大学成立新闻学院，标志着新闻教育在美国高校的独立的学科建制形成，而英国直到 1970 年才在卡迪夫大学建立新闻学院。为什么美国的新闻教育在大学建制最早？它之后经历了什么发展路径？在哪些方面影响了世界的新闻传播教育格局？

---

* 本文最早发表于《新闻与传播评论》2005 年卷，文章做了较大修改。

① Bleyer, W. *Main Currents in the History of American Journalism.* Cambridge: Riverside Press. 1927: 426-427.

一、美国模式新闻教育的产生

美国之所以率先在高校发展出新闻学院，可以从美国自身的社会背景、大学体制、新闻业的发展中得到答案。

（一）大学体制变革包容了新闻教育

美国内战后，重建家园、西部开发、促进社会经济全面发展成为美国的主旋律，社会发展需要人才，教育是国家发展的基础。美国内战毁了几百所高校，重建大学在战后迅速展开，美国的大学教育开始朝两个方向齐头并进：一是实用主义理念下的教育为实业（如工、农业、家政等）服务，人文、社会科学、理工、农业等学科化；二是大学不仅要注重教学，还要注重研究理念的推广，各门学科的深度和广度纵深发展。大学体制的变革增强了美国大学的活力和包容力，是它不同于欧洲大学的地方，也是它能很早接纳新闻教育的原因。

内战后，美国大力发展工业、农业，政府鼓励高校为实业服务。服务实业的理念催生了大量公立的农工学院，这些学院提倡把专业和现实联系起来，鼓励学生除了在学校学习工业或农业专业知识外，还应该利用寒暑假从事工农业生产。在这股风潮的带动下，很多富有实际效用的专业开始得到私立的高等院校的重视。内战后美国社会分工日趋精密，各行各业都力图把自己植入大学的教育体系，有着职业指向的职业技术学科在大学设立，于是大学开始进行学科分化。大约自1875年始，出现了大量的以学科为基准的院系，例如，英语系、历史系、数学系、生物系，规模大的称为文学院、理学院、工学院、医学院、法学院等。19世纪晚期，美国新闻业已经是兴盛繁荣的新兴实业，在教育服务实业的理念下，新闻教育走进大学实在是不足为奇。当时有人提及新闻教育在大学建制过程中被嘲笑的说法，恐怕也不是新闻教育独有的故事，事实上，在美国现代大学各类学科的建制过程中，都流传着类似故事，例如，一些农学院的学生常常被有经验的农民嘲笑。美国新闻教育恰逢其时地融入美国大学各类学科建制的潮流中，从19世纪中后期就开始了它的大学旅程。

首先走进大学的是报业中的印刷和编辑课程[①]，在此方面，内战中的罗伯特·李（Robert Lee）将军和成立于1867年的密苏里报业协会（the Missouri Press Association）作了巨大贡献。李将军第一个倡议在美国大学中开办新闻教育[②]，当

① 个人办报时代，很多新闻从业者都是从印刷开始起步的，在19世纪中期以前，印刷和编辑技能被认为是从业者的基本技能，因此，新闻教育在大学的起始往往展现在这两门课程的设置上。

② 徐耀魁. 西方新闻理论评析. 北京：新华出版社，2004：43.

时，他是华盛顿学院（后改为华盛顿和李大学 Washington and Lee University）的校长，在他的倡导下，1869 年华盛顿学院开始教授印刷和编辑等实用课程。1879 年密苏里报业协会成员威廉•斯维茨勒（William F. Switzler）请求密苏里大学开设新闻课程，同年，密苏里大学开设了第一门新闻方面的课程[①]。到 20 世纪初期，一些大学已经有了比较系统的新闻课程，如密苏里大学（1878 年）、堪萨斯大学（1903 年）、伊利诺伊大学（1904）、华盛顿大学（1907 年），到 1915 年，美国至少有 15 所大学开始讲授新闻学[②]。而密苏里大学 1908 年就创立了新闻学院，标志着新闻（journalism）作为独立的学科门类，开始在美国大学建制。

美国大学变革的另一个方向就是注重学术研究。美国的大学最初主要按照英国的牛津、剑桥建立，注重教学，主张多学科的通才学习。内战后，美国重建大学，向欧洲取经，注重学术研究的德国大学成为美国学习的榜样。虽然当时牛津、剑桥、巴黎大学等声名震天，但它们传统而保守，缺乏创新，它们不是一个充满活力的新兴国家模仿的合适对象。当时，美国有大量的学生到欧洲留学，德国是他们留学的重镇。1876 年成立的约翰 • 霍普金斯大学（Johns Hopkins University），就是受德国启发并适应美国学术发展的需要而出现的一所新式大学，也是美国第一所研究型大学（research university）。这种新型大学强调学（learning）和研（research）同步进行，事实证明这一办学宗旨是成功的，当时的霍布金斯大学，从 1876 年建校至 1926 年，仅半世纪之久，全国 1000 名卓越的科学家中毕业于该校者计 243 人，约占 1/4 之多[③]。这样，美国的大学既保留了从牛津、剑桥习得的注重教学的传统，又树立了注重学术研究的典范，并确立了教育服务社会的理念。美国结合本土需要对大学进行了改造和重建，使得它既能为社会输出各行各业所需的专门人才，又能为社会培养自由博雅教育下的通才。其教育的强大也逐渐让美国的影响力超过欧洲强国，这样，美国模式的新闻教育也顺势影响了其他国家的新闻教育模式。

（二）进步主义教育运动对美国新闻教育观念的影响

内战后，美国取得了物质与技术上的巨大进步，其经济飞速发展，社会却矛盾重重，人们过度追求物质财富，经济上的成功成为人类价值体系的主宰力量，个人主义成为一切价值观念的核心，社会陷入物质与精神断裂、个人与社会的矛

① Banning, S. A. The Cradle of Professional Journalistic Education in the Mid-Nineteenth Century (Volume 4, Number 1), Media history monographs: an online journal of media history. http://www.scripps.ohiou.edu/mediahistory/mhmjour4-1.htm [2004-04-10].

② 单波. 反思新闻教育. 新闻与传播研究，1998(4)：38-44.

③ 滕大春. 美国教育史. 北京：人民教育出版社，1994：408.

盾中，社会贫富两极化加剧。

进步主义者为物质繁荣欢呼雀跃，同时又担心人沦为物的奴隶，他们致力以求的，就是要在物质与技术进步之外，发展出与之同步的精神与道德，使社会的平等与个人的自由同时并存，让物质的繁荣为人类的幸福服务，促成正义与进步联袂而行[①]。

美国实用主义哲学家、教育学家约翰·杜威（John Dewey）是这场运动的领军人物之一。他的实用主义教育观深深影响了美国的教育体系。他强调教育的社会功能和工具主义目的，有力地影响了美国的教育体系。杜威认为哲学是解决社会问题的工具，主张哲学家投身政治、教育等社会实践，用哲学推动民主。杜威认为，理想的社会应该是民主的，衡量一个社会的民主程度有两个标准：一是公民共享利益的多寡；二是与不同社会之间交流互惠的程度。在民主的社会里，人与人平等地自由交往，思想的自由交流又可以维系社会繁荣并促进社会进步。而一个优良的社会应该是一个开放的社会，一个善于和其他社会沟通的社会，它们之间是共存、共利、共依赖的关系。在杜威看来，教育应按照民主社会的要求发展，不断开掘、发展人的天赋和才能，推动社会的发展和民主政治的健全。在以杜威为代表的进步主义教育运动中，美国大学开始思考工业化、城市化带来的诸多问题，并就现实生活中的社会、政治、经济问题展开研究，共同致力于社会的良性发展。

进步主义者将新闻和报业视为促进社会民主、社会进步的武器。杜威的学生，芝加哥社会学派核心人物罗伯特·帕克（Robert Park）就是这一观念的代表，帕克信奉教育应和社会实践相结合，认为学者的研究要致力于社会的发展。1887 年，帕克从密歇根大学毕业后，从事了几年新闻工作，后来到芝加哥大学社会学系工作，新闻之于社会的作用成为该系的研究重点之一，他认为民主社会需要公众，舆论可以产生公众，而舆论的产生离不开新闻[②]。进步主义者对新闻和报业保持的观念至今仍然影响着美国的新闻教育。

（三）新式新闻业为新闻教育提供了坚实的基础

新式新闻业积累了大量的新闻业务知识，为新闻教育提供了较为充足的内容。

美国内战爆发前，美国报业尚处于个人办报时代，个人的力量主导了报纸的兴衰，即使是在便士报兴盛的 19 世纪 40 年代，报社也很少雇佣正式的记者，编

① 李剑鸣. 大转折的年代——美国进步主义运动研究. 天津：天津教育出版社，1992：220.

② Buxton, W. J. From Park to Cressey: Chicago Sociology's Engagement with Media and Mass Culture. in David W. Park & Jefferson Pooley, (eds). *The History of Media and Communication Research: Contest Memories.* New York: Peter Lang Publishing Inc. 2008: 347.

辑部一般由为数不多的几个人组成，他们偶尔也采访，更多的时候他们利用电讯稿、交换稿、通讯员来稿，或者聘用某一领域的消息灵通人士撰稿，总之，记者在那时还不是报业主角。

这种状况首先在内战中有所改观。数百名记者、画家奔赴前线，促成了新式编辑部的兴起，许多新闻工作者在一起工作在战时已经成为必要。记者的力量在战时表现出来，他们甚至可以根据战况做出军事战略方案，记者成为惹人注目的群体。

内战后，美国迅速完成工业化、机械化，摆脱农业生产的人越来越多地集中于城市，城镇化高度发展，科技也得到极大发展，新发明很快就得到运用，如电话等通信工具。社会的分工、专业化的生产已经反映到了报社内部。城市的高速发展带来了记者的时代，记者脱离了印刷车间，放弃了管理责任，形成了报界的一个新团体。到了19世纪末，美国新闻界的从业人员主要由印刷工人、记者和发行人构成，分工明确，各司其职。个人办报完成了向现代报业的过渡，在普利策的《世界报》时代达到极致。《世界报》发展成大型企业，成为了一个报业帝国，《世界报》是新式新闻事业（new journalism）的代表。

编辑部内部分工日趋复杂，大的都市报纸的编辑部往往分成不同部门，实行专业化采编。在大城市，报刊普遍发行星期日刊，很多大都市的报纸专设了星期版编辑部，值得一提的是，普利策的《世界报》还专门设立了体育部，出版体育新闻。由于电话、打字机的使用，改稿人的设立，编辑室的工作日趋多样化。

在这一背景下，新闻业务知识不断地积累发展。在西方报业初创时期，言论与消息，议论与描述之间毫无界限，到了新式新闻时期，新闻体裁已有了独特个性，文章的体裁有了较为清晰的分类，消息的写作有了较为固定的模式，例如，导语、倒金字塔结构；观点和事实分离，客观报道成为了记者的金科玉律。

为了吸引更多的读者，扩大发行量，报纸的版面形式越来越丰富，积累了不少编排经验，漫画、摄影术、色彩等多种手段被应用到版面，摄影也成为一种新闻报道的方式。

总之，在个人办报向新式新闻过渡时期，新闻从业人员为了办好报纸，不断探索新闻报道方式、新闻采编业务、报纸版面编排，并且逐步形成了一些规律，而报社师傅带徒弟的培训方式也积累了不少新闻知识，这些都为新闻教育的可能打下了基础。

（四）新闻专业主义（professionalism）理念促成新闻教育的大发展

19世纪中后期，随着美国新闻业的不断壮大，其记者群体也越来越庞大，他们比任何时候都意识到自己独特的地位和作用。报业从业者逐渐发展出职业理想的共识，树立起公共服务的信念，新闻专业主义得以确立，它的目标是服务于全体人民，而不是某一利益团体①。在自由市场经济体制下，美国新闻界逐步确立了“第四权力”的地位。从某方面讲，新闻专业主义理念是新闻界提升自己社会地位的工具，也是国家、报业领导人规训（discipline）新闻从业者的手段。

一个行业发展到一定阶段，一般会出现行业自律和相关组织。报业的自律组织对规范报业起到了重要作用，也推进了新闻专业主义和新闻教育的发展。成立于 1867 年的密苏里报业协会（the Missouri Press Association）的早期资料显示，它们是最早倡导新闻专业化，倡导大学新闻传播教育的。19 世纪中后期是专业流行的时期，人们为了成为专业人士，把教育当成达到这个目标的梯子中的一级。在这种气候下，密苏里报业协会认为，新闻要成为专业，需要教育作为支撑。大大小小的发行人希望有个办法能提升自己的社会地位，显然，新闻专业化是提升新闻业声誉的最简便的途径。密苏里报业协会的几个成员都具有教师、律师甚至医生等资格，同时他们又是报刊发行人，或和新闻界保持着密切联系，有的还是密苏里大学理事会的成员，例如，科尔曼（Colman）既是发行人，又是密苏里大学的理事之一，他持有教师资格证和律师开业证，还从事过神职工作。有这三大传统专业领域的背景，很自然他在 1869 年这样表达他的意见：“教师、医生、律师和牧师在进入这些职业生涯之前，都必须学习相关课程……但是，从来就没听说过最重要的职业——新闻——有任何特别的训练、学习的课程、演讲或亦学校、大学去培养年轻人成为从业者。这类机构应该得到设立……别的职业都极大地获益于预先的专门教育……”②1873 年，密苏里大学举办了一系列关于新闻的专题讲演。1879 年密苏里报业协会一名成员威廉•斯维茨勒请求密苏里大学开设新闻课程，同年，密苏里大学开设了第一门新闻方面的课程。密苏里报业协会不仅倡导新闻传播教育，还常常召开会议进行系列新闻培训活动，教授的课程涉及新闻史、新闻原理以及新闻伦理。

为提升整个新闻业地位作出卓越贡献的还有报业大亨约瑟夫•普利策（Joseph Pulitzer）。普利策早年所在报社的老板就是密苏里报业协会活跃分子，并且是普利策的好朋友，这些人很可能影响了普利策的新闻专业理念。普利策将美国新闻业推向了新式新闻业的高峰，形成了对新闻业的一整套信念，在他资助下的哥伦比亚大学新闻学院的成立以及普利策新闻奖项的设立都推动了美国新闻教育和新闻专业主义的发展。

---

① 郭镇之．舆论监督、客观性与新闻专业主义．电视研究，2000(3)：70-72．

② Banning, S. A. The Cradle of Professional Journalistic Education in the Mid-Nineteenth Century (Volume 4, Number 1), Media history monographs: an online journal of media history. 2000/01. http://www.scripps.ohiou.edu/mediahistory/mhmjour4-1. htm [2004-04-10].

1903 年，普利策立下遗嘱，决定将两百万美元捐赠给哥伦比亚大学，成立新闻学院，并设立奖项和奖学金鼓励公共服务、公共道德、美国文学并促进教育。他说："我想帮助新闻从业者（newspaperman）成为真正的记者（journalist）。我希望有助于他们理解其对读者的责任和义务。他们必须受到良好的训练，成为见闻广博的人。……建立新闻学院的主要原因就是教会年轻的男男女女去思考……"①

1904 年 5 月，普利策在《北美评论》（The North American Review）发表文章《新闻学院》（The College of Journalism），表述了新闻教育的重要性："我们的共和国将与新闻事业共存亡。一个能干、无私、热心于公共利益的新闻界（press），一个有着训练有素的智能去分辨是非，并有勇气为之的新闻界，能够维护我们的公共道德。倘若没有这样的新闻界，所谓的民众政府就只是赝品、冒牌货。一个愤世嫉俗、唯利是图、蛊惑人心的新闻界，只会制造出一个如己般卑劣的民众。铸造共和国未来的力量就掌握在未来的新闻记者手中。"②《新闻学院》一文还阐述了他捐款成立哥伦比亚大学新闻学院的目的："虽然有很多政治改革家来自神职人员，但是，作为公共机构的讲道坛只关心天国的事务，而不是美利坚合众国；虽然有很多热心公共利益的律师，但是律师作为职业只为其雇主服务……，医生为病人服务，建筑师为主顾服务。只有新闻事业把公众的利益当作自己的利益。"③因此，普利策认为，如此重要的新闻界更应该有训练新闻记者的学校。既然别的专门职业都能在专业训练中获益，那么新闻事业更应如此。

综上，我们可以说，新闻教育能在美国大学建立并蓬勃发展，离不开美国大学教育体制的改革，离不开美国新闻业的飞速发展以及杜威、普利策这样的核心人物。

二、美国新闻教育理念的三次转折

1908 年、1912 年，美国先后于密苏里大学和哥伦比亚大学建立了新闻学院，规模化的、独立院系式的新闻教育就此在大学展开。自此，美国新闻教育便处于大学学术建制和现实新闻实践的张力之中，这种张力一直存在，如何建构、发展新闻教育的争论至今没有停顿。纵览美国新闻教育的发展，如果进行粗略划分，大致可分三个阶段，这三个阶段有所重叠，有所延续。

---

① Noble, I. *Joseph Pulitzer：Front Page Pioneer*. 北京：人民教育出版社，1990：137-138.

② Pulitzer, J. The College of Journalism. *The North American Review*, 1904(507): 680.

③ Pulitzer, J. The College of Journalism. *The North American Review*, 1904(507): 679.

（一）20世纪初至20世纪20年代以人文科学为基础的职业训练阶段

如上所述，新闻教育步入大学殿堂前，科尔曼、普利策等人就认为，要实现新闻事业的专业化，就要使它像医学、法学那样成为大学专业，学生在走上工作岗位前，就应受到完整的课程教育。密苏里新闻学院第一任院长沃尔特•威廉斯在1910年说，“新的新闻教育与老的新闻教育是不同的，在新闻作为职业的认识上，它和法律、医学一样，都是职业。”

在此理念指导下，美国早期的新闻教育多注重技能训练。这样早期从事新闻教育的人就理所当然地源自富有经验的办报人、记者、编辑以及擅长写作的英语系教师，例如，第一位主持美国密苏里大学新闻学院的沃尔特 • 威廉斯就是新闻记者，早期哥伦比亚大学新闻学院的教授及新闻的老师大多来自英语文学专业。教师的构成决定了早期新闻课程以人文科学特别是语言文学为基础，课程大多依附于英文系。早期的职业培训体现在采访、写作、编辑等技能上，英文写作技巧被应用于新闻写作和采编业务。

到20世纪20年代，较为完整的学科体系建立起来了。一些基础教科书出版了，例如，1903 年休曼（Hilman）所著的《实用新闻学》，该书包含了新闻报馆进化史、新闻业同盟会、妇女与新闻事业、美国版权法及新闻采访、编辑方法等内容；1924 年，著名报人卡斯伯 • 约斯特的《新闻学原理》，全书比较系统地论述了新闻的起源和性质、新闻的选择和取舍、新闻的真实性、社论的责任和方针以及新闻伦理等问题，并长期作为新闻院校教材使用；1924 年《新闻学公报》创刊（即著名的《新闻学季刊》）。这是一批致力于新闻学研究的新闻学专业老师创办的。随后，《新闻教育工作者》《新闻学专刊》和《新闻史》等学术刊物也陆续出版。这些在不长的时间内积累的成果为新闻教育的发展、壮大打下了坚实的基础。

（二）人文主义的社会科学交叉发展阶段

新闻教育前期和中期的分界并不是特别清晰，20 世纪 20 年代可以说是一个承前启后的年代。从前文可知，美国现代新闻业和新闻教育的发展与美国的政治、经济、社会的发展分不开，人们普遍认为媒介对社会影响力巨大，20 世纪初关于大众媒介影响力的枪弹论就是例子。有一些人探讨报纸和社会发展的关系，例如，著名报人李普曼的《公共舆论》（1922 年）；芝加哥大学社会学派的代表人物罗伯特 •帕克有着 11 年的记者生涯，报纸和社会问题是芝加哥社会学派的研究重点，进步主义者帕克将报纸作为变革社会的利器，他发表了《报纸的自然史》《作为知识的新闻》等论文，以及专著《移民报刊及其控制》[①]。虽然这些关于报业的

① 刘海龙. 连续与断裂：帕克与传播研究芝加哥学派神话. 学术研究，2015(2)：29-35.

思考各不相同，但都具有社会学和政治学倾向，这些倾向影响了之后新闻学（journalism）的教学理念和学术发展方向。当时对新闻学学科制度化建设影响较大的是芝加哥社会学派，其影响一直延续到20世纪40年代。芝加哥社会学派在20世纪40年代前深深影响着美国的社会学，它关注美国移民问题，关注城市边缘人，在研究方法上更多的是经验性的，定性的人种志方法，芝加哥社会学是解释性的和广泛意义上的人文主义的[①]。芝加哥社会学派认为，大众传播是美国民主社会面临城市问题而生存下去的一个可能的手段[②]。早期关于大众媒介的研究零散地分布于其他学科中，如心理学、社会学、政治学、文学等，这使得新闻学的发展具有了跨学科的基因。

威拉德·布莱耶（Willard G.Bleyer）从人文主义社会科学的角度，整合并建构了新闻教育的课程体系和学术发展方向。布莱耶是威斯康星大学英语专业的博士，1904年毕业后留校任教。他认为，除非新闻教育强调它的基础在社会科学之中，通过与社会科学的联合课程授予博士学位，进行有关新闻学问题方面的学术研究，否则，新闻学院就不可能在类似威斯康星那样的研究性大学里生存下去[③]。据E. M. 罗杰斯考察，是普利策和哈佛大学校长埃利奥特，而不是布莱耶提出了以社会科学为基础的新闻办学理念，不过，布莱耶当是坚定贯彻这种新闻教育理念的第一人。正如弗雷德. S. 赛伯特所认为的，“老爸”布莱尔是新闻学教育的杰出开拓者：“他在威斯康星创建了第一所具有操作性、并带有（某种）研究方向的新闻学院。”[④]布莱耶从三方面来推进他的新闻教育理念。

第一方面，在教育目标上，布莱耶认为，新闻教育要促进社会文化的发展和民主政治的健全；培养出的学生不仅要有高水平的业务能力，更应该富有社会责任感，拥有广博知识和理性批判的能力。布莱耶所处的年代正好是进步主义教育运动的鼎盛时期，其主张学校应该关注并研究社会各个层面的问题，达到改造社会的目的，布莱耶是这场运动的积极响应者。他认识到他所处的时代是现代传播变革的时代，电气化、摄影术、电影、留声机、电话、广播等新的传播技术戏剧性地变革着媒介领域，也给20世纪的人们提供着生活基础，以至于传播的变化能戏剧性地改变人们的思想与行动；同时，他所处的时代还是垄

---

① (美)E. M. 罗杰斯. 传播学史——一种传记式的方法. 殷晓蓉译. 上海：上海译文出版社，2004：200.

② (美)E. M. 罗杰斯. 传播学史——一种传记式的方法. 殷晓蓉译. 上海：上海译文出版社，2004：207.

③ (美)E. M. 罗杰斯. 传播学史——一种传记式的方法. 殷晓蓉译. 上海：上海译文出版社，2004：492.

④ (美)E. M. 罗杰斯. 传播学史——一种传记式的方法. 殷晓蓉译. 上海：上海译文出版社，2004：20.

断资本时代，在追求高额利润的过程中，作为公众舆论必不可少的滋养品的新闻，已被耸人听闻、浅薄无聊所“污染”，并威胁着民主政治，更为可怕的是新闻从业人员无所适从，新闻业处于一种无序状态①。针对现实情况，布莱耶认为，新闻教育不仅是要让学生掌握必要的专业技能，更重要的是要让学生有批判性地思考新闻的能力。

第二方面，从具体的课程设计上，体现社会科学的重要性。布莱耶强调文学、历史、政治、经济等学科对新闻学的重要性，他主张新闻学和非新闻学课程的比例应该是 1∶3 或 1∶4，并将非新闻学课程定为必修课和选修课。布莱耶认为，新闻专业的学生应该将更多的精力投入历史、政治、社会、经济、文学等学科的学习上，这种跨学科的教育方式，使学生浸淫于自由博雅的教育（liberal education）中。

布莱耶强调的“博”与现代大学的通才教育精神一致，着重于培养学生博学多才、保持自主的心态和自由思考、探索的习惯，不仅要关心普通的知识，关心如何做事，同时要关心如何做人、如何生活，以克服专门教育或学徒式教育造成的精神世界的贫乏和人格的分裂，从而培养统一的人格②。到 20 世纪 40 年代，布莱耶的理想的新闻学课程的观点成为鉴定新闻学院的标准③。

第三方面，布莱耶培养出一些兼修新闻学的某个社会科学的博士，这些博士们毕业后，一般都在新闻学院任教，有的还担任新闻学院的院长职务，他们秉持布莱耶的教育观念，使得威斯康星大学的新闻学院成为美国各个大学学习的模板。

布莱耶对新闻学科体系的建构，深深地影响着世界新闻教育，新闻教育开始加大人文科学和社会科学如历史、文学、哲学、政治、法学、经济等方面的教学比例，专业课比例小于非专业课，奠定了新闻学的人文与社会科学基础，摆脱了其初期只重职业技能的培育倾向。布莱耶的思想仍然影响着当今新闻教育，很多新闻学院的目标仍然是培养批判性思维能力（critical thinking skills）、解决问题的能力（problem solving skills）和管理能力（management skills）④。

（三）20 世纪 40 年代末传播学介入，新闻教育向新闻传播教育嬗变

第二次世界大战期间，美国政府几乎将美国所有优秀的社会科学家都集中到首都华盛顿，希望通过学者们的研究，找到更好的鼓励公众积极支持或参与战争的方法，因此传播效果研究就成了这一时期传播研究的方向。1941～1942 年，施

---

① 单波．反思新闻教育．新闻与传播研究，1998(4)：38-44．

② 刘军宁等．学问中国．江西教育出版社，1998：248-249．

③ (美)E. M. 罗杰斯．传播学史——一种传记式的方法．殷晓蓉译．上海译文出版社，2004：22．

④ 单波．反思新闻教育．新闻与传播研究，1998(4)：38-44．

拉姆通过频繁接触这些社会科学家，逐渐形成了他的传播学观念。1943年，施拉姆离开华盛顿，回到艾奥瓦大学并成为艾奥瓦大学新闻学院院长，正热衷于传播学的施拉姆，很自然地在艾奥瓦大学推进他的传播学观点。在某种程度上，正是由于这次任命，使得施拉姆改写了美国新闻教育的格局，导致了新闻教育逐渐向新闻传播教育的嬗变，而传统的新闻教育也改造着传播学，传播学在新闻学院的发展以大众传播学为主。

传播学进入新闻学院后，也发生了意想不到的变化，新闻和传播成了紧密相连的词语。第二次世界大战后美国经济和传播科技取得了发展，电视媒体成为主要的媒介力量，很多传统的新闻学院根据社会现实的变化，逐渐变革了科系设置，将传统的以新闻为核心的教育模式变为按现实职业分类的教育，新增了广播电视、广告等专业。也有学者认为，传统新闻科系的变化和传播学的介入直接相关，因为传播学的研究对象比传统的新闻学的研究对象本来就要广泛一些。其实传统新闻学和传播学之间应该是相互影响的关系。传播学原本是一个偏于学理的研究领域，最初走进新闻学院时，以培养传播学博士为主，但传播学逐渐向新闻本科教育渗透后，就逐渐被整合进了传统的新闻教育，成为研究广电、报刊、广告、公共关系等的学术武器。这样，传播学特别是大众传播学介入新闻学院后，扩展了学生的就业空间，在某种程度上，这使得新闻学院得以招收更多的学生；而另一方面，传播学进一步提升了新闻学院在研究型大学中的学术地位。虽然布莱耶提出了新闻学术当以社会科学为基础，但多学科的基础很难使新闻研究形成一个体系，至少在传播学介入前，被认为有深度的新闻研究还不多见，而施拉姆完成了对多种社会科学的整合，创建了传播学领域，使得新闻学术研究无论在广度还是深度上都前进了很多步，当然，传统的新闻教育也演变成新闻传播教育。

布莱耶关于新闻教育的社会科学观和施拉姆不同。布莱耶时代，正是芝加哥社会学派发达之时，而施拉姆引入传播学时，又正是芝加哥社会学派的衰落之时，也许正是由于不同的社会科学发展背景，才导致了二人在新闻传播教育理念上的巨大差异。芝加哥社会学派的思想深深影响着布莱耶的新闻教育理念，为新闻教育的人文社会科学转向找到了理论基础。施拉姆构建传播学时，社会科学开始模仿自然科学，趋向于经验主义和量化的方法，……社会学方法开始以统计学为中心[①]，围绕着拉扎斯菲尔德建立起来的哥伦比亚学派赢得了统治地位……在美国社会学的中心舞台上，拉扎斯菲尔德和哥伦比亚学者取代了帕克和芝加哥社会学

---

① (美)E. M. 罗杰斯. 传播学史——一种传记式的方法. 殷晓蓉译. 上海：上海译文出版社，2004：201.

派的学者……开始强调诸如大众媒体传播效果的研究课题[①]。显然，施拉姆所构建的传播学受到了量化研究基础的社会科学的极大影响。

三、世纪末的大争论——新闻教育何去何从

20世纪末，哥伦比亚大学新闻学院教授詹姆斯•凯里（James Carey）对新闻（journalism）的阐释，引发了关于新闻教育何去何从的大争议。而这场争论的核心可以说就落脚在新闻与传播的关系上。很多学者认为，传播学引入新闻学院后，大有取代新闻教育的趋势，新闻作为专业正在被消解，传播学的介入使新闻失去了内在的含义。

那么新闻的含义到底是什么呢？凯里认为，新闻是无法被同化的，它是社会的基础，是教育的基石，这一点，传播学的其他部分是不能替代的。凯里在其短文《新闻教育错在何处？》（Where journalism went wrong？）中，痛心疾首地批判当前的新闻教育，认为现在的新闻教育已变得面目全非，他警醒业界学人，新闻教育不管如何发展，它必须要遵守三大原则（axiom）[②]。

第一，新闻学和新闻教育不同于广告学、传播学、媒体研究、公共关系和广播，它也不是包罗万象的学科领域。新闻学是在特定历史时期形成的独特社会实践学科，因此千万不能与其他相关但又截然不同的社会实践学科混淆在一起。在教育或新闻编辑室（news room）中也不能把新闻学和其他学科混淆在一起。新闻教育必须将新闻本身作为其关注目标。

第二，新闻学作为独立的社会实践学科不能与媒体或传播混淆在一起。媒体只是组织，官僚机构、科学技术，是新闻产生和伴随其发生的地方；传播是关于意义传递的普遍的社会过程。不管是传播也好，媒体也好，它们和新闻都不是一回事。无论大小组织，团体抑或个人，都可以用声音、手、印刷媒体或电视镜头实践新闻事业。新闻在何地如何产生固然重要，但如果我们把新闻同媒体和传播混淆，就如同我们把鱼的故事和鱼混为一谈。

第三，新闻是民主的另一名称，或更恰当地说，没有民主就没有新闻。

凯里认为："新闻学的天然学术家园在人文学科和人文主义的社会学科之中。新闻学与政治理论有着天然的联系，政治理论培育着人们对民主生活和制度的理解；和文学相联系，新闻学可以不断提高对语言表达和叙事形式的领悟和理解；和哲学相联系，可以理清新闻学本身的伦理道德基础；和艺术相联系，可以丰富新闻对视觉世界统一性的想象力；和历史相联系，可以形成新闻思想意识的基础。"

---

① (美)E. M. 罗杰斯. 传播学史——一种传记式的方法. 殷晓蓉译. 上海：上海译文出版社，2004：203.

② Carey，J. W. 新闻教育错在哪里. 李昕译. 国际新闻界，2002(3)：8-11.

从上述内容看出，凯里强调的新闻教育内容必须以新闻实践为核心，是对芝加哥社会学派的回归。凯里认为，传播学介入新闻以后，使得新闻教育离应有的核心越来越远了。其实，凯里对传播本身就有不同的看法。凯里将传播的定义分为两大类：传播的传递观和传播的仪式观[①]。前者强调传播就是信息的传递，后者认为传播是文化的传播。凯里认为，正是前一种传播观介入新闻以后，使得新闻教育失去了自身的内核。而传播的后一种观念其实先于前者影响新闻教育，这种观念以芝加哥社会学派的研究为代表，凯里所希望的新闻研究方向，其实就是芝加哥社会学派式的。其实，芝加哥社会学派的观念也深深地影响着布莱耶。

在社会科学不同路径上跑的新闻教育和传播教育在对于培养何种人才的问题上存在较大分歧。如果我们依循着芝加哥社会学派的理念，可以推断出新闻教育应有的模式就是詹姆斯·凯里所倡导的模式——作为社会实践的新闻（journalism）必须以社会生活作为文本，对之采取人文的解读……新闻教育应当培育有能力继承启蒙传统的社会和文化批评家，他们要会“跑”新闻，……要具有在把握社会“真实的整体”基础上发掘新闻的能力……新闻教育的目的……（是培养学生）擅长具有分析穿透力的“深描”……他们是专业人士（professionals），这不仅在于他们掌握了通过专门训练得到的技能，更在于他们具有服务全体社会、倡扬公共利益、献身社会福祉的精神，并有将这种献身精神转换到自己的日常工作之能力。[②]而传递观的传播学进入新闻学院后，被广泛运用到报纸、广电、广告、网络、公共关系等方面，这样，传播专业的学生明显地比传统的新闻专业学生的就业面要广泛得多，似乎传播学更为迎合社会的需要，而对于教师们来说，传播学的学科领域又那么具有理论建设意义，对提升他们的学术地位大有裨益，不少教师转向传播学。

凯里对两种传播观的厚此薄彼及其对新闻教育的观点引发了学者的广泛关注。也有不少批评者。有的学者认为凯里没有具体谈新闻教育中无时不在的各种冲突，比如，技能与理论训练之冲突，精专与博雅之冲突，基本功与最新技术之冲突等[③]；虽然凯里给出了他自己认为的新闻教育应有的指导思想，但缺乏具体的操作方式。有的学者认为凯里的新闻教育理念窄化了新闻（journalism）的定义，过分倚重实践；把新闻事业的角色作用仅仅定位为推进社会民主，窄化了新闻的社会功能，而且已经不能适应复杂多变的社会环境。

著名的英国媒介研究学者科林·斯帕克斯（Colin Sparks）在考察了 22 个国

---

① 郭建斌．理解与表达：对凯利传播仪式观的解读．中国传播学论坛．深圳．2006．

② 潘忠党．解读凯里·跨文化嫁接·新闻与传播之别．中国传媒报告．http://media.people.com.cn/GB/4174588.html [2006-01-01].

③ 同②。

家的新闻传播教育以后呼吁建构一个更为宽广的新闻学概念。循着这样的思路，有人提出要分三个层次去重构新闻学的理论框架。

首先，宏观层面：包括国际环境及国家的法规和媒介政策；国家的法律、历史、意识形态基础；社会、文化等条件。

其次，中观层面：包括媒介市场的环境（所有权、纵横各向的竞争、协作和集中）；媒介组织的内在要求（类型、技术、时间、空间、方针等）。

最后，微观层面：包括从业者与消息来源（受众、发言人等）的关系和同事的关系；职业程序；作为个体的新闻从业者基本的、职业的特性①。显然相当多的新闻传播教育已经在行动了，目前的新闻传播教育大多向更广阔的空间转向，并且重视学科间的整合。从某种程度上来说就是新闻学融入传播学，新闻学被大众传播学所代替，学术研究被摆放在重要位置，新闻学院所培养的目标不再仅仅是记者、编辑，而是更为广泛的能够在报刊、广播电视、广告及公共关系等领域工作的通才。而且修多种专业的学生越来越多，这本身也是大学教育的现实趋势，各门学科都在强调科际间的学科整合。

比之传统的新闻研究，大众传播学无论是在研究范围还是科际整合方面都要广阔得多，凯里所批判的传播学其实经过半个多世纪的发展，已经有了相当的变化。例如，美国的传播学研究部分地吸收了欧洲的媒介研究成果，在研究方法上不再只局限于定量研究，定性研究也取得了很大进展，而且逐步摆脱了早期过多重视效果研究的倾向，功利色彩逐渐减弱，正如罗杰斯所言，现在的传播研究又开始使用芝加哥社会学派 70 年前使用的研究方法了。

现在有一种普遍的观点，似乎把今天新闻专业的变异都归罪于传播学，其实新闻传播教育的问题，也许和整个大学乃至社会的变化直接相关。也许我们现在应当忧虑的是，当今的新闻传播教育如何应对政治、经济、技术影响下的大学精神衰微问题。哥伦比亚大学校长李•鲍林格于 2004 年 4 月访问北京大学时，在其演讲《大学在全球化中扮演的角色》中说，当前有三种力量正在改变世界的发展进程，影响着大学体制，第一种力量是在全球化进程中不断发展的经济，包括自由市场的发展、资本的全球化、跨国公司的扩张等；第二种力量是政府行为，这种行为具有强大的能量，将使几十年后的世界呈现出另一种风貌；第三种力量是网络交流，它为地球上任一角落的个体提供了人类历史上从未有过的实时交流的可能性。大学在这些变革中似乎处于被动跟随的地位，迎合商业利益，迎合利益团体，表现出太多的功利性，大学精神日渐式微，大学正在遭受着某种程度的制度危机和知识危机，如何重塑现代大学精神需要各个学科的支持，而新闻传播教育需要的是更多的回顾与反思。

---

① Deuze, M. Spring 2001.Journalism Education: Considering Theory, Goal and Change.Journalism and Mass Communication Educator. http://excellent.com.utk.edu/JMCE/. [2004-04-19].

独立与多元：日本高校的广告教育

——从教育定位、教育模式到课程设置*

暨南大学新闻与传播学院　朱磊

我国广告业的发展正在从一个高速成长阶段进入一个稳定增长阶段，在这样一个大背景下，广告教育能不能获得进一步的发展和创新，是值得我们每一个广告教育工作者思考的问题。对于这个问题，虽有一些先行研究，但是其考察对象多集中在国内，对于国外广告教育的讨论还不够充分。在这个意义上，对20世纪90年代以来的日本广告教育的发展轨迹、教育模式及课程设置特点的研究可以给我们一定的借鉴和启示作用。本文分析了1989～2006年的日本大学广告课程设置调查报告数据和三所高校的广告课程设置状况，从日本广告的教育发展概况、教育定位、教育模式和课程设置的特点等四个方面，对20世纪90年代以来的日本高校广告教育进行了考察。研究发现，一方面日本广告教育定位明确，保持了相对独立性；另一方面近年来信息技术、广告产业、社会等多方面的发展变化，极大地丰富了日本广告教育的内容，使得日本广告课程设置的内容呈现出多元化的发展趋势。

一、日本广告教育发展概况

1992年以来，日本经济始终徘徊不前。近10年来仅累计增长6.8%。广告也深受经济低迷的影响，1996年以来的10年之间，广告费平均增长率为1.6%，共出现过4次负增长（图1）。在这样的广告环境下，尽管日本的大学学部（相当于本科阶段）未设广告学专业，但大学广告教育的发展却是非常迅猛。2006年，日本全国高校设置广告课程数为2128门、学校337所、任职教师937人。1996

---

* 本文最早发表于杨立川主编《创新与和谐：当代中国广告学研究与广告教育》（西北大学出版社，2007年，第72～85页）。原题为《经济低速成长期的日本高校广告教育——以广告课程设置为中心》，有部分改动。本文使用的图表，如无特别说明，均根据日经广告研究所大学广告相关讲座的历届调查报告（1989～2006年）的数据统计分析而来。

年，这些数字分别为972门、220所、450人（图2，图3）。无论是广告课程数量，还是任课教师数量，都比10年前翻了约一番。由此可见，日本高校广告教育的蓬勃发展和日本的经济以及广告业的低迷发展不平衡。

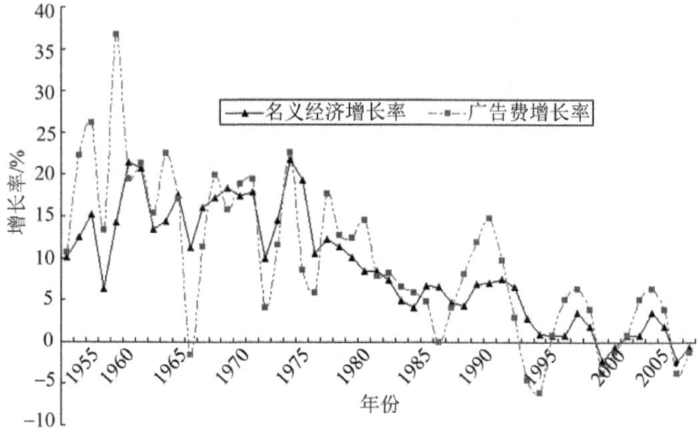

图1　日本经济和广告费增长率的变化（1955～2005）

数据来源：日本电通

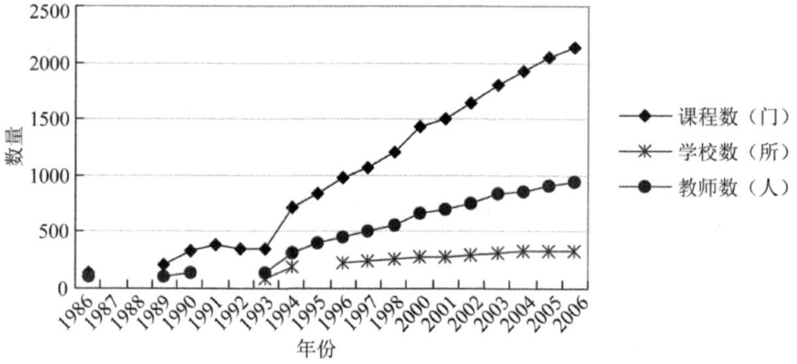

图2　日本全国高校设置广告课程数、学校数、教师人数（1986～2006）

注：数据包括短期大学、四年制大学以及研究生院。下表同。1999年数据暂缺。

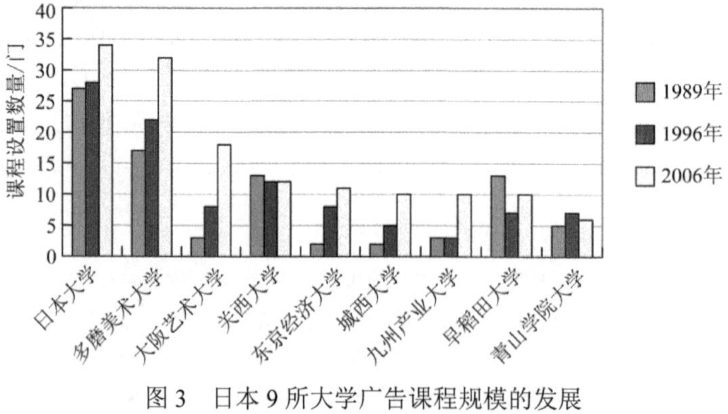

图3　日本9所大学广告课程规模的发展

2006年，在全国四年制高校（726所）中，平均5所高校中就有1所开设广告讲座。广告课程人气不衰有以下几个方面的原因：第一，学生对广告相关行业的就业期待。20世纪90年代初，只要增设一些带有“大众传播”“国际”“情报（信息）”字眼的专业，就能增加招生人数。第二，大学生对广告有亲近感。很多学生认为“广告很有趣、好像写论文（作业）比其他课程简单”。第三，有实务经验的教师能够提供生动活泼的教学内容。40%～45%的课程由兼职教师担任，平均每个学部聘用一名专职、一名兼职教师。有实务经验的教师占60%，而实务经验丰富、教学方法生动有趣的老师可以充分满足学生的需求，有助于提升专业的人气。东京经济大学的广告学课程（八卷俊雄担任）的学生一度超过300人，结果被日本文部省警告，校方不得不再聘一位专职教师。中国也在聘用有实务经验的教师进行教学，但其目的主要为了培养学生的实战能力，和日本有所不同。然而，有讽刺意味的是，日本许多广告业界人士或来自业界的大学教师的观点是：广告实务不是学校里可以培养的。例如，八卷俊雄就认为，大学广告教育，掌握基本的统计知识和广告学知识即可[①]。

二、日本广告教育定位

日本的广告教育对广告业的依赖和影响程度都不高，因此保持了广告教育的相对独立性。广告教育设置在各个学科中，毕业生很少进入广告公司，加上日本特有的企业制度与文化，大学的广告教育没有很大的来自学生就业的压力。这和日本广告教育的定位有着密切关系。

尾山皓（2004）对广告教育在广告界中的理想定位做了清晰描述。他认为，假定X轴为艺术的——科学的轴，Y轴为学院（学术）的——商业的轴。那么，大学广告教育的定位应该是第一象限、即科学的＋学院的[②]（图4）。尽管我们从后面的案例中可以发现日本的广告教育不限在此象限之中。总体来说，日本的广告教育坚守科学（艺术）——学院之阵地，一般不涉及商业领域，学术和非学术的界线非常明确。

尾山皓同时对广告教育在高等教育各学科中的理想定位也做了分析。他认为，假定X轴为通识教育——专门教育（即专业教育）轴，Y轴为实践教育——理论教育轴。那么，大学广告教育在大学中的定位应该是第一象限、即专门教育＋实

① 朱磊. 日本广告教育发展现状. 现代广告，2005(114)：39.

② 尾山皓. 广告学的发展和广告教育的方向性(下)——广告教育的独立性.日经广告研究所报，2004(216)：23.

践教育[①]（图 5）。但是，实际上，我们从后述的案例中也同样可以发现，除了一些美术类院校，很难说日本的广告教育都定位于专门教育＋实践教育。

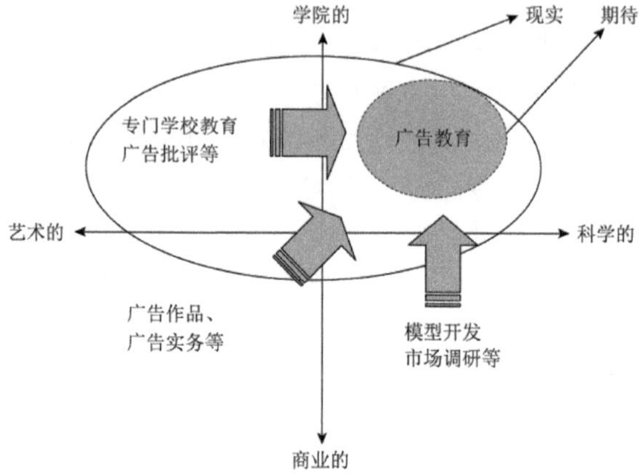

图 4　日本高校广告教育在社会（广告界）中的定位[②]

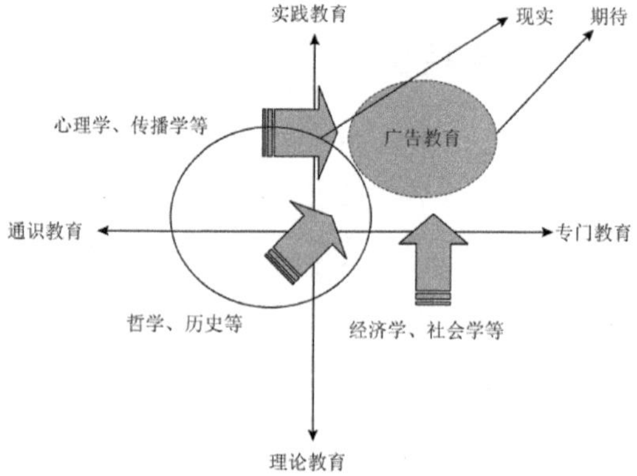

图 5　日本高校广告教育在大学内的定位[③]

如上所述，日本广告教育的现实定位和理想定位是有所偏离的。总体而言，日本的广告教育定位于素养教育。日本广告教育的这个特点也给广告学界带来一些负面影响，出现了学界的部分广告研究严重脱离广告实践的现象。曾在日本经

① 尾山皓. 广告学的发展和广告教育的方向性(下)——广告教育的独立性.日经广告研究所报，2004(216): 24.

② 尾山皓. 广告学的发展和广告教育的方向性(下)——广告教育的独立性.日经广告研究所报，2004(216): 23. 有改动。

③ 尾山皓. 广告学的发展和广告教育的方向性(下)——广告教育的独立性.日经广告研究所报，2004(216): 24. 有改动。

济新闻社从事广告营业工作、后任日经广告研究所顾问的森内丰四如是说：

> 虽说做学问是为了追求科学性、普遍性和理论性，但是恐怕除了“大学人”，很难理解为什么要进行那些和现实中的广告没有关系的研究，……学术研究应该追求科学性，但是走过头了，就会产生精细和精致的、甚至有时是巨大的虚妄。……这类研究不重现实而重虚妄的世界。我认为与其把广告说成应用科学，不如把广告称为实学①。

另一方面，学界也开始注意到，日本高校的广告教育理念过于偏重素养教育会影响到学生的就业。早稻田大学商学部广告学教授岛村和惠在介绍美国广告教育时这样评价日本广告教育现状：

> 按照日本企业招聘大学应届毕业生的条件来看，广告基础入门课程对于学生掌握粗浅而广泛的各种知识来说是非常有效的。但是，由于日本经济不景气严重低迷，大学生希望与其获得一般教养、不如掌握对将来有用的一技之长②。

三、日本广告教育的模式

日本大学的广告教育大都集中在私立大学。广告相关课程设置最多的大学为日本大学、多磨美术大学、大阪艺术大学、静冈产业大学、关西大学、东京经济大学等校（表 1）。从课程设置上来看，日本广告教育大致可以分为三种模式：市场营销模式、艺术设计模式和社会传播模式。本文根据课程设置规模、专业历史及特色，分别选取一所有代表性的院校作为案例进行考察。所选院校及所属院系分别是：早稻田大学商学部（市场营销模式）、多摩美术大学（艺术设计模式）、东京经济大学（社会传播模式）。

根据日经广告研究所的分类法，我们把日本大学广告教育相关课程分为 3 类，第 1 类为以广告为主题的讲义，如广告论，本论文称之广告基础课程；第 2 类为以广告为主题的演习、实习等，如广告创作，本论文称之广告实践课程；第 3 类为把广告作为内容之一的讲义、演习、实习等，如市场营销学，本论文称之广告外围课程。

从三所大学的广告相关课程设置情况来看，各校的广告教育定位各有特色，差异非常明显。早稻田大学是日本知名的综合性私立大学，是日本第一所开展广告学教育的大学，其商学部汇集了以小林太三郎为代表的日本广告学界的知名学者。早稻田大学的教学模式，重营销、轻传播，属于传统的广告教育模式（表 2）。

---

① 森内丰四. 广告教育和广告人教育.日经广告研究所报，2003(207)：55.

② 岛村和惠. 美国的广告教育——现状及课题.日经广告研究所报，2002(205)：2.

多摩美术大学是一所以艺术教育为主的私立大学，在日本艺术教育中起着重要的作用,特别是其美术教育在日本具有相当的实力。多摩美术大学的教学模式，重实践、轻理论，属于传统的设计教育模式（表3）。

东京经济大学是一所经贸类私立大学，也是日本第一所设立传播学专业的大学，该校拥有以八卷俊雄为代表的横跨学界、业界的广告传播学者。东京经济大学的社会传播模式，重传播，轻营销，属于新型模式（表4）。

从三所院校专业课程的数量来看，其和我国的广告学专业不能同日而语。但就其内容来看，三所院校各有特色，绝无雷同。特别是多摩美术大学，其和我国的广告设计专业相比，有许多创新之处，可资借鉴。可以说，日本广告教育虽无广告学专业之名，却有广告学专业之实。

表1　广告课程设置最多的学校（2006年）　　（单位：门）

学校名	主要开设学部	广告基础课程	广告实践课程	广告课程数合计
日本大学	艺术学部	13	21	34
多摩美术大学	美术学部	6	26	32
大阪艺术大学	艺术学部	6	12	18
静冈产业大学	情报学部	8	6	14
关西大学	社会学部	8	4	12
东京经济大学	传播学部	8	3	11
城西大学	经营学部	4	6	10
九州产业大学	商学部	5	5	10
早稻田大学	商学部	5	5	10
城西国际大学	媒介学部	9	—	9
武藏野美术大学	造型学部	1	7	8
关西学院大学	商学部、社会学部	7	—	7
青山学院大学	经营学部	6	1	7
东海大学	文学部	6	—	6
庆应义塾大学	商学部	4	—	4

表2　早稻田大学商学部、研究生院商学研究科2006年广告相关课程设置

	广告基础课程	广告实践课程	广告外围课程
学部	广告论（基础理论） 广告论（管理） 宣传文案研究1、2（文）	现代广告研究1 现代广告研究2 广告理论研究1 广告理论研究2	国际贸易研究1 国际贸易研究2 市场营销特论（整合传播） 市场营销科学 市场营销科学研究1

续表

	广告基础课程	广告实践课程	广告外围课程
学部			市场营销科学研究 2 市场营销论 流通论 营销传播论 直接营销论 现代市场营销研究 1、2
研究生院	广告研究 广告产业研究	广告理论演习	品牌传播战略 Web 传播战略 PR 传播战略 品牌创造论 市场营销论 国际商务特殊研究 市场营销原理 市场营销基础理论研究 市场营销战略研究 市场营销战略演习 数据库营销 营销传播研究
课程数/门	5	5	27

注：（文）表示此课程设置在文学部；设置在其他学部（社会科学部、政治经济学部、第一文学部、第二文学部、理工学部等）的广告外围课程（计 39 课程）在此省略。

表 3　多摩美术大学美术学部图形设计专业、研究生院美术研究科 2006 年广告相关课程设置

	广告基础课程	广告实践课程	广告外围课程
学部	广告原论（广告设计） 广告史（案例） 图形设计原论 广告文案论 广告表现论 广告概念（concept）	图形创作 电视广告创作 艺术监督 A 广告影像 1、2 广告照片 1、2 艺术监督 B1、B2 艺术监督 C1、C2 Web 创作 1、2 广告策划	大众传播心理学

续表

	广告基础课程	广告实践课程	广告外围课程
学部		VI 策划 图形创作 B 包装设计 1、2	
研究生院		设计研究 1、2（现代日本图形设计研究小组） 设计研究 1、2（环境图形研究小组） 设计研究 1、2（广告设计研究小组） 设计研究 1、2（现代日本图形设计研究小组） 设计研究 1、2（双向媒体广告设计研究小组）	视觉设计特论 2 综合研究指导 设计研究 3 美术理论研究 2
课程数/门	6	26	5

表 4　东京经济大学传播学部传播学专业、研究生院传播学研究科 2006 年广告相关课程设置

	广告基础课程	广告实践课程	广告外围课程
学部	应用广告论 广告论 广告论（经） 广告表示与法律（法）	流通市场营销演习（广告策划实习）（经）	市场营销论 A、B（经） 案例方法论（经） 日语表现（广告文案） 信息产业论 媒介制作 演习（广告符号学） 演习（消费者发想和传播） 个人与工作（职业设计） 媒介制作（消费设计） 日语研究会 传播论入门 市场营销论 媒介传播入门 大众媒介现场 2006
研究生院	广告论研究 广告传播论 广告策划 国际广告实务	媒介制作（广告表现演习） 广告论演习（经）	个别指导研究 都市与媒介研究 大众传播理论 媒介与文化应用研究 调查策划研究
课程数/门	8	3	22

注：（经）表示此课程设置在经营学部；（法）表示此课程设置在现代法学部。

四、日本广告课程设置的特点

日本广告业及经济发展步伐的减缓，反而促进了广告教育朝着多元化方向发展。高校广告教育不再仅拥有培养高级专门人才这个单一功能，还进一步发展出社会服务性、娱乐文化性等多元功能。这一点，从日本大学广告课程内容种类的变化上可以得到充分反映。

图6显示了1990年以来日本大学各类广告课程设置比例的变化。从图中可以发现，20世纪90年代以来，日本大学广告教育在课程设置方面呈现非常明显的特点：广告基础课程所占的比例在逐年减少，而广告外围课程所占的比例却在逐年递增。笔者认为，这一结果说明了日本广告教育融入到了各个学科领域，体现了日本广告课程设置的多元化发展趋势。

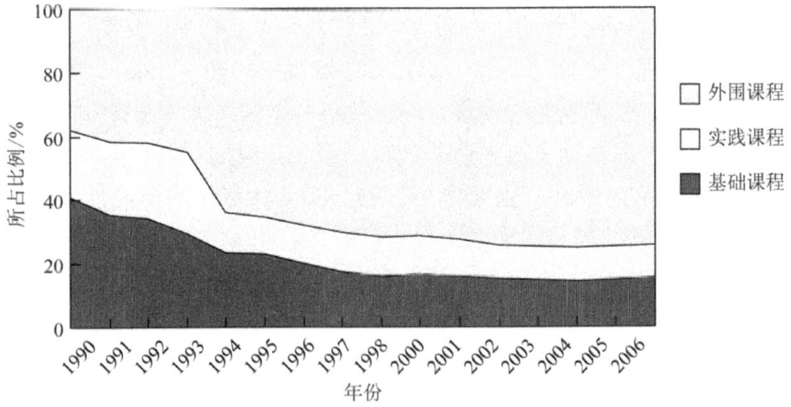

图6　日本大学各类广告课程设置比例的变化

表5　从广告课程简介看日本教育核心概念的创新①

广告课程名称及简介	1990年	2002年	结果的解释
带有“广告”的复合词数量	79词	240词	广告教育的主题和内容呈多元化发展
带有“广告”的复合词排名（出现频次>10）	广告表现、广告效果（效果测定）、广告传播、广告论、广告战略、广告伦理、广告策划、广告管理、广告媒体、广告预算	广告表现、广告效果（效果测定）、广告传播、广告论、广告战略、广告活动、广告策划、广告管理、广告媒体、国际广告	①法规日趋完善 ②广告活动的扩张 ③全球化趋势
2002年新词排名（出现频次>15）	——	因特网、体育、构成、新闻学、全球、IMC、时尚、多媒体、数码	①技术进步 ②广告概念发展 ③广告领域扩大

① 笔者整理。资料来源：森内丰四. 广告教育和广告人教育.日经广告研究所报，2003(207)：48-50.

续表

广告课程名称及简介	1990 年	2002 年	结果的解释
教学方法相关词（出现频次>50）	—	研究、讲义、考察、分析、理解、制作、检讨、解说、实践、实习	①以概论为中心 ②以理解为目的 ③实务教育相对较少

从近年广告课程名称、内容的变化中，可以发现广告课程设置的多元化发展呈现以下几个特点：①在广告基础课程中，不使用“广告”名称的课程在增加，如“营销传播”“整合营销传播”“企业传播论”等；②同样在广告基础课程中，广告和公关结合的课程在增加；③在广告外围课程中，品牌、媒体、网络方面的课程在增加。

森内丰四对2002年日本的大学开设的1639个广告相关课程的简介进行了内容分析[①]，推测出日本广告教育的核心概念为“广告”“战略”“营销”“社会”“情报”“理论”“表现”“行动”等。研究者还发现，1990～2002 年的 10 多年间，一方面，技术进步、广告概念的发展、广告业务的扩张，大大地推动了广告课程核心概念的创新，有力地推动了日本广告教育的多元化发展；另一方面，在教学方法方面，课程多以概论为中心、以理解为目的，实务教育相对概论性教育来说较少（表 5）。内容分析的结果再次证明了日本广告教育主要定位于通识教育。

结　　语

20 世纪 90 年代以来，日本广告教育发展迅速，从广告相关课程的设置上看，无论是数量上还是内容上，都一直保持着强劲有力的多元化发展势头。同时我们也注意到，日本广告教育大都定位于通识教育，但设计类院校则属于彻底的实践＋专业教育。另外，本文在研究过程中，还发现了日本广告课程体系有实无名的特点，即有广告学专业之实，无广告学专业之名。我们认为日本广告教育的这种通识教育定位和有实无名的课程体系，具有“反模式化”的特点，有利于广告创新型人才的培养，对日本广告业的发展将会有深远影响。

① 森内丰四. 广告教育和广告人教育.日经广告研究所报，2003(207)：48-50.

日本广告职业教育刍议

——以电通公司员工培训模式为例①

武汉大学新闻与传播学院　余晓莉

日本是世界广告产业最发达的国家之一，早在19世纪80年代，日本就创立了具有现代意义的广告代理店，此后，博报堂、电通等全球知名的广告公司也随着日本经济全球化的发展，在世界广告业的发展中有着不俗的表现。但与美国、中国的广告高等教育体系不同，日本的高校中尽管也经常有内容丰富的各种广告讲座，但并没有设立广告专业。既然高校教育并不能源源不断地为广告行业输送大量受过系统、深入广告专业教育的毕业生，以广告公司为主体的广告职业教育就成为日本广告人才培养的关键环节。在这样的背景之下，长久以来，从广告企业长期战略发展的人才需求角度出发，以电通公司为代表的日本广告企业已经形成了一套行之有效的广告人才培养体系。笔者作为2016年电通中国人才育成基金项目的研修员，利用研修身份的便利，对电通的人才培养体系进行了深入的考察、调研。与以高等院校为主体的广告人才培养体制相比，广告公司的广告职业培训体系在指导思想和具体方法层面都有显著的区别。与此同时，这种立足于广告行业实践的广告教育方法也非常值得我们思考和借鉴。

一、电通公司广告人才职业培训体系形成的背景

在讨论电通公司的广告职业培训体系之前，有必要介绍一下此种体系形成的背景。电通是世界第一的单体广告公司，创立于1901年（明治34年）。在日本

---

① 本文为电通·中国广告人才育成基金项目研究成果；本文是武汉大学自主科研项目（人文社会科学）“美国广告批判研究”的研究成果，得到“中央高校基本科研业务费专项资金”资助；本文受到教育部重点研究基地武汉大学媒体发展研究中心项目“美国广告研究100年”项目基金资助；本文为武汉大学人文社会科学“70后”学者学术发展计划“发展广告学与中国案例研究创新团队”成果。

本土，电通公司常年雄踞广告行业的霸主地位。从海外市场来看，自 2013 年电通收购英国安吉斯公司之后，目前已经成为经营范围超过 140 个国家和地区，全球社员人数超过 47，000 名的企业，日本东京电通总部员工也超过 7000 名[①]。2016 年，在包括 WPP、宏盟、阳狮等在内的全球六大广告集团中，电通以 19.9%的营业利润率领跑[②]。

一方面，如前文所述，由于日本的大学教育中并没有设立广告专业，因而每年新进的社员在进入公司前并没有经过相对完善、系统的广告专业教育，有些新入社员在投考电通之前，对广告行业也缺乏足够的认识，甚至可能完全不具备广告专业知识[③]。电通社员在高等教育专业构成方面非常丰富和多元，每年新入的社员中，有相当一部分是来自理工科的高校毕业生。例如，在文理科比率方面，电通 2016 年新入社的社员中有 25%的本科专业是理科[④]。新入员工专业背景复杂，总体而言没有接受过广告相关专业培训，这对于企业的广告职业教育而言无疑是很大的课题和挑战。也正是在这样的背景下，电通公司必须在对新员工的培训方面建立一整套系统的理念和方法，否则无法使新员工尽快对广告行业有所了解并成为能够胜任岗位工作的生力军。

另一方面，日本独有的雇佣终身制是企业普遍高度重视职业培训的社会背景。雇佣终身制，初起于日本江户时代，在第二次世界大战之后逐渐成熟并被确立，被认为是战后日本经济腾飞的秘密武器[⑤]。雇佣终身制是指受雇于某企业后，经过几个月到一年的试用期，即确定了终身雇佣的身份，只要不长期无故缺勤和发生严重损害企业利益、声誉的行为或犯罪就能保持长期雇佣。雇员和雇主之间保持一种相互信赖、相互协定的默认状态，不会出现解雇与跳槽现象。即便是在经济萧条，企业出现雇佣过剩时，也是通过轮换、培训等方式将员工进行再分配[⑥]。在雇佣终身制的背景下，员工对企业的认同感较强，忠诚度高而且流失率相对较低，企业也能够为员工的培训设置长期规划。在这样的大背景下，日本广告公司普遍极为重视职业培训，并在职业培训体系中投入大量企业资源。作为日本广告行业中最具声望的广告公司，电通也是实行终身雇佣制的代表公司之一。在为员工解除后顾之忧的同时，公司在培训新进员工时，也少了对员工就业不稳定性的

---

① 数据来自电通 2016 年在新社员招聘宣传资料中公布的资料。

② 数据来自互联网，全球六大广告巨头 2016 年经营简报新鲜出炉，https://www.suilengea.com/show/bbgmhmhmh.html [2017-06-10]。

③ 内容来自笔者在 2017 年 4 月参加电通新社员恳谈会时采访年轻社员的资料。

④ 数据来自电通 2016 年在新社员招聘宣传资料中公布的资料。

⑤ 李朝千. 对日本雇佣形态的考察——终身雇佣制和年功序列工资制.长江大学学报・社会科学版，2009(8)：227-228.

⑥ 吴佩军. 日本企业雇佣制度的历史考察. 北京：社会科学出版社，2010：209。

顾虑，因而能够从员工的个人特点、学科背景以及未来职业生涯发展等方面全局考虑，进行职业培训的考虑和设计。以电通为例，近 3 年（2014～2016）进入的社员流失率小于 6%[①]。虽然也有少量的出于人才需要考虑而从其他公司挖角的"中间采用"社员，电通正式员工的最主要来源仍是应届毕业生的招聘。

二、电通广告人才职业培训基本体系和理念

在上述背景下，经过长期的摸索和研究，电通逐步建立起广告人才职业培训的基本体系和理念。一方面，基于电通的企业理念，电通对人才的培养更偏重于基本素养和综合能力的培育，而不是广告专业知识和技能。另一方面，根据人才的个人特点以及发展的需要，电通也建立了渐进式、个性化的培育体系。另外，在以人为本的指导思想之下，在雇佣终身制的体制下，电通也通过体制和机构的设计来保障人才的可持续发展。

（一）立足企业理念，重视人才基本素养和综合能力的培育

在电通人才培养的整体思路中，最为基础的、也最被看重的是员工的思考和行动能力。相较于广告行业的专业知识而言，人的基本思考和行动能力被视为广告从业者更为关键的素养，这一方面是因为专业知识技能是不断更新的，在数字技术快速发展的今天，广告专业知识和技能的更新换代尤其迅速；另一方面专业知识技能的应用水平也必须基于人的基本思考和行动能力，因此，人的基本思考和行动能力被视为决定其能否胜任岗位的决定性因素。如表 1 所示，在人才培养的整体构成中，第一到第三阶段的培训是针对所有职员的。其中，思考、行动能力是电通人才培训中最基础的部分，也被安排在所有培训的最开始部分。电通的广告人才培养体系，相对于专业知识而言，更为注重对基本素质的打磨和训练，这样的教育指导思想的形成，也基于电通的企业理念。

表 1　电通人才培养的整体构成

第五阶段培训：知识技能（经营知识、市场知识）
第四阶段培训：知识技能（统合、多任务处理能力）
第三阶段培训：知识技能（存在部门、职种差别）
第二阶段培训：知识技能（全部门共通）
第一阶段培训：思考、行动能力（全部门共通）

随着社会经济的发展，尤其是数字技术的发展，广告行业正在经历巨大的变

① 数据来自电通 2016 年在新社员招聘宣传资料中公布的资料。

革。在对电通员工的采访中，笔者多次听到“电通是为客户解决问题的公司”这样的表述。电通创意总监古川裕也谈道：以往对广告公司的定义是用广告的手法解决客户的问题，但现在，广告公司将被重新定义为：驱使所有的手段解决世界中所有的问题。从对广告公司的重新定义中我们可以看出两个方面的改变，一是广告公司所运用的解决问题的手段不再局限于广告的手段，也就是说，传统的广告专业知识和技能对于当下的广告公司而言，已经太过局限。在当下数字技术迅速发展的背景下，可能广告客户所提出的问题需要用设计一个APP并提供相应的运营服务支撑来解决。二是广告公司所解决的问题域也扩展开来。广告客户希望广告公司解决的有可能不再是营销推广的问题，而是社会问题。例如，丰田公司与电通合作开发的Open Road停车信息系统，事实上解决的是当今大城市交通拥堵和停车难的问题。对于广告公司的重新定义标志着电通企业理念的变化，这种对广告扩大了的认识也使电通公司在广告职业培训的体系中，更偏向于最基本的思考和行动能力层面，而不是传统广告专业知识技能层面。因为只有最基本的思考和行动能力的提升，才能使人才具备更强的变通和知识技能升级的潜力。

而谈到最基本的思考、行动能力的培养，就不得不说电通的企业精神。由电通前社长吉田秀雄所提出的“鬼十则”几十年来在广告行业中被反复提及。事实上，读过“鬼十则”的人也一定会发觉，吉田秀雄所提出的电通精神也并不是广告专业知识和技能，而是基本的思考行动能力和素养。“鬼十则”是60多年前所提出的广告行业工作的准则，随着时代的变迁，电通也进一步提出了在培训体系中最关键的思考、行动能力的具体细化因素，并将这些因素命名为“电通基因（Dentsu Gene）”。电通基因的提出来源于对电通优秀员工的采访，并对采访所获得的记录进行内容分析。寻找跨部门优秀员工对于思考、行动能力所阐述的内容中的共同点，并对此进行总结，获得了14个关键词，然后进一步将这些关键词细化为40个方面。自2015年起，电通基因的网站对公司内部员工开放，同时，电通基因的内容也成为公司内职员培训的重要内容。

（二）个性化、渐进式的人才培育体系

广告公司是人才密集型企业，对于广告行业而言，最宝贵的资源是人才。人才是具有个体差异性和多样性的，因而，在电通的人才培育体系中，个性化也是考虑的重要因素。另外，因为电通实行的是终身雇佣制，因而其职业培训体系的设计也有着渐进式的长期规划。

如表1所示，在电通的人才职业培训体系中，从第四阶段的知识技能开始，即统合、多任务处理能力的培养层面，其培养对象不再针对全体职员。通过对不同类型人才的长期使用、观察，电通对人才的培养逐渐趋向分类培养。电通会在

入职6～15年的社员中，每年筛选20名参加New School的培训。这种对统合能力和综合应用多种技能来为客户提供解决方案的能力的培养是针对未来部门总监人才储备而设计的。而第五阶段主要是对市场知识以及经营知识的培训，电通从员工中筛选合适的人选去海外学习，为未来董事会人员储备人才。

除了针对不同类型的人才，对人才培育体系进行个性化的设计之外，电通的人才培育体系还显现出渐进式的特点。如表2所示，电通的人才培育体系大体分为四个阶段，即新入职培训、入职3年、5年、7年培训。每一阶段培训的设计都针对员工的工作经验和特点。在新入职社员两个月的培训中，培训伊始，新社员就被分成若干个小组，第一天就会发布一个需要新社员设计方案来解决的课题，在培训的最后一天社员要分组进行方案的展示。在两个月的培训时间中，创意、市场以及客户等部门都会给新员工安排相应的专业培训。每一个小组都设有组长（leader）和副组长（sub-leader），担任组长和副组长的是公司的前辈，他们成为带领新入职社员进行学习的关键人物。在组长和副组长的带领下，新进员工会被介绍结识很多人，现场观摩很多工作，参观客户的博物馆，听很多课和讲座。组长与副组长不仅白天工作时间与新社员在一起，而且还带着他们一起参加晚上的应酬。在笔者与新社员的恳谈会中，很多新社员都谈到，收获最大的是组长和副组长带领他们看到的与人沟通的方式以及观摩营业现场的活动。虽然不一定前辈通过言传身教给的每一个都是正确答案，但可以看到很多种模式，也可以学习在与人接触时应当如何应对[①]。与单纯的专业知识和技能的传授相比，电通对新社员的入职培训中的重要设计就是由资深员工手把手地将新社员带入到广告公司工作的场景中来，并使新社员通过与资深员工朝夕相处，感受公司的企业文化和精神，理解思考、行动能力的本质。在两个月的培训期间，新员工可以根据自己的兴趣和特长提出三个未来部门选择的申请，根据两个月的研修表现，公司最终决定每个人的去向。

表2　电通渐进式人才培育体系图

不同工作阶段培训的时间节点	培训对应的思考、行动能力领域
新入职	思考、行为能力，知识技能的综合培养
入职3年	分析与策划能力、紧密无间的团队工作
入职5年	社会视角、多样性、全盘分析法、风险管理
入职7年	人的发展、员工的自我认识

其后，针对入职后不同阶段的社员需要面临的问题及运用的技能，电通设计

① 内容整理自2017年3月21日笔者参加电通年轻社员座谈会的采访资料。

了针对入职3年、5年和7年的培训，培训的主题都有所不同。在入职3年的培训中，培训主题围绕着广告专业的分析能力和策划能力。在入职5年的培训中，培训的主题则被设计得更为宏大，立足点也更高，包括如何站在社会视角、全盘视角考虑问题及如何理解其他群体及多样性的存在等。而在入职7年的培训中，培训的主题是人的发展（people development），在这一主题下，电通应用MBTI（Myers-Briggs Type Indicator）职业性格测试方法，帮助每一个社员认识自己的特点和潜能。

除此之外，电通还通过机构设计来保障人才的个性化发展和可持续发展。例如，电通总研主要是在电通内部开展各种调研的机构，自2014年起，在电通总研内部设置了一个新的组织——B-TEAM。B-TEAM是一个特殊的调查团队，每一个人基于自己工作之外的兴趣爱好，关注某一个领域，搜集信息，并将该领域内的情报定期与团队分享。B-TEAM设立的目的在于鼓励员工在工作之外的特长的发展和发挥，并在电通的业务开展中利用这些特长。电通公司的培训体系中还有一个多年来长期保持的传统项目——新进社员登富士山。通过攀登富士山的活动培养员工吃苦、奋斗、团队合作的精神。

立足企业文化和企业精神，电通逐渐摸索出了这种个性化、渐进式的广告职业人才培育模式，这种模式值得我们反思和借鉴。

三、电通的广告职业培训体系给中国广告教育的启示和反思

相较于日本广告企业的终身雇佣制，中国广告行业的人员流动性是非常惊人的，广告人才流动频繁成为中国广告业的常态和痼疾。也正是因为广告人才的快速高频流动，基于投入产出比的考虑，依托广告公司来进行长周期、高投入的人才职业培训的可能性很小。国内广告公司普遍希望广告人才进入公司后能够立即投入到一线工作中去，因此，在国内广告行业中模仿和学习电通的职业培训经验是很困难的。这种现状就使得广告人才专业培训的阶段必须前移到高校教育中。这也给广告高等教育提出了极高的要求。

高校广告教育有其优缺点。与以广告公司为主导的广告职业培训相比，高校广告教育的优点主要在于其课程设置系统、深入，除了广告实务相关知识之外，通常还设有统计学、传播学、公共关系学、市场营销学、经济学、文学等基础课程，有利于学生在专业方面打下较为广博、牢固的基础。同时，高校广告课程通常还设计了广告发展史、广告与社会等更为广泛的课题，因而能够帮助学生建立关于广告的更为全面和深入的认识。这些都是企业广告职业教育的短期培训所无法实现的。但高校广告教育的课程体系和教育思想一旦形成，都具有一定的稳定

性，因而整体而言，教学内容更新相对较慢，再加上很多高校广告教师并没有丰富的广告从业经验，这就导致了广告教学内容有可能与广告业的实际脱节。

首先，在社会经济迅速发展的今天，广告公司的性质发生了巨大的变化。在广告高等教育中同样要对广告行业进行重新认识：广告公司是为客户解决问题的企业，但广告公司应当立足于社会发展和进步的视角审视客户所提出的问题，而不应仅仅局限在广告营销传播的层面；同时，广告公司解决问题的手段应该是多样化的，而不应仅仅是传统的广告手法。站在这样的角度，广告高等教育的指导思想也应当发生转变，对于广告人才的培养就应当更注重其基本的能力和素养的提高。

其次，高校的广告教育与以广告公司为主题的职业教育相比，有其优势，但也有其不足。例如，在高校广告教育中，很难复制广告行业的现场实际情形，更无法实现电通职业教育体系中手把手传授从业经验的模式。因此，为了相互取长补短，高校和企业开展合作的必要性就凸显了出来。校企合作的方式可以是多样化的，例如，在企业中给高校广告学专业学生提供短期实习、毕业大实习的岗位，由高校和企业合作开展广告创意、策划训练营，或者由高校和企业共同合作，定期打造各种主题的广告专业讲座，将广告公司的人才及鲜活的从业经验引入课堂。

附录一　大实践观打造“实习京广线”*

中国教育报通讯员　彭雨蒙　吴　琪

大三下学期的专业实习，并不是学生想参加就参加的一次社会实践，而是一门包含 8 个学分的必修课程。不久前，由武汉大学新闻与传播学院主办的第二届实践教学与新闻传播人才培养模式创新高峰论坛在武汉大学举行。全国 40 多家新闻媒体、广告公司和企业，共同探讨新闻传播人才培养模式的创新问题，并完成了实习基地的签约与续签等工作。

一、制度化实习：迈向社会的练兵场

武汉大学新闻与传播学院2009级本科生熊维瑛已与全年级200多名同学一起走出校园，迈向社会练兵场，在相关单位完成了为期 4 个月的实习课程。说起专业实习，熊维瑛显得十分骄傲和开心：“我的志愿是去中央电视台实习，如今也得到了满足，但如果没有老师的帮助，光靠我个人的力量去联系实习单位，这个愿望很难达成！”

事实上，大三下学期的专业实习，不仅是武汉大学新闻学院每个学生津津乐道的事，同样也是该院本科教学进行创新实验的重要舞台。专业实习，并不是学生想参加就参加的一次社会实践，而是一门包含 8 个学分的必修课程。

学院主管教学的副院长强月新老师表示：“学院为了加强对全院实习工作的领导，从每个专业抽调精干教师，并正式下文，成立新闻与传播学院实践教学指导小组，以建立稳固实习基地、打造‘实习京广线’，使得专业实习工作走在全国前列。”

院实践教学指导小组组长周茂君则用了规范化和制度化这两个词对专业大实习进行概括。周老师介绍说，实习组织工作主要分为先期准备、中期探望、后期总结。具体来看，实习计划书对专业实习的目的、内容、方法和要求等都做出了明确规定，从而避免了随意性。学生意向调查、志愿征集，老师联系实习单位、落实单位、学院出钱为每一个外出的学生购买人身意外伤害保险，这些要提前两、

* 本文发表于《中国教育报》2012 年 6 月 4 日第 6 版。

三个月就着手落实的前期工作，则为每年实习的顺利开展解除了后顾之忧。实习开始后，老师去实习单位看望学生、巡视检查，保障了实习目标的全面达成。实习结束后的成绩评定、成效总结、成果汇编，以及表彰大会的举办，更是构建了科学的实习成绩评价体系。

严格有序的制度规范背后，细微之处折射出老师的片片真情。曾在《羊城晚报》体育部实习的2005级学生吕苗莉讲述了这样一个故事：在自己实习两个月后为发稿量不大而倍感困惑的时候，院里实习领导小组的叶晓华、洪杰文两位老师来到广州看望实习学生。吕苗莉向老师反映了自己的困惑，老师们建议她，最好主动向指导老师申请更多的采访任务。同时院里老师也从侧面就她的问题与实习单位进行了沟通。在接下来的一个多月里，吕苗莉发表了40多篇新闻稿。

“相比之下，武汉大学新闻学院在专业实习方面比其他的院校重视得多。”在与同单位实习的其他院校的实习生交流后，吕苗莉发出了这样感叹。大多数院校的学生基本是靠家里找熟人、托关系才进的报社实习，而且学校不会把实习计入学分，许多学生是边上课边实习，有的实习生一个月才在报社露一次面。而武汉大学新闻学院在实习期间停止了大三的课程，使学生能够专心实习。

二、基地建设：打造实习京广线

虽然专业实习并不是武汉大学新闻学院的专利，但是，却算得上是使该院实践教学创新走在全国第一方阵的一张王牌。

有别于国内其他各重点高校的新闻传播学院对本科专业实习的组织管理方式，武汉大学新闻与传播学院在全国率先由学院出面，与近40家新闻媒体、广告公司签署正式实习协议，建立稳固的实习基地，有组织地进行专业实习。这种做法在相当大的程度上避免了专业实习不完整、不系统的问题，得到实习接收单位的认可和支持。

而实习基地的建设要得益于品牌和资源这两大优势。一方面，武汉大学新闻与传播学院在同类院校中实力靠前，因此诸多新闻媒体、广告公司乐于与其合作。中央电视台最初就是出于对武汉大学新闻学院品牌的信任而达成的协议，并逐年发展成“金伙伴”合作关系。2012年上半年该学院在中央电视台实习的本科生人数更是达到了42人之多。另一方面，这些建立了合作关系的媒体、广告公司中的许多传媒从业者是武汉大学和新闻学院的毕业生，他们为实习基地的建设起到了牵线搭桥的关键性作用。

从最开始的7、8家媒体，发展到今天的近40家可供学生选择的实习单位，基地的建设并不是轻而易举的。周茂君老师说：“我们院学生的实习工作是从1986年开始的。那时候学生苦于找不到实习单位向老师求助，作为老师当然义不容辞。”

当时，还是新闻系建系（新闻学院的前身）的头几年，没有什么毕业生资源。老师们便通过自己的私人关系辗转多次才与接收实习生的单位负责人建立联系。

“尽自己最大的努力为学生创造一切实习机会。”就是在这样朴实的想法的支持下，从老师的自发行为到学院的精心组织、周密部署，从最初的为一部分学生创造实习机会到全院的学生都成为专业实习这项制度的受益者。一路下来，新闻学院的老师们为之付出了巨大的心血。

25 年来，武汉大学新闻与传播学院通过学院出面为 4000 余名学生找到了实习单位。而新闻学院的学生也以其扎实的基础知识和勤奋的表现受到了用人单位的高度评价。现在，实习基地已经广布北京、武汉、长沙、广州和深圳 5 个中心城市，五点相连形成了“实习单位京广线”。优越的实习环境开阔了武汉大学新闻、传媒专业学生的视野，也为他们的就业搭建起一个个高端平台。

三、成绩斐然：学生是最好的名片

在“重理论、轻实践”的综合大学人才培养模式和“重实践、轻理论”的新闻传播专门人才培养模式之外，武汉大学新闻与传播学院创造性地提出“厚基础、重实践”的新型新闻传播人才培养模式，逐渐形成了“一体两翼”“大实验观”和“一切为了学生”的人才培养理念，在这种培养理念的指导下转变人才培养模式，并取得了突出的成绩。

2008 级李绍辉和杨光明在腾讯网实习期间因表现优异被推荐留任；2007 级刘志毅在《南方周末》实习期间卧底富士康，稿件轰动一时；2006 级蒋哲在《南方日报》实习期间卧底 3 个月揭露假烟制作过程；2004 级成希在《南方周末》实习期间独立操作了 2 篇上报国务院的内参；2003 级陈彦伟在中央人民广播电台为期 4 个月的实习过程中撰写的北京出租车行业的内参报告直接上报中南海……每年都有表现极为优异的学生被实习单位推荐留任。

在专业实习之外，学院还为学生提供了广阔的实践空间。近 3 年来，学院为开拓学生视野，提高实践能力开展了诸多专业比赛，其中，华中地区的新闻先生新闻小姐大赛更被推广到华中地区其他兄弟院校，10 多年来影响力不断增强。在学院的组织、引导和鼓励下，学生还积极参加各项国内外赛事并取得佳绩。

在专业老师带领下开展的社会实践活动，多年来也不断获得校级、省级和国家级大奖。由 2008 级李可欣创办的“种太阳”项目，是致力于关注农村留守儿童、城市流动儿童的大学生公益组织。几年来，工作室已招募各高校志愿者 1100 余名，分别在湖北罗田、石首、英山、大悟等地留守儿童聚集的小学，以及武汉周边流动儿童聚集的小学，累计服务 462.2 万小时，服务农民工子女 2900 余名。在团中央、中国青年志愿者协会 2011 年“共青团关爱农民工子女志愿服务行动”项目推介会上，“种太阳”是被全面推介的五个重点项目之一，是湖北省唯一入选的项目，也是唯一一个由高校主办的大学生项目。

20 多年来新闻与传播学院艰辛的摸索与不懈的努力，成就了它独树一帜的实验教学风格，为学院的学生提供了广阔的施展才华的平台。2006 年，武汉大学新闻传播学实验教学中心被教育部授予国家级实验教学示范中心的称号，这在全国高校中尚属首次。与此同时，学院专业实习的经验受到其他兄弟院校的认同、学习和借鉴。

武汉大学新闻与传播学院将实习、实践、比赛等实务性教学内容落实到每一位学生、落实到每一个环节，真正从小处着眼，践行大实践观，相信学院会在新闻传播人才培养模式创新方面以更宽的视野走向更广阔的平台。

附录二　武汉大学新闻与传播学院：实践教学成人才培养的名片*

中国新闻出版广电报记者　汤广花

“四个月的实习，让我重新理解了自己的专业，这是我第一次真正接触校园以外的社会，是一场很好的职场初体验。”“实习期间，我从模仿编写消息到逐步写作其他文体，学到了许多书本以外的专业知识和采访技巧。”“这次实习让我思考媒体之于大众的意义，包括怎样合理使用媒体，发挥媒体的益处，扩大媒体的影响力。”……2016 年 11 月 26 日晚 6 点 30 分，武汉大学新闻与传播学院三楼报告厅内，2013 级本科专业实习总结、表彰大会暨 2014 级本科生专业实习动员会正在举行，高年级的学生向学弟学妹们讲述社会实践教学对自己的意义。

“这样的专业实习会议我们每年都要召开。学科的性质决定了我们必须重视新闻实践。”武汉大学新闻与传播学院院长石义彬在接受《中国新闻出版广电报》记者采访时表示，新闻传播学科应用性极强，在学生将知识应用于实践、将储备转化为能力的过程中，实践教学起着关键作用。自 1986 年开始，该院通过艰辛的摸索，成就了独树一帜的实践教学风格。2006 年，武汉大学新闻传播学实验教学中心被教育部授予国家级实验教学示范中心的称号，这在全国新闻传播院校中尚属首次。

一、成立指导小组：使学生实习制度化

在武汉大学新闻与传播学院，专业实习并不是学生想参加就参加的一次社会实践，而是一门包含 6 个学分的必修课程。每年 2 月份，全院所有大三的学生一起走出校园，在相关单位完成 4 个月的实习课程。“学院为加强对实习工作的领导，从每个专业抽调精干教师，并正式下文，成立实践教学指导小组，通过制度化、组织化，使得专业实习工作走在全国前列。”武汉大学新闻与传播学院副院长强月新表示。

---

* 本文发表于《中国新闻出版广电报》2016 年 12 月 6 日第 8 版。

院实践教学指导小组组长周茂君告诉记者，实习组织工作主要分为前期准备、中期探望、后期总结。具体而言，每年的11月份，在全院各专业大三学生中征求实习志愿；12月中旬，教师根据学生志愿分赴北京、广州等城市的新闻媒体和广告公司落实实习单位；次年元月10日左右，对学生进行实习培训，宣布实习纪律，公布实习去向。“学院还向家长发放实习知晓及同意书，并出钱为每一个外出的学生购买人身意外伤害保险，这些都为实习的顺利开展解除了后顾之忧。”周茂君说。

为对专业实习进行全程跟踪管理，该院在每座城市设置2～3位总负责人、每个实习单位设置1～2名小组长，负责实习联络、协调工作；同时，建立实习年级QQ群，及时了解学生实习的最新动态。“实习两个月后，老师还去实习单位看望学生，听取实习单位的意见，保障实习目标的达成。”周茂君介绍，实习结束后，还会有成绩评定、成效总结、成果汇编，以及表彰大会，构成科学的实习成绩评价体系。曾在《羊城晚报》实习的2005级学生吕苗莉，在为发稿量不大而困惑时，学院叶晓华、洪杰文两位老师来广州看望她，并建议她主动向指导老师申请更多的采访任务，同时两位老师也与实习单位进行了沟通。在此后的一个多月里，吕苗莉发表了40多篇新闻稿。

二、重视“京广线”：建立稳固实习基地

“许多学校的学生边上课边实习，有的实习生一个月才在报社露一次面。相比之下，我们学院要重视得多。”周茂君说，武汉大学新闻学院由学院出面，与人民日报、中央电视台、腾讯网、广东省广告公司等40多家新闻媒体、广告公司签署正式实习协议，建立稳固的实习基地，有组织地进行专业实习。这种做法在很大程度上避免了专业实习不完整、不系统的问题，得到实习接收单位的认可和支持。

“实习京广线”是武汉大学新闻学院内广泛流行的一个词语。学院把北京、武汉、长沙、广州和深圳5个中心城市定为本科专业实习基地的重点建设区域，其中北京和广州是重点中的重点。这样做的原因，周茂君用最高平台和最新视角加以解释：北京是中央级媒体分布最多的城市，实习生在那里能够得到更高层次的锻炼；广州、深圳是报业的发达地区，处在改革的前沿，能让实习生眼光更远更新；湖南卫视的娱乐节目在全国有名；武汉是学校的大本营所在地。“在实习单位上，互联网单位是主力，以2016年为例，199个实习生中有83人选择互联网，占总人数的41.7%。”究其原因，周茂君认为，互联网处于快速上升阶段，具有良好的发展前景和空间，对于即将步入社会的学生来说具有较强的吸引力。

“一方面，武汉大学新闻与传播学院在同类院校中实力靠前；另一方面，许多

媒体、广告公司中的从业者，是武汉大学的毕业生，他们为实习基地的建设‘牵线搭桥’。”在周茂君看来，实习基地的建设要得益于品牌和资源这两大优势。据了解，自1986年以来，武汉大学新闻与传播学院通过学院出面为5000多名学生找到了实习单位。优越的实习环境开阔了武汉大学新闻、传媒专业学生的视野，也为他们的就业搭建起一个个高端平台。

三、厚基础重实践：学生得到社会认可

在重理论、轻实践的综合大学人才培养模式和重实践、轻理论的新闻传播专门人才培养模式之外，武汉大学新闻与传播学院创造性地提出厚基础、重实践的新型新闻传播人才培养模式，逐渐形成了大实验观和一切为了学生的人才培养理念，取得了良好的成效。

由于学院对本科生的专业实习工作组织得力、制度完备，收到了很好的成效。实习单位不仅满意，而且敢于让实习生“单飞”，独立地去开展新闻业务、从事网络编辑和进行广告创意、策划。2007级刘志毅在《南方周末》实习期间卧底富士康，稿件轰动一时；2006级蒋哲在《南方日报》实习期间卧底3个月揭露假烟制作过程；2003级陈彦伟在中央人民广播电台为期4个月的实习过程中撰写的北京出租车行业的内参报告直接上报中南海；2008级秦璇获全球大学生创业挑战大赛金奖；2013级的杨伟彬在上海天与空广告公司实习期间，参与了天猫超级品牌日、宏盛集团KellyOne饮料品牌、红星美凯龙、口口香电商鸭脖品牌等多个项目，其中红星美凯龙项目中的《尽管贪新》平面设计作品获得中国国际广告节长城奖平面类金奖、文案类银奖，《用设计报复平庸》平面设计作品获得中国国际广告节长城奖平面类银奖……每年都有表现极为优异的学生被实习单位推荐留任。

为推动新闻传播学科的实践教学工作，加快创新型人才培养，武汉大学新闻与传播学院分别在2008年、2012年、2015年举办了三届实践教学与新闻传播人才培养高峰论坛，密切了学院与新闻传媒界、广告业界和企业界的联系。此外，在专业实习之外，学院还为学生提供了广阔的实践空间，如新闻先生新闻小姐大赛、广告模拟竞标、数字媒介工程实践等，开拓学生视野。特别是新闻先生新闻小姐大赛，被推广到华中地区其他兄弟院校，10多年来影响力不断增强。据武汉大学新闻与传播学院党委副书记张琦介绍，近年来，该院还加强研究生及博士生的实践教学工作，通过挂职锻炼、基地建设、增加海外交流机会等，开阔学生视野。

后　记

最早萌生主编一本实践教学与新闻传播人才培养方面书籍的想法，应该是在2013~2014 年前后。究其原因：第一，武汉大学新闻与传播学院的实践教学工作开展得有声有色，它既是学院办学的特色与亮点，又是学院对外宣传的一张名片，长期的实践教学活动积累了丰富的经验，需要进行理论总结与升华，即将这些实践教学成果理论化。第二，实践教学与新闻传播人才培养创新高峰论坛分别在2008 年、2012 年和 2015 年成功举办三届，拉近了学校与业界的距离，使人才培养与人才需求实现成功对接，参会的业界朋友提交的论文需要以一定的方式体现出来。第三，两大基地建设项目——部属高校国家大学生校外实践教育基地项目“武汉大学–湖北日报传媒集团新闻传播学类文科实践教育基地建设”(2013 年)、湖北高校省级示范实习实训基地项目“湖北日报实习实训基地建设”（2014 年）先后获批，促使我们思考新闻传播学类大学生校外实践教育基地的建设问题。第四，以强月新教授、罗以澄教授牵头，学院实践教学指导小组全体成员（周茂君、刘建明、洪杰文、叶晓华）参与的教学改革项目“制度化推进实践教学与新闻传播人才培养创新研究”，先后获得武汉大学教学成果特等奖（2010 年）、湖北省教学成果一等奖（2013 年）和国家教学成果二等奖（2014 年），需要做出理论回应与应用推广。在此背景下，我们在 2017 年年初开始着手主编这本小册子。

本书围绕着实践教学与新闻传播人才培养创新展开，除了两篇新闻报道作为附录外，共开设了五个栏目——培养理念与整体构想、教学体系与人才培养检讨、基地建设与专业实习、业界论人才需求和他山之石。其中前三个栏目，大部分是来自高校教学第一线的专任教师撰写的教学改革论文，这些论文大多公开发表在国内相关刊物上，在文中已经注明；业界论人才需求是来自新闻传播业界的最新报告，是国内著名的广播电视媒体、报刊媒体、广告代理公司和数字营销公司的中高层，对新媒体时代学校人才需求的呼唤；他山之石则是具有国外知名大学留学或者访学经历的教师，对国外著名新闻传播院校的课程设置与人才培养的深度解读。这样，一条主线，五个栏目，三个板块，凸显了本书的特色，书中讨论的问题大多是当前困扰我国新闻传播教育界，并亟待解决的重要问题，具有重要的现实意义和理论价值。

在本书付梓之际，需要感谢的人很多。首先，要感谢武汉大学新闻与传播学院原院长罗以澄教授，他不仅为本书的编辑、成书提出了许多建设性的意见，还专门为本书撰写了序言，对年轻一代学子提出了殷切的期望；其次，要感谢新闻传播业界的众位朋友——人民日报海外版记者部主任严冰先生、中央人民广播电台人事办公室调配人才处处长张全庆先生、环球人物杂志社副总经理赵洪俊先生、湖北日报传媒集团编务总监李迎涛先生、湖北广播电视台人事管理部副主任刘迎女士、湖北广播电视台生活广播副总监钱芳女士、湖北广播电视台策划主管张斌先生、凤凰卫视广告营销机构市场中心副总经理薛梅女士、北京梵思科技有限公司总经理郭识阔先生、广东省广告集团原总裁丁邦清先生、互通国际传播集团董事长邓超明先生、广东省广告集团副总裁袁志先生、广东赛铂互动传媒广告有限公司总经理陈鄂先生、湖北联投传媒广告有限公司总经理黄丽娟女士、北京全食爱信息技术有限公司总经理吴朋先生（以上排名不分先后）；再次，要感谢来自国家开放大学传媒学院的副院长张玲女士、重庆师范大学传媒学院院长助理金鑫女士、暨南大学新闻与传播学院广告学系朱磊先生和万木春先生；最后，还要感谢参与本书论文撰写的本院教师和研究生同学——刘建明先生、洪杰文先生、叶晓华女士、廖秉宜先生、徐同谦先生、王朝阳先生、刘艺琴女士、余晓莉女士、侯晓艳女士、杨力女士和研究生陈世立、王伶俐、杨娜、李抟南、周逸青、郝珺曼、彭雨田、胡鑫、禹露等。最后还要特别感谢科学出版社党委副书记、监事会主席来豫蓉和副总编辑鄢德平，正是有你们，这本书才能如此顺利地与读者见面！

希望这本小书能对国内新闻传播教育界的实践教学与人才培养创新有个小小的推动！

强月新　周茂君

2017 年 8 月

于武昌珞珈山